今宵酒醒何处

大宋词人的红尘往事

独孤慕雨 — 著

中国出版集团　现代出版社

图书在版编目（CIP）数据

今宵酒醒何处：大宋词人的红尘往事 / 独孤慕雨著. —— 北京：现代出版社, 2022.1
ISBN 978-7-5143-9629-4

Ⅰ. ①今… Ⅱ. ①独… Ⅲ. ①词人 – 列传 – 中国 – 宋代 Ⅳ. ①K825.6

中国版本图书馆CIP数据核字(2021)第239579号

今宵酒醒何处：大宋词人的红尘往事

作　　者：独孤慕雨
责任编辑：姚冬霞
装帧设计：李　一
出版发行：现代出版社
地　　址：北京市安定门外安华里504号
邮政编码：100011
电　　话：010-64267325 64245264（兼传真）
网　　址：www.1980xd.com
电子邮箱：xiandai@cnpitc.com.cn
印　　刷：三河市国英印务有限公司

开　　本：880mm×1230mm　1/32　印　　张：14.25　字　　数：390千字
版　　次：2022年1月第1版　　印　　次：2022年1月第1次印刷
书　　号：ISBN 978-7-5143-9629-4
定　　价：68.00元

宋・佚名 宋仁宗坐像 台北故宮博物院藏

宋·佚名｜**宋仁宗后全身像**｜台北故宫博物院藏

宋·佚名—宋真宗坐像—台北故宫博物院藏

宋·佚名 — 宋徽宗坐像 — 台北故宫博物院藏

明·佚名｜司马光归隐图｜弗利尔美术馆藏

北宋·黄庭坚 ｜ 书《赤壁怀古》民国拓本

起千堆雪 江山如畫 一時多少豪傑 遙想公瑾 當年

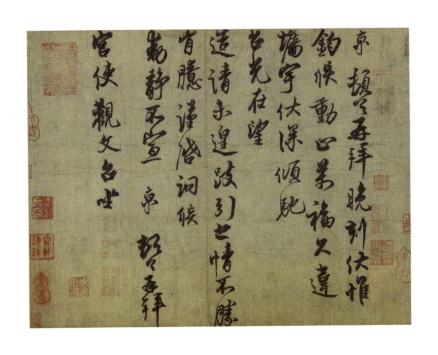

北宋·蔡京 | **宫使帖** | 台北故宫博物院藏

南宋·佚名 | 赤壁图册页 | 台北故宫博物院藏

南宋·马远 | **举杯邀月图** | 克利夫兰艺术博物馆藏

宋·佚名—**宫招纳凉图**—台北故宫博物院藏

南宋·佚名 ｜ 歌乐图 ｜ 上海博物馆藏

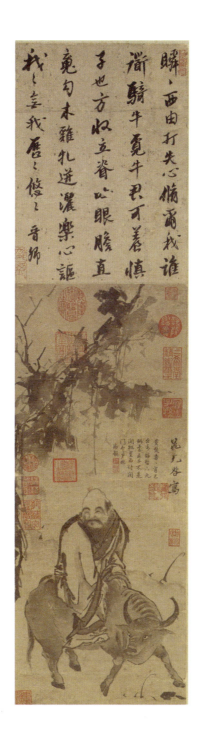

瞬瞬西由打失心情甫我谁

衝騎牛覓牛甚可善慎

子世方收立眷心眼膽直

兔匀未雜扎迸灌樂心誑

我と忘我曆と悠と 音郷

宋·晁补之 | **老子骑牛图** | 台北故宫博物院藏

北宋·佚名 | 乞巧图 | 大都会艺术博物馆藏

15

南宋·刘松年（传） | 西园雅集图 | 台北故宫博物院藏

元·赵孟頫（传）—西园雅集图—台北故宫博物院藏

唐·周昉 — 演乐图轴 — 台北故宫博物院藏

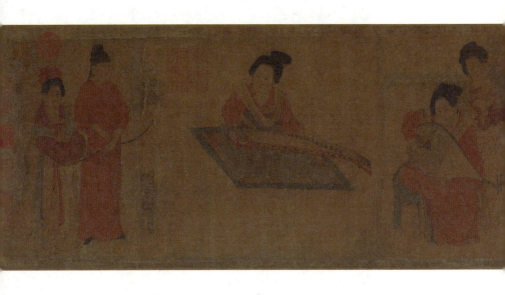

唐·周昉（传）　|　**调婴图**　|　台北故宫博物院藏

元·刘敏叔　三夫子（程颢、程颐、朱熹）像　弗利尔美术馆藏

北宋·苏汉臣 ｜ **靓妆仕女图** ｜ 波士顿艺术博物馆藏

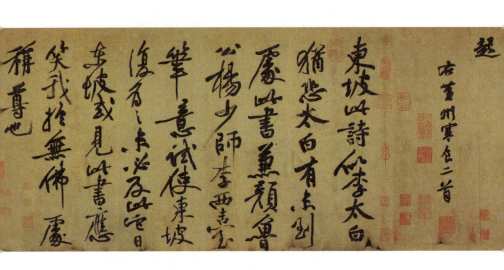

北宋·苏轼 | **寒食帖** | 台北故宫博物院藏

自我来黄州，已过三寒食。年年欲惜春，春去不容惜。今年又苦雨，两月秋萧瑟。卧闻海棠花，泥污燕脂雪。暗中偷负去，夜半真有力。何殊病少年，病起头已白。

春江欲入户，雨势来不已。小屋如渔舟，濛濛水云里。空庖煮寒菜，破灶烧湿苇。那知是寒食，但见乌衔纸。君门深九重，坟墓在万里。

南宋·刘松年（传）｜宫女图｜东京国立博物馆藏

元·盛懋 | 宋人院画·山水 | 台北故宫博物院院藏

宋·佚名 ｜ **仕女图** ｜ 弗利尔美术馆藏

宋·佚名｜**司马光拜左仆射告身卷**｜台北故宫博物院藏

北宋·赵佶 ｜ **五色鹦鹉图** ｜ 波士顿艺术博物馆藏

目 录

第九章　**李清照** · 觉醒的才女

序 言

宋词这朵奇葩，是继唐诗之后出现的一种文学体裁，与汉赋争奇，与唐诗斗妍，与唐诗并称"绝代双骄"。后人以为，宋词代表了一代文学之胜，故誉之为中国古代文学皇冠上光彩夺目的一颗宝石。

宋词，因此被捧上了圣坛，成为后人敬仰的殿堂之物。然而，真实的宋词并非高不可攀。其实，宋词是最接地气，最为大众喜闻乐见的一种休闲娱乐文化。

"诗"有言志的传统。诗是主流、主旋律，是仁、义、礼、智、信；在教育普及、科举制度渐趋完善的唐宋时期，诗是士子参加科举考试的敲门砖。发展到后来，诗逐渐成为高不可攀的殿堂文化。当诗的意境越来越高远，就逐渐淡出了大众的视野。大众转而喜欢上了靡靡之音——"词"。

与其说词是一种文学形式，毋宁说它是一种社会文化现象。读书人跻身官场，立即放松了世界观、人生观的改造。他们发现，有格律的诗过于严肃死板，禁锢了他们的思维，限制了真性情的流露。而且诗写得再工整，写得再努力，最多是模仿，已经无法超越前人。于是乎，唐末五代燕乐的衍生品——词，应运而生。词，虽然是通俗流行歌曲，供文人雅士在酒桌上消遣，但可以别出心裁，自由发挥。

词和曲都是先有了调子，再按其固有的节拍，配上歌词来唱的。词，是与音乐密不可分的特种诗歌形式，是诗的一种延伸。五代的词，是将唐诗过渡到宋词的桥梁，关键性人物是南唐后主李煜。词的发展高峰期是宋朝，人们因此将宋词视为两宋最具代表性的文学形式，与唐诗并列，故有了"唐诗宋词"的说法。

其实，词只是宋代士民普遍使用的一种"吐槽体"。最初的词，不是用来言志的，而是用来消遣的，供人喝酒助兴。体态妖娆的"绣幌佳人"在酒席筵上唱曲、表演，"资羽盖之欢"。喝醉的文人心痒难耐，根据旧调子填写了新的"曲子词"，让歌伎、舞女唱个新鲜，他们听个尽兴。这种曲子词的内容，无非男欢女爱、风花雪月之类。词在最初难登大雅之堂。

吴越王钱俶之子钱惟演（？—1033，字希圣），师法李商隐的作诗风格，是西昆派的领军人物。据欧阳修《归田录》，钱惟演手不释卷，"平生惟好读书，坐则读经史，卧则读小说，上厕则阅小辞"。由此或可明白为何收入《全宋词》的钱惟演词仅为两首。

由此可知，词自兴起之始，完全是一种接地气的文学形式。词最初出现的时候，总与一些艳逸之事相关，故在坊间有了个绰号——"艳词"。

宋朝是读书人的美好时代。描写金戈铁马、气吞万里如虎的《满江红》《贺新郎》之类慷慨激昂的词，出现略晚。更多的是描写缠绵、伤春、相思的婉约词。豪放，只是个别宋人的偶尔雄起；婉约，才是宋人骨子里不可变异的基因。

子曰："饮食男女，人之大欲存焉。"饮食是生存的基础，男女之事则是生命的本能，二者皆不能少，是刚性需求。读宋词，就可以读懂宋史，还可以略窥宋代士人的红尘乐事。

第一章

柳

永

白衣卿相与乐坛教父

有宋一代，是词最繁荣的历史时期。离别之际填一阕词来抒发惜别之情，是十分自然的事情。这些送别之作成为离人的精神寄托信物。宋人笔记当中记载了许多这样的事例。送别词中充满了相思之意。

北宋刘斧编撰的《青琐高议》，便记载了一个催人泪下的爱情故事。汴梁士子柳富与三湘歌伎王幼玉，本是一对璧人，二人"执手恋恋，两不相舍"。幼玉向柳富表白心意道："我平生所知，离而复合者甚众。虽言爱勤勤，不过取其财帛，未尝以身许之也。我发委地，宝之若金玉，他人无敢窥觎，于子无所惜！"于是，她解开发髻，剪下一绺秀发，赠给柳郎。不久，柳富返回汴梁侍奉年迈的双亲。临别之前，柳、王在神明前发誓，要共偕白首。二人难舍难分，柳富登舟前，作《最高楼》一词，赠王幼玉：

> 人间最苦，最苦是分离。伊爱我，我怜伊。青草岸头人独立，画船东去橹声迟。楚天低，回望处，两依依。
>
> 后会也知俱有愿，未知何日是佳期。心下事、乱如丝。好天良夜还虚过，辜负我、两心知。愿伊家，衷肠在，一双飞。

两人天各一方，最终王幼玉因相思成疾，香消玉殒。

奉旨填词

可以毫不夸张地讲，宋代词人无一不风流，其中公认的风流第一人，就是柳永（约 980—1053）。柳永能从无数词人中胜出，原因非常简单，其他人填词是偶尔为之，柳永却是个职业填词人。仅是职业填词人也不足为奇，最令人称异的是，他是奉旨填词。

民间词是词的源头。词出现时，其曲调很多来自民间，例如《竹枝词》就源自长江中上游的民歌。后人称颂柳永，缘于他对宋词发展的贡献，他的词最大限度地保留了民歌的质朴俚俗本色。

柳永是词史上里程碑式的人物。词从民间转入文人手中之后，变得索然无味。柳永横空出世，将词从文人的笔端解放出来，使它重新走向世俗化与平民化。柳永独出机杼的"变旧声作新声"，扩展了词的影响范围，使词得以走进千家万户。

然而，柳词多是倚红偎翠、吟风弄月之作，亦饱受后人非议。历代文人出于维护正统的观念，对其人其作大加指责，就连李清照也曾批评道："柳屯田永者，变旧声作新声，出《乐章集》，大得声称于世，虽协音律，而词语尘下。"

柳永是福建崇安（武夷山）人，字耆卿。南唐割据政权被宋攻灭之时，柳永出生在南唐降臣柳宜之家，因为排行第七（大排名），被后世称为柳七。柳永最初叫柳三变，字景庄。明万历《镇江府志》卷三六载："永字耆卿，始名三变，好为淫冶之曲。仁宗临轩放榜，特绌之，后易名永登第。"[1]

---

[1] 笔者认为，《镇江府志》所载可能有误，柳三变更名"柳永"，是进士及第之后的事情，并非登第之前。

南唐是战争的失败者，却是文化的胜出者。柳永之父柳宜，追随李煜入宋做了降臣。因为是二臣，柳宜不可能在仕途上走得更远，于是将希望寄托在几个儿子身上。

柳宜的几个儿子都继承了他好学精思的优秀基因。柳永的两个兄长柳三接、柳三复各自学有所长。柳永因才情卓绝，与两个兄长并称"柳氏三绝"。众人一致认为，他们兄弟三人中进士、取功名如探囊取物。

子夏说过："仕而优则学，学而优则仕。"官员唯有学习，才能弥补做官的不足；读书人去做官，是为了检验学养。后世将这句话解释为"读书做官论"，其实是误会了儒家。春秋战国时期的仕进之路，主要依靠献策与军功，并不是依靠读书。西汉武帝始，朝廷创建太学，成绩优异者可以入仕，秀才、明经、孝廉等察举科目入仕的人也须考试合格。从此，读书才与做官扯上了关系。"遗子黄金满籯，不如一经"（《汉书·韦贤传》）的说法，出现在这之后。

两宋文化璀璨夺目，教育普及，学术繁荣，文化氛围深厚、宽松，远非前代可比。所有这一切，正是缘于统治者对科举的高度重视。

作为最高统治者，第一个将利禄作为劝学手段的是宋真宗。他向天下臣民宣称："富家不用买良田，书中自有千钟粟。安居不用架高堂，书中自有黄金屋。出门莫恨无人随，书中车马多如簇。娶妻莫恨无良媒，书中有女颜如玉。男儿欲遂平生志，六经勤向窗前读。"（《劝学诗》）

柳永生活的时代，科举已经成为对读书人最具吸引力的事业。柳永极为自负，对参加科举充满了信心。他以为，自己"雁塔题名"只是举手之劳，参加殿试，"对天颜咫尺，定然魁甲登高第"（《长寿乐》）。

令所有人大跌眼镜的是，第一次参加科举的柳永落榜了。晚年柳永抚今忆昔，在其所作的《戚氏》一词中回忆：

晚秋天，一霎微雨洒庭轩。槛菊萧疏，井梧零乱，惹残烟。凄然，望江关，飞云黯淡夕阳闲。当时宋玉悲感，向此临水与登山。远道迢递，行人凄楚，倦听陇水潺湲。正蝉吟败叶，蛩响衰草，相应喧喧。

孤馆，度日如年。风露渐变，悄悄至更阑。长天净，绛河清浅，皓月婵娟。思绵绵。夜永对景，那堪屈指，暗想从前。未名未禄，绮陌红楼，往往经岁迁延。

帝里风光好，当年少日，暮宴朝欢。况有狂朋怪侣，遇当歌对酒竞留连。别来迅景如梭，旧游似梦，烟水程何限。念利名，憔悴长萦绊。追往事、空惨愁颜。漏箭移，稍觉轻寒。渐呜咽，画角数声残。对闲窗畔，停灯向晓，抱影无眠。

据北宋叶梦得《避暑录话》卷下记载，柳永"为举子时，多游狭邪，善为歌词"。哪知第一次科考，未能大魁天下，反而名落孙山，得知这个消息，柳永正在欢场饮酒，其心底的震荡可想而知。

黯然神伤之时，忽见屋中人眼光复杂地向自己望来，柳永装出不以为意的样子，将杯中酒一饮而尽，挥手唤歌伎取来笔墨。

在所有人注目下，柳永笔走龙蛇，一阕《鹤冲天》顷刻而就。一歌伎如获至宝，纤手轻挑慢抹①，唱道：

黄金榜上，偶失龙头望。明代暂遗贤，如何向。未遂风云便，争不恣狂荡。何须论得丧？才子词人，自是白衣卿相。

烟花巷陌，依约丹青屏障。幸有意中人，堪寻访。且恁偎红

---

① 唐时燕乐的主要伴奏乐器是琵琶，宋时燕乐的主要伴奏为觱篥。觱篥是筚的一种，由琵琶伴奏转为觱篥，需要一个过程，因此，笔者此处写为"轻挑慢抹"。

叶梦得《念奴娇（中秋宴客，有怀壬午岁吴江长桥）》：
洞庭波冷，望冰轮初转，沧海沈沈。万顷孤光云阵卷，长笛吹破层阴。汹涌三江，银涛无际，遥带五湖深。酒阑歌罢，至今鼍怒龙吟。
回首江海平生，漂流容易散，佳期难寻。缥缈高城风露爽，独倚危槛重临。醉倒清尊，姮娥应笑，犹有向来心。广寒宫殿，为予聊借琼林。

倚翠，风流事，平生畅。青春都一饷。忍把浮名，换了浅斟低唱！

"黄金榜上，偶失龙头望"，词一开始，就道出了落第的事实。"偶"字说明了柳永对自己的才华并没有失去信心，这次落榜不过是偶尔的马失前蹄。

接下来，柳永发牢骚道："明代暂遗贤，如何向。"

"未遂风云便，争不恣狂荡"二句，柳永自问自答，他不是化悲痛为力量，去努力补习，以再战科场。"恣"字已有放纵的意思，而"争"字则加重了反问语气。"何须论得丧"三句，进一步阐述选择走恣意狂荡人生路的得与失。

柳永天真地以为，做个"才子词人"，与仕宦、公卿，并无质的不同，"才子词人，自是白衣卿相"。

柳永才华横溢，这样的人想不骄傲也难，平常难免恃才傲物。现在乘着酒至微醺，填写这阕《鹤冲天》，不过是为自己找个台阶，是落榜生的矫情，为了挽回可怜的尊严而已。

柳永信手填了一首新词，哪里会料到自己居然摊上大事了——柳永不知道，他将为自己的一时冲动付出巨大的代价。冲动是魔鬼，年轻人犯错误，上帝也会原谅。可惜有一个人不肯原谅他的冲动与草率。

柳永精通音律，"教坊乐工每得新腔，必求永为辞，始行于世，于是声传一时"（叶梦得《避暑录话》）。很快，柳永的《鹤冲天》在京城中传唱开来。不久，这首新词就传到了圣明天子的耳中。

柳永活跃的年代，正是宋真宗和宋仁宗的时代。宋真宗赵恒，是宋太宗第三子，生于开宝元年（968），至道二年（996）即位，卒于乾兴元年（1022）。宋仁宗赵祯，是真宗之子，天圣元年（1023）至嘉祐八年（1063）在位。庙号"真宗"的守成之君，性格懦弱，缺乏开拓创新的决心与勇气，政治上无所作为，却喜欢粉饰太平，广建宫观，劳民伤财，被无数臣子、史家吹捧为圣君。真宗谎言听得耳朵生茧，理所当然地认为自己确实是"圣君"，自己治下的王朝，"君圣臣贤"。

政治清明的时代，怎么会野有"遗贤"？宋代的普及教育事业做得很好，许多宋人都知道唐代王维《送綦毋潜落第还乡》中的破题之句便是"圣代无隐者，英灵尽来归"。柳永含蓄地用了一个"暂"字表示内心的不满，但宋真宗仍然从柳永的词中嗅出了他心底蕴藏的怨望之气。

落榜生柳永没有返乡，而是暂住在开封城，等待下一次科考。与其他埋首苦读的落第士子不同，柳永在京师的时候，"暇日遍游妓馆，所至，妓者爱其有词名，能移宫换羽，一经品题，声价十倍，妓者多以金物资给之"（南宋罗烨《醉翁谈录》丙集卷二）。

"妓者"奉送的物资，足以支撑柳永在京师"遍游妓馆"，过着风月生活。柳永的发妻因小产早逝，他在风月场放荡，并无心理负担。不论出现在哪一家妓馆，他都是最受欢迎的顾客。在温柔乡里，柳永受伤的心暂时找到了慰藉。

柳永仍然信心十足，希望通过科举入仕。可是，无情的现实再次将他的希望击得粉碎。柳永再次欢场得意，科场失意。柳永科场蹭蹬，并非"文章憎命达"，而是事出有因。

再战科场之时，柳永文章写得花团锦簇，顺利通过了省试。宋代的省试由礼部主持，考试场所称为礼部贡院。宋仁宗在位期间，共计开科取士十三次。如无意外或突发事件，省试一般在正月进行，三月出榜后再举行殿试。通过省试的录取名单，称为奏名进士。宋制，礼部奏名进士须通过殿试才能登第。柳永失意科场，就是输在了这最后一哆嗦。

宋真宗看到"柳三变"这三个字的时候，立即想起了那首《鹤冲天》。此前也有人非议科举，但像柳永这样公然鄙薄科举制度的，还是第一次。

最令宋真宗难以接受的是，柳永鄙视功名也就罢了，居然说什么"烟花巷陌，依约丹青屏障。幸有意中人，堪寻访"。花街柳巷的吸引力，居然比出仕做官还要大？

这个恶劣的社会影响如何消除？是可忍，孰不可忍。宋真宗当下毫不犹豫地道："此人好去'浅斟低唱'，何要'浮名'？且填词去。"说着话，他拿起朱笔，将"柳三变"的名字轻轻划去。①

科举制度虽然形成在唐代，但在草创时期，不可避免地保留了部分魏晋以来的荐举制度的弊病。唐时，公卿大臣有特权"公荐"举人。说是公荐，不过是你荐我的子弟，我荐你的三亲六友罢了。考试成绩的好坏，并不是录取与否的标准。众多庶族子弟去参加考试，不过是陪太子读书。

唐代科举重诗赋，士人争习之，以为进身之阶。但一般寒士纵然诗名藉藉，无人荐举，也是枉然。一代"诗圣"杜甫，在开元后期几次举进士不第，终生榜上无名。晚唐诗人杜荀鹤，诗名远播却屡试不就，在发出"空有篇章传海内，更无亲族在朝中"（《投从叔补阙》）的感慨后，写下"闭户十年专笔砚，仰天无处认梯媒"（《投江上崔尚书》）的干谒诗，希望有人援引自己入仕。

因此，科举制度对唐代文化的影响十分有限。进入北宋以后，政治、经济和阶级关系都发生了翻天覆地的变化。从前操纵在大官僚、大地主手中的科举制度，有了改革的必要，而且具备了改革的条件。

宋代的科举改革分为两个阶段进行。第一阶段，由宋太祖朝始，至宋

---

① 北宋前期，每次举行的贡举间隔年岁并无一定之规。宋仁宗嘉祐二年（1057）起，下诏每隔一年一开科场取士。直到宋英宗治平三年（1066），方才改为三年一开科场。此后，三年大比成为制度，终宋之世不变，亦为后来各代所继承。此外，野史将柳永遭黜退一事记于仁宗朝。笔者认为，《鹤冲天》一词应作于宋真宗在位时期。柳永作词，得罪的是真宗、仁宗父子二人，后人以讹传讹。

真宗止。重点改革科举制度，改革科举程序，提倡公平竞争，杜绝科场弊端。第二阶段始于宋仁宗朝，重点是改革考试内容，为专制统治选拔有用的人才。

宋代科举制度的改革是为了保证取士权牢牢掌握在统治者手中，但确实取消了门第限制，士、农、工、商都可以应举入仕。这彻底结束了科场中请托成风、考校不公、取舍非人、士族地主垄断科举的局面。

宋廷进行了扩招的教育改革，还进一步完善了殿试制度。皇帝亲自主持对礼部奏名进士的复试，称为殿试。殿试始于唐昭宗乾宁二年（895），而不是武则天主政的载初元年（690）。殿试成为制度，则是肇于北宋。

宋初的科举，除在发解前数月增加一道科诏晓谕天下，一切遵循唐代旧制。然而，随着疆域日广，取士渐众。宋太祖赵匡胤为了免蹈五代的覆辙，有意推行佑文抑武的国策。他既想提高科举出身者的地位，又担心大量新晋进士与当朝知贡举的大臣结成朋党。赵匡胤一面数次下诏严禁朝臣"公荐"举人，禁止朝臣与举子结成座主、门生关系，一面加强了对礼部奏名进士的复试。

赵匡胤起自军校，却不像五代时期一般武人那般鲁莽少学和鼠目寸光。他娴于军事，又勤于学问，戎马倥偬的间隙，养成了手不释卷的习惯和心思缜密的素质。这正是他从五代后期众多武将中脱颖而出的重要原因。赵匡胤心底清楚，只要取士权仍把持在某些集团手中，不管怎样严防死守，一切约束势必成为空文，无法根除科场弊端。

宋立国之初，赵匡胤听从赵普的建议，陆续收夺大将兵权，亲典禁军，先解决了武夫擅权跋扈的威胁。晚年，宋太祖听从进士徐士廉的建议，重开殿试。从此，进士登第都变成"天子门生"。赵匡胤亲掌文武二柄。到了宋太宗赵炅时代，更是对殿试合格者皆赐袍笏，赐宴和赐诗，以示荣宠，对新科进士极尽加恩笼络之事。

历史上，失意士人起来反抗政权的事情，屡见不鲜。唐太宗私幸端门，见到天下士子鱼贯进入考场，不禁心下得意，脱口道出了考试制度的本质："天下英雄，尽入吾彀中矣！"宋代历任统治者，都汲取了历史教训，无不重视科举考试制度，将之视为牢笼士人，加强集权统治的工具。

宋真宗、宋仁宗对祖宗改革考试制度的本质心领神会，明白唯有"广开科举之门，俾人人皆有觊觎之心"，才能笼络更多的社会精英为我所用。柳永利用自己的影响力，在《鹤冲天》中宣称"才子词人，自是白衣卿相"，这无疑是在挑战宋廷的统治权威，非议国家考试制度。

得知自己黜落的内幕，柳永悲愤莫名。此前他的放荡不羁，不过是在宣泄自己落第的不满情绪。现在，他彻底失望了。宋真宗金口玉言说了"且填词去"，强权面前，柳永没有反抗的能力，从此只好以自己的方式表达内心的悲愤。他半是自嘲，半是哀怨地自称"奉旨填词柳三变"。

仕途无望的柳永强作欢颜，玩世不恭地打出"奉旨填词"的大旗，游戏风尘。他堂而皇之地出入歌楼舞场，夜以继日地"浅斟低唱"。柳永这一招"以子之矛，攻子之盾"，让皇帝心底郁闷，却只能干瞪眼。君无戏言，自由撰稿人柳永打着"奉旨填词"的旗号，玩出了名人效应。据北宋陈师道《后山诗话》载："柳三变游东都南、北二巷，作新乐府，骫骳从俗，天下咏之，遂传禁中。"

宋代是一个承前启后，富有近现代色彩的朝代。两宋统治三百多年，农业产量一直保持领先，劳动生产率更是超越了以往。城镇化浪潮汹涌，城市经济空前发展，随着中心城市的形成，商业文化异军突起，市民生活安逸，休闲享乐思想如春草般滋生蔓延，曲子词、花间词就是在这样的商业文化背景和社会需求中迎来了异彩纷呈的繁荣时期。

刘毓盘在《词史》中说："观宋祁、王珪所作，文必俪言，诗必宫体，亦一时雅尚也。若朝臣相宴……民间化之，对酒当歌，以永朝夕。柳氏慢词，即应时而作。"柳永的词深受大众欢迎。

因为柳永，词极大地扩大了它的影响。柳永的词在内容上没有突破，多写舞筵歌席，倚红偎翠，从直接感观上描写女性，但赋予了她们更多的现实感情和现实环境。柳永的词，如一幅幅色彩绚丽的图画，真实地记录了北宋年间的世风。

真宗皇帝一句话，成就了一代词人柳永。词从民间转入文人手中，柳永将词从士大夫圈中解放出来，赋予了生活气息，使它走向世俗化。

本来，民间词以俚俗取胜，文人词以儒雅取胜，二者各具胜场。但宋代和后世一些文士忽略了词的源头，转而只看重文人词的传统。所以，后人对柳永词的成就褒贬不一，柳永也成了话题人物。

词，本来是隋唐以来配合流行音乐而演唱的歌词，转入中晚唐士人手中，发生了由俗曲渐趋诗化的过程。温庭筠、韦庄、李璟、冯延巳做的是将"词"诗化的事，而柳永所作的"词"，是真正以歌曲性质为主的，与当时流行音乐紧密结合的。温、韦、李、冯的词是浪漫抒情的写意，柳永的词则是通俗、真切的写实。

《全宋词》一共收录了柳永词作二百一十二首，其中与歌伎有关的就有一百四十九首，大部分是记录他与歌伎来往的词作。秀香、英英、瑶卿、心娘、虫娘、酥娘、佳娘这些色艺俱佳的歌伎，因柳词得以留名。

> 秀香家住桃花径。算神仙才堪并。（《昼夜乐》）
>
> 英英妙舞腰肢软。章台柳、昭阳燕。（《柳腰轻》）
>
> 有美瑶卿能染翰。千里寄、小诗长简。（《凤衔杯》）
>
> 心娘自小能歌舞，举意动容皆济楚。（《木兰花·四之一》）
>
> 佳娘捧板花钿簇，唱出新声群艳伏。（《木兰花·四之二》）

虫娘举措皆温润，每到婆娑偏持俊。（《木兰花·四之三》）

酥娘一搦腰肢袅，回雪萦尘皆尽妙。（《木兰花·四之四》）

这些莺舌珠喉、杏脸花貌、明眸娇波、柳腰莲步、巧笑媚靥、歌扇舞群的大宋佳丽，为柳永词增添了一道道亮丽的风景。咏其眼，"倾城巧笑如花面。恣雅态、明眸回美盼"（《洞仙歌》）。咏其眉，"偶认旧识婵娟。翠眉开、娇横远岫"（《玉蝴蝶》）。咏其脸，"抬粉面、韶容花光相妒。绛绡袖举"（《夜半乐》）。咏其身材，"身材儿、早是妖娆。算风措、实难描"（《合欢带》）。

汴梁城中的歌伎，只要得到柳词的品鉴，立即声名鹊起，身价百倍。

很快，坊间就流传俗谚："不愿君王召，愿得柳七叫。不愿千黄金，愿得柳七心。不愿神仙见，愿识柳七面。"彼时，做歌伎如果不认识柳永，那她绝对不是当红歌星。

柳永词得以飞速传播，正是凭借歌伎的传唱。柳永词的传播模式如下：歌词→歌伎→听众。柳永词成为传唱的经典，歌伎在其中充当了不可或缺的媒介作用。"男不唱艳词，女不唱雄曲"，柳永词多是柔艳之曲，正适合十七八岁的歌伎演唱。

其词凭借歌伎的曼妙歌喉，鲜活生动地流行于当时。歌伎将柳永词演绎得淋漓尽致，使得柳永词成为一种文学和歌舞的艺术整合体，以一种歌伴舞的全新方式广泛传播，在歌楼舞榭、勾栏瓦肆、大街小巷传唱。

柳永成为拥有超高人气的资深词人，与他的真性情有关。他和歌伎在一起，是惺惺相惜，更是同病相怜。大家同是天涯沦落人，对社会有共同的感触，彼此之间坦诚相见，更容易成为知己。

"何妨携手同归去。永弃却、烟花伴侣。免教人见妾，朝云暮雨"（《迷仙引》），这几句词，乍一看似乎是柳永在为身处社会底层的歌伎悲惨的命运鼓与呼，其实，柳永也是在感慨命运对待自己的不公。

男女间的相思，在温庭筠的笔下，是"杨柳又如丝，驿桥春雨时。画楼音信断，芳草江南岸"（《菩萨蛮》），含蓄若抒情诗。晏殊是"望尽天涯路"（《蝶恋花》），不是现实中可以确指的人物和情感，而是以诗化之语言婉转表达人物与感情，有一种托喻和理想色彩。但在柳永笔端，男女之事直接大胆，甚至露骨，他真切地写出了女子心底的感情。如《定风波》：

> 自春来、惨绿愁红，芳心是事可可。日上花梢，莺穿柳带，犹压香衾卧。暖酥消、腻云亸，终日厌厌倦梳裹。无那。恨薄情一去，音书无个。
>
> 早知恁么，悔当初、不把雕鞍锁。向鸡窗，只与蛮笺象管，拘束教吟课。镇相随、莫抛躲，针线闲拈伴伊坐。和我。免使年少，光阴虚过。

柳永不是用诗人的口吻去写女子，而是用通俗、坦率、完全生活化的语言去描写市井歌女的现实感情和生活。

"终日厌厌倦梳裹"的女子和她"悔当初、不把雕鞍锁"的爱情，在意境方面难以引发听众高远的遐思，表现手法也缺乏含蓄的典雅美。

"恨薄情一去，音书无个。早知恁么，悔当初、不把雕鞍锁。"一个女子用平淡无奇的口语倾诉心曲，早知负心人一去不返，还不如当初"雕鞍锁"，不让他离开，朝朝暮暮"针线闲拈伴伊坐"，这样就可以"免使年少，光阴虚过"。

柳词"芳心是事可可"的赤裸感情的道白，完全是一种对士大夫词的离经叛道。柳永的另类与叛逆，令那些虚伪的传统道德卫道士大跌眼镜，他们果断地将柳词视为鄙俗之作，也就无足为奇了。

柳永摒弃了士人把歌伎当"玩物"的观念，而是把她们当作自己的知音。同样，歌伎也对柳永怀着深厚的友谊，把他当作朋友，给他寄来书简。柳永把歌伎特意寄来的诗简带在身边，时时拿出来阅读。他所欣赏的已不仅仅是她们的体态和容貌，更多的是她们的才华和品格。这些欢场女子所看重的，也并不是柳永的金钱（实际上柳永也没有钱），而是他的才华。

> 自古及今，佳人才子，少得当年双关。（《玉女摇仙佩·佳人》）
>
> 且恁相偎倚。未消得、怜我多才多艺。（《玉女摇仙佩·佳人》）
>
> 当日相逢，便有怜才深意。（《殢人娇》）
>
> 被举措、艺足才高，在处别得艳姬留。（《如鱼水》）
>
> 结前期。美人才子，合是相知。（《玉蝴蝶·五之三》）

柳永打破世俗观念，率先提出了"才子佳人"的爱情模式，在北宋年间无疑是惊世骇俗之举。这种观念，摒弃了世俗政治和经济利益的考虑，排除了门当户对的陈腐婚姻观。

不过，柳永虽然持这种泛爱观念，但让他为一个女人矢志不渝，也实在是强人所难。他并不是为了填词而填词，他要飞得更高。这种流连风月的生活，并不是柳永想要的，他的内心深处，也十分纠结。

柳永《玉女摇仙佩·佳人》：

飞琼伴侣，偶别珠宫，未返神仙行缀。取次梳妆，寻常言语，有得几多姝丽。拟把名花比。恐旁人笑我，谈何容易。细思算、奇葩艳卉，惟是深红浅白而已。争如这多情，占得人间，千娇百媚。

须信画堂绣阁，皓月清风，忍把光阴轻弃。自古及今，佳人才子，少得当年双关。且恁相偎倚。未消得、怜我多才多艺。愿奶奶、兰心蕙性，枕前言下，表余心意。为盟誓。今生断不孤鸳被。

纠结的自我

据唐圭璋先生考证，柳永的父亲柳宜仕至工部侍郎，以孝行闻名。叔父五人为宣、真、宏、寀、察，兄二人为三复、三接，皆有科第功名于时。据宋王禹偁《小畜集·建溪处士赠大理评事柳府君墓碣铭》，柳永的祖父柳崇，"以行义著于州里，以竣严治于闺门"，"诸子、诸妇，却修礼法，虽从宦千里，若公在旁。其修身训子，有如此者"。

在这种重视儒家传统的家庭熏陶下，柳永热衷功名，也是顺理成章之事。然而，命运与柳永开了一个玩笑。饱读诗书的柳永天赋异禀，骨子里有浪漫的天性，更有着超乎常人的音乐天赋，其造诣令同时代的人望尘莫及。

做官还是作词？这是一个鱼与熊掌的选择。本来，柳永愿意为俗曲写作歌词，以满腔的热情讴歌那些生活在社会底层的歌伎，温暖她们冰冷的心灵。而"奉旨填词"的结果，令柳永的用世之志遭受巨大挫辱，最终他选择回归主流社会，参加科举。这正是造成柳永一生悲剧的重要原因。

柳永风流不羁，但归根结底，仍是一个封建文人，终难彻底摆脱传统思想，"定然魁甲登高第"（《长寿乐》）的出仕思想始终没有断绝。

人近中年，柳永终于进士及第，步入仕途。柳永再次参加科举，并非浪子猛醒，极可能是搭上了一列科举末班车。

宋朝统治者为了加强中央集权统治，笼络士人，其科举取士制度中另有一种特奏名制度。特奏名又称恩科，是士子应省试或殿试多次不第，达到一定年龄和举数后，可别作一甲奏名，从宽赐予出身的一种科举制度。蔡京季子蔡绦在笔记《铁围山丛谈》中一针见血地道出特奏名进士科的本质："录潦倒于场屋，以一命之服而收天下士心尔。"

宋真宗驾崩后，宋仁宗赵祯继位为君。宋仁宗在乾兴元年（1022）接班时，还只是个十三岁的孩子，宋真宗遗诏尊刘皇后为太后。刘太后垂帘听政，军国重事的处置大权掌握在她一人手中。刘太后称制十一年，有"天圣"（共九年）、"明道"（共两年）两个年号，意思就是"二圣人""日月并"。明道二年（1033）三月，刘太后薨，时年二十四的宋仁宗开始亲政。宋仁宗下诏次年改元景祐，以示朝政走入新时代。

景祐元年（1034），宋廷颁旨："进士五举，年五十；诸科六举，年六十；尝经殿试，进士三举，诸科五举，及尝预先朝御试，虽试文不合格，毋辄黜，皆以名闻。"（《宋史·仁宗本纪》）①

柳永的落第和及第，都是因为皇恩浩荡，似乎不能排除他是特奏名进士。柳永陶醉在进士及第的幸福之中，一想到自己从此可以光宗耀祖，立即作《柳初新》表达喜悦之情：

> 东郊向晓星杓亚。报帝里，春来也。柳抬烟眼。花匀露脸，渐觉绿娇红姹。妆点层台芳榭。运神功、丹青无价。
>
> 别有尧阶试罢。新郎君、成行如画。杏园风细，桃花浪暖，竞喜羽迁鳞化。遍九陌、相将游冶。骤香尘、宝鞍骄马。

野百合终于等到了春天，柳永喜洋洋也！

"别有尧阶试罢"之句，隐约地透露出，柳永进士及第的途径是特奏名。终于进士及第的柳永，为了实现人生理想，体现人生价值，暂时丢开了自尊，拍起了比他小二十多岁的宋仁宗马屁。经过多年磨砺，柳永也变

---

① 南宋吴曾《能改斋漫录》载，柳永"景祐元年（1034）方及第"。北宋王辟之《渑水燕谈录》载："柳三变景祐末登第……"柳永究竟于何年进士及第，已不可考。景祐年为1034年至1038年，一些学者据此推算柳永生于984年似乎不妥。柳永参加科举，至少"五举"，"进士五举，年五十"，可以以特奏名进士及第，并非必须五十岁，也可以是五十岁以上。

得世故圆滑了。①

好不容易进士及第，新的烦恼却又来了。

宋张舜民《画墁录》记载，"柳三变既以词忤仁宗，吏部不敢改官，三变不能堪，诣政府"。晏殊问他："贤俊作曲子么？"柳永见宰执大人问话，恭恭敬敬地答道："只如相公亦作曲子。"晏殊漫不经心道："殊虽作曲子，不曾道'针线闲拈伴伊坐'。"②

"针线闲拈伴伊坐"出自柳永《定风波》。自词诞生以来，尚未有柳永《定风波》写得如此率性质朴，具有浓厚生活气息的。《定风波》中的少妇，心直口快，敢爱敢恨，心有所思便大胆吐露，语言直白如话。她的懊恼、悔恨与痴情，是坦荡荡的；她多情、泼辣甚至有些任性的形象是鲜明的；她的诉求，充满世俗生活的气息。

柳永用语，不避浅俗艳丽，"暖酥""腻云""无那""音书无个""早知恁么""伴伊坐"等，全是市井小民的日常用语。这首充满世俗情味的词，颇受青楼歌伎喜爱，自诞生以来，传唱不衰。

但是，用这样俚俗的语言表达如此世俗的情思，把女子的言谈举止写得如此主动与热烈，颇让那些讲求温柔敦厚，提倡雅正隽永，偏好含蓄委婉的正统文人难以接受。富贵词人晏殊也经常填写一些小词，却无法忍受柳永的"低俗"。

---

① 柳永作词，究竟是触怒了宋真宗，还是宋仁宗，无法考证。笔者以为，柳永先是触怒了宋真宗，所以数次科举不第。此后，宋仁宗登基，柳永因词再次被打入另册。触怒宋仁宗发生在柳永入仕之后，所以终其一生，柳永只做到了屯田员外郎。

② 柳永究竟何时干谒晏殊，已不可考，晏殊在仁宗朝仕至尚书左丞、参知政事，一生两度遭贬。一次是在明道二年（1033）。五年后被召回，自刑部尚书加同中书门下平章事。《宋史》记载，晏殊为相后"益务进贤材"。另一次在庆历四年（1044）。晏殊接连被贬，出知永兴军，此后淡出政坛。柳永去走晏殊的门路，只能是晏殊两次遭黜期间。以词忤仁宗，究竟是指《鹤冲天》，还是《醉蓬莱》，史未有载。

柳永一听话不投机，只好告退。

柳永心下忐忑之时，迎来了职场新生。他被任命为睦州（今浙江淳安、建德一带）推官（从八品），下到基层锻炼，开始了宦海沉浮。

多数特奏名进士等到须发皆白，终于入仕。年事已高的他们，注定无法在官场上走得更远，利禄心重者，便顾不得名节，在任上疯狂聚敛钱财。但柳永永远是个异类，混迹词坛不是为了钱财，跻身官场也不是为了钱财。他终于可以一展平生抱负。到任后，柳永任劳任怨，上任月余就得到州官吕蔚的荐举。

吕蔚是柳永的铁杆"粉丝"，他本来以为柳永只是个"浪子词人"，接触之后，才知柳永是有济世之志的大才。考虑到柳永年过半百，他希望柳永早日升迁，于是主动为国荐贤，哪知道弄巧成拙。

据宋叶梦得《石林燕语》记载："祖宗时，选人初任荐举，本不限以成考。景祐中，柳三变为睦州推官，以歌辞为人所称，到官才月余，吕蔚知州事即荐之。郭劝为侍御史，因言三变释褐到官始逾月，善状安在，而遽荐论？因诏州县官，初任未成考不得举，后遂为法。"

人非生而知之，宋仁宗经历多年帝王学教育，敏而好学，亲政之初防微杜渐，改变州官荐举法无可厚非。柳永一不小心，再次天下知名。消息传来，柳永欲哭无泪。惆怅不已的他，泛舟富春江（桐江）上，作《满江红》感慨道：

> 暮雨初收，长川静、征帆夜落。临岛屿、蓼烟疏淡，苇风萧索。几许渔人飞短艇，尽载灯火归村落。遣行客、当此念回程，伤漂泊。
>
> 桐江好，烟漠漠。波似染，山如削。绕严陵滩畔，鹭飞鱼跃。游宦区区成底事，平生况有云泉约。归去来、一曲仲宣吟，从军乐。

"归隐"只是突然间冒出的念头，柳永并未因一时的挫折而沉沦，在一生的宦游经历中，他在各地都留下了清名。据《余杭县志》记载，"柳永字耆卿[①]，仁宗景祐间余杭令，长于词赋，为人风雅不羁，而抚民清静，安于无事，百姓爱之"。

柳永在任余杭令，不折腾，不搞政绩工程，深受当地百姓爱戴。

世人多知柳词风流潇洒，却不知柳永也具有悲天悯人的诗人情怀。柳永曾任晓峰[②]盐场的盐官，盐场位于浙江定海（今舟山群岛）。宋神宗熙宁六年（1073），舟山县更名为"昌国县"。

盐场没有秦楼楚馆的豪华，也没有亭榭台阁的绮丽，却有着海天岛礁的独特风华，这里有波澜壮阔的海景，雪白的盐。

在这里，柳永没有了吟风弄月的心情。他目睹当地盐户穷困劳苦的生活情景，心情震荡，写下了七言古风《煮海歌》，郑重其事地在题目下加了"悯亭户也"四字。[③]

《煮海歌》诗云：

> 煮海之民何所营，妇无蚕织夫无耕。
>
> 衣食之源太寥落，牢盆煮就汝轮征。
>
> 年年春夏潮盈浦，潮退刮泥成岛屿。
>
> 风干日曝咸味加，始灌潮波增成卤。
>
> 卤浓碱淡未得闲，采樵深入无穷山。

---

① 这个时候，柳永已经更名了，更名"永"，据说是身体原因。

② 晓峰原名曙峰，因为英宗皇帝（1064—1067 年在位）名叫赵曙，为避帝讳，"曙峰"改成了"晓峰"。改名之事，在柳永任盐监之后。

③ 亭户即盐民，《宋史·食货志》记载："环海之湄，有亭户，有锅户，有正盐，有浮盐。正盐出于亭户，归之公上者也；浮盐出于锅户，鬻之商贩者也。"

豹踪虎迹不敢避，朝阳山去夕阳还。
船载肩擎未遑歇，投入巨灶炎炎热。
晨烧暮烁堆积高，才得波涛变成雪。
自从潴卤至飞霜，无非假贷充餱粮。
秤入官中得微直，一缗往往十缗偿。
周而复始无休息，官租未了私租逼。
驱妻逐子课工程，虽作人形俱菜色。
鬻海之民何苦门，安得母富子不贫。
本朝一物不失所，愿广皇仁到海滨。
甲兵净洗征轮辍，君有馀财罢盐铁。
太平相业尔惟盬，化作夏商周时节。

盐民终日辛苦劳作，换来的只是面有菜色。他们又该向何人抱怨？《煮海歌》既有对盐民生活深刻的观察，也有真挚感人的同情。与这些盐民的悲苦人生相较，柳永的个人不幸又能算什么？

元人冯福京所撰《大德昌国州图志》，全文收录柳永的这首诗，将柳永列入《名宦》。有宋一代，三百余年，有幸入围此书《名宦》者，仅四人。

在盐监任上，柳永的人生得到了升华。真的勇士，是敢于直面人生的人。原来，生活不只是吟风弄月，不只是奉旨填词，残酷的社会现实让柳永感到了极度震撼。如果只是沉浸在风花雪月中不能自拔，怎么能尽知政治利弊？或者，在看到盐民的劳作场景的时候，柳永就在为自己的曾经而懊悔。

《煮海歌》以恢宏大气的格局，发人深省的诗句，淋漓酣畅的直抒胸臆，敢于直面现实的揭露，曝光了盛世光环下的盐民原生态。柳永再次以卓尔不群的方式，回应世人对他的非议与质疑。为民鼓与呼，这是"浅近卑俗"吗？

柳永用事实证明，自己确实当得起"白衣卿相"四字。

柳永自负为贤才，希望有朝一日"时会高志须酬"（《如鱼水》），流连风月场所并非出自本心，不愿将冲天的意志消磨在脂粉堆中，写词偎红倚翠并不是他寒窗苦读希望得到的结果。欲求仕用却又对名利的羁绊极为反感，这种矛盾心态，可能与他担任的职务卑微有关。

柳永辗转各地宦游，所作词中经常写到"帝里""帝京""都门"等词，这种追忆并不全是怀念从前风月无边的浪荡生涯，也包含了对京城仕晋机会的向往。因为这种剪不断理还乱的思绪，柳永的词步入了新的境界。

柳永的羁旅行役之词，无论是形式还是内容，在宋词的发展演进过程中，都具有开拓之功。柳永精于音律，其羁旅词率先大量使用长调的慢词，而且往往打破常规，不是死板地按谱填词，而是经常将旧有曲调加以改造，或者干脆自谱新腔。

什么是慢词？唐末五代至北宋初年的词，都是小令，就是短小的几句话而已。柳永的羁旅词，是铺陈开来的长词，音律缓慢，结构较小令壮大了许多。许多与柳永同时代的人，不惮以最大的勇气臧否柳词，却不通音律，写慢词对于他们而言，"非不为也，实不能也"。

慢词在整个词史中是非同寻常的改变，这个变化影响了此后的宋人，甚至影响了后世戏曲的发展。从柳永的《八声甘州》中就可以读出慢词那种大气的铺排感：

对潇潇暮雨洒江天，一番洗清秋。渐霜风凄紧，关河冷落，
残照当楼。是处红衰翠减，苒苒物华休。惟有长江水，无语

东流。

　　不忍登高临远，望故乡渺邈，归思难收。叹年来踪迹，何事苦淹留。想佳人妆楼颙望，误几回、天际识归舟。争知我，倚阑干处，正恁凝愁！

　　苏轼很喜欢这首《八声甘州》，不止一次在公开场合赞赏过。都说柳词鄙俗，苏轼却独持异议。据北宋赵令畤《侯鲭录》卷七，"东坡云：'世言柳耆卿曲俗，非也。如《八声甘州》云：'霜风凄紧，关河冷落，残照当楼。'此语于诗句不减唐人高处"。

　　"渐霜风凄紧，关河冷落，残照当楼"，以一个"渐"字，带出三个联句，使用蒙太奇手法，层次感分明地把肃杀秋景，如浓墨重彩的油画一样展现在所有人面前。苏轼继承了柳永这种写作手法，更胜一筹。

　　柳永总是在白描法勾勒开阔博大的景象后，笔锋一转，再次回到柔情的叙事，苏轼则始终盈溢着开阔博大与雄浑矫健的豪气。如苏轼所作同调《八声甘州·寄参寥子》：

　　有情风、万里卷潮来，无情送潮归。问钱塘江上，西兴浦口，几度斜晖。不用思量今古，俯仰昔人非。谁似东坡老，白首忘机。

　　记取西湖西畔，正暮山好处，空翠烟霏。算诗人相得，如我与君稀。约他年、东还海道，愿谢公、雅志莫相违。西州路，不应回首，为我沾衣。

　　"有情风、万里卷潮来，无情送潮归"一句，受柳词影响至深。

　　参寥子（僧人道潜的法号）是苏轼的方外好友，与苏轼肝胆相照，友谊甚笃。早年苏轼任徐州知州，参寥子专程从余杭前往拜访。苏轼被贬黄

苏轼《八声甘州·寄参寥子》：

有情风、万里卷潮来，无情送潮归。问钱塘江上，西兴浦口，几度斜晖。不用思量今古，俯仰昔人非。谁似东坡老，白首忘机。

记取西湖西畔，正暮山好处，空翠烟霏。算诗人相得，如我与君稀。约他年、东还海道，愿谢公、雅志莫相违。西州路，不应回首，为我沾衣。

州，参寥子不远千里，至黄州与苏轼游从。苏轼知杭州，参寥子又到杭州卜居智果精舍。苏轼南迁岭海，参寥子还准备往访，苏轼去信劝阻才作罢。道潜有"禅心已作沾泥絮，不逐东风上下狂"（《口占绝句》）之诗句，深得苏轼赏识。

有情的风，从万里外把潮水卷来，又无情地把潮水送了回去。有情潮来，无情潮去，苏轼的这首词，充满着人生无常的感慨与无奈。

撇开原词，单独看"有情风、万里卷潮来，无情送潮归"两句，就有一种"无可奈何花落去"与"落花有意，流水无情"的茫然。苏轼一生，两度知杭州，正如潮来潮去，怎能不感慨人世沧桑？

后人将柳词与苏词视为两种截然不同的风格，以"腻柳""豪苏"分别称之，却不知世间万物皆有因有果，事物的发展有渐进之过程。豪苏，正是腻柳影响过渡所至。苏轼敏锐地捕捉到柳词具有开拓性的特质，有所体悟，将柳词特质吸收放大，为宋词开拓出了另外一番天地。苏轼对柳词不吝赞美之词，正是饮水思源，词作有得于柳词之处，柳永给他的启发和影响不容忽视。

柳永为乐工歌伎所作的词，确实有淫靡的曲辞，但那不是柳词的全部。

为什么受伤的总是我

古往今来，凡成就大事业、大学问者，必经三种境界。"昨夜西风凋碧树，独上高楼，望尽天涯路"（晏殊《蝶恋花》），此第一境界；"衣带渐宽终不悔，为伊消得人憔悴"（柳永《蝶恋花》），此第二境界；"众里寻他千百度，蓦然回首，那人却在灯火阑珊处"（辛弃疾《青玉案》），此为第三境界。

第一境界是立志，做学问成大事业，首先要明确目标与方向。不患人之不知己，患志之不立也。第二境界是为实现人生理想，就必须坚定不移。不经历风雨，怎么会见彩虹？做学问、成大事业必须要经历的第三境界是，要有专注之精神。没有量的积累，就不会的质的变化。唯有不断学习，才会有所思，有所得。

许多人认为，柳永的《蝶恋花》是怀人之词，描述的是相思之苦：

> 伫倚危楼风细细，望极春愁，黯黯生天际。草色烟光残照里，无言谁会凭阑意。
> 拟把疏狂图一醉，对酒当歌，强乐还无味。衣带渐宽终不悔，为伊消得人憔悴。

笔者以为，这不是伤离怨别的艳词，而是柳永"功业未及建，夕阳忽西流"（西晋刘琨《重赠卢谌》），才人迟暮的悲鸣。

春天，本来是播种下希望的季节。可是，百花争芳吐艳的烂漫春光，在柳永的眼中是草色烟光、危楼残照的凄婉景象。境由心生，柳永的内心悲凉，无法言表，只好自言自语，"无言谁会凭阑意"。这种郁积在心底的苦恼难以向人言说，即便讲了也没有人理解。正因为这样，柳永这种不为人理解的苦恼显得更加沉重，就像无穷无尽的春愁，"黯黯生天际"。

本来可以借酒浇愁，可是酒精突然失去了麻醉神经的作用。"对酒当歌"一句，化用了曹操《短歌行》之诗意。在"青青子衿，悠悠我心"一句后，曹操婉转地写道，"但为君故，沉吟至今"，潜台词是"纵我不往，子宁不嗣音"。笔者以为，柳永"对酒当歌"一句，正是感慨"人生几何"。

柳永"衣带渐宽终不悔"，"但为君故"，才"消得人憔悴"。"君"者何人？仁宗皇帝也！柳永心底仍希望得到仁宗的垂青与眷顾。当年与时驰，青春不再，柳永才意识到时间对于生命的重要性。渴望建功立业的激情澎湃，所以有了衣带渐宽终不悔的执着与感悟。

柳永一生，有太多的无奈：青年时离家赴京赶考，却沦落至为歌伎作词维持生计；进士及第后作词拍圣明天子马屁；为求一官半职，不惜放低身段，干谒执政大臣晏殊；入仕后对自己进行约束，都有不得已的成分在内。或者，他的更名，也是一种对从前放浪形骸生活的道别方式。

从某种意义上讲，宦游的柳永结束了都市风花雪月的生活，由市井才子重新回归了士大夫的身份。风月的欢娱为人生感慨所替代，秦楼楚馆转换为水乡旷野，词人眼界顿时开阔，而词的境界也因之提高。

柳永既有李白的才气，也有杜甫的忠君爱国思想，但他没有李白的干云豪情，也不像杜甫那样始终秉持一颗儒者的谨慎之心。不论走到哪里，柳永始终无法放下那些落魄时给他慰藉的歌伎舞女。

性格决定命运，性格不羁，自然会有异样的悲情人生。柳永的《蝶恋花》，让人读出了专制王朝中一个才华横溢的知识分子，一个高贵的灵魂，在理想与现实间挣扎的无奈。

柳永一生宦海沉浮，担任过睦州团练推官、晓峰盐场监官、西京灵台令、余杭令、泗州判官、著作郎、太常博士、屯田员外郎。他辗转大江南北，足迹所至，几乎踏遍了大江南北，从其词作中透露出的信息可知，他到过睦州、昌国、开封、长安、建宁、杭州、扬州、苏州、鄂州、岳阳、湖南道州、陕西华阴、成都等地。

在漂泊辗转中，柳永创作了大量的羁旅行役词，首次将羁旅行役同儿女情长结合起来，在宏大的背景下抒发相思之苦和人生之感，突破了花间樽前的琐碎与狭窄，拓宽了宋词的创作题材。

悲哀的是，理想的丰满不敌现实的骨感——与柳永期望的风云际会、拯救民瘼、大展宏图距离遥远的是，他担任的只是低微的职务。

宋代磨勘转官，"须至京引对"（北宋宋敏求《春明退朝录》），所以，柳永不是在履新的途中，就是奔波在赴京的羁旅。即便沉沦下僚，郁郁不得志，柳永仍收敛了年少轻狂，始终对未来抱有期望。

据北宋王辟之《渑水燕谈录》记载，柳永"皇祐中，久困选调。入内都知史某爱其才，而怜其潦倒"，乘机荐之仁宗，"以耆卿应制。耆卿方冀进用，欣然走笔，词名'醉蓬莱慢'。比进呈，上见首有'渐'字，色若不悦。读至'宸游凤辇何处'，乃与御制真宗挽词暗合，上惨然。又读至'太液波翻'，曰：'何不言波澄？'乃掷之于地。永自此不复进用"。

《宋会要辑稿》记载了宋仁宗御制真宗挽词，最后有"俨时巡之仙仗，护川逝之宸仪。呜呼哀哉！攀鼎龙兮莫皇，瞻帷凤兮何有"之句。柳永的"宸游凤辇何处"，词意正与仁宗挽词暗合。另外，"渐"字指皇帝病危，"翻"颇犯皇家之忌，仁宗不悦，正是情理中事。柳永词填得好，并不等于他会拍马屁。柳永本来是想拍圣明天子马屁的，哪知弄巧成拙，一不小心拍在了马蹄子上。

宋词具有应歌、应社、应制等三种社交功能。应歌是指词人应教坊或者为歌女量身定做的词，应社是指词人在诗社、诗友结社游赏时所作的唱和之词，应制是指应皇帝或相关部门所写，唱赞歌的词。在皇权至上的专制时代，受皇帝之命作词，词作是否受到皇帝喜爱，直接关系词作者的前途及命运。因此，许多人趁此良机逢迎阿谀，讨人君欢心。

据宋吴处厚《青箱杂记》记载："景德中，夏公初授馆职，时方早秋，上夕宴后庭，酒酣，遽命中使诣公索新词。公问：'上在甚处？'中使曰：'在拱宸殿按舞。'公即抒思，立进《喜迁莺》。词云：'霞散绮，月沈钩。帘卷未央楼。夜凉河汉截天流。宫阙锁清秋。瑶阶曙。金盘露。凤髓香和烟雾。三千珠翠拥宸游。水殿按凉州。'中使入奏，上大悦。"宋真宗夜宴令夏竦作词助兴，他立即奉上马屁词章。月悬中天的深夜，金碧辉煌的宫殿在月夜中越发光芒万丈。三千佳丽簇拥着真宗皇帝，燕舞莺歌的宴会场景跃然纸上。夏竦有此急智，自然官运亨通。

应制词让一些人夤缘而上，也让一些人遭贬谪。吴曾《能改斋漫录》记载："王观学士尝应制撰《清平乐》词云：'黄金殿里，烛影双龙戏。劝得官家真个醉，进酒犹呼万岁。折旋舞彻伊州，君恩与整搔头。一夜御前宣住，六宫多少人愁。'""真个醉"与"多少人愁"相对，好一个《清平乐》。整首词不见歌功颂德，反而充满了戏谑与讽谏，赵官家贪图享乐的丑态流露无遗。果然，王观此词被"高太后以为媟渎神宗，翌日罢职，世遂有逐客之号"。

柳永声名远播，不可避免地创作了许多歌功颂德和欢庆佳节之词。这些词流传很广，个别作品很快传入禁中，宋仁宗听了也连声赞赏，以之佐酒。据《避暑录话》，"永初为《上元辞》有'乐府两籍神仙，梨园四部弦管'之句传禁中，多称之"。"乐府两籍神仙，梨园四部弦管"是柳永《倾杯乐·禁漏花深》中的词句。

柳永没有读过宋仁宗的御制挽词，不避帝王忌讳，撞在枪口上，只能证明他不谙官场潜规则。柳永过于感情用事，缺乏理性，做文章尚可，做文章太守则前途堪忧。柳永性格直言率真、感情丰富敏感，实在不适合在官场上发展。他的个性更适合在文学创作上发挥所长，仁宗特别关照，让他"且去填词"，也算是洞悉了柳永性格中的弱点。让柳永在词的领域恣意发展，可能也是对他的另一种人文关怀。

柳永四处漫游，对苏州、杭州的富庶安乐也有深刻的体验。他对这些大都市的描绘也很成功。在这些作品中，最为知名的当数《望海潮》：

东南形胜，三吴都会，钱塘自古繁华。烟柳画桥，风帘翠幕，参差十万人家。云树绕堤沙，怒涛卷霜雪，天堑无涯。市列珠玑，户盈罗绮，竞豪奢。

　　重湖叠巘清嘉，有三秋桂子，十里荷花。羌管弄晴，菱歌泛夜，嬉嬉钓叟莲娃。千骑拥高牙，乘醉听箫鼓，吟赏烟霞。异日图将好景，归去凤池夸。

　　据《岁时广记》引《古今词话》，柳永这首《望海潮》，是为了阿谀时任杭州知州的孙何所创。孙何与柳永本是布衣之交，孙何做官后，二人身份地位悬殊，柳永游历到了杭州，无法见到孙何。柳永无奈，只好作了这首《望海潮》，交给杭州名妓楚楚，拜托她在官府酒宴时演唱。果然，孙何听到这首词曲后，击节赞赏，得知故人来访，当时就接柳永来共同饮酒作乐。

　　两宋三百多年，连中三元者，计五人。第一个连中三元的才子就是孙何，是太宗淳化三年（992）的状元。其弟弟孙仅略逊一筹，时隔六年，成为真宗咸平元年（998）的会元、状元。兄弟两人"连冠贡籍，时人荣之"（《宋史》），大宋人亲切地称孙何、孙仅为"大宋学霸"。

　　宋太宗殿试规定，先交卷的就是状元。孙何是个高度近视，作起文章来，速度自然快不了。他却因祸得福——第一个交卷的不是他，另有其人。可是，赵炅却认为"比来举子浮薄，不求义理，务以敏捷相尚，今此题渊奥，故使研穷意义，庶浇薄之风可渐革也"（北宋魏泰《东轩笔录》）。先交卷的进士被逐出考场，近视的孙何显得老成稳重，出乎意料成了新科状元。与乃兄相比，孙仅的状元来得更轻松，他进士及第那年，正值真宗皇帝为父亲守丧期间，按例不举行殿试，省元孙仅因此大魁天下。[1]

---

① 尽信书不如无书。孙何连中三元的时候，柳永还未成年，二人怎会是布衣之交？笔者以为，野史的记载不一定准确。

作为配合燕乐而生的词，流行于歌舞酒宴之间，适宜在花前月下浅斟低唱，所以词从诞生之日起，就与都市及都市休闲文化密切相关。

白居易的《忆江南》可能是最早的都市词。"江南好，风景旧曾谙。日出江花红胜火，春来江水绿如蓝，能不忆江南？"寥寥数笔，勾勒出了杭州迥异的风光，确实是大家手笔。只是，白居易所描绘的是自然景观，而非人文景观。

随着商品经济的蓬勃发展，在柳永生活的时代，杭州城的繁华已非唐时可比。繁华的都市催生了都市词文化，更培养了以表现城市生活见长的平民词人柳永。柳永笔下的杭州，有山、有水、有花、有树，还有"烟柳画桥，风帘翠幕，参差十万人家"。

据宋罗大经《鹤林玉露》丙编卷一记载，柳永的这首《望海潮》流传很广，"市列珠玑，户盈罗绮，竞豪奢"的杭州市井景象，引起了金海陵王完颜亮的觊觎之心。"金主亮闻歌，欣然有慕于'三秋桂子、十里荷花'，遂起投鞭渡江之志。"完颜亮因为柳永的词，写下了"提兵百万西湖上，立马吴山第一峰"（《题临安山水》）的慷慨诗句，哪知在长江边上却折戟沉沙，枉自送了卿卿性命。

南宋诗人谢驿（字处厚）感慨道："谁把杭州曲子讴，荷花十里桂三秋。那知卉木无情物，牵动长江万里愁。"《鹤林玉露》的作者罗大经，对宋室不思恢复、苟且偷安的国策十分不满，作诗和其韵道："杀胡快剑是清讴，牛渚依然一片秋。却恨荷花留玉辇，竟忘烟柳汴宫愁。"（《和谢处厚》）[1]

词大多是在酒桌上随意写下，随手就交给了歌伎即席演唱，词作者根

---

[1] 北宋末年，靖康之乱，有人题诗于汴梁皇宫墙上云："依依烟柳拂宫墙，宫殿无人春昼长。"国破山河在，本来是春宵苦短的好时节，却因二帝北狩而变得"春昼长"。读来怎不令人断肠？

本不拿它当"名山事业"。宋向子谭《酒边词》中的序言写道："词曲者，古乐府之末造也……然文章豪放之士，鲜不寄意于此者，随亦自扫其迹，曰谑浪游戏而已也。"清代诗人龚自珍道："词家从不觅知音。"（《己亥杂诗》）

然而，柳永的词从来不乏知音。《避暑录话》卷三载："余仕丹徒，尝见一西夏归明^①官云：'凡有井水饮处，即能歌柳词。'"

音乐无国界，柳永的词不但在宋朝疆域内长期稳踞流行前列，就连远隔千山万水的高丽国人民，也十分喜爱柳词。《高丽史·乐志》记载，有自北宋传入的七十四首大曲小唱，其中有八首是柳永所作，分别是《转枝花》《夏云峰》《醉蓬莱》《倾杯乐》《雨霖铃》《浪淘沙》《御街行》《临江仙》。

徽宗末年，朝臣刘季高在大相国寺智海禅院宴客，文臣会饮，话题自然离不开诗词曲赋，说着说着，就谈到了柳永的词。宋人对柳词毁多誉少，柳永的"词多媟黩"，几成定论。"因谈歌词，力诋柳氏，旁若无人者"，就在刘季高几人肆意臧否柳词之时，旁边酒桌一年迈宦官，手捧纸笔，走到刘季高的面前，跪下来，沉声道："大人既认为柳词不好，就麻烦您填一阕好词！"刘季高大窘，其他几人见状，面面相觑，作声不得。

柳永的词，流风所及，就连方外之人也耳熟能详。创立全真教的王重阳，一阳指功夫出神入化，其实，他也是一位词人。王重阳有一首《解佩令》深受柳永词作影响，在其词序中直承"爱看柳词，遂成"。词云：

---

① 南宋赵昇《朝野类要》记载："归明，谓元系西南蕃蛮溪峒人，久纳土，出来本朝补官。"宋廷招安工作极富成效，有归正、归顺、归明、归朝、忠义人等称谓。

平生颠傻，心猿轻忽。乐章集、看无休歇。逸性撼灵，返认过、修行超越。仙格调，自然开发。四旬七上，慧光崇兀。词中味、与道相谒。一句分明，便悟彻、耆卿言曲。杨柳岸、晓风残月。

显然，王重阳的悟道与读了柳永词有重大关系。全真七子中的马钰，其词作《传妙道》《玉楼春》都是以柳词为韵。全真教的词，在词曲递嬗过程中非常重要，从王重阳、马钰等人的词作风格、体制形式、体裁内容影响了元代散曲来分析，可以说柳永的词作间接影响了元代散曲。

柳永词的价值所在，就在于一个"俗"字，唯其大俗，故能大雅！

无独有偶，另据《宋朝事实类苑》记载，邢州开元寺有个叫法明的和尚，"落魄不检，嗜酒好博"。一个和尚不守清规戒律，喝酒、赌博，已经足以令人侧目了，还喜欢唱词，法明和尚的特立独行，太过惊世骇俗。这和尚"有召斋者则不赴"，碰到叫他喝酒，却欣然而往。喝到酒意阑珊，他就开始高歌柳永的词，什么时候不唱了，就是喝醉熟睡了。因为行事乖张，"乡人莫不侮之"，就连小孩子都不称呼他的法号，而是叫他"风（疯）和尚"。

秋去春来，倏忽十多年。一天，法明一本正经地对寺中僧众说："吾明日当逝，汝等无出观，吾往焉。"

众人哪里肯信，笑道："岂有是哉？"

第二天清早，法明乃摄衣就座，遽呼众曰："吾往矣，当留一颂而去。"

众僧见他法相庄严，与平日有异，急忙趋近倾听。只听法明说偈道："平生醉里颠蹶，醉里却有分明。今宵酒醒何处？杨柳岸，晓风残月。"

法明言罢，阖目坐逝。众僧以为法明临涅槃前会谈禅说法，虽然不能讲得天花乱坠，地涌金莲，但至少会将数十年的修行心得传授有心人。哪知法明坐化前所念的偈语，仍是柳永的词。

柳永《雨霖铃》：

寒蝉凄切，对长亭晚，骤雨初歇。都门帐饮无绪，留恋处，兰舟催发。执手相看泪眼，竟
无语凝噎。念去去，千里烟波，暮霭沉沉楚天阔。

多情自古伤离别，更那堪，冷落清秋节！今宵酒醒何处？杨柳岸，晓风残月。此去经年，
应是良辰好景虚设。便纵有千种风情，更与何人说？

"今宵酒醒何处？杨柳岸，晓风残月"，出自柳永的代表作《雨霖铃》：

> 寒蝉凄切，对长亭晚，骤雨初歇。都门帐饮无绪，留恋处，兰舟催发。执手相看泪眼，竟无语凝噎。念去去，千里烟波，暮霭沉沉楚天阔。

> 多情自古伤离别，更那堪，冷落清秋节！今宵酒醒何处？杨柳岸，晓风残月。此去经年，应是良辰好景虚设。便纵有千种风情，更与何人说？

《古今词话》记载，安史之乱时，唐玄宗幸蜀，遭遇了"六军不发无奈何，宛转蛾眉马前死"（白居易《长恨歌》）突发事件。杨玉环香消玉殒后，玄宗郁郁寡欢。逢蜀道栈阁萦迂，"霖雨弥旬"，夜雨闻铃肠断声，玄宗思念杨玉环，便创制了《雨霖铃》曲。

《雨霖铃》中，柳永精心绘制了一幅充满离情别绪的"晚秋"图，把所有听众的心困在了情网之中。

声嘶力竭的蝉鸣声中，城郊短亭，夕照余晖里，一只孤舟在江水中浮浮沉沉，一对男女泪眼人看泪眼人，千言万语又不知从何说起。就在此时，船要启碇的鼓声响起①，惊醒了依依不舍的男女。两个留恋却又"无绪"的男女，被"兰舟催发"惊散。

"黯然销魂者，惟别而已矣。"柳永数语就写出了人物的矛盾心理，"执手相看泪眼，竟无语凝咽"更如神来之笔，千余年后，读来仍令人心潮起伏。

---

　① 宋时客船启行，照例鸣鼓催客。范成大《晚潮》诗云："东风吹雨晚潮生，叠鼓催船镜里行。"

"今宵酒醒何处？杨柳岸，晓风残月"，被视为千古名句，自然有它的道理。旅人酒气暂消，从宿醉中醒来，船已不知行至何处。潺潺水声中，分手的情形恍然如梦。他摸着昏沉沉的头，隔了船窗向外望去，突然感觉寒风扑面，远处天际鱼肚白，沿岸萧疏的杨柳隐约可见。一弯残月高悬，清光如水。生命将漂流向何方？人生会在哪里醒来？醒，并不是从睡梦中清醒过来，而是一个生命从迷茫走向清醒的状态。

"杨柳岸，晓风残月"，生活中寻常可见，但正因为有了太多世俗的欲念，人们对生命中的许多美好事物视而不见。当人在刻意追求外在的时候，已经是深陷迷茫，无法自拔了。

活在当下，把握生命中的每一分钟，因为每一天、每一刻都是生命中的唯一。放手，才能得到，当你留意到了"杨柳岸，晓风残月"，生命已经圆满。如果生命变得麻木，那么"此去经年，应是良辰美景虚设"。再美好的风景，对于麻木的人来讲，都不会有任何触动。

法明和尚活得率真、豁达，是具有大智慧的人，听到柳词就可以开悟。"今宵酒醒何处？杨柳岸，晓风残月"之句，暗含机锋，一语双关。其中既有对生命转瞬即逝的无奈与喟叹，也有对生命价值的体悟。

可悲的是，柳永情场得意，官场落魄，人到晚年勘破世情，却对仕宦太过执着，其词作格局太过悲凉、颓废。柳永不如不做名利客，纵情一生填词，人生又有何憾？正是因为柳永人生不幸，后人才有幸读到如此美妙的词句。

柳永任余杭令时，途经江州，流浪妓家，结识了当地名妓谢玉英，见其房中有一册《柳七新词》，都是谢用蝇头小楷抄录的。柳永与她一见倾心，两情相悦。临别时，柳永写新词表示永不变心，谢玉英则发誓从此闭门谢客，以待柳郎。

柳永在余杭令任上，始终未忘谢玉英，任满回京，依前约到江州与她相会。不想谢玉英耐不住寂寞，陪人喝酒去了。柳永惆怅万分，在壁上赋词一首，回思从前恩爱光景，对谢玉英爽约表示不满："见说兰台宋玉，多才多艺善词赋。试与问、朝朝暮暮。行云何处去？"（《击梧桐》）

谢玉英见到题词，羞愧不已，立即卖掉细软，赶往东京追寻柳永。几经周折，谢玉英在开封名妓陈师师家找到了柳永。久别重逢，种种情怀难以诉说，两人再续前缘。从此，谢玉英就在陈师师东院住下，与柳永如夫妻一般生活。

柳永本来体质羸弱，加上仕宦人生不得意，流连花街柳巷，酒色损坏了他的身体，他最终身心俱疲，一命呜呼。柳永既无家室，也无财产，宋廷只是给了他正六品"屯田员外郎"的死后哀荣。谢玉英、陈师师等人，感念他的才气和多年友谊，共同出资，为他安排后事。谢玉英为他系孝守丧。

出殡之日，满城歌伎大放悲声。仔细想来，物伤其类——她们哭的不仅是柳永，更多是在哭自己的红颜薄命。这就是宋元话本中群伎合金葬柳七的风流佳话。

据南宋祝穆《方舆胜览》记载，柳永卒于襄阳，死后，众伎合资将他葬于城南。另据《福建通志·文苑传》记载，柳永"卒旅，殡润州僧寺"。王和甫（王安礼，王安石胞弟）知润州时，找不到柳永的后人，出资安葬了他。曾敏行《独醒杂志》记载："柳既死，葬于枣阳县花山。远近之人，每逢清明，多载酒肴，饮于耆卿墓侧，谓之吊柳会。"据清王士禛《带经堂诗话》记载："柳七葬真州仙人掌，仆尝有诗云：残月晓风仙掌路，何人为吊柳屯田？"

柳永卒地有襄阳、镇江、湖北枣阳、江苏仪征四说，究竟死于何地，也成了历史之谜。这正是柳永对宋词做出了不可磨灭的贡献，歌伎伶工奉他为祖师爷，岁时致祭，相沿成风的缘故。

直到明代，歌伎舞女都会在柳永忌日这一天，不约而同地去他的坟前祭拜。后来，干脆将这一天称为"吊柳七"或"吊柳会"。

　　最了解男人的是欢场女子，因为即便是道貌岸然的人，也会在她们面前原形毕露。她们深知自己在男人眼中只是花瓶、玩物，根本没有人真心对待她们。柳永虽然没有建立不朽之功业，却赢得了无数青楼女子的真心喜爱，这也许是对他一生最大的肯定。倘知身后千年仍有如此人气，柳永应当含笑九泉了。只是，后人戴了有色眼镜去读柳词，太过求全责备。

第二章

晏

殊

富

贵

词

人

南宋周辉《清波杂志》记载：

> 滕子京守巴陵，修岳阳楼，或赞其落成，答以："落甚成？只待凭栏大恸数场！"闵己伤志，固君子所不免，亦岂至是哉！张芸叟（张舜民）元丰间从高遵裕辟，环庆出师失律，且为转运使使李察讦其诗语，谪监郴州酒。舟行，以二小词题岳阳楼。"木叶下君山。空水漫漫。十分斟酒敛芳颜。不是渭城西去客，休唱阳关。醉袖抚危栏。天淡云闲。何人此路得生还。回首夕阳红尽处，应是长安。"（《卖花声·题岳阳楼》）"楼上久踟蹰。地远身孤。拟将憔悴吊三闾。自是长安日下影，流落江湖。烂醉且消除。不醉何如。又看暝色满平芜。试问寒沙新到雁，应有来书。"（《卖花声·楼上久踟蹰》）亦岂无去国流离之思，殊觉婉而不伤也。

张芸叟《卖花声·题岳阳楼》"休唱阳关"语，与滕子京"抚栏大恸"之意类同。《阳关》只是送人出使之曲，并不是唱给迁客听的。张舜民《西征回途中二绝》中有"青铜峡里韦州路，十去从军九不回。白骨似沙沙似雪，将军休上望乡台"之句，描述的正是宋军"灵州之战"的惨败景象。高遵裕是北路军统帅，高为外戚，张舜民因诗中语含讥讽而遭贬谪。晏殊于贬地所作的词，心境与张舜民同。

士大夫的幸福时代

晏殊（991—1055），字同叔，抚州临川（今江西抚州）人。与柳永年过半百方进士及第不同，晏殊属于少年得志。据史料记载，晏殊七岁能属文，有神童之名。晏殊十三岁的时候，给事中李虚已出知洪州（今江西南昌），得知抚州神童晏殊的故事，捷足先登，将女儿许配给了晏殊。

晏殊先世并不显达，其父晏固只是抚州衙门的一个小吏。给事中之职，宋初依惯例为正五品上，李虚已将女儿下嫁小吏之子，显然是爱惜晏殊人才。宋代婚姻制度已由从前的"家之婚姻必由于谱系"，一变成为"婚姻不问阀阅"。宋人务实，不太注重婚姻门第，士庶通婚浸成风俗，士大夫"多慎于择婿，而忽于择妇"。李虚已择婿，看似门不当户不对，其实是种寻常事。李虚已精通音律，喜欢作诗，对爱婿着意培养，教他作诗之道。在岳父的奖掖栽培下，晏殊迅速成长起来。

真宗景德元年（1004），江南大旱，大臣张知白奉命安抚江南。张知白公务之余访得晏殊之名，于是向朝堂荐举人才。

晏殊从江南千里迢迢赶到汴梁城，已经是次年三月，恰逢宋真宗殿试进士。宋真宗恐晏殊盛名之下，其实难副，便让他一同应考。

哪知，特招生晏殊看到试题后，当即指出这个题目自己在十天前刚好做过，恳请真宗另行出题。史载，晏殊夹杂在参加殿试的进士当中，丝毫不怯场，"神气不慑，援笔立成"。宋真宗见状，很是怜爱，赐晏殊同进士出身，擢为秘书省正字。①

十五岁的晏殊，从此成为食国家俸禄的"公务员"。

晏殊所处的时代，北宋政治、经济、文化正在飞速发展，这一切得益于宋真宗签订的"澶渊之盟"。传统观点认为，北宋的建立标志着晚唐五代以来分裂割据局面的结束，标志着统一封建国家的重建。事实却是，分裂与统一都各具相对性。

表面看来，宋代确实结束了晚唐五代以来的分裂、割据局面，在中原王朝的意义上消除了分裂，实现了统一。但从政治地缘学角度来看，北宋自立国之初，就与契丹人建立的辽政权对峙。其疆域的大一统，无法与汉、唐相比，即便比之辽廷，实际控制版图也不及。在与契丹人的军事角逐中，宋廷基本上没有占据过上风。把宋初说成"后南北朝"的分裂时期，或者更符合史实。宋廷无法完成大一统的原因有多种，简单归咎宋统治者推行崇文抑武的国策，有失偏颇。唐末五代时期，一度称雄塞外的突厥、回鹘风光不再，五代各政权分裂，自顾不暇，给契丹人在塞北崛起创造了历史契机。

后人经常为军力不振而轻视宋廷，懒得追寻其中究竟。倘若把视野放宽到大中国的范围，就会明白——与宋廷分庭抗礼的辽政权，已经不是汉、唐时周边附属性的政权，而是在政治、军事、经济诸方面都可以与中原王朝相抗衡的王朝。

宋廷在与辽廷的对峙中不占上风，一个非常重要的原因是燕云十六州控制权的易手。在冷兵器作战时代，游牧族群的骑兵对以步兵为主的中原军队，无疑具有绝对优势。从前，长城对于北方游牧族群的南下能起到防

---

① 秘书省正字，宋初寄禄官名，正九品下。《曾巩集》卷二十五《正字制》："是正文字之官，实为儒学之选。"

御屏障的作用，紧临长城南侧的燕云十六州是长城防线赖以存在的重要支柱，与长城构成了唇齿相依的关系。

后晋石敬瑭将燕云十六州献给契丹，使东段千余里长城成为辽朝境内的旅游风景名胜，把长城以南可以在军事上布防的险隘一并拱手奉送。辽廷控制了长城，占领了燕云十六州，等于成为中原王朝北大门的看守人，可以随时长驱南下，直捣中原腹地。

北宋朝廷先天不足，定都于无险可守的四战之地开封，其覆亡与开封城地理有极大的关系。"燕蓟不收则河北之地不固，河北不固则河南不可高枕而卧。"（《宋史纪事本末卷》）对于燕云十六州的重要性，宋人有着清醒的认识。但是，宋太宗赵炅两次北伐失败，宋廷彻底放弃收复燕云失地，转而将战略进攻变为战略防御。

至道三年（997）三月，宋太宗一病不起，皇太子奉遗诏枢前继位，是为宋真宗。含着金钥匙长大的宋真宗太过懦弱，正值而立之年的他，对继皇帝位并没有感觉踌躇满志，反而战战兢兢、如履薄冰。

景德元年（1004）七月，与宋廷对峙多年的辽廷纠集十万兵马，号称二十万，大举南下。辽军擅长野战，攻城作战非其所长，这次干脆绕过河北边境诸城，悬师深入，"围瀛州，直犯贝、魏，中外震骇"（《宋史》）。

面对来势汹汹的来犯之敌，宋真宗不知所措。偏偏这时宋真宗素来倚重的宰相李沆病亡。参知政事王钦若和签书枢密院事陈尧叟畏敌如虎，极力主张南逃金陵或者避乱成都。寇准力排众议，促成御驾亲征。

事关江山社稷，宋真宗硬着头皮上路。整个亲征过程，宋真宗一直处于被动状态，到了澶州（今河南濮阳）南城，面对强敌，在寇准和殿前都指挥使高琼的催促下，宋真宗勉强渡河。见到宋真宗的黄龙旗出现在城楼上，宋军将士"皆呼万岁，声闻数十里，气势百倍"（《宋史》）。得知御驾亲征，宋廷各地方部队一齐赴援澶州城。

《孙子兵法》言"五十里而争利，必蹶上将军"，辽军先锋大将萧挞览在城下耀武扬威，被宋军伏弩射死。战场形势急转直下，辽军师老兵疲，进退维谷。辽廷不得不求和，谈判结果，以宋每年输辽岁币银十万两、绢二十万匹，双方约为兄弟之国。从此，宋与辽，化干戈为玉帛，步入和平时代。这就是历史上著名的"澶渊之盟"。

后世史家把"澶渊之盟"与南宋的绍兴议和看成是屈辱性的，这样理解"澶渊之盟"有失偏颇。至少，当时的宋人并不这样认为。花少量的钱，成功解除了外部的威胁，朝野上下欢欣鼓舞。汉、唐时期通过和亲的方式与周边游牧族群结盟的办法，不再适用于宋王朝。①

在商品经济逐渐开始发达的宋王朝，自上而下形成一种共识，一切都可以用钱来赎买，包括权力与和平。每年交割给辽廷的岁币，对于宋廷庞大的财政收入来说，是九牛一毛。对于"澶渊之盟"这场外交上的胜利，"良相"王旦评论道："国家纳契丹和好已来，河朔生灵方获安堵，虽每岁赠遗，不及百分之一。"（南宋李焘《续资治通鉴长编》卷七十，大中祥符元年十一月癸未条）

宋真宗是宋代第一位正常继统的皇帝，继位之初，也想着效法太祖、太宗，有一番作为。但他性格谨小慎微，缺乏丰富的政治经验，当他的提议被否定，或在执行阶段碰到阻力，他立即决定做个甩手掌柜。

好在宋王朝发展到第三代，经过太祖、太宗二朝的经营，各种政治制度臻于完备。王旦谆谆教导，"陛下所守者祖宗典故"，如果典故中没有，直接"问诸有司"。

历数中国历史上具有雄才大略的皇帝，宋真宗未能入列。在后人看

---

① 宋仁宗时官至宰执的贾昌朝称"和亲辱国"，南宋理学名臣朱熹认为"中国结昏外蕃"，是"自取羞辱"。

来，宋真宗太过平庸。殊不知，平庸才是皇帝的常态。对此，真宗皇帝亦有自知之明。一个甘于平庸的皇帝，是值得尊敬的皇帝。

士大夫与天子共天下的政治格局，形成于宋真宗时期，发展于宋仁宗时期。士大夫由此成为社会上的主体精英阶层。

宋代户籍分为坊郭户和乡村户。坊郭户与现代城市人口类似，包括州、府、县城及各草市、市镇的居民。"澶渊之盟"签订后，宋廷再无来自外部的侵扰，城市商业经济逐步繁荣，大量的流动人口向城市聚集，市民开始作为重要的城市人口出现在人口结构中。

宋初，历代奉行的"工商之家不得预于士"的陈规被废除，商人社会地位的提高，进一步刺激了经济的大发展。随着街坊制的形成，汉唐以来形成的宵禁和"日中为市"的交易传统被彻底打破。一系列改革政策的实施，使得城市社会、经济、文化生活空前活跃。

宋代之前的城市经济，基本上以农业为主，在经济结构上具有单一性和纯消费性。宋真宗在位时期，随着城市化进程的深入，城市经济更加繁荣，商业和手工业分工更加细密，出现了许多新兴行业，行业内部的分工也更加明确细密。据专家统计，宋代城市中有文献记载的行业达四百四十多种，其中比例最大的是服务性行业。

服务性行业的迅速膨胀意味着宋代社会风尚的商业化转变，人们的生活观念在城市化、商业化的大潮中，日益滋生出享乐为上的意识。宋真宗在位时期，带有休闲色彩和浓重狂欢意识的假日得到空前发展。

我国的休假制度源远流长，其起源与农业社会大背景相关，带有明显的农耕色彩。唐、宋之前的节庆活动，多是以农业生产和节气转换为基础，人们休闲娱乐时间的长短要视自然天时变换而定。宋代以前，有法定假日，还有旬假制（汉代官吏每五天休息一天，唐代改为十日一休），另有旅游假、婚姻假、事故假、孝假等。这些假期的设置，折射出古代吏治中的人文关怀和精神追求。

宋代官员的休假大致分为公假和私假两种。公假有节假、旬假、国忌假、外官上任假、唱名后假、朝假，以及各种特殊情况给假。私假则有婚嫁假、丧假、病假、探亲假、私忌假等。休假的主要方式为"朝假"和"休务"。朝假即皇帝不上朝，官员也不必赴殿朝参，但需安排值班官员处理日常公务。休务则不必安排官员值日办公，可以任意选择在家或自由外出。除此之外，就是名目繁多的节日休假。宋代官员所休的各种节假日，天数之多，节日之繁，为中国古代社会之最。

真宗景德三年（1006），"诏以稼穑屡登，机务多暇，自今群臣不妨职事，并听游宴，御史勿得纠察。上巳（三月初三）、二社（春社，立春后第五个戊日；秋社，立秋后第五个戊日）、端午、重阳并旬时休务一日，初寒、盛暑、大雨雪议放朝。著于令"（《续资治通鉴长篇》）。

北宋庞元英《文昌杂录》卷一记载："祠部休假，岁凡七十有六日。元日、寒食、冬至各七日，天庆节（正月初三，为纪念天书下降人间）、上元节同，天圣节、夏至、先天节（七月一日，真宗以圣祖下凡日为先天节）、中元节、下元节、降圣节（十月二十四，圣祖与真宗相会日为降圣节）、腊各三日，立春、人日、中和节、春分、社、清明、上巳、天祺节（始建于天禧元年即1017年，初名天祯节，因避宋仁宗赵祯讳更名）、立夏、端午、天贶节（六月六日，因天书再降特设）、初伏、中伏、立秋、七夕、末伏、社、秋分、授衣、重阳、立冬，各一日。上中下旬各一日，大忌十五，小忌四，而天庆、夏至、先天、中元、下元、降圣、腊皆前后一日。后殿视事，其日不坐。立春、春分、立夏、夏至、立秋、七夕、秋分、授衣、立冬、大忌前一日，亦后殿坐，余假皆不坐，百司休务焉。"

这样算下来，宋代官员的带薪假日在一百天以上，每隔三天，官员就有休息日。

北宋自立国以来，对官员实行怀柔政策。宋真宗一方面改革俸禄发放制度，另一方面不断"益俸"，"三司估百官奉给折支直，率增数倍"（《宋史》）。宋真宗制定文武职官月俸，自三师三少一百二十贯，至侍禁四贯，分为二十二等发放。

宋真宗是一位体恤下情的好皇帝。大宋官员只要不耽误公务，在上班时间可以玩乐，可以喝酒，遇上下大雨、大雪的极端天气，不用赶早朝。宋真宗为了增进君臣友谊，经常和属下臣僚宴饮。除了平常赐肥羊、美酒，立春赐春盘，寒食送神馓、饧粥，端午赐粽子，伏日送冰红茶，重阳节送糕，并有酒水赠送，一到三伏天，每五日一赐冰。

在宋真宗的努力下，宋廷商品经济、都市休闲文化的发展驶入快车道。

清赵翼在《宋制禄之厚》一文中称，宋代官员"给赐过优"，称得上"恩逮于百官者惟恐其不足，财取于万民者不留其有余"。这个时代的士大夫，幸福指数在有宋一代是最高的。

圣明天子提倡新生活运动，做臣子的投其所好，闲暇之余，自然是去郊游宴饮。但是，时任右正言直史馆[①]的晏殊，仍然宅在家中读书。宋真宗得知后，对他更增好感。

"一日缺东宫官，内批除晏殊"（宋沈括《梦溪笔谈》），年纪轻轻的晏殊成了昇王（后来的宋仁宗）府记室参军（从六品上）。宰执官员不明原委，宋真宗解释道："近闻馆阁臣僚，无不嬉游宴赏，唯殊与兄弟读书，如此谨厚，正可为东宫官。"

---

① 右正言为文阶名，是北宋前期京朝官本官阶。宋代文官官阶，分京朝官阶官与选人阶官。京朝官本官阶自诸寺监主簿至三师。官阶决定俸禄多少。直史馆为馆职名，多是在京文臣兼职。

晏殊得知自己任东宫官的原因，坦诚地告诉宋真宗，不是我不愿意喝酒享乐，实在是人不风流皆因贫，如果我不差钱，"亦须往"。

宋真宗见他不欺君，更对晏殊圣眷优渥。得到圣明天子的青睐，晏殊从此青云直上，任太子舍人，不久迁为知制诰，判集贤院。据宋江少虞《宋朝史实类苑》记载，二十八岁的晏殊掌词翰，成了宋真宗一日不可或缺的亲信大臣。《宋史》称他"丧父，归临川，夺服起之……丧母，求终服，不许"①。

宋代官员的俸禄以现钱为主，辅以禄粟、衣料等实物为岗位津贴。北宋文官体系复杂，因此，官员的俸禄也与其他王朝有别。文官系统中有实际意义的主要是本官、差遣、贴职三个系列。"其所谓官者乃古之爵也，所谓差遣者乃古之官也，所谓职者乃古之加官也。"（宋司马光《司马文正公传家集》）

享受俸钱、衣赐、禄粟之外，大宋官员还享受着名目繁多的各种岗位补助，如添支钱、工作餐钱、傔人（随从、跟班）衣粮餐钱、厨料、茶、酒、薪、炭、羊、马等。此外，文官还额外享受一些变相的俸禄待遇，如职田租、驿券、郊赐、年节生日支赐、赙赠等。官员事假（病假、丧假）超过百日方停俸。晏殊随着职务的升迁，收入也水涨船高，位高责轻，禄厚身闲，不差钱的他，从此过上了优裕安逸的生活。

---

① 晏殊二十三岁丧父，二十四岁丧母。古时官员遭父母之丧，必须去职在家，服三年之丧。但朝廷对一些高官要员，可以命其不必去职，以素服办公，不必参加吉礼。或者守制未满而应朝廷之召出来担任新职，称为"夺情"或者"夺服"。

富贵词人

宽松的政治环境，重文养文的社会风尚，优厚的官俸，为官员纵情享乐提供了根本的物质保障。宽裕的带薪休假期，城市商业的繁荣，则是培育享受风月人生的风气的土壤。社会地位的提高、自我价值的体现，让潜藏在文人心底深处的享乐需求如春草般疯长。

最高统治者对此是主动鼓励提倡。"杯酒释兵权"，其实就是赵匡胤对开国功勋实行的权力赎买。用丰厚的物质赏赐保证勋旧在退休后仍可以过富足的生活，鼓励他们"多置歌儿舞女，日饮酒相欢"（北宋司马光《涑水纪闻》），丧失对权力的觊觎之心。

社会风气由立国之初的俭素，变得"侈费浸广"（宋王栐《燕翼诒谋录》）。就连市井闾里的小民也以华靡相胜。王夫之在《宋论》中说："一时人士，相率以成风尚者，章蘸也，花鸟也，竹石也，钟鼎也，图画也，轻歌妙舞，狭邪冶游，终日疲役而不知倦。"《东京事略》记载："宋兴，承五季之馀，天下得离兵革之苦，至真宗之世，太平之治洽如也。咸平以来，君明臣良，家给人足，刑措不用，契丹请和，示以休息……于是朝帝陵、封岱宗、祀汾睢、谒亳社，绝代旷典莫不具举，礼乐明备，颂声洋溢。"

"澶渊之盟"签订后，宋真宗大大松了一口气，宋廷虽然失去一些财物，却换来了边境的相安无事。不过，在王钦若的怂恿下，宋真宗又为自己签订的城下之盟而感到窝囊，于是琢磨出了粉饰太平的方法。

宋真宗在位期间，出任宰相者计有十人，其中王旦任相最久，长达十二年。王旦被宋人誉为"平世之良相"。王旦"务行故事"，为政有些保守，但正是他十余年保持政策的一贯性，使大宋王朝走向了鼎盛。

对于王钦若倡议的伪造天瑞之事，宋真宗担心王旦阻挠，于是请王旦赴筵饮酒。① 君臣之间，其乐融融。宴后，宋真宗送给王旦一坛酒，说这酒特别好，最好是拿回去后与家人分享。王旦回家后，打开酒坛一看，竟是一坛珍珠。"由是凡天书、封禅等事，旦不复异议。"（《宋史》）即便王旦贪财（史称王旦"以俭约率子弟"），或者他拿了宋真宗的封口费，无奈执行，就事件本身来讲，宋真宗在封禅之前居然要贿赂大臣，就耐人寻味。

真宗皇帝对王旦信之不疑，"事无大小，非旦言不决"，他要送珍珠贿赂王旦，还要关心王旦的私生活。据宋朱熹《宋名臣言行录》记载，宋真宗经常在酒筵上劝臣下"以声妓自乐"，得知王旦家中没有姬妾侍奉，他自掏腰包三千两，为王旦买妾。王旦不敢拂了宋真宗的美意，只好收下。哪知温柔乡是英雄冢，年迈的王旦纵情声色，几年后便"捐馆舍"了。王旦死后不久，真宗皇帝也一病不起。②

宋真宗给王旦买的"妾"，其实是家伎。宋时，士大夫在官府有官伎歌舞侑觞，在家则蓄养家伎。私人聚会或自娱自乐之时，便由这些精心调教的家伎来唱词助兴。据《宋人轶事汇编》记载，宋仁宗在位时期，"两府（中书省和枢密院）、两制（翰林学士和知制诰）家内各有歌舞，官职稍如意，往往增置不已"。

家伎的活动中有一项，是与其他歌伎一样的，那就是在士大夫的娱乐、社交活动中，以歌舞佐酒，以曲词娱宾。

---

① 史称，王旦对天书封禅一事深恶痛绝，一直压着天书封禅的始作俑者王钦若，至死也不让他任相。王旦去世之前，王钦若才当上宰相。王钦若愤愤不平地道："为王子明（王旦字）故，使我作相晚却十年！"

② 元王莹《群书类编故事》中将此事记为"王曾"，未审孰是。

晏殊位尊官显，自重身份，不会像柳永一样流连花街柳巷。他自有和而不同的享乐方式。据《避暑录话》卷上记载："晏元献（晏殊）公虽早富贵，而奉养极约，惟喜宾客，未尝一日不燕饮，而盘馔皆不预办，客至旋营之……亦必以歌乐相佐，谈笑杂出，数行之后，案上已灿然矣。稍阑即罢遣歌乐，曰：'汝曹呈艺已遍，吾当呈艺。'乃具笔札相与赋诗，率以为常，前辈风流未之有比。"

晏殊流传后世的词有一百三十余首，其中感慨时光易逝，人生易老，主张行乐须及时的，近半数。比如，"座有嘉宾尊有桂。莫辞终夕醉"（《谒金门》），"不向尊前同一醉，可奈光阴似水声"（《破阵子》），"莫惜醉来开口笑。须信道。人间万事何时了"（《渔家傲》），"一向年光有限身，等闲离别易销魂，酒筵歌席莫辞频"（《浣溪沙》），"须尽醉，莫推辞。人生多别离"（《更漏子》）。

衣食无忧的晏殊，经常发出"夕阳西下几时回""何人解系天边日"的叹息。晏殊被称为太平宰相，少年得志，但一生中崇尚雅致，"奉养极约"。名声、地位都有了，生活安逸，晏殊没有更高的奢望，但对于生老病死的自然规律，心中有莫名的恐惧。这种淡淡的哀愁，与忧伤有所不同，其代表作《踏莎行》就是很好的例子：

小径红稀，芳郊绿遍。高台树色阴阴见。春风不解禁杨花，蒙蒙乱扑行人面。

翠叶藏莺，朱帘隔燕。炉香静逐游丝转。一场愁梦酒醒时，斜阳却照深深院。

晏殊笔下，暮春景色美丽依然，没有丝毫衰飒。"一场愁梦酒醒时，斜阳却照深深院"，本来是要借酒浇愁的，哪知一觉醒来，已经是斜阳晚

▶ 晏殊《浣溪沙》：

青杏园林著酒香，佳人初试薄罗裳。柳丝无力燕飞忙。

乍雨乍晴花自落，闲愁闲闷日偏长。为谁消瘦减容光。

照。词人感慨，一天的光景就这样在身边静静地溜走，一天如此，一春如此，一年如此，一生亦如此！

人生就是在这种浮光掠影中消磨殆尽的。"珠帘隔燕""炉香静逐"，高台树色与深深院，自然不是寻常人家所能拥有。即便富贵如此，时光也不会因人的贫穷、富有而区别对待。青春就是在吃饱了睡，睡醒再吃中蹉跎了，富贵就是一场易醒的愁梦而已。

晏殊被称为"富贵词人"，正是因为其作品多有类似场景的描述，如《无题》诗：

油壁香车不再逢，峡云无迹任西东。

梨花院落溶溶月，柳絮池塘淡淡风。

几日寂寥伤酒后，一番萧索禁烟中。

鱼书欲寄何由达，水远山长处处同。

这首耳熟能详的无题诗，人们津津乐道的，无非是诗中的富贵气了。据欧阳修《归田录》记载，晏殊喜欢评诗，曾经说过："'老觉腰金重，慵便枕玉凉'（寇准诗句）未是富贵语，不如'笙歌归院落，灯火下楼台'（白居易《宴散》），此善言富贵者也。"

晏殊认为，"笙歌归院落，灯火下楼台"中有一种富贵气息。诗评广为传播，很快就有好事者指出，白诗虽有些许富贵气，但已经是一种富贵怕见花开的颓败景象，一个"下"字就带出了江河日下的破败象，远不如晏殊笔下的"梨花院落溶溶月，柳絮池塘淡淡风"，这才是真正从容不迫的富贵气象。

寇准知邓州时，"少年富贵，不点油灯，尤好夜宴剧饮，虽寝室亦燃烛达旦。每罢官去后，人至官舍，见厕溷间烛泪在地，往往成堆"（《归田录》），过个生日，"造棚大宴，又服用僭侈，为人所奏"（《宋史》）。宋真宗大为不满。王旦回护他："准诚贤能，无如骄何。"豪侈纵饮，不过是小孩子任性而已。王旦死后，寇准任宰相，"多召两制会饮私第，酒酣气盛，必闭关苟留之，往往侵夜，畏谨者甚惮焉"（李焘《续资治通鉴长编》）。和寇准喝酒不是享受，而是折磨。寇准的诗词也多描写曲终人散后的寂寥与失落。

晏殊、寇准二人都喜欢宴饮，但二人笔下的宴饮截然不同。晏殊笔端流淌的是清淡沽雅的氛围，没有物欲横流，有的只是追求精神上的永恒。表现在其词作中，则多流连而少失落，重气氛而少物欲。

晏殊的诗词中，虽无歌舞楼台之名，但梨花院落与柳絮池塘，又岂是寻常人家所有？只有富贵人家才会感觉到溶溶月色的温馨，嗅到风清月白的梨花飘香。衣食无着的贫寒百姓，眼前即便有无限风光，又岂能有此感知力？闲到极致的富贵家子弟才能体会到"春色恼人眠不得"，才能感受到"月移花影上栏杆"（王安石《夜直》）的落寂与忧伤。

欧阳修在其《归田录》中记载，晏殊因"饮食甚微"，"清瘦如削"。宋吴处厚《青箱杂记》中亦有类似记载，言晏殊"风骨清羸，不喜肉食，尤嫌肥膻"。

显然，晏殊虽然在其诗词中倡导及时行乐，但并非钟爱钟鼓馔玉之人。他所追寻的及时行乐，更多的是自我意识的觉醒，与其宦海沉浮有关。晏殊的及时行乐，是其生命意识觉醒中，对时光易逝的忧惧，也是对失欢于最高统治者的过程中自我价值的选择。

汉代士大夫有"生年不满百，常怀千岁忧。昼短苦夜长，何不秉烛游"的焦虑，发出了"今日不作乐，当待何时"的感慨。蔑视权贵的李白也曾写下"黄金白璧买歌笑，一醉累月轻王侯"（《忆旧游寄谯郡元参军》）的诗句，倡导及时行乐。晏殊年少得志，却深谙为官之道，明白要实现人生理想，必须小心翼翼地依附在君权之下，低调做官，与圣明天子在政治上保持高度一致，行事不逾矩、不妄言。晏殊认为："朝廷者，天下之本也，自古未有朝廷治，而天下不治者，亦未有朝廷不治，而能治天下者。故曰：'正朝廷以正百官，正百官以正万民，正万民以正四方，此不易之序也。'"（《天圣上殿札子》）

晏殊以为稳定、和谐大于一切，而政治的稳定，根本在于百官的正。

晏殊的心路历程，在士大夫阶层非常具有代表性，身为宰辅之臣，年轻的晏殊自然有满腹的经世热情，但在抱负难伸的时期，天增岁月人增寿，面对难测的君威，一个有志于世的儒臣，怎能不心生感慨？无力改变世界，就只好改变自己。晏殊最终无奈接受了现实，与圣明天子在政治上保持高度一致，与其徒悲伤，不如纵情诗酒。

异于同时代词人的是，晏殊的词中不仅含蓄地描述了无边风月，还将情思寄托于自然，将自然与人生相对应，再从自然中洞见理性规律，推而广之，到达人生价值选择之上。因此，晏殊词在典雅圆润的风格中，包含了一种深远旷达的意蕴。

无可奈何花落去

晏殊的词集名为"珠玉集"，可谓实至名归。晏殊的一些词确实如珠般圆转，玉似晶莹。《浣溪沙》完全可以代表晏殊词的创作风格：

一曲新词酒一杯，去年天气旧亭台。夕阳西下几时回？

无可奈何花落去，似曾相识燕归来。小园香径独徘徊。

▶ 晏殊《浣溪沙》：
一曲新词酒一杯，去年天气旧亭台。夕阳西下几时回？
无可奈何花落去，似曾相识燕归来。小园香径独徘徊。

有人曾用"花团锦簇"一词来形容晏殊的生活，可谓一语中的。作为这种生活与思想的反映，晏殊词中不可避免地带有富贵气与脂粉气，但，他的词中找不到丝毫鄙俗与轻浮。这首《浣溪沙》艺术上脱去了五代以来花间派词人的华艳与雕琢，用清新自然的语言写出了其独特的生活感受，展现出身居高位的雍容和闲雅。

词的上阕感叹光阴易逝，"一曲新词酒一杯"，词人一边饮酒，一边创作新词。"去年天气旧亭台"，追忆去年的宴饮生活，今天的宴会与去年此时的宴会相同，有着相同的天气，亭台楼阁一如从前。平淡无奇的语句之中，蕴含着一缕曲婉的情思：一样的宴饮，一样的天气，一样的亭台，然而年华如水，一年的时光不知不觉地流逝了。词人追忆昔日的宴饮生活，含蓄地流露出内心淡淡的惆怅。

"夕阳西下几时回"，词人设问后并没有作答，而是让读者用心去品味感受。这一问，生动地体现了一个士大夫感到时光流逝的那种空虚落寂的凄凉心境。

下阕伤春，惜春。"无可奈何花落去，似曾相识燕归来"紧承上阕的流光易逝，写春去春来的不可追回。这两句对仗非常工整，浑然天成，明白如话，似是脱口而出之句。明代卓人月赞赏道："对法之妙无两！"（《古今词统》）杨慎亦云："此二语工丽，天然奇偶。"（《词品》）

"小园香径独徘徊"写的是春光匆匆而去，词人因惜春而不愿离开花园，独自一人在园中流连徘徊。虽然没有抒发伤春惜春的感慨，但展现出来的画面，全是词人惜春、伤春的无限深情。

艺术崇尚独创，最忌重复。然而，令人称奇的是，下阕的三句，晏殊在七言律诗《示张寺丞王校勘》中使用过：

元巳清明假未开，小园幽径独徘徊。

春寒不定斑斑雨，宿酒难禁艳艳杯。

无可奈何花落去，似曾相识燕归来。

游梁赋客多风味，莫惜青钱万选才。

据宋祁《笔记》记载，晏殊一生作诗万余首，"唐人以来所未有"。不过，钱锺书先生的《宋诗选注》并没有选入这首诗，而选了上文提及的《无题》诗。晏殊的诗，多为官场酬和空洞乏味之作，少精品。《示张寺丞王校勘》也是伤春，但末句实为画蛇添足之败笔。本是伤春，忽而转到为国选拔人才，其间没有衔接过渡，显得突兀生硬。所以此诗难免湮灭不闻了。

在诗中出现虽早，结果不为人所知。重复出现于词中，则众口流传，成为千古绝句。晏殊的《浣溪沙》成为名篇，广为流传，正是因为名句"无可奈何花落去，似曾相识燕归来"。无可奈何的落花何其无情，似曾相识的飞燕又是如此多情！无情与有情对照强烈，体现出了跌宕起伏的艺术张力。

令人称异的是，"似曾相识燕归来"之句，是别人送晏殊的。对于这一段词坛佳话，晏殊自己也不掠人之美，并不讳言此事。（南宋胡仔《苕溪渔隐丛话》）。

晏殊因公事赴杭州，途经扬州。"天下三分明月夜，二分无赖是扬州"（徐凝《忆扬州》），晏殊在扬州大明寺暂歇。古人喜欢于壁间题诗。壁间题诗良莠不齐，但可以从中得知地方官员政声及民生疾苦。晏殊身为朝廷重臣，懒得逐字逐句去读那些题在壁上的诗词，自有侍从左右大声读给他听。晏殊闭目养神，侧耳倾听，用心品味这些诗词的内涵。一连听了数首，寡然无味。他干脆大声告诉下属，不必念诗作者的名字，直到侍从读到以下这首：

赵调隋家曲，当年亦九成。

哀音已亡国，废诏尚留名。

仪凤终沉影，鸣蛙祇沸声。

凄凉不可问，落日背芜城。

晏殊眼前一亮，忙问诗作者姓名。知道正是江都尉王琪，晏殊立即派人去请王琪共进晚餐。饭后，有缘千里来相会的两个男人，理所当然地谈及诗词。此时正是落英缤纷的暮春时节，触景生情的晏殊，忽然想起自己去年写就的半阕词。写到"无可奈何花落去"一句，再也无法续出后句，心下十分苦恼。王琪听了晏殊的诉说，不假思索，说出了"似曾相识燕归来"之句。

晏殊一听，喜出望外，开口向王琪讨要此句，王琪顺水推舟。从此，王琪成了晏殊府中的一名从官，在晏殊的荐举之下，跻身朝廷清要文秘官员。

北宋统治者扩大了科举取士的规模，在历史上具有深远意义。扩大取士有利于政权的巩固，有利于压制世家豪族的势力，保证了隋唐以来的门阀政治向宋王朝官僚政治的过渡。科举选拔了大量有识之士，对于改善民生、安定社会起到了巨大的作用。

许多人认为，扩大取士会造成官僚机构臃肿，官僚队伍庞杂。其实，北宋入仕之门甚广，除了科举一途，还有台寺小吏、府监杂工、恩荫、进纳等途径。两宋王朝三百多年，通过赏、恩、荫、荐等渠道而做官者，比科举登第的人还要多。恩荫制度并非宋代独有，唐朝恩荫的范围狭小，只能荫及子孙，而且仅限于五品以上官员。北宋的恩荫范围极广，上自宰执，下至从七品的员外郎，都许荫子孙。高级官员的门客和随从都可以享受恩荫特权。这也是读书人皓首穷经的重要原因，参加科举，事关整个家族的兴衰荣辱。

晏殊喜欢奖掖后进，王琪追随在太平宰相左右，近水楼台先得月。

晏殊在朝堂行事不逾矩，仍有三次被贬的经历，晚年更是被贬近十年，不能再回权力中枢。宦海沉浮是官场寻常事，但对生性敏感的晏殊来说，每一次贬谪都是一次难言的创伤。早年的晏殊耿直清介，经历三次贬谪，其词作更显圆融谨慎，疏旷任情。"满目山河空念远，落花风雨更伤春，不如怜取眼前人"（《浣溪沙》），"无可奈何花落去，似曾相识燕归来"诸句，在伤春怨别的情绪中，多了一分对人生的理性反思。后人喜欢晏殊的词，不单因为晏殊词中有享受生活的平淡与细节描述，更因为晏殊词蕴含了超越喜悦与悲伤的境界。

在仁宗朝，晏殊很快跃升至执政高官。他三十五岁自翰林学士礼部侍郎迁枢密副使；四十一岁为三司使（宋以铁盐、度支、户部为三司，长官三司使为最高财政长官，号称"计相"），全面负责全国钱谷财粮；四十二岁为参知政事（副相）；五十岁加检校太尉枢密使；五十二岁自枢密使加同平章事（宰相）；五十三岁加同中书门下平章事，集贤殿大学士，并兼枢密使。

晏殊一生，没有寇准、范仲淹等人的显著政绩，却在文化教育和荐拔人才等方面做出了许多贡献。他兴办学校，汲引贤能之士，范仲淹、富弼、欧阳修等名士都出自他的门下，王安石也受过其奖掖。晏殊庭前悬有一联："门前桃李重欧苏，堂上葭莩推富范。"苏即苏颂，欧即欧阳修，富即富弼，范即范仲淹。晏殊爱才，所从游者多文学之士，其"门下客及官属解声韵者悉与酬唱"（《宋景文笔记》）。

不过，上述诸人与晏殊都有过小误会。

宋仁宗天圣四年（1026），范仲淹于应天丁母忧。天圣五年（1027），晏殊出知应天府（今河南商丘南）。他推荐居丧的范仲淹任应天府学，请他回应天书院任教。悉心教学的同时，范仲淹留心政事，执教第一年里就向朝廷上万言书，提出了自己的政治主张。时任宰辅的王曾看到范仲淹所议朝政得失、民间利病，很是欣赏，与晏殊共荐范仲淹出任馆职。

天圣六年（1028）十二月，范仲淹守丧期满。出任秘阁校理，跻身清流，完成了从地方官到京官的华丽转身。馆阁之职，级别虽低，却是天子近臣，一经此职，遂为名流，乃是国家储才之所在。故有"一朝荣登龙虎榜，十年身到凤凰台"之说。

范仲淹从二十七岁中进士后出任地方官，直到四十岁方成为朝官，屈居下僚十余年。多年的宦海沉浮却没有让他学会适应官场。入朝不到一年，他以一个小小的秘阁校理，对赵宋官家的家务事进行评论。清官难断家务事，更何况这家务事并不是小民的家长里短、柴米油盐之事，而是皇帝的家务事。在家天下的专制历史时期，家事与国事之间的区分是很难界定的。范仲淹偏不信这个邪，此举在朝中无疑引发了官场震动。

事情得从真宗皇后刘氏说起。宋仁宗天圣年间，是摇拨浪鼓出身的刘太后垂帘听政的时期。宋仁宗并非刘太后亲生，但迫于刘氏雌威，朝野上下无一人敢言。生性柔弱的宋仁宗对这位母亲也心存敬畏。

天圣七年（1029）冬至日，礼官为献媚太后，奏请仁宗皇帝亲率百官为太后献寿于庭。逆来顺受习惯了的赵官家览奏允从，决定率领朝臣在会庆殿朝拜太后并为太后上寿。从做儿子的角度去解释，当然没有错。况且宋廷极力宣扬以孝道治天下，现在赵官家以身作则，率先垂范，也是应有之义。然而，从维护封建礼法的角度去考虑，显然，以一国之尊的天子行臣子之礼是有违礼教之事。

朝臣心中明白此举不妥，却明哲保身，集体选择了沉默。无声就是默许。"万马齐喑"的时候，范仲淹挺身而出，上书仁宗皇帝与刘太后，指出，天子之亲，自有规章制度可寻，以天子之尊行人臣之礼，不但有亏君道，恐开母后干政之渐，而后宫干政乃是汉、唐败亡之象。范仲淹提出了权宜之计，官家在内廷率皇亲宗室为太后祝寿，行家人礼，宰相率文武百官在朝堂向皇帝、太后同贺。

范仲淹的上书，在朝堂中掀起了惊天骇浪。荐引范仲淹入朝为官的晏殊闻讯，大惊失色。他担心被人误会范仲淹此举是出自他的授意，难逃荐举失察之咎，急忙召来范仲淹，责备他行事草率，出言无忌，如此行事，自己也难逃池鱼之殃。当年仁宗即位之初，刘太后垂帘听政，晏殊因反对张耆出任枢密使而触怒刘太后，晏殊被罢礼部侍郎、枢密副使之职，出"知宣州。数月，改应天府"（《宋史·晏殊传》）。晏殊责备范仲淹，既有一朝遭蛇咬、十年怕井绳的畏惧心理，也是担心范仲淹步自己的后尘。

范仲淹作书辩解，仲淹天性不以富贵屈其身。如此行事，非但是尽人臣之责，更是为报大人荐举之恩，先生既如此责备，定是以仲淹为尸位素餐、明哲保身之人，放眼四海，天下滔滔，皆为此辈，又何须先生荐举范某？对范仲淹义正词严的辩驳，晏殊只有苦笑一途。

好在范仲淹人微言轻，上书之后如石沉大海。刘太后根本懒得理会，宋仁宗仍率群臣为刘太后上寿于会庆殿。

富弼与晏殊间的龃龉，也是因公事。

元昊叛宋以来，宋廷在漫长的边境线上大修边防工事，积极备战。担心辽廷借机生事，防止出现两线作战，宋廷加强了宋、辽界上的边防工事。"澶渊之盟"签订以来，宋、辽双方实现了邦交正常化。和平为南北经济的复苏发展创造了百年难得的机遇，双方都十分重视和平带来的安定繁荣局面。数十年间，宋廷上下一直都在认真履行和约。宋、辽双方，人员往来、经济贸易和文化交流日渐频繁。

辽兴宗（辽廷第七位皇帝，1031—1055 年在位）亲政（1034 年）之初，努力守护祖宗基业，积极推行改革。阶级矛盾得到缓和，国库收入增加，契丹国内太平无事，户口蕃息，国富民强。

辽兴宗得意忘形，对祖宗与宋廷签订的城下之盟心生鄙薄，认为辽廷吃了大亏，"欲一天下，谋取三关"。他数次在公开场合表示出对后周世宗柴荣于显德年间攻取关南十县的极大愤慨。

1040 年四月，宋廷"增补河北强壮军"，六月"增置陕西、河北、河东、京东弓手"（《宋史》）。次年十月，宋修缮河北边境城池。

宋廷的未雨绸缪之举，有悖于"澶渊之盟"的和约精神。宋廷在河北边境益兵，成了辽兴宗声言南下的主要理由之一。

庆历二年（1042），辽兴宗趁宋廷疲于应付西夏元昊之际，遣使对宋廷的背信弃义、破坏和平之举提出了严正抗议。辽兴宗罗列了宋人四宗罪：其一，周世宗不应该夺取瓦桥关以南十县地；其二，宋太宗从前进攻幽燕，师出无名；其三，西夏与辽乃甥舅之亲，宋兴师伐夏，应该先知会辽人；其四，宋不应在河北地区增筑工事，添置边军。辽兴宗本着规过劝善、治病救人的菩萨心肠，指出了一条可供参考的解决之道，将原辽藩属北汉旧地以及关南十县土地归还辽廷，才可以"益深兄弟之怀，长守子孙之计"（《续资治通鉴》）。

板荡识忠臣，为了避免事态激化，知制诰富弼受命于危难之际，出使辽廷。他经过外交斡旋，与辽廷达成协议"增币二十万而和"（北宋邵伯温《邵氏闻见录》）。

据《邵氏闻见录》记载，富弼再度出使时候，发生了一件意外的事。"方富公再使也，受国书及口传之辞于政府，既行，谓其副曰：'吾为使者而不见国书，万一书辞与口传者异，则吾事败矣。'发书视之，果不同。公驰还，见仁宗具论之。公曰：'政府固为此，欲置臣于死地。臣死不足惜，奈国命何？'"

宋仁宗不明究竟，召来宰相吕夷简，"面问之"。

吕夷简若无其事，"从容袖其书曰：'恐是误，当令改定'"。

富弼见吕夷简视外交重事如儿戏，怒不可遏，"益辩论不平"。

宋仁宗不便就此事表态，只好含含糊糊地问一旁侍立的枢密使晏殊："如何？"

晏殊当然知道其中厉害，打圆场道："夷简决不肯为此，真恐误耳。"哪知富弼当场怒道："晏殊奸邪，党吕夷简以欺陛下！"

晏殊是富弼的泰山大人，做女婿的富弼，这样指责晏殊，正是因为年轻气盛，政治上不成熟。表面上看，晏殊是在替吕夷简做伪证，实则是在回护爱婿。[①]

晏殊这样说，是为了缓和双方矛盾，给宋仁宗和吕夷简台阶下，富弼虽然在理，但他官职最小，只好牺牲他的利益。后人认为晏殊狡猾，没有原则。其实，这正是晏殊的政治成熟之处。从一个执政官员的角度来讲，他做出这样的判断，是种必然。朝堂政局稳定大于一切，国家颜面需要维护，宰相颜面也需要维护。政坛需要晏殊这样的润滑剂官员。因为在此前，晏殊经历过一次贬谪。

明道二年（1033）三月，刘太后崩。宋仁宗终于知道自己是李宸妃所生，而非太后所出。晏殊当年奉诏撰宸妃墓志，志文中只写宸妃生女一人，早卒，无子。宋仁宗坐了十年冷板凳，对刘太后既恨且惧。史称刘太后对仁宗"躬亲调护"，在仁宗幼年时不许他近女色。宋仁宗不便公开非议刘太后，只好迁怒晏殊。

据苏辙《龙川别志》记载，亲政后的宋仁宗，手中抖动着晏殊拟的志文，对宰相吕夷简咆哮道："（宸妃）先后诞育朕躬，殊为侍从，安得不

---

① 据宋高晦叟《珍席放谈》记载，"晏元献尝嘱范文正公择婿"，范仲淹认为富弼"修谨""器业尤远大"，于是向晏殊推荐。富弼每次到泰山家，"则书房会话，竟日清谈而去"。另一个女婿杨察来了，"则坐堂上置酒，从容出姬侍管弦，以相娱乐"。

知，乃言生一公主又不育，此何意也？"吕夷简为晏殊辩解道："殊固有罪。然宫省事秘，臣备位宰相，是时略知之，而不得其详。殊之不审，理容有之，然方章献（刘太后）临御，若明言先后实生圣躬，事得安否？"

仁宗心中释然，但余怒未消，将晏殊罢知亳州，后徙陈州。五年之后，晏殊始被召还。

似曾相识燕归来

庆历年间，西夏元昊与宋廷于西北鏊兵，宋军屡尝败绩。晏殊时任枢密使一职。一日，天降大雪，欧阳修等人前往拜谒晏殊。晏殊见飞雪漫天，酒兴大发，置酒西园共饮。国事如此，欧阳修见主军政之事的晏殊仍有雅兴饮酒，作诗《晏太尉西园贺雪歌》讥讽，中有"主人与国共休戚，不惟喜悦将丰登。须怜铁甲冷彻骨，四十余万屯边兵"之句。

晏殊如何看不出欧阳修诗中之意，心下不爽，但不好当面发作。欧阳修作诗嘲讽，是典型的谏官心态，论天下事而奋不顾身。晏殊在非常时期饮酒，乃是执政心态，好整以暇，是为了不损国家事体。晏殊此举，与当年寇准于澶州城上饮酒类似。晏殊看不惯欧阳修这种谏官心态，二人之间有矛盾，在所难免。

其实，晏殊并非对国计民生漠不关心。《宋史·晏殊传》记载，宋廷与西夏交恶之初，身任三司使，掌握财政重权的晏殊，积极建言献策：请罢内臣监兵，不以阵图授诸将，使得应敌为攻守，及募弓箭手教之，以备战斗，又请出宫中长物助边费等。

文人相轻，古来如此。欧阳修是宋仁宗天圣八年（1030）进士，那一年恰好是晏殊知贡举，严格来讲，欧阳修是晏殊的门生。欧阳修一度对晏殊的提携之恩十分感激，曾说过"出门馆不为不旧，受恩知不为不深"（《邵氏闻见录》）。

欧阳修生得"耳白于面""唇不著齿"（苏轼《东坡志林》），晏殊偶尔嘲讽欧阳修长得太过随便。一天，晏殊与友人在聊天，忽然指着挂在壁间的韩愈画像，道："此貌与欧阳修十分相似，也不知欧阳修是不是韩愈的后身？不过，晏某人看重的是他的文章，并不是欧阳修的为人。"

而欧阳修每与人提及晏殊，同样会神情不屑，道："晏公作品，最好的是小词，诗次于词，文更次于诗。而为人又次于他的文章多矣！"欧阳修心下认为，写词乃是小道，不是什么正经事情，似乎不值得炫耀。其实，在词坛，欧阳修与晏殊并称"晏欧"，欧阳修的一些词，与晏殊的词风相近，多是风花雪月、惆怅伤怀的句子。南宋王灼在《漫鸡碧志》中言："晏元献公，欧阳文忠公，风流蕴藉，一时莫及，而温润秀洁，亦无其匹。"晏殊与欧阳修的词作艺术成就，实难分轩轾。冯煦《蒿庵论词》将晏殊推为"北宋倚声家初祖"。欧阳修这样讲晏殊，有失厚道。

晏殊与欧阳修交恶，无意中得罪了另外一人——欧阳修的好友蔡襄。时任谏官的蔡襄，上表章弹劾晏殊："宸妃生圣躬为天下主，而殊尝被诏志宸妃墓，没而不言。"（《宋史》）他旧事重提，还攻击晏殊"役官兵治僦舍以规利"[1]。

宋仁宗就坡下驴，将晏殊逐出朝堂，出知颍州。人过中年的晏殊，黯然离京，先知颍州，再徙陈州，又徙许州，六十岁时再知永兴军（今陕西西安），晚年从终点又回到起点，徙河南府，兼西京留守。

对于晏殊的贬谪，史家替他鸣不平道："然殊以章献太后方临朝，

---

[1] 据赵令畤《侯鲭录》记载，"因欧公此诗，明日蔡襄遂言其事，晏坐此罢相"。史家将晏殊罢相的原因说成是欧阳修的一首诗，是为尊者讳而已。

故志不敢斥言；而所役兵，乃辅臣例宣借者，时以谓非殊罪。"（《宋史》）其实，晏殊遭贬谪，并不是以权谋私那样简单。

庆历年间，宋仁宗在位的中间段，宋疆域内发生了多次兵变，西夏与契丹结盟，不断在边境制造摩擦，对宋廷构成了严重威胁。面对"内则不能无以社稷为忧，外则不能无惧于夷狄，天下之财力日以困穷而风俗日以衰坏"（宋王安石《万言书》）的帝国窘状，宋仁宗不得不将深孚众望的范仲淹、韩琦、富弼等人召入，委以"兴致太平"的重任，寻求救亡图强之道。

很快，一场由范仲淹主持的政治变革，轰轰烈烈地展开，史称"庆历新政"。新法主要是澄清和改善吏治，触动了既得权势集团的切身利益，因此从一开始推行就遭遇了极大的阻力。一时间，各种谤议蜂起。范仲淹、韩琦、富弼、欧阳修几人同心协力，努力推行新法，被反对变法官员攻击朋党。

在传统的守旧势力面前，改革的声音从来都是微弱的。在改革派成为少数派，被反对派群起攻之的时候，宋仁宗出于政权稳固的考虑，选择牺牲占少数的改革派，以换取反对派的理解与支持。

实施新政，宋仁宗并非一时心血来潮。迫于内忧外患，他不得已起用范仲淹、富弼、韩琦等人。推行新政，是希望借此振衰起敝，挽救大宋的危亡命运。改革是车到山前、箭在弦上之事。改革无法继续，是因为兵变、民变之事渐次削平，国内动荡的局势已趋于平静，与契丹的边境争端得到解决，与西夏李元昊的和谈也成定局。

寻常百姓出尔反尔，会被批评为品质有问题，但对宋仁宗一个封建帝王来说，正是一个合格君主的应有之义。无论发起"庆历新政"的初衷如何，都无法避免失败的噩运。宋仁宗将范仲淹等改革派贬往地方任职历练，发挥余热，也算是"仁"至义尽了。

范仲淹、富弼等人离开汴梁不久，九月，宋仁宗罢了晏殊的相。

晏殊的去职，让朝野士民产生了丰富的联想。新政实施以来，晏殊一直刻意与新政集团保持距离。然而，他既是范仲淹、欧阳修等人的举荐者，又是富弼的泰山大人，这是世人皆知的事实。因为身份特殊，就算他极力想撇清自己，人们仍很容易把他与新政派联系起来。他的罢相，是改革派在朝中失势的标志性事件。晏殊即便在官场修炼成了金刚不坏之躯，也难逃贬谪的命运。

圣眷不再的晏殊，深感君威难测，仕途无常，内心难免悲凉。显达与谪臣间的巨大落差，使他多年养成的从容不迫心态开始动摇。经世之志伴随着"庆历新政"的失败也开始动摇，晚年的晏殊产生了信任危机。

当年，喜欢奖掖新人的晏殊，就以"针线闲拈伴伊坐"为由黜退柳永。"镇相随，莫抛躲，针线闲拈伴伊坐。和我。免使年少，光阴虚过"（《定风波》），柳永以相好女性的口吻表达了对功名的蔑视，这样写显然犯了大忌。圣明天子提倡天下学子"六经勤向窗前读"，柳永却反其道而行，唱对台戏，只要"针线闲拈伴伊坐"，就可以免使年少光阴虚度了。

其实，晏殊的《酒泉子》词中也有"长安多少利名身。若有一杯香桂酒，莫辞花下醉芳茵。且留春"之句。晏殊反对的实际是柳永词中提倡的男女平等思想。晏殊必须宣扬男尊女卑的儒家观念，与圣明天子在政治上亦步亦趋，这才符合他"太平宰相"的身份。但世事无常，伴君如伴虎，专制时代只有不认错的天子，没有永远正确的臣子。

晏殊身心俱疲，渐渐勘破名利，及时行乐的人生取向开始占据上风。伴随着心理变化，晚年晏殊的宴饮活动更加频繁，其词作创作也进入一个高峰期，人生苦短、及时行乐的心态在词作中显著增加。

如感慨"垂杨只解惹春风，何曾系得行人住"（《踏莎行》），惆怅"暮去朝来即老，人生不饮何为"（《清平乐》），告诫世人"劝君莫作独醒人，烂醉花间应有数"（《木兰花》）。

据北宋蔡絛（蔡京之季子）《西清诗话》记载，晏殊在颍州，听说了治下的一件奇事。当地营妓刘苏哥与一青年私定终身，哪知那青年始乱终弃。"方春物喧妍"，心痛欲绝的苏哥，"驰骏马出郊，登高塚旷望，长恸而卒"。晏殊"每叹士风凋落"，感慨不已，作诗赞赏道："苏哥风味逼天真，恐是文君向上人。何日九原芳草绿，大家携酒哭青春。"（《吊苏哥》）

一首《喜迁莺》，更是表明晏殊勘破了名利场：

> 花不尽，柳无穷。应与我情同。觥船一棹百分空。何处不相逢。
> 朱弦悄。知音少。天若有情应老。劝君看取利名场。今古梦茫茫。

朝堂的派别倾轧，政治上的风雨阴晴，人世的盛衰浮沉，让他抚今追昔，感慨"今古梦茫茫"。这首小词写得行云流水，与晏殊的早期词风迥异。他藐视名利，寄情山水，在看似旷达的背后，在离情别绪之中，婉转道出人生态度和处世哲学的转变。

> 家住西秦。赌博艺随身。花柳上、斗尖新。偶学念奴声调，有时高遏行云。蜀锦缠头无数，不负辛勤。
> 数年来往咸京道，残杯冷炙漫消魂。衷肠事、托何人。若有知音见采，不辞遍唱阳春。一曲当筵落泪，重掩罗巾。

这首《山亭柳·赠歌者》，是晏殊晚年的代表作。在词牌名之外，加上另一个题目，表明写作原因与背景，晏殊是第一人。

从词中可窥知，《山亭柳》应作于知永兴军时。一个才艺绝伦的歌者，曾经"一曲红绡不知数"（白居易《琵琶行》）。时过境迁，却只能往来奔波，遍寻知音而不获。一曲长歌之后，只能当筵落泪。

一个歌者，最需要的是知音；一个士大夫，最需要的是知己。晏殊这首词看似"赠歌者"，实则是在借他人酒杯，浇自己胸中块垒。歌者必须强颜欢笑，晏殊必须在宴饮中麻醉自己。即使是悲伤，也要笑着流泪。晏殊的词，道出了生命的沉重与深刻。

> 槛菊愁烟兰泣露，罗幕轻寒，燕子双飞去。明月不谙离恨苦，斜光到晓穿朱户。
>
> 昨夜西风凋碧树，独上高楼，望尽天涯路。欲寄彩笺兼尺素，山长水阔知何处？

这首《蝶恋花》是晏殊的代表作之一，王国维在《人间词话》中把它视为人生的第一境界。这首词一直存在署名权之争，学界有人认为这是南唐冯延巳的作品。宋人刘攽《中山诗话》云："晏元献尤喜江南冯延巳歌词，其所自作，亦不减延巳。"

晏殊与冯延巳都做过宰相，都被贬谪过。冯延巳罢相后，居抚州三年之久，冯词在当地流传，是情理之事，抚州人晏殊作词受其影响也是顺理成章之事。冯、晏的词作没有跳出伤春、悲秋、念远、怀人的范畴，确实有传承的关系。清刘熙载在《艺概》中云："冯延巳词，晏同叔得其俊，欧阳永叔得其深。"

罗幕轻寒、西风凋碧树的晚秋，燕子飞离了朱户，曾经的繁荣如幻如雾，唯有不谙离别苦的月光，执着地照进室内。月华如水，更增离人的迷茫之感。独上高楼的人，望尽天涯路，也不见天心回转，心底的悲凉与惆怅霎时间弥漫开来。"欲寄彩笺兼尺素，山长水阔知何处"，晏殊的悲哀就在于，心底即便有再多的委屈和凄苦，也不能与人言。

毕生努力追求的理想与信念化为泡影，官场、名利场，不过是过眼云烟。人生的痛楚，以此为甚。

晚年的晏殊，丢开了名利的羁绊，活出了真性情。据《道山清话》记载："元献公为京兆，辟张子野（张先字子野）为通判，新纳侍儿，公甚属意。子野诗词，公雅重之。每张来，即令侍儿出觞，往往歌子野所为词。其后王夫人不容，公即出之。一日，子野至，公与之饮。子野作《碧牡丹词》，令营妓歌之，有云'望极蓝桥，但暮云千里。几重山，几重水'之句。公闻之，怃然曰：'人生行乐耳，何自苦如此？'急命于宅库支钱若干，复取前所出侍儿。既来，夫人亦无复谁何也。"[1]

年已六十的晏殊，经历了太多的痛苦洗礼，听到张先的词，立即有所触动，洞彻了人生的生死名利，发出了"人生行乐耳，何自苦如此"的了悟之叹。晏殊用"及时行乐"安顿内心的思想，影响了后代词人的精神追求，至于是颓废还是率性，都无法撼动晏殊在词坛的地位。

晏殊在词坛受冷落，正是因为人们先入为主地存在"穷而后工"的观念，被讥为"富贵得意之余""无病呻吟"的晏殊显然无法满足一些人对穷的心理预期。一个不差钱的高官，居然可以写出圆融平静风格的词来？那些戴了有色眼镜的人，想要在晏殊词中找出孤臣孽子、落魄江湖的幽怨颓废气息，失望之余，现愤愤不平状，也在情理之中。

在当时的历史背景下，不纵情酒色，又能怎样呢？风流总被雨打风吹去，繁华落尽，唯余偄偄而行的寂寞灵魂。

---

① 晏殊一生三娶，原配工部侍郎李虚己之女；次孟氏，屯田员外郎虚舟之女；次王氏，太师尚书令超之女。

第三章

晏几道

大宋的『宝二爷』

宋彭乘《墨客挥犀》记载，华亭船子和尚有偈云："千尺丝纶直下垂，一波才动万波随。夜静水寒鱼不食，满船空载月明归。"丛林盛传，想见其为人。黄庭坚读后，倚其声律，改作《诉衷情》一阕云："一波才动万波随，蓑笠一钩丝。金鳞正在深处，千尺也须垂。吞又吐，信还疑，上钩迟。水寒江静，满目青山，载月明归。"

　　黄庭坚这种再创作的方法，在宋词中有许多。《冷斋夜话》称其法为"夺胎换骨"。晏几道之《小山词》，是为"夺胎换骨"法之新变。

少年不识愁滋味

　　斗草阶前初见，穿针楼上曾逢。罗裙香露玉钗风。靓妆眉沁绿，羞脸粉生红。

　　流水便随春远，行云终与谁同。酒醒长恨锦屏空。相寻梦里路，飞雨落花中。

　　这首脍炙人口的《临江仙》，是晏殊之子晏几道所作。这是晏几道为了纪念一位离开自己的女子所创。这个女子是晏府中的婢女，她的身份与贾宝玉身边的袭人相似。在"礼不下庶人"的时代，为了一个地位卑微的婢女，相国公子晏几道情愿"相寻梦里路"，哪怕是跋涉在雨打落花缤纷的泥泞中。这是何等的崇高境界，这是一个怎样的痴情儿郎？真的爱情，可以穿越时空、穿越地域。

有宋一代词坛，名家如林，但是父子并称而又影响一代风气的词人，只有北宋的晏殊和晏几道。晏氏父子因其相映生辉的艺术成就，被词家合称"二晏"或"大小晏"。

晏几道（约1045—约1127），字叔原，号小山，是晏殊的七子。[①]晏几道从小就非常聪颖，应该是继承了父亲的优秀基因。

晏几道出生时，正值晏殊政治失意时期，但绝不至于有衣食生计之忧。晏殊的词温润如玉，人也如谦谦君子，因此，晏几道身上没有骄横跋扈的脾性。及年长，晏几道无意功名，对仕途荣辱得失不屑一顾，深受父亲人生际遇之影响。

《小山词》收录了晏几道的词作二百多首，传世的诗作仅数首。从其七律《观画目送飞雁手提白鱼》中，就可以窥知其心志：

> 眼看飞雁手携鱼，似是当年绮季徒。
>
> 仰羡知几避矰缴，俯嗟贪饵失江湖。
>
> 人间感绪闻诗语，尘外高踪见画图。
>
> 三叹绘毫精写意，慕冥伤涸两踟蹰。

就文学艺术价值而言，此诗与晏几道的词作相比较，并非佳构。宋诗

---

① 《晏氏宗谱》载晏殊生子九人，但三子全节自幼过继给晏殊之弟晏颖为子，所以晏几道应是八子。晏几道另有个弟弟叫晏传正。

为后人诟病，因多是有感而发的政治诗作。晏几道的诗同样如此。从"知几避矰""贪饵失江湖""慕冥伤涸"等句来看，诗中充满了对官场争逐、尔虞我诈的鄙视和感慨。

至和二年（1055），晏殊因病去世。宋仁宗"震悼，亟临其丧，以不即视公为恨，赠公司空兼侍中，谥曰元献"（欧阳修《文忠集》）。晏几道因恩荫得官太常寺太祝①。

据刘敞《永安县君张氏墓志铭》载，"永安县君张氏者，相国晏元献冢（同蒙）妇、祠部郎中成裕（晏成裕，一作承裕，晏几道二哥）之嫡妻也……元献薨，有三男子、四女子幼稚。夫人养毓调护，皆至成立，娶妇嫁夫"②。

此后数十年间，晏几道历仕颍昌府许田镇监、乾宁军通判、开封府判官等，一直屈沉下僚，无法在仕途上走得更远。宋代的恩荫制度有别于唐，授官较低，升迁亦远较进士及第者缓慢。即便是位极人臣的宰相之子，也只授予一名小京官，至于普通官员，则只能授试衔、斋郎之类长期不得放选又无具体差遣的小官。有宋三百余年，年轻从政，白首归家，一生蹭蹬于选人与京官品级者，数不胜数。

科学家沈括，仁宗至和元年（1054）以荫补为官，任海州沐阳县主簿，摄东海县令，政绩卓著，始终未获升迁。嘉祐八年（1063），沈括进士及第，仕途从此一帆风顺。十余年间，他就从选人一跃为翰林学士、权三司使，成为权势煊赫的朝堂重臣。

历史证明，那些依靠父祖余荫为官者，多是纨绔子弟，"生所见、长

---

① 太常寺太祝，从九品上。宋前期，太常寺太祝与奉礼郎多为后族及两府宰执大臣子弟门荫官，每月可领胙肉、绢布、明衣，俸禄从优，有"轻裘食肉"之称。

② 按学界流行的说法，晏几道生于 1030 年左右。如果此说无误，晏殊亡时，晏几道已是二十五岁左右的青年，似乎与"幼稚"二字无干。

所闻，唯声色势利"，其个人品德与才能，都未必出众。恩荫官得不到朝廷重视，还被人鄙视。因此，当时许多大臣子弟，自负粗通文墨者，都耻于以荫补为官，都愿意参加科举。

晏几道历经苦难，痴心不改。从其友人黄庭坚《小山词·序》所言，可见其为人之孤高耿介："仕宦连蹇，而不能一傍贵人之门，是一痴也；论文自有体，不肯一作新进士语，此又一痴也；费资千百万，家人寒饥，而面有孺子之色，此又一痴也；人百负之而不恨，己信人，终不疑其欺己，此又一痴也。"

晏殊死后，晏几道兄弟没有一人显贵，但姐夫富弼、杨察、舅父王德用都身居高位，加上晏殊门生故吏的照应，晏氏家族的衰败一时还不明显。这个时期的晏几道，生活安逸富足，风流快活。据其《小山词·跋》云："叔原往者与二三忘名之士浮沉酒中，病世之歌词，不足以析酲解愠。试续南部诸贤绪馀，作五、七字语，期以自娱。不独叙其所怀，兼写一时杯酒间闻见，所同游者意中事……始时沈十二廉叔、陈十君宠家，有莲、鸿、蘋、云品清讴娱客，每得一解，即以草授诸儿，吾三人持酒听之，为一笑乐。"

后人将晏几道与南唐亡国之君李煜、清代名公子纳兰容若，合称"词坛三大情痴"。说晏几道是情痴，首先要说他的《长相思》一词：

> 长相思，长相思。若问相思甚了期，除非相见时。
>
> 长相思，长相思。欲把相思说似谁，浅情人不知。

如果没有刻骨铭心的爱情体验，断然写不出这样的心得体会。"欲把相思说似谁，浅情人不知"，思念一个人的滋味，如人饮水，冷暖自知，别人是无法感同身受的。没有付出过真感情，就不会有撕心裂肺的痛楚。

莲、鸿、蘋、云，这四位妙龄女子，个个貌美如花，能歌善舞。每当与两位朋友聚会，晏几道就要写几首词让她们唱，"每得一解，即以草授诸儿，吾三人持酒听之，为一笑乐"，这大概是晏几道一生最为逍遥的美好时光——擎着酒杯，沉醉在风情万种的浅吟低唱之中，况且唱的是自己拟就的词曲，那种成就感太令人开心了。

与众不同的是，晏几道并不讳言自己好色——"腰自细来多态度，脸因红处转风流"（《浣溪沙》），他喜欢美女过人的才华，更喜欢美女的婀娜体态，多情的小晏为莲、鸿、蘋、云四位女子都写过词。

写给小云姑娘的有"床上银屏几点山。鸭炉香过琐窗寒。小云双枕恨春闲"（《浣溪沙》），"有期无定是无期。说与小云新恨、也低眉"（《虞美人》），"若是朝云。宜作今宵梦里人"（《采桑子》），"拟将幽恨，试写残花，寄与朝云"（《诉衷情》），"朝云信断知何处？应作襄王春梦去"（《木兰花》），"此欢难续。乞求歌罢，借取归云画堂宿"（《六么令》）等。

写给小蘋姑娘的有"记得小蘋初见，两重心字罗衣"（《临江仙》），"小蘋微笑尽妖娆，浅注轻匀长淡净"（《玉楼春》），"小蘋若解愁春暮，一笑留春春也住"（《木兰花》）等。

写给小鸿姑娘的有"问谁同是忆花人。赚得小鸿眉黛、也低蘋"（《虞美人》）。

写给小莲姑娘的有"梅蕊新妆桂叶眉。小莲风韵出瑶池。云随绿水歌声转，雪绕红绡舞袖垂"（《鹧鸪天》），"浑似阿莲双枕畔，画屏中"（《愁倚阑令》），"香莲烛下匀丹雪。妆成笑弄金阶月"（《菩萨蛮》），"记得春楼当日事，写向红窗夜月前。凭谁寄小莲"（《破阵子》），"小莲未解论心素。狂似钿筝弦底柱"（《木兰花》），"手捻香笺忆小莲。欲将遗恨倩谁传"（《鹧鸪天》）等。

在晏几道的词中，我们可以看到他的这种人生而平等观。欣赏、关爱、尊重女性，是晏几道真诚、善良、憨直的天性。如这首《木兰花》，就表现了他独特的思想内涵：

阿茸十五腰肢好。天与怀春风味早。画眉匀脸不知愁，殢酒熏香偏称小。

东城杨柳西城草。月会花期如意少。思量心事薄轻云，绿镜台前还自笑。

这首《木兰花》在《小山词》中算不得名篇。平淡无奇的语句中，却充盈着他对阿茸姑娘真诚的关爱。这种真，如甘泉一样清冽，如旭日般温暖，宋人王铚在《默记》中赞道："叔原妙在得于妇人！"

"阿茸十五腰肢好"，此处"十五"并非实指，泛指阿茸已是及笄之年。如《玉楼春》中的"吴姬十五语如弦"，只是讲适婚年龄的吴姬，其吴语清脆、委婉、动听。"腰肢好"，讲阿茸姑娘身材苗条，也隐约讲她貌美如花。

"天与怀春风味早"，年纪轻轻的阿茸朦朦胧胧懂得了男女风情，"有女怀春，吉士诱之"（《诗经·国风·召南·野有死麕》），懂得欣赏女性的晏几道，看在眼里，喜在心里。但阿茸姑娘丝毫不知世事的险恶，"画眉匀脸不知愁，殢酒熏香偏称小"，缺乏人生阅历的阿茸天性快乐，只知道精心打扮，展示自己的青春美貌，沉湎于以酒取悦男人，一个不怎么成熟的小姑娘，偏偏要装出有风情的样子。字里行间，流淌着词人的关切之情及对其未来人生命运的担忧。

"东城杨柳西城草。月会花期如意少"，是晏几道善意的提醒。身为女性，本来就难得有情郎，更何况阿茸这种身份卑微、地位低下的欢场女子。显然，词人的话并没有起到什么作用，"思量心事薄轻云"，阿茸没有意识到现实的残酷，一如从前那般单纯与幼稚。"绿镜台前还自笑"形象地写出了阿茸的年幼无知，看到镜中自己如花的容颜，她只会开心快乐。

与莲、鸿、蘋、云等姑娘不同，阿茸不是晏几道熟悉的歌女。担心一个可能仅有一面之缘的欢场女子的人生命运，体现出了词人关爱的可贵。这种关爱女性的平等价值观，在被视为"诗余""小道"的词中，难得一见。这充分体现出了晏几道对女性的尊重。

晏几道的这种人格与品质，既有其天性的一面，也有受父亲影响的一面。据《避暑录话》记载，宋仁宗登基不久，一次秋季的宫中百戏表演中，有个表演高空杂技的撞竿人，失足坠亡。宋仁宗恻然，厚赐其家人，下诏从此撞竿的高度减去三分之一。从此，宫中百戏的撞竿比外界的撞竿低丈余，成为惯例。晏殊作诗纪其事："君王特轸推沟念，诏截危竿横赐钱。"晏殊并非完全在拍新君马屁，也是在表达自己对表演者的同情心。

《红楼梦》中贾宝玉同情大观园中的女子，与晏几道关爱阿茸的前途命运如出一辙。《红楼梦》二十八回中贾宝玉的"女儿"酒令云：

女儿悲，青春已大守空闺。女儿愁，悔教夫婿觅封侯。
女儿喜，对镜晨妆姿色美。女儿乐，秋千架上春衫薄。

四句酒令前后形成鲜明对比，撇开其"诗谶"的文学手法不提，仅就内容来看，与《木兰花》词意相同。

在男权社会中，晏几道表现出的男女平等观念难能可贵，闪烁着人道主义的光芒。其词作在浩如烟海的宋词中，如一朵奇葩大放异彩。

落花人独立

宋代以前，士大夫很少直接表露对女性的思念，为了一个女子沉沦颓废，是不务正业。依正统观念来看，男人应该以事业为重。整天想女人，怎么会有大出息？晏几道偏偏不信邪，他不但要怀念，还要公然宣称，唯恐世人不知。从《鹧鸪天》可知，晏几道就无法忘怀"风韵出瑶池"的小莲姑娘，因为思念她而喝到烂醉：

> 手捻香笺忆小莲。欲将遗恨倩谁传。归来独卧逍遥夜，梦里相逢酩酊天。
>
> 花易落，月难圆。只应花月似欢缘。秦筝算有心情在，试写离声入旧弦。

宋，是一个"拟女声"的时代。柳永用近乎白描的手法，将女性感情的细腻、缠绵和痴情表现得淋漓尽致，栩栩如生。写思恋，最多只是"临风、想佳丽，别后愁颜，镇敛眉峰"（《雪梅香》），"想佳人、妆楼颙望，误几回、天际识归舟"（《八声甘州》）。词作者是男性，使用的却是女性的口吻。而晏几道反其道而行，在其词作中赤裸裸地表现自己对女性的思念与依恋。晏几道的词作，多是表现这种难以自拔和无望的爱恋，在数百年后，仍有撼动人心的魅力。

小莲姑娘究竟是什么样的女子，居然有如此之魅力？晏几道在《木兰花》中，告诉了我们二人相逢、相识、相互吸引的过程：

> 小莲未解论心素。狂似钿筝弦底柱。脸边霞散酒初醒，眉上月残人欲去。

旧时家近章台住。尽日东风吹柳絮。生憎繁杏绿阴时，正碍粉墙偷眼觑。

晏几道与小莲相逢在柳絮纷飞的浪漫春天中，风流倜傥的晏几道歪戴着帽子，衣袂飘飘，走在落花缤纷的小径中①，情窦初开的小莲姑娘，躲在粉墙后面偷窥，因为繁杏绿荫阻隔了她的视线，不禁心生嗔恨。

宴饮的时候，小莲为了吸引晏几道的注目，有意将筝弹得热烈而狂乱。这种为得周郎顾的小女儿心思，晏几道自然尽收眼底。"满堂兮美人，忽独与余兮目成"（屈原《九歌》），二人眉目传情，郎情妾意。月残时分，二人依依惜别，望着小莲晕霞未散的俏脸，晏几道不禁痴了。

时隔多年，孤枕难眠的夜，晏几道回想起小莲对自己一见倾心、真挚奔放的情意，不由自主地抓起笔来，准备倾诉自己的相思之苦。等到笔走龙蛇之时，他才猛然醒悟，小莲早已"人面不知何处去"。

晏几道茫然若失，用手捻着香笺，沉吟良久，只好端起酒杯，用酒精来麻醉自己。酒入愁肠，酩酊大醉的他，只能在梦中与小莲相会了。

晏几道与小蘋也有一段刻骨铭心的恋情，见《临江仙》：

梦后楼台高锁，酒醒帘幕低垂，去年春恨却来时。落花人独立，微雨燕双飞。

记得小蘋初见，两重心字罗衣。琵琶弦上说相思。当时明月在，曾照彩云归。

---

① 晏几道《清平乐》有云："侧帽风前花满路。"据《周书·独孤信传》记载："（独孤）信在秦州，尝因猎日暮，驰马入城，其帽微侧。诘旦，而吏民有戴帽者，咸慕信而侧帽焉。"在宋代，侧帽仍是承平公子风流自赏的一种时尚。北宋杨亿《公子》诗云："细雨垫巾过柳市，轻风侧帽上铜堤。"

"小山词"被讥为艳词，但与唐末五代的"花间词"有所区别。同样是以写歌舞、爱情为主，但此前艳词中的女子皆是泛指，而晏几道词中的女子，则是特指。"花间词"表现的是现实情欲，而晏几道的词多是一种诗意的多愁善感。

　　"落花人独立，微雨燕双飞"之句，何曾有分毫浅露鄙俗？清人谭献赞此二句"千古不能有二"（《词辩》）。不过，此二句的原创者是五代诗人翁宏。其五律诗《春残》云："又是春残也，如何出翠帏？落花人独立，微雨燕双飞。寓目魂将断，经年梦亦非。那堪向愁夕，萧飒暮蝉辉。"晏几道信手拈来，运用自如，不见丝毫匠气。巧妙化用，使二句与整首小令浑然一体，无一点雕琢的痕迹。名句因此不湮灭无闻，也算是文坛佳话。

　　化用前人诗意入词是寻常事。贺铸《青玉案·横塘路》"梅子黄时雨"句，化用寇准诗句"杜鹃啼处血成花，梅子黄时雨如雾"。苏东坡《西江月·梅花》"高情已逐晓云空，不与梨花同梦"句，出自王昌龄《梅诗》"落落寞寞路不分，梦中唤作梨花云"。晏殊《玉楼春》"天涯地角有穷时，只有相思无尽处"句，化用白居易《长恨歌》"天长地久有时尽，此恨绵绵无绝期"句。晏几道"凭谁问取归云信，今在巫山第几峰"句，出自唐人张子容《巫山》"巫岭岩峣天际重，佳期宿昔愿相从。朝云暮雨连天暗，神女知来第几峰"。

　　据学者统计，晏殊的一百四十首词中，化用诗句一百一十五次，晏几道的二百六十首词中，化用诗句一百一十七次。"二晏"的化用妥帖自然，不见雕琢痕迹，使词的抒情性得到提高，词的抒情范围扩大，使词向诗更进一步靠拢。宋代词人信手拈来，浑然天成，始信文学之道，"运用之妙，存乎一心"（《宋史》）。

　　回到正题。与奔放、活泼的小莲不同，小蘋的感情内敛、深沉。第一次见到小蘋的时候，娉娉婷婷的她，穿着两重心字薄罗衣，羞红着脸、细捻慢拢，轻弹琵琶，琵琶声如泣如诉、如怨如慕。望着小蘋，听着琵琶声，晏几道两眼放光，怦然心动。时隔多年，仍然记得爱人当时穿什么颜色、什么款式衣服的男人，尤其值得珍惜。在他心里，你的一切对他都十分重要。

从此，冷月清辉洒在树影斑驳的花径间，小蘋姑娘踏月而来，伴月而归的瘦削背影，在晏几道的生命中定格。白云苍狗，世事变幻，晏几道没有料到，小蘋姑娘的琵琶，会成为自己生命中的绝响。一别之后，小蘋"人如风后入江云，情似雨馀粘地絮"（周邦彦《玉楼春》），每忆从前，晏几道心底都会涌上无尽的惆怅与失落。

"当时明月"句，为人们勾勒出了小蘋翩若惊鸿的离去身影。明月依然，人却杳然，不知所终。酒不醉人人自醉，晏几道只有在"酒醒帘幕低垂"中回味从前了。

支颐人间客

慢词发展成为主流之后，晏几道仍然坚持创作小令，乐此不疲。正是因为他的执着，小令艺术在宋代登峰造极。龙渝生在《词曲概论》中评论："小令发展到小晏，就没有百尺竿头更进一步的专家了。"

晏几道独步词坛，正是因为用心创作。黄庭坚说晏几道有"四痴"，但他忘记了，其实伴随晏几道一生的，主要是"痴情"。晏几道写的词，主人公就是他和相爱的人，是自己亲身经历的悲欢离合，而不是为了写词臆造出来的"动人情景"。

在晏几道的笔下，相逢的快乐，离别的悲伤，都流淌着率真与自然的感情。尤为难能可贵的是，晏几道笔下的女子，都得到了他的尊重，没有轻薄与玩弄，他爱得一往情深，无怨无悔。

因为晏几道的痴情，宋词具有了极丰富的艺术美感与夺人心魄的力量。晏几道将自己的全部情感融入词中，把自己坎坷不平的宦途、深刻的人生理解全部化进了词中。刻骨的相思，动人的浅斟低唱，都是一掬化不开的辛酸泪。晏几道，宋之痴情人也！

烟花易冷，盛极而衰。人生不如意事，十居八九。欢愉与相聚是短暂的，痛苦与离别才是生命中的永恒。随着时日推移，晏几道在斗鸭池边征歌逐舞、饮酒赋诗的贵家公子生活，成为历史。正如《鹧鸪天》所写：

> 斗鸭池南夜不归。酒阑纨扇有新诗。云随碧玉歌声转，雪绕红琼舞袖回。
>
> 今感旧，欲沾衣。可怜人似水东西。回头满眼凄凉事，秋月春风岂得知。

宋神宗继位后，宋王朝进入了瓶颈期，潜藏的危机浮出水面。国家弊端丛生，面对兵弱、民困、国贫、财乏的巨大政治危机，年轻的宋神宗起用王安石，开始了轰轰烈烈的变法图强运动。

这时，杨察、王德用相继去世，富弼因年迈，有腿疾，离开了政治权力中心。晏殊的门生故吏自顾不暇。晏几道习惯了挥金如土的生活，坐吃山空，生活质量急速滑坡。熙宁四年（1071）八月，晏几道的二哥晏承裕"坐行检不饰，尝亵服狎游里巷，为御史言而绌之"（《宋会要辑稿》）。

晏承裕被绌，是因为行为不检点，实与朝堂党争有关。富弼虽然罢相出判亳州，其婿冯京却出任了枢密副使一职。冯京曾连中三元，是富弼的女婿，晏几道的外甥女婿。"天子门生宰相婿"，说的就是他。冯京是宋神宗有意在朝中为反对变法官员设立的"赤帜",意在权力制衡,防止王安石变法派势力在朝中坐大。变法派控制的台谏官员弹劾晏承裕,应该是借机打击冯京在朝中的政治势力。

晏几道有一个"谋猷存二府,台阁遍诸生"(欧阳修《晏元献公挽辞三首》)的宰相父亲,却无意科举,是想珍惜生命、远离尔虞我诈的政坛。但事与愿违,任何人都无法游离于政治之外。不久,晏几道就卷入了一场政治风波。

汴梁任监安上门之职的郑侠,与晏几道过从甚密。郑侠(1041—1119),字介夫,福州福清人。嘉祐四年(1059),郑侠父亲任江宁酒税监,郑侠到父亲任所附近的清凉寺中"闭户苦学"。郑侠好学不倦的精神,打动了丁忧回籍讲学的王安石。王安石对郑侠"每称之",曾言"尝从臣学"(南宋杨仲良《皇宋通鉴长编纪事本末》),二人有师生之谊。

治平四年(1067),郑侠进士及第,授职为将作郎、秘书省校书郎。熙宁初年,王安石执政后陆续推行新政,擢郑侠为河南光州(今河南潢川县)司法参军,主管地方民、刑案件。

熙宁五年(1072),郑侠任职期满,进京述职,顺道拜见恩师。此前,王安石为新法积蓄人才,着手对科举制度进行了改革,"立新科明法,试律令、刑统、大义、断案,所以待诸科之不能业进士者"(《宋史》)。

新法颁布后,朝野上下出现了"争诵律令"的普法热潮。王安石推行的法制建设,本来是为推行新法夯实基础,提高官员的执法水平,推广普及法律文化。王安石希望郑侠参加这个考试,以便提拔郑侠为京官,培养他成为自己变法的得力助手。

郑侠在地方任上目睹了一些新法推行以来的种种弊端,认为新法扰民,无意参加这种考试。他婉言谢绝了王安石的好意。但郑侠对王安石"感为知己,思欲尽忠",便将自己在地方的见闻一五一十地告诉了恩师，希望可以引起王安石对变法的反思与修正。哪知二人话不投机，郑侠的建议并没有引起王安石的重视。正如曾巩所言，王安石"勇于有为，吝于改过"（《宋史》）。

虽然不满郑侠不附己，王安石仍经常打发儿子王雱去探望他。王安石提举经义局修撰《三经新义》，请郑侠参加协助，郑侠再次以"读书无几，不足以辱检讨"（《宋史》）为名婉拒。师生二人因政治理念不同，日渐疏远。

熙宁六年（1073），改革进行到紧要关头，一场百年不遇的旱灾不期而至。从下半年起，河北路、京西路、京东路、河东路、淮南东路、淮南西路等广大地区，滴雨未落。大河小溪干得河床龟裂，草木枯黄，庄稼旱死。第二年的春播等农事也无法进行了。各地报灾的奏章雪片一样飞来，宋神宗御案上每天都是申请赈济的奏疏。宋神宗与王安石为此忧心不已，全力安排赈灾，开展生产自救。

灾情过后，全国多地青黄不接，百姓背井离乡，携儿挈女地逃荒。一群群面黄肌瘦的难民，汇成洪流，涌向汴梁。郑侠在监安上门任上，每天看到的都是衣衫褴褛、骨瘦如柴的灾民，心情沉重。本来无情的天灾已经让难民流离失所，开封府的一些官员，不顾灾民死活，以影响市容为名，驱之如豕羊。难民悲号饥啼之声惨不可闻，郑侠心中更加悲愤。

郑侠知讽劝王安石无济于事，决心冒死为民请命。情知文字难以打动圣明天子，他发挥所长，用丹青妙笔绘就了一幅惟妙惟肖的《流民图》。同时附上一道奏章，说明自己越职言事是"上畏天命，中忧君国，下忧生民"，请求天子将"诸有司掊敛不道之政，一切罢去"（《宋史》）。郑侠担心自己人微言轻，上疏无法交到神宗手中，假称紧急公文，将奏疏和画私自发"马递"送到银司台。有宋一代，只有紧急军情与突发事件才可以发"马递"，郑侠一个城门守擅发"马递"，属于严重违纪。

《流民图》中典妻鬻子、辗转挣扎的难民惨状，深深地震撼了宋神宗，他根本没有想过，就在天子脚下，会发生这种惨绝人寰之事。

　　郑侠在奏章中写道："谨以安上门逐日所见绘为一图，百不及一。但经圣明眼目，不必多见，已可咨嗟涕泣，使人伤心，而况于千万里之外哉？"郑侠认为，旱灾是因为王安石变法引来的天怒人怨，"去安石，天乃雨"，他诅咒发誓"如陛下观臣之图，行臣之言，自今已往，至于十日不雨，即乞斩臣宣德门外"（《皇宋通鉴长编纪事本末》）。

　　年轻的宋神宗迷茫了，这一夜他失眠了。《宋史》记载，他"反覆观图，长吁数四，袖以入，是夕寝不能寐"。

　　第二天，宋神宗向王安石出示了《流民图》。宋神宗这样做，本身就是一种态度。王安石看到图后，同样心潮澎湃，为城中灾民生计如此艰辛而震撼。王安石没有料到郑侠会有此举动，大脑一片空白的他，过了许久才想到"因乞避位"。

　　宋神宗却另有计较，因一幅图就罢免宰相，传出去太过骇人听闻。他拒绝了王安石的请辞，"乃诏开封府劾侠擅发马递之罪"（《宋史》）。只是追究郑侠的擅发"马递"之罪，事情本身非常耐人寻味。身为荆公门人，郑侠的欺师灭祖行为，令许多人感到困惑。郑侠心系天下，不以私情害公义，为天下苍生鼓与呼，这样的背叛只能令后人肃然起敬。清人杨中讷写诗称赞郑侠献图的行为："空怀忧国长沙泪，难绘流民郑侠图。"（《高邮道中书事》）

　　郑侠身陷囹圄，家也被抄了。所有与他有交往的人都吃了瓜落儿。《侯鲭录》记载，"熙宁中，郑侠上书，事作下狱，悉治平时往还厚善者。晏几道叔原皆在数中"。

　　后来，有关部门在郑侠家中搜得晏几道诗书一封："小白长红又满枝，筑球场外独支颐。春风自是人间客，主张繁华得几时。"（《与郑介夫》）神宗皇帝看到后，传旨晏几道无罪释放。

虽然晏几道无意介入政治太深，但身处政治中心汴梁城，自然无法完全置身事外。他对朝堂上的政争看在眼中，为郑侠的耿介忧心，作诗讽喻朋友，对于变法派与保守派的党争，如同在比赛筑球，最好是"支颐"，做看客。宋神宗从诗意中读懂了晏几道，知道他无意政治，当然会放他一马了。

风月本无常

晏几道侥幸躲过一劫，但事情对他的精神打击巨大。经历短暂的牢狱之灾，晏几道在家闭门思过，就连从前交游的人也疏远了几分。

旱情仍然得不到缓解，宋神宗先是下罪己诏，后来坚定决心，下诏紧急叫停了各项新法。诏出当天，一场期盼已久的甘霖姗姗而至。这场"及时雨"使宋神宗坚信了"去安石，天乃雨"的传言。从来以为"天变不足畏，人言不足恤"的王安石，数次上表请辞，宋神宗假意挽留一番，罢其为吏部尚书、观文殿大学士、知江宁府。王安石罢相，黯然离京的原因有多种，但不可否认，郑侠的《流民图》乃是导火线。

变故接连不断，很快，晏府变得门庭冷落车马稀。惊魂甫定的晏几道先是为郑侠编管汀州，再改英州的消息所震惊，继而得知至交好友陈君龙、沈廉叔或病或逝，树倒猢狲散，莲、鸿、蘋、云等姑娘也星流云散，不知所终。

不过，随着陈、沈二人家姬的流离，晏几道的词也开始在汴梁城中广为传播。晏几道在《小山词·跋》中道："已而，君宠疾废卧家，廉叔下世，昔之狂篇醉句，遂与两家歌儿酒使流转于人间。"

屋漏偏逢连夜雨，出狱后闭门思过的晏几道，柔弱的心灵再次遭遇沉重打击。元丰元年（1078），晏殊的坟墓被盗，遗骨被盗墓人用斧砍碎。面对飞来横祸，晏几道欲哭无泪，词中再不见"白纻春衫杨柳鞭，碧蹄骄马杏花韉。落英飞絮冶游天"（《浣溪沙》）之句。①

习惯了锦衣玉食的晏几道，很快囊中羞涩，落魄到"家人寒饥"，自己"面有孺子之色"的境地。据张耒为晏几道嫂子撰写的《王夫人②墓志铭》记载："夫族有负市易钱百万者，夫人为出所有偿之。"

接二连三的变故，导致家道中落，令晏几道饱尝世态炎凉。元丰五年（1082）四月十四，是宋神宗的圣诞日（同天节），晏几道作了一首《鹧鸪天》新词祝寿，拍圣明天子马屁③：

　　碧藕花开水殿凉。万年枝外转红阳。升平歌管随天仗，祥瑞封章满御床。

　　金掌露，玉炉香。岁华方共圣恩长。皇州又奏圜扉静，十样宫眉捧寿觞。

晏几道的新词"大称上意"，赵官家一高兴，赐晏几道进士出身，监颍昌许田镇。从此，晏几道开始了他的宦游生活。

据北宋张邦基《墨庄漫录》记载："叔原聚书甚多，每有迁徙，其妻

---

① 晏殊薄葬，所以身后罹此灾厄。北宋邵伯温《邵氏闻见后录》载此事发生于元祐年间，南宋朱弁《曲洧旧闻》载此事发生于元丰元年（1078），未审孰是。
② 王夫人是晏宣礼的妻子，晏几道三嫂。
③ 据南宋黄昇《花庵词选》记载："庆历中，开封府与棘寺（大理寺）同日奏狱空，仁宗于宫中宴乐，宣晏叔原作此，大称上意。"综合词意分析，此词似应作于宋神宗元丰五年（1082）。《宋会要》等记载，元丰五年四月一日和四月七日，开封府及大理寺官员奏称狱空。庆历年间，晏几道年幼，而且史料中并没有狱空的记载。

厌之，谓叔原有类乞儿搬漆碗。"晏几道喜欢收藏书籍，赴地方任职，自然要带在身边，可是妻子嫌麻烦，居然嘲笑他"类乞儿搬漆碗"。晏几道于是作《戏作示内》云：

> 生计惟兹碗，搬擎岂惮劳。
>
> 造虽从假合，成不自埏陶。
>
> 阮杓非同调，颜瓢庶共操。
>
> 朝盛负余米，暮贮籍残糟。
>
> 幸免播同乞，终甘泽畔逃。
>
> 挑宜筇作杖，捧称葛为袍。
>
> 倘受桑间饷，何堪井上螬。
>
> 绰然徙自许，嗟尔未应饕。
>
> 世久称原宪，人方逐子敖。
>
> 愿君同此器，珍重到霜毛。

一代词人娶了这样势利的女子为妻，婚姻不可能幸福。此诗虽是戏作，却通篇皆是愤世嫉俗之情。沦落到衣食难以为继的地步，这确实与晏几道的性格有关。晏几道的泰山大人，是真宗朝名相王旦之孙王靖。时衰鬼弄人，晏几道流年不利，妻子挖苦他如乞儿。可见晏几道与妻子甚少共同语言。

虽然官职低微，晏几道却意气风发，对未来充满了希望。他在《题司马长卿画像》一诗中写道："犊鼻生涯一酒垆，当年嗤笑欲何如？穷通不属儿曹意，自有真人爱《子虚》。"

晏几道本以为做官与作文章一样，会得心应手，从此独步朝堂也并非难事。哪知锦衣公子离开了情感世界，才知世事并非为他一人而设。做官不是填词作诗，官场没有脉脉温情，有的只是钩心斗角。

公务之余，晏几道写下了《蝶恋花》一词：

千叶早梅夸百媚。笑面凌寒，内样妆先试。月脸冰肌香细腻。
风流新称东君意。

一捻年光春有味。江北江南，更有谁相比。横玉声中吹满地。
好枝长恨无人寄。

千娇百媚的梅花凌寒傲雪，如同新月一样晶莹剔透，像冰一样冰肌玉肤，浑身散发出清幽悠远的香气。在江北江南，没有什么东西可以比得上它，但到头来，"横玉声中吹满地。好枝长恨无人寄"，在寒风中瑟瑟。显然，晏几道是借咏梅感慨怀才不遇，"可恨良辰天不与"（另一曲《蝶恋花》语），生不逢时。

孤芳自赏的晏几道，无法在短时间内适应角色的变化，更难与当地官员同流合污。得知父亲的门生韩维时任知许州，晏几道放低身段，奉上所作新词《浣溪沙》，前往干谒，希望得到韩维的提携。

铜虎分符领外台，五云深处彩旌来。春随红旆过长淮。
千里袴襦添旧暖，万家桃李间新栽。使星回首是三台。

据《邵氏闻见后录》记载："晏叔原，临淄公晚子。监颍昌府许田镇，手写自作长短句，上府帅韩少师。"韩维（1017—1098），字持国，开封雍丘（今河南杞县）人。韩维与晏家渊源颇深，庆历五年（1045）至庆历八年（1048），晏殊知颍州，韩维时为部属。皇祐五年（1053）至至和元年（1054），晏殊知河南，兼西京留守，韩维仍是部属。多年来，晏殊与韩维关系融洽，常有唱和之作。

据周辉《清波杂志》记载，知许州的时候，韩维每天吃过早饭，正襟危坐，"谭经史节义乃政事设施"，等到天黑后则呼朋引类，"命妓劝酒，尽欢而罢"。或者，正是因为晏几道听说了这个传闻，才主动作词求见。从前不去，是因为韩维在朝中为相，如今被贬出京，在许州任职，再去探望，就不会被讥为"傍贵人之门"。

晏几道想得简单了，韩维已不再是父亲的部属。韩维对晏几道不求仕进、浮沉酒中的情况知之甚详。读了晏几道的词作后，他作书婉拒道："得新词盈卷，盖才有余而德不足者，愿郎君捐有余之才，补不足之德，不胜门下老吏之望。"

在韩维眼中，晏几道每日只知征歌逐舞、饮酒填词，混迹脂粉堆，是德不胜才之人。韩维的婉拒，给晏几道上了生动的一课。晏几道终于明白，走出乌衣巷，自己什么也不是了。经历了家道中落，饱尝了人情冷暖、世态炎凉，晏几道的词中更多了伤感与惆怅，以寄托自己的哀愁。晚年，他在汴京作词《阮郎归》，自伤道：

> 天边金掌露成霜，云随雁字长，绿杯红袖趁重阳，人情似故乡。
>
> 兰佩紫，菊簪黄，殷勤理旧狂。欲将沉醉换悲凉，清歌莫断肠。

清周颐《蕙风词话》论此词说："殷勤理旧狂五字三层意，'狂'者，所谓一肚皮不合时宜，发见于外者也。狂已旧矣，而理之；而殷勤理之，其狂若有甚不得已者。"由此看来，晏几道不容于世，不为韩维所接纳，主要因为他不合时宜。晏几道不合时宜，是有不得已的原因的，不可以完全归咎于他。不合时宜就是不知道与时俱进，人不可能永远活在过去。

心气正高的晏几道被韩维当头浇了一瓢冷水，立即望峰息心，明白官场不是属于自己的舞台。甫离京师，晏几道曾作《鹧鸪天》：

清颍尊前酒满衣。十年风月旧相知。凭谁细话当时事，肠断山长水远诗。

金凤阁，玉龙墀。看君来换锦袍时。姮娥已有殷勤约，留著蟾宫第一枝。

不到一年，理想如肥皂泡般破灭，政治失意的晏几道写下了《泛清波摘遍》的新词，感慨壮志难酬。宦游的晏几道思念起从前风花雪月的诗酒生活：

催花雨小，著柳风柔，都似去年时候好。露红烟绿，尽有狂情斗春早。长安道。秋千影里，丝管声中，谁放艳阳轻过了。倦客登临，暗惜光阴恨多少。

楚天渺。归思正如乱云，短梦未成芳草。空把吴霜鬓华，自悲清晓。帝城杳。双凤旧约渐虚，孤鸿后期难到。且趁朝花夜月，翠尊频倒。

梁园虽好，终非久留之所，晏几道希望再回到从前，重温旧梦，作了《生查子》一词：

远山眉黛长，细柳腰肢袅。妆罢立春风，一笑千金少。

归去凤城时，说与青楼道。遍看颍川花，不似师师好。

情浅人不知

仕途苦蹇的晏几道，从此无意功名，只知"且趁朝花夜月，翠尊频倒"（《泛清波摘遍》）。他任满回到汴梁，悲哀地发现"往昔过从饮酒之人，或垅木已长，或病不偶"，"同声相应，同气相求"，晏几道与笃信佛老的黄庭坚交情深厚，自然会受其影响，他在《小山词·跋》中道："悲欢离合之事，如幻如电，如昨梦前尘，但能掩卷怃然，感光阴之易迁，叹境缘之无实也。"

《小山词·跋》中说，因为"病世之歌词不足以析酲解愠"，现有的词作者感情投入不深，作品缺乏震撼力与感染力，晏几道决定继往开来，"试续南部诸贤绪余，作五七字语，期以自娱，不独叙其所怀，兼写一时杯酒间闻见，所同游者意中事"。"作五七字语"，是指其词作继承了花间派和南唐词人惯用的五字、七字小令的创作方法。

晏几道的作品远绍南唐，近承其父的"宋初体"，作为花间派的传承人，其词作涉及的题材自然狭窄。对于晏几道词作的特点，挚友黄庭坚的点评最为公道客观："至其乐府，可谓狎邪之大雅，豪士之鼓吹，其合者《高唐》《洛神》之流，其下者岂减《桃叶》《团扇》哉？"（《小山词·序》）宋代藏书家陈振孙对晏几道的词十分推许，在《直斋书录解题》写道："晏几道叔原撰。其词在诸名胜中，独可追逼《花间》，高处或过之。其人虽纵弛不羁，而不苟求进，尚气磊落，未可贬也。"

在艺术风格上，晏几道词既有其父晏殊的清丽，又得花间派词人真传。王灼在《碧鸡漫志》中说，"叔原于悲欢合离，写众作之所不能，而嫌于夸"，又赞其词"如金陵王谢子弟，秀气胜韵，得之天然，殆不可学"。受父亲影响，晏几道的词严格与俗词区分。晏几道是坚定反俗词的，他认为词是显示士大夫情趣的，与市民俚俗之作不相同。婉约派的艳词与柳词不同，讲究含而不露的朦胧美。

在慢词风行天下的时候，晏几道不为所动，对令词创作情有独钟，是受父亲影响至深，非情有余而才不足。专意小令，与其生平家世、个人秉性相关。令词短小精练简洁，"数语曲折含蓄，有言外不尽之致"（清沈祥龙《论词随笔》）。晏几道坚持创作令词，与其尚韵、崇雅的审美情趣有关。慢词虽然容量大，难免会有直俗、浅白的缺憾。

《鹧鸪天》是晏几道的代表作，也是其词作艺术形式突破之作：

> 彩袖殷勤捧玉钟。当年拚却醉颜红。舞低杨柳楼心月，歌尽桃花扇影风。
>
> 从别后，忆相逢。几回魂梦与君同。今宵剩把银釭照，犹恐相逢是梦中。

这首《鹧鸪天》，在内容上与南唐、宋初诸家艳词并无太大区别，但在艺术形式上有别。

此词写的是晏几道与一个歌伎久别重逢时的喜悦，从中可以窥见晏几道鲜明的个性及天真无邪的品质。

晏几道的传世词作，大部分是感慨离别相思，而这首词写久别重逢。晏几道不知在哪家秦馆楚楼结识了这位歌伎，二人一见钟情。美女殷勤捧玉钟，晏几道心如鹿撞，为讨佳人欢喜，拚却醉颜红。轻歌曼舞之中，时间过得飞快，直到月亮攀上楼外的杨柳树梢，二人才惊觉天光欲晓。

"舞低杨柳楼心月，歌尽桃花扇影风"，十四个字中，十二个字为名词，涵盖了舞、歌、杨柳、桃花、高楼、扇子、明月、春风等美好事物，说明了庭院之深邃、楼台之高耸、歌舞之酣畅、春宵之短。晏几道举重若轻，看似信手拈来，实则匠心独运，巧妙地以空间的变化比喻时间的流逝，不知不觉中把读者带入了一幅风光旖旎的图画中。

词评家对此二句十分推崇。黄庭坚赞它"定非穷儿家语"（南宋魏庆之《诗人玉屑》引宋王直方《王直方诗话》）。晁补之誉其"知此人必不生于三家村中者"(《侯鲭录》)。明人沈际飞赞"不愧六朝宫掖体"（胡仔《苕溪渔隐丛话》引《雪浪斋日记》）。明代词选家毛晋认为"诸名胜词集，删选相半，独小山集直逼花间，字字娉娉嫋嫋，如揽嫱、施之袂"，"晏氏父子，具足追配李氏父子（李璟、李煜）"（汲古阁本《小山词·跋》）。

上阕写景，下阕抒情。晏几道笔锋一转，"从别后，忆相逢。几回魂梦与君同"。二人自分别后，日有所思，夜有所梦，晏几道多次梦到两人重逢。此一句娓娓道来，真实自然，很容易引起读者的共鸣。因为思念过度，他相信二人还会重逢。"今宵剩把银釭照，犹恐相逢是梦中"之句，俞平伯在《唐宋词选释》中点评道："回忆本是虚，因忆而有梦，梦也是虚，却疑为实。及真的相逢，翻疑为梦。"晏几道用生花妙笔，以虚为实，化实为虚，虚虚实实地把从前、别后、重逢的场景与内心感觉表现得淋漓尽致。清人陈廷焯在《白雨斋词话》中，称赞词"下半阕曲折深婉，自有艳词，更不得不让伊独步"，确是深中肯綮之语。

经过数年努力，宋哲宗元祐元年（1086），晏几道终于完成了个人词集《小山词》的整理编撰。他邀请"文章友"黄庭坚为之作序。黄庭坚一生仕宦不显，但工诗文，早年受知于苏轼。黄庭坚与张耒、晁补之、秦观并称"苏门四学士"；黄庭坚因诗与苏轼并称"苏黄"，为江西诗派开山之人；黄庭坚因词与秦观号称"秦七黄九"。

"声名九鼎重，冠盖万夫望"（黄庭坚《次韵答叔原会寂照房呈稚川》），黄庭坚力推《小山词》，晏几道由此词名大盛。

元丰八年（1085），苏轼从贬地返回京师，在汴梁与黄庭坚重逢。二人免不了谈论诗词，见黄庭坚十分推崇晏几道，苏轼决定登门拜访。以苏轼在文坛的名气，主动登门拜访，晏几道理应受宠若惊，哪知他婉拒道："今日政事堂中半吾家旧客，亦未暇见也。"（元陆友仁《研北杂志》）

晏几道·大宋的「宝」「爷」

在韩维处碰壁后，晏几道回到汴梁城中，即使"陆沉于下位"，也不再自讨没趣地趋炎附势，奔竞权门。黄庭坚在《小山词·序》中云："磊隗权奇，疏于顾忌，文章翰墨，自立规模，常欲轩轾人，而不受世之轻重。"

宋哲宗登基初，苏轼任翰林学士。晏几道拒绝学问文章负天下重名的苏轼，也是情理中事。一是前车之鉴不远，他担心被讥讽为巴结权贵。二是苏轼从贬地回到京师不久，"乌台诗案"天下无人不知，因郑侠《流民图》身陷囹圄的晏几道一朝遭蛇咬，十年怕井绳。

词从晚唐五代一路走来，于北宋年间大放异彩，名家辈出，是有其历史原因的。宋太宗赵炅扩大科举取士，朝堂之上开始出现了激烈的党争，险恶的政治环境给文人士大夫的具体创作带来了巨大的影响。经历了"乌台诗案"，苏轼心有余悸，在与友人来往的信函中称"但得罪以来，不复作文字。自持颇严，若复一作，则决坏藩墙，今后仍复衮衮多言矣"，"前后惠诗皆未和，非敢懒也。盖子由近有书，深戒作诗，其言切至，云当焚砚弃笔，不但作而不出也。不忍违其忧爱之意，故遂不作一字"（《与程辅提刑二十四首之二十四》）。

不复作诗的苏轼们，感情总需要宣泄，被世人视为无关宏旨的"词"就成了士大夫寄寓心声相对安全的艺术形式。士大夫以自己的小聪明，以避重就轻的方式，远离政治迫害。词在宋代成为文人最佳的"吐槽"平台。据学者考证，苏轼在"乌台诗案"后居贬地黄州，创作的词作范围不出花间婉约与豪放，与此相关。晏几道的词作多为感旧抒怀，描述离别相思之苦，同样是这个原因。

词人多梦，是潜意识中对现实社会政治的逃避。苏轼居黄州，写了十八首与梦相关的词。感叹"身外傥来都似梦"（《十拍子》），"万事到头都是梦"（《南乡子》），"世事一场大梦，人生几度秋凉"（《西江月》）。

晏几道不遑多让，堪称梦词第一人。打开《小山词》，仿佛步入了梦的殿堂。五光十色的梦中，有"梦中""梦后""梦回""梦觉""梦雨""梦云"，有"春梦""秋梦""夜梦""虚梦""残梦"，有"鸳屏梦"，有"巫峡梦"，有"桃源梦"，有"蝴蝶梦"，有"高唐梦"。专家考证，晏几道词中的梦字出现五十九次，梦词多达七十首，晏几道就像是一个懵懂间穿越至宋代的"宝二爷"。他不愿意从梦境中醒来，正是缘于仕途无望，理想破灭。

晏几道醒悟"回思十载，朱颜青鬓，枉被浮名误"（《御街行》）后，感慨"南去北来今渐老，难负尊前"（《浪淘沙》），自然而然生发出及时行乐的思想。例如《生查子》：

> 官身几日闲，世事何时足。君貌不常红，我鬓无重绿。
> 榴花满盏香，金缕多情曲。且尽眼中欢，莫叹时光促。

表面上看，晏几道勘破了红尘世象，实则其旷达的背后是难言的悲愤与面对现实的无奈。看看这首《鹧鸪天》：

> 十里楼台倚翠微。百花深处杜鹃啼。殷勤自与行人语，不似流莺取次飞。
> 惊梦觉，弄晴时。声声只道不如归。天涯岂是无归意，争奈归期未可期。

正在百花深处、十里楼台游山玩水，忽然听到杜鹃啼鸣，晏几道像突然从梦中醒来一样，明白了杜鹃"声声只道不如归"。面对殷勤的杜鹃，晏几道感慨身处江湖之远，却身不由己，"天涯岂是无归意，争奈归期未可期"。

此词似作于晏几道任乾宁军通判之时。人到中年，羁旅他乡，晏几道不是不愿意回乡，而是根本无法安排自己回家的日期。

"衾凤冷，枕鸳孤。愁肠待酒舒"（《阮郎归》），许多孤枕难眠的夜晚，晏几道无法安然入梦，只好举杯销愁。在《小山词》中，"酒"字出现了五十五次，"醉"字出现四十八次。除了安卧醉乡做梦，清醒过来的晏几道，只有依靠酒精来麻醉自己。

例如这首《阮郎归》：

> 旧香残粉似当初。人情恨不如。一春犹有数行书。秋来书更疏。
>
> 衾凤冷，枕鸳孤。愁肠待酒舒。梦魂纵有也成虚。那堪和梦无。

词一开始，"旧香残粉"引发了晏几道对从前的怀念。香粉虽在，物是人非。春天或者还有数行书的问候，不久就"书更疏"。

"数行书"，短信而已。"旧香残粉"的主人的感情越来越冷淡，越来越疏远，可晏几道仍谨守从前誓约，怕"衾凤冷，枕鸳孤"，仍然独自喝着自酿思念的苦酒。

痴情的晏几道明明知道这段感情已经成为过去，仍对负心女子念念不忘，明知"梦魂纵有也成虚"，仍要到梦中相逢。现实与虚幻，同样令情圣晏几道备受打击。"那堪和梦无"，其对爱的执着，只能令后人唏嘘不已了。

晏几道词中关于酒的字眼，计有浅酒、美酒、绿酒、桂酒、新酒、宿酒、芳酒、玉酒、残酒，金船酒、金杯酒、如意酒、酌酒、对酒、换酒、滞酒、赌酒、溅酒、酒痕、酒色、酒筵、酒罢、酒阑、酒醒等。酒精的麻醉，可以令晏几道暂时忘却仕途的坎坷、人生的不如意，音乐与美酒可以帮助他消除郁积于心底的思念。

"两鬓可怜青，只为相思老"（《生查子》），晏几道往往会因思念无果而发出痴语，所以他的爱只能在梦中找寻。但愿长醉不复醒，晏几道性情中人也！

请看这首《鹧鸪天》：

> 小令尊前见玉箫。银灯一曲太妖娆。歌中醉倒谁能恨，唱罢归来酒未消。
>
> 春悄悄，夜迢迢。碧云天共楚宫遥。梦魂惯得无拘检，又踏杨花过谢桥。

"春悄悄，夜迢迢"，晏几道与一心仪女子纵酒高歌，不觉大醉。回到家中，因思念才分手的女子，晏几道无法安然入睡，索性踏着满地的杨花，悄悄走过谢桥，再去寻找那女子。其时，月朦胧，鸟朦胧。

据《邵氏闻见录》记载，理学名臣程颐听人传唱"梦魂惯得无拘检，又踏杨花过谢桥"之句，不由赞叹道："鬼语也！"贤良方正的程颐都为晏几道的才华所折服。

宋徽宗崇宁初年，晏几道任开封府推官。据《宋会要辑稿》记载，崇宁四年（1105）二月六日诏："开封府狱空，王宁特转两官；两经狱空，推官晏几道、何述、李注，推官转管勾使院贾炎，并转一官，仍赐章服。"官升一级，晏几道仍是蕞尔小吏。在任上第二年，他就主动提交辞呈。按宋制，官员退休年龄是七十岁，晏几道急流勇退，"退居京城赐第，不践诸贵之门"。按学界一般认为晏几道生于1038年计，此时距他退休年龄仅一年，似无必要郑重其事，加以记载。

晏几道淡出政坛，朝堂权贵蔡京却十分看重他的词名。

彼时蔡京任宰相，奸佞窃据要津，援引亲故，在朝中广结党羽。史载，"蔡京拜相不数年，子六人、孙四人同时为执政、从官"（《宋史》）。招权纳贿，货赂公行，是宋徽宗时期政治的特色。内有此起彼伏的民变，外有女真人强势崛起，大宋王朝面临前所未有的政治危机，暗流涌动。蔡京并没有察觉眼前的巨祸，反而献谀词歌颂盛世，怂恿宋徽宗营建朝廷工程，劳民伤财。

北宋王朝经历了一百六十余年的稳定发展，到宋徽宗在位时期，步入了"太平极盛之世"。"辇毂之下，太平日久，人物繁阜。"（《东京梦华录·序》）宋徽宗是专制历史上首屈一指的天才艺术家，他在音乐、绘画、书法、棋艺、诗词各方面都有着远超侪辈的才华。这种不世出的艺术才华与处置军国重事的昏聩综合于一身，宋徽宗也是个例。声色犬马，竭天下以自奉的宋徽宗，曾不无得意地在御制《艮岳记》中自我吹嘘："社稷流长"，"足以跨周轶汉"。

宋廷有夸耀万邦的本钱，当时在人口和疆域方面，确实达到了极盛期。经济的繁荣背后，却是道德的沦丧。北宋末年，士风颓堕。"士大夫不慕廉靖，而慕奔竞；不尊名节，而尊爵位；不乐公正，而乐软美；不敬君子，而敬庸人；既安习以成风，谓苟得为至计。"（《宋史》）无论做官与否，士大夫鲜有风骨者，多数人学会了看风使舵，曲学阿世，更有甚者助纣为虐。

大观年间，某年的重阳节、冬至日，蔡京先后派亲信赶到晏府，向晏几道"求长短句"。蔡京位高权重，气焰正炽，晏几道无力推辞，只好虚与委蛇，作了两首《鹧鸪天》：

> 九日悲秋不到心。凤城歌管有新音。风凋碧柳愁眉淡，露染黄花笑靥深。
>
> 初见雁，已闻砧。绮罗丛里胜登临。须教月户纤纤玉，细捧霞觞滟滟金。
>
> 晓日迎长岁岁同。太平箫鼓间歌钟。云高未有前村雪，梅小初

开昨夜风。

　罗幕翠，锦筵红。钗头罗胜写宜冬。从今屈指春期近，莫使金
尊对月空。

　　王灼在《碧鸡漫志》中云："竟无一语及蔡者。"表面看来，晏几
道在写重阳日的词中丢开了传统写重阳的登高、悲秋、怀远人的俗套，
着意渲染了歌舞酒筵的安逸享乐生活。晏几道一反传统的创作手法，堪
值玩味。

　　第一首的"九日悲秋不到心"之句，画龙点睛，他人悲秋，位极人臣
的蔡京置身"绮罗丛中"，哪里会感受到秋的悲凉？飞龙在天后，就是亢
龙有悔，晏几道弦外有音，告诫居庙堂之高者，富贵怕见花开，"初见
雁，已闻砧"，为政者不能一味粉饰太平，当知见微知著。

　　第二首同样有讽谏之意。冬至一阳生，严寒之后，就是春暖花开。自
然气候与政治气候相同，总是在不经意间发生变化的。"昨夜风"会导致
"对月空"，只知"屈指春期近"，不亦惑乎？

　　在士风浮薄的北宋末年，他人都在绞尽脑汁地奉承巴结蔡京，晏几道
却以自己的方式对当朝权贵加以无情之嘲讽。是以知，晏几道确是特立独
行的好男儿。在"廷臣伺人主意，随宰执风旨向背，以特立不回者为愚，
共嗤笑之"（《宋史》）的世风中，晏几道敢于捋虎须，实属难得。世人
只知晏几道词乃婉约正宗，却不知晏几道也具有悲天悯人的诗人情怀。简
单地将晏几道脸谱化，打上情圣的烙印，难免会失之偏颇。

　　并非笔者此解牵强附会，词有歌功颂德的功能，晏几道反其道而行
之，用来讽谏，也是合乎情理之事。

第四章

欧阳修

彬彬儒士与多情公子

据宋人笔记《过庭录》记载，张先①年轻的时候，曾经与一个小尼姑相识相恋。庵中老尼知道后，将小尼姑关在庵中池塘中心的小阁中。为了见到心爱的人，夜深人静的时候，张先划了船过去与爱人幽会。小尼姑从阁楼上放下一架梯子，让张先攀梯而上。后来，二人无奈分手。张先无法释怀，特作《一丛花》以纪念其事：

伤高怀远几时穷？无物似情浓。离愁正引千丝乱，更东陌、飞絮濛濛。嘶骑渐遥，征尘不断，何处认郎踪。

双鸳池沼水溶溶，南北小桡通。梯横画阁黄昏后，又还是、斜月帘栊。沉恨细思，不如桃杏，犹解嫁东风。

《一丛花》很快传唱大江南北，欧阳修十分喜欢这首词，却与词作者张先缘悭一面。张先得知，不辞辛苦，从南方赶到开封拜访欧阳修。门房通禀的时候，欧阳修喜出望外，倒屣相迎，与左右道："此乃桃杏嫁东风郎中！"

---

① 张先（990—1078），字子野，今浙江湖州人。天圣八年（1030）进士及第，官至尚书都官郎中。人称"张三中"，意谓其能道"心中事、眼中泪、意中人"。北宋年间有两个张先，皆字子野。一是博州人，天圣三年（1025）进士。另一为天圣八年进士，词人张先是也。彼张先"名不甚显，宋人所称子野，皆湖州张子野也"。

年少轻狂

在北宋词坛，与晏殊、晏几道父子并称的另一词家，是欧阳修。欧阳修谤随终生，究其根本，是朝堂党争，导火线却是他的词作。

欧阳修（1007—1072），字永叔、号醉翁，晚年号"六一居士"。他是江西诗派的代表人物，却不是出生在江西。他生于四川绵州，长于湖北随州，其自称庐陵（今江西吉安）人氏，应是指其祖籍。

据其纪念亡父之作《泷冈阡表》中云"生四岁而孤"，其母郑氏守节不改嫁，含辛茹苦，带着两个孩子到随州投靠小叔子欧阳晔谋生。

即便是贫穷到了"无一瓦之覆，一垄之植"的境地，郑氏仍不敢耽误儿子的教育，无钱买纸笔，她就用芦苇秆做笔，在灰地上教儿子认字。

欧阳修在十五六岁的时候，无意间在发小李公佐①家得到了一部《乾坤大挪移》的文学秘籍。原来，这是"文起八代之衰"的韩愈的文集。欧阳修如获至宝，从此废寝忘食地研读。

欧阳修聪颖异常，记忆力过人，据《欧阳公事迹》记载，"及其稍长，而家无书读，就闾里士人家借而读之。或因而抄录，抄录未毕，而已能诵其书"。书非借不能读也，古人诚不欺我。

功夫不负有心人，数年后欧阳修声名鹊起，地方无出其右者。只可惜造化弄人，欧阳修两次应试都名落孙山。②落榜之后，欧阳修一度颓废不振。多亏母亲郑氏鼓励安慰，欧阳修才重新振作。

欧阳修静下心来，反思自己应试失败的原因，这才明白，"能者取科第，擅名声，以夸荣当世，未尝有道韩文者"（《欧阳修文集》）。韩愈

---

① 李公佐淡泊功名，是一位陶渊明式的人物。妻子是宋庠、宋祁的妹妹。
② 天圣元年（1023），欧阳修州试落榜。三年后，欧阳修通过州试，天圣五年（1027）参加礼部贡试，落榜。

文章再好，但那样的文风在当代无人欣赏，反而是杨亿、刘筠"号为时文"的应试体，才是仕途的敲门砖。

醒悟的欧阳修改弦更张，暂时把自己喜欢的文风搁置一边，俯就时尚，捡起了敲门砖。致力于研习时文后，欧阳修很快对骈四俪六的时文烂熟于心。天道酬勤，宋仁宗天圣八年（1030），二十四岁的欧阳修终于进士及第。批判时文最犀利的人，以时文跻身仕途，人生就是这样无奈。

无论在文坛还是在政界，欧阳修都是一个开风气之先的人物。

初唐流行骈文，文章讲究对偶，到了中唐，韩愈、柳宗元发起古文运动，让古文写作大行其道。晚唐骈文复兴，宋初士人继承了晚唐的文风，骈文流行。欧阳修文法得自韩愈，自然会不遗余力地提倡古文写作。

欧阳修是"数百年而有"的"蓄道德而能文章"者。他认为，"文"如果脱离了"道"，就失去了存在的价值。因此，欧阳修对不务实际的浮靡文风痛加批判，提倡追寻韩愈，进行诗文改革。只是他所批判的范围太广，包含西昆体和新出现的"太学体"等。

欧阳修被尊为"一代文宗"，其文章不尚空谈而重实际，其中以论道、论政、抒情三类成就最高。其论政文章，直言谠论，身置其中，不做局外语。理学名臣朱熹在《三朝名臣言行录》中云："景祐初，欧阳文忠公与尹师鲁①，专以古文相尚，而公得之自然……超然独骛，众莫能及……于是文风一变，时人竞为模范。"

现代人所谓的古文八大家，除李唐韩愈、柳宗元二人外，其余六人都是北宋作者。除了欧阳修本身，其余五人无一例外都是欧阳修提拔培养。

---

① 尹师鲁（1002—1047），名洙，字师鲁。河南洛阳人。范仲淹称其"少有高识，不逐时辈，从穆伯长游，力为古文，而师鲁深于《春秋》，故其文谨严，辞约而理精，章奏疏议，大见风采"。穆伯长（？—1032）即穆修，字伯长。山东郓州人。穆修的文学主张，以批判西昆体，提倡道统，推崇韩愈、柳宗元为主。

欧阳修作文章喜欢论政，做官同样如此。欧阳修任谏官，喜欢批评朝政。批评政事势必会得罪朝堂上的官员，欧阳修又力倡科举考试重策论，事关年轻士子的仕宦前程，所以他更招致应试举子的怨恨。数次被贬谪，正是因为政敌毁谤他品格上有缺点。

欧阳修在宋诗和散文上都是改革风气的领军人物，但在词作方面，不过是过渡性人物。他未能与诗文同步地对宋词加以革新，基本上延续了唐末五代以来词的特点。其词作多用传统的小令，内容多以婉约之笔写柔曼之情，受南唐冯延巳影响明显。欧阳修继承了冯词内容的深挚，晏殊继承了冯词的俊逸，与晏殊并称"欧晏"便是明证。

王国维在《人间词话》中云："冯正中《玉楼春》词：'芳菲次第长相续，自是情多无处足。尊前百计得春归，莫为伤春眉黛促。'永叔一生似专学此种。"许多人都认为这些艳冶词作，与欧阳修本传中所说的帷薄不修之事有关。也有欧阳修的"粉丝"主动维护他的清誉，为其辩称"欧公一代儒宗，风流自命，词章窈眇，世所矜式。乃小人或作艳曲，谬为公词"（南宋曾慥《乐府雅词序》）。王灼在《碧鸡漫志》中也极力为欧阳修辩诬："欧阳永叔所集歌词，自作者三分之一耳。其间他人数章，群小因指为永叔，起暧昧之谤。"

受世风影响，欧阳修的私生活中有浪漫的一面，也是情理中事。欧阳修取笑晏殊的词多是婉约笔写柔曼词，其实，他的词与晏殊的词相较，有过之而无不及。

"泪眼问花花不语，乱红飞过秋千去"（《蝶恋花》），"走来窗下笑相扶，爱道画眉深浅，入时无"（《南歌子》），这样的句子在他的词作中有许多。如果不是事先声明，会有人误以为这是柳永的词作。欧阳修写艳词，与反对浮靡的文风并不冲突，文辞严谨，不苟言笑，也不等于不解风情。

欧阳修有风流韵事，与身处的时代有关。两宋时，除了官伎，还有私营的娼馆青楼，官僚大户人家也有家伎。两宋士大夫不会因为风流事而担心葡萄架会倒，社会风气使然！

读书人一生致力研读圣贤书，学做好人，主要目的是参加科举考试，取得进士头衔，跻身官场。大宋统治者十分重视这些科举出身的官员，期望这些读圣贤书的士大夫能成为百姓道德上的典范，教导百姓一心向善。儒家先圣要求每个儒家弟子克制自己内心的欲望，修身养性，成为道德上的完人，但人天性中的情欲与性欲，也要有正当的渠道获得满足。一些士大夫与歌伎舞女有交往，也是情理中事。

北宋年间，从朝廷到地方府衙、军营、民间酒店及一般人家，都有伎女活动的身影。伎女地位低微，被视为贱民，但在官方及民间宴会中，她们侧身其间，表演歌舞，斟酒服侍。她们在宋代士大夫的日常休闲生活中，是不可或缺的重要角色。

从词的创作内容分析，词具有娱乐休闲的功能。文人填词，歌伎唱曲侑酒，是流行于宋时的社交风尚。文人作词，歌伎唱词，都是为了物质感官的享受与消遣。歌筵酒席上，歌伎浅斟低吟，与士大夫发生暧昧难明之事，司空见惯。欧阳修家有歌伎，还经常到友人家中观看歌伎表演。"欲向东家看舞姝"，便是他在《戏答圣俞》诗中的自述。

文章与诗，士大夫往往会绞尽脑汁，认真对待，而词不过是信手写来，不会十分重视。事实证明，人的本性往往就是在不经意间流露的。了解欧阳修，不能只读他的散文与诗，也不可以一味揣测醉翁之意，而要多方位观察。一代文宗也是人，也有自己的感情世界，有自己的贪嗔痴。清人昭梿有诗云：

希文正气千秋在，欧九才名天下知。

至竟二公集俱在，也皆有赠女郎词。①

　　欧阳修进士及第，步入仕途，翌年于"春深花未残"（《书怀感事寄梅圣俞》）的季节出任西京（洛阳）留守推官。

　　时任西京留守的是西昆派代表人物钱惟演。如果不是父亲吴越国主钱俶于宋太宗朝奉土称臣，钱惟演即使不能即位为君，至少也可以做个太平王爷。成为大宋官员的钱惟演，在文人灿若星辰的仁宗朝以文胜出，足见他于文学之道，确有过人之处。

　　钱惟演好读书，手不释卷的名声在外。他出恭之时手中总是捧着本书，时间一久，竟然得了便秘的毛病。他还有一个特殊的癖好，别人读书是默读，他是高声朗读。便秘越痛苦，他越是读书之声琅琅。钱大人"平生惟好读书，坐则读经史，卧则读小说，上厕则阅小辞"。左右只要听到钱府的读书之声，就知道是钱大人在出恭时看小词了。

　　无独有偶，欧阳修在《归田录》中说："余平生所作文章，多在'三上'，乃'马上''枕上''厕上'也。盖惟此尤可以属思尔。"相较之下，欧阳修比钱惟演更多了"两上"。或者，这是他文学成就超过钱惟演的原因之一。

　　上有所好，下必甚焉。主官好文，当然会有一帮同气相求的文士围绕在身周。洛阳是当时宋廷文人的中心，其中就有尹洙、梅尧臣等有志振兴古文的同道中人。大家见面寒暄，并不是问"吃了吗"，而是问"近读何书"。

　　梅尧臣（1002—1060），字圣俞，宣州宣城人。彼时，梅尧臣与苏舜钦在诗文革新运动中的作用，与欧阳修是鼎足而三。诗坛上，梅尧臣与苏

_____

① 希文，范仲淹字。欧九，欧阳修排行第九。彼时有"欧九秦七"之称，秦七即秦观。

舜钦并称"梅苏"，二人风格迥异，梅诗以古淡著称，苏诗以豪放著称。欧阳修自以为不及。

欧阳修来到西京，立刻和上下级打成一片。大家都有着相同的兴趣与爱好，趣味相投也是应有之义。公务之余，几人不是聚饮，就是出游。

天圣九年（1031），二十五岁的欧阳修迎娶了小他十岁的胥氏。

"金榜题名时，洞房花烛夜，久旱逢甘霖，他乡遇故交"，四大喜之说，源自宋代。依常理，有幸嫁得金龟婿的女子，除了窃喜，就是窃喜了。新妇知道丈夫满腹才华，等见到真容的时候却不敢相信，欧阳修生得如此随便，"面白过耳""唇不著齿"。新妇顿生父母误我之叹。[1]新婚妻子的失望写在了脸上。以欧阳修的智商，不会看不出来。新婚妻子的言行，严重弱化了欧阳修大登科后小登科的喜悦。

第二年九月，欧阳修、尹洙、谢绛[2]一行人同游嵩山。一路上，他们指点江山，激扬文字，太阳偏西时才到达峻极上院。尹洙是个大胖子，却第一个到达目的地，反而是欧阳修"最少，最疲"（谢绛《游嵩山寄梅殿丞书》）。

等到兴尽，他们"自颍阳归，暮抵龙门香山"。忽然，阴云四合，下起了大雪。几个人精疲力竭，登上"石楼望都城"，忽然见有一队人顶风冒雪，"策马渡伊水来"[3]。到了近前，才知道，原来是钱惟演"遣厨传、歌伎至"，并且告诉几人，公务没有要紧的，不用急着往回赶，"山行良劳，当少留龙门赏雪"（《邵氏闻见录》）。

---

① 欧阳修的岳父是胥偃，因欣赏欧阳修的才华，自作主张将小女嫁与欧阳修。

② 谢绛（994或995—1039），字希深，浙江富阳人。真宗朝大中祥符八年（1015）进士。时任通判河南府，钱惟演在西京留守任上，悉以政事委之。

③ 伊水穿洛阳城而过，伊水两岸有山，隔水相望。西曰"龙门山"，东曰"香山"。白居易晚年皈依佛门，与僧结社于香山，自号"香山居士"。石楼，就是白居易重修的。

二十出头的欧阳修，怎么会在一行人中居然"最少，最疲"？

太平日久，并无什么要紧公务处理。因此，西京留守公署之上，诗酒文会不断。欧阳修在洛阳如鱼得水，一展才华，很快在士林中打出知名度。只是没有几天，人们就发现了欧阳修有些不对劲——他和一个官伎好上了。只要有这名官伎在座侑酒，欧阳修就会满面红光，谈笑风生，妙语连珠。二人眉目传情，眼中只有彼此，有时候会旁若无人。

钱惟演按旧例设宴与僚属诗酒自娱。到了开宴时间，大家都已经落座，欧阳修却没有按时出现，那名官伎也不见身影。欧阳修与那名官伎前后脚，姗姗来迟，当着众人的面，钱惟演不便计较欧阳修"先生何来之迟也"，转而板了脸，责问那名官伎："为什么来晚？"

官伎不安地瞥了欧阳修一眼，低声答道："天气炎热，在凉堂小睡，起来后发觉丢了发际的金钗，四处寻找，也没有找到。"

钱惟演见欧阳修闪躲的目光，心下好笑，不好意思当面点破，于是笑道："既如此，必须欧阳推官作词一首，替你少偿过失。"

不等那官伎开口相求，欧阳修越众而出，即席填了一首《临江仙》：

> 柳外轻雷池上雨，雨声滴碎荷声。小楼西角断虹明。阑干倚处，待得月华生。
>
> 燕子飞来窥画栋，玉钩垂下帘旌。凉波不动簟纹平。水精双枕，傍有堕钗横。

那官伎明明说金钗遍寻不见，欧阳修却又告诉众人"水精双枕，傍有堕钗横"。明明是在枕头旁边呢，怎么会找不见了呢？如果不是他亲身经历，又怎会知道金钗是在枕旁呢？

欧阳修《临江仙》：

柳外轻雷池上雨，雨声滴碎荷声。小楼西角断虹明。阑干倚处，待得月华生。

燕子飞来窥画栋，玉钩垂下帘旌。凉波不动簟纹平。水精双枕，傍有堕钗横。

"水精双枕，傍有双钗横"句，化用了唐人李商隐之《偶题》："小亭闲眠微醉消，山榴海柏枝相交。水文簟上琥珀枕，傍有堕钗双翠翘。""池外轻雷"句同样化用了李商隐《无题·其二》的"飒飒东风细雨来，芙蓉塘外有轻雷"句。欧阳修词中时有沿袭晚唐诗语之事，清人许昂霄在《词综偶评》赞道："不假雕饰，自成绝唱。"

人生自是有情痴

显然，欧阳修知道，这种风流韵事是好事不出门，八卦传千里的。宋代士人，私生活无懈可击者，唯王安石数人而已，就连两宋名臣第一人范仲淹，也有恋雏妓的记载。与官伎交往不是什么有伤风化之事，与其成为笑料，索性大大方方直承其事。

尹洙、梅尧臣几人见他这般才情，带头大声叫好。钱惟演也频频点头，故意让那官伎满斟了一杯酒，酬谢欧阳修。然后，他令公库出资，补上那支丢失的金钗。

词作为文化消费的盛宴，文化生产者与传播者形成了暧昧互动，很难说清楚是谁先主动，谁又为谁提供了放纵的理由。

请看这首《减字木兰花》：

> 歌檀敛袂。缭绕雕梁尘暗起。柔润清圆。百啭明珠一线穿。
> 樱唇玉齿。天上仙音心下事。留住行云。满坐迷魂酒半醺。

在这种强烈的感观刺激下，血气方刚的欧阳修，色不迷人人自迷，陶醉其间，太过正常。在"满坐迷魂""左右皆春"（张先《泛青苔》）的活色生香诱惑面前，又有几人可以把持？

　　事隔数日，钱惟演委婉地讽劝欧阳修适而可止。官伎再漂亮，才情再过人，在当时连做妾都是奢求。官员、士大夫都可以购买伎女为侍女，但要立为妾或妻，则被认为违反礼法。

　　钱惟演一生觊觎宰相之位，在真宗朝依附权佞丁谓，构陷名臣寇准，"识者鄙之"。钱惟演"虽生长富贵，而少所嗜好"（《归田录》），待僚属不薄，十分器重青年才俊欧阳修。作为地方最高行政长官，他对手下"不撄以吏事"（《四朝国史·欧阳修本传》），对其不务正业没有横加干涉，而且在生活上关心照顾，让欧阳修等人有更多时间切磋诗文。

　　钱惟演师法李商隐，倡导四六文，与杨亿、刘筠并为西昆体诗派的领军人物。而欧阳修、尹洙等人，对不务实际的浮靡文风痛加批判，提倡文以载道，对西昆派的不良诗风不遗余力地予以廓清。钱惟演喜欢罗致人才，奖励后进，对手下幕僚反对西昆体创作持有包容之态度，也没有强人所难。遗憾的是，钱惟演在婉转批评欧阳修的时候，没有顾及年轻下属的感受。事隔多年，欧阳修编撰《五代史》《归田录》时，对吴越钱家痛加诋毁。①

　　进士及第时的欧阳修，在考官晏殊眼中，是一个"目眊瘦弱少年"（北宋王铚《默记》）。二十四岁生得如同少年，其中既有营养不良的原因，也与先天不足相关。欧阳修的父亲欧阳观有目疾，"不能远视，苟瞩读行句，去牍不远寸"（南宋王明清《挥麈录》）。欧阳修患有严重的消渴症，到了晚年，并发症发作，视力模糊，到了"视一成两，仅分黑白"的程度。

---

① 据《续资治通鉴》记载："钱惟演留守西京，修及尹洙为官属，皆有时名，惟演待之甚厚。修等游饮无节。"

根据欧阳修为纪念父亲所作的《泷冈阡表》，欧阳观五十九岁去世，时欧阳修四岁。按现代医学观点看，只有正值壮年的人所生子女，才符合优生优育。据《宋人轶事汇编》记载，欧阳观去世时，郑氏年仅二十九。郑氏是继室。欧阳修有个一母同胞的兄长早夭，成年后"同母之亲惟有一妹"。

欧阳修先天体质弱，在长身体的时候家庭经济状况差，后天营养不良，更由于读书太用功，严重透支了健康。在西京推官任上，他又纵情酒色，损害了身体。综合因素导致他偶尔一次远足，"最少，最疲"。

不久，欧阳修离开了洛阳。[①] 士大夫在风月场的逢场作戏，注定不会有结果，只能是事如春梦了无痕。是真名士自风流，欧阳修在离开前，写了数首词，既是为了忘却曾经的感情，也是表达对洛阳的惜别之情。其中《玉楼春》是最知名：

> 尊前拟把归期说，欲语春容先惨咽。人生自是有情痴，此恨不关风与月。
>
> 离歌且莫翻新阕，一曲能教肠寸结。直须看尽洛城花，始共春风容易别。

"黯然销魂者，惟别而已矣。"古时交通不便，一旦分别，山高水远，重逢不知何年。

宋之前，惜别之句繁多，有《诗经》"昔我往矣，杨柳依依；今我来思，雨雪霏霏"，有唱不完的南浦骊歌，折不尽的灞桥垂柳，有"长亭更短亭"，有"不及汪伦送我情"的美酒。在欧阳修的时代，多了"更行更

---

① 据史料记载，欧阳修在洛阳任满，离开时是景祐元年（1034），其妻胥氏逝于明道二年（1033）三月。

远还生"的离离原上春草，增了望断天涯路的危栏。

离别的痛苦冲淡了歌筵的欢乐，欧阳修强颜欢笑，在离筵上拟说归期。当看到伊人"春容先惨咽"，只好无语凝咽，王顾左右。

伊分明清楚，此一分别，或者就是生命中的生离死别。说归期，不过是为了哄她宽心。词人也觉得不好意思再撒谎，话到嘴边，只好借饮酒掩饰脸上的尴尬。不知怎么拿话安慰对方，只好故作深沉："人生自是有情痴，此恨不关风与月。"

人们总说触景生情，但感情的的确确与景无关，更与风月无关。如果说有关系，也是先有情痴，才有风月。天下没有不散的筵席，残酷的现实注定了分手是必然，悲哀的离散双方不乐见，却会成为彼此生命中的永恒定格。身不由己的欧阳修在肝肠寸断的离别时刻，才体悟出有缺憾的人生才是真正的人生。

欧阳修愁肠百结，偏偏她又唱起了新作的《离歌》。生性敏感多情的词人终于不能自已，请对方不要再唱了，故意说出决绝的狠话："直须看尽洛城花，始共春风容易别。"逢场作戏罢了，风月场终究是风月场。理性一些，清醒过来吧——自己只是她生命中的一个匆匆过客而已，千万不要将风情当爱情。王国维在《人间词话》中将此语解读为"于豪放之中有沉着之致，所以尤高"。

欧阳修劝慰歌伎，不要因二人的分别而悲伤。痛苦，不过是种自寻烦恼。从一开始，这种风月场的感情就不可当真。越认真，受伤越深。

说欧阳修的《玉楼春》在风月场中悟出了人生大哲理，似乎言过其实。士大夫这种游戏人生心理就是，大胆露骨的淫冶讴歌之词，不过是他们在"文以载道"之余的一种身体与精神放纵，一种本真的自然流露。这是他们解压的一种方式，只能称为风情。一些官伎总是把这种风情错解为爱情，也是"不识庐山真面目，只缘身在此山中"。

欧阳修的词基本上沿袭了《花间集》的创作风格，写恋情相思回肠荡气，缠绵悱恻，读来情真意切。其另一首《踏莎行》可视为《玉楼春》之姊妹篇：

> 候馆梅残，溪桥柳细。草薰风暖摇征辔。离愁渐远渐无穷，迢迢不断如春水。
>
> 寸寸柔肠，盈盈粉泪。楼高莫近危阑倚。平芜尽处是春山，行人更在春山外。

"候馆残梅，溪桥柳细"，上片一开始，展现在读者面前的便是一幅波光潋滟的初春景象图。一所专门接待来往官员的馆舍墙外，几株老梅上，梅萼凋残。不远处，一条小溪欢快地流淌。小溪两旁，密植着新柳，袅娜纤细的柳条随风摇曳。

"候馆残梅"，化用了前人的典故。"陆凯与范晔相善，自江南寄梅花一枝，诣长安与晔，并赠花诗，曰：'折花逢驿使，寄与陇头人。江南无所有，聊赠一枝春'。"（《太平御览》引南朝宋盛弘之《荆州记》）"候馆残梅"，明显有怀远人之意。

"草薰风暖"句，写早春景象，吹面不寒杨柳风，和煦的春风像一只看不见的大手，轻轻抚过大地，原野上弥漫着草的清香。一年之计在于春，词人却没有为烂漫的春光所吸引，反而视若无睹地端坐马背，催动征辔，匆匆打马而行。

"离愁渐远渐无穷，迢迢不断如春水"，春光没有令词人驻足，反而勾起他无尽的离愁。这种离愁，就像无穷无尽的春水一样，迢迢不断。

诗词多以流水喻离愁，有晚唐李群玉《雨夜呈长官》"请量东海水，看取浅深愁"句，有南唐李璟《摊破浣溪沙》"青鸟不传云外信，丁香空结雨中愁。回首绿波三楚暮，接天流"。将离愁这种有形无质的东西量化，在古典文学作品中也屡见不鲜。金董解元《西厢记诸宫调》卷六："驴鞭半袅，吟肩双耸，休问离愁轻重，向个马儿上驮也驮不动。"离愁重到换匹马儿也驮不动，这是怎样的一种离愁？文学之美，就在于令人一头雾水。

此句与李煜《虞美人》之"问君能有几多愁，恰似一江春水向东流"一样，构思巧妙。欧阳修受李煜影响，却别出机杼。两句各擅胜场，都成了抒写离愁别恨的名句。

下片中的"倚栏人"，并不是浪迹天涯的词人，而是词人心目中的伊人形象。在家书抵万金的时代，妇人因长期得不到亲人的信息，经常登上妆楼眺望，思念良人。"寸寸柔肠，盈盈粉泪"，两个叠词的运用，使这种思念更加缠绵不绝。

"楼高莫近危阑倚"，并不是因为危楼危险，而是告诫妇人，这次分别将是生命中的诀别。这是词人明知这份感情无望的内心独白，也是他打马匆匆，过候馆而不入的原因。词人害怕自己不能忍受这种痛苦，怕自己掉转马头，或者停下远行的脚步。

"平芜尽处是春山，行人更在春山外"二句看似直白，其实深婉，与石延年"水尽天不尽，人在天尽头"句有异曲同工之妙。从平芜望到春山，仍不见游子的踪影，故有"寸寸柔肠，盈盈粉泪"之语。思念的滋味本来就已经苦不堪言，更何况是思之不可得的愁苦。此处，是词人在婉转地提醒伊人，不要对这段感情抱有任何的期望，现实的残酷便是，纵使她望断天涯路，他也不会再回到从前了。这种相逢只是生命中的邂逅，真正的人生是永恒的离别。

希望越大，失望越大。明明知道这次分别将会成为生命中的定格，仍要毅然决然地离去，这正是词人"离愁渐远渐无穷"的缘故。人生的悲哀，莫甚于此。

正是这种迢迢如春水的离愁，赋予了欧阳修这首《踏莎行》穿越时空的无穷魅力。

明代词评家卓人月在《词统》中赞道："'芳草无情，更在斜阳外'，'行人更在春山外'两句，不厌百回读！"欧阳修的这首《踏莎行》，写景抒情，清丽自然。上片写游子的离愁，下片写思妇的离愁，一种相思，两种闲愁，情致深婉细腻，不愧为宋词离愁别恨体裁类中的佳作。

是真名士自风流

欧阳修认为填词只是微末功夫。不过，《宋人轶事汇编》中有一则故事足以说明其词作的魅力。

欧阳修两度出使契丹。在契丹国中，大文豪享受了辽廷超常规格的接待。他不辱使命归来，时任河北安抚使贾文元 ① 早早安排酒席，希望借着尽地主之谊的良机，结识欧阳修。贾文元有这样的想法，是因为他出身同进士，有自卑心理。

食人间烟火的凡夫俗子，都喜欢别人的奉承，这是人性的弱点。许多明白这个道理的人，会怀着不同目的做出"投其所好"的事。但是，"投其所好"看似简单，要做得不露形迹，不是容易的事。欧阳修是散文大家，"投其所好"，最好的办法莫过于在他面前大谈文章之法。贾文元有心结识欧阳修，却担心弄巧成拙，又不甘心错过这种良机，无奈之下，他

---

① 贾文元（997—1065）即贾昌朝，字子明，谥文元。真宗朝因献青词而赐同进士出身。为满足宋人读儒家经典的需要，贾昌朝编撰了我国古代第一部多音多义字手册《群经音辩》。范仲淹"庆历新政"失败之后，贾昌朝一度出任宰相之职。

退而求其次，安排一场别具一格的"工作餐"。

欧阳修擅风情，喜欢赏月、赏花、赏佳人，这在官场广为人知。贾文元跻身士林，自然也知道。安排好酒宴，他亲自唤来治下官伎，叮嘱准备好听的曲子劝酒。

哪知这名官伎似浑不在意，只是随口答应，一副不咸不淡的神情。河北不比京师，短时间内无法找到其他色艺俱佳的歌伎。贾昌朝无计可施。他先入为主地以为，这官伎乃山野之人，哪里会解风情，懂什么艳词。

接下来发生的事情，让贾文元大跌眼镜。酒席筵前，宾主把酒言欢。那官伎"转轴拨弦三两声，未成曲调先有情"，那曲唱来，低回婉转，似有诉不尽的相思之意。却见欧阳修把盏静听，每当那官伎唱毕一首，不等贾文元开口，便为之浮一大白。

那官伎连唱数首，欧阳修竟然连饮数杯。贾文元在一边看得舌挢不下，待见欧阳修醉眼迷离，眼光只在那官伎身上扫来扫去，他还道欧阳大人酒不醉人人自醉。其实，欧阳修高度近视，可能也有重度散光，自然是"美女如花隔云端"。

事后，贾文元去问究竟，才知这官伎所唱的艳词，尽数为欧阳修所作。要知道，宋时官伎即使不识得欧阳大人，也要会唱他所填的词。官伎大唱欧阳修所作艳词，他当然会为她频频举杯了！

词起源于民间，流行于娼女歌伎之间。曲子词最初就是教坊乐工和歌伎为酒宴助兴的承欢之作，第一部词集《花间集》所收五百首词，基本上都是为娼家歌伎所作，内容无非是相思离别，儿女欢情。宰相晏殊、朝廷命官欧阳修、常驻娼家的柳永等人，皆不能免俗。

词在亡国之君李煜的笔下多了悲情，在冯延巳的笔下多了委婉幽深的情感。经二人开拓，词在艳情之外增添了一些人文的情怀，但到欧阳修时代仍未摆脱艳词淫语的浅俗。这个时期的词，依然是随手交给歌伎演唱的民间文学，既没有特定的作者，也没有具体的抒情对象，更看不出抒情主体的面目。五代宋初的一些词作，内容雷同，风格近似，完全弄不清楚作者的个性与特点，这些词作的署名直到今天仍为研究者所争论。

如果该词作不幸被打上艳词低俗的烙印，就不是欧阳修的作品，属于伪作。如果是名作、名曲，就必须抢夺署名权。既见于冯延巳《阳春集》，又见于欧阳修《欧阳文忠公近体乐府》的词作，有十六首之多。冯延巳是南唐中主李璟时的宰相，与韦庄是词坛领军人物，形成吴蜀两大词系。《阳春集·序》云："金陵盛时，内外无事，朋僚亲旧或当宴集，多运藻思为乐府新词，俾歌者倚丝竹歌之，所以娱宾而遣兴也。"

下面署名为欧阳修的《蝶恋花》，又见于冯延巳的《阳春集》，词牌作《鹊踏枝》：

> 庭院深深深几许？杨柳堆烟，帘幕无重数。玉勒雕鞍游冶处，楼高不见章台路。
> 雨横风狂三月暮，门掩黄昏，无计留春住。泪眼问花花不语，乱红飞过秋千去。

一句"庭院深深深几许"，注定了该词的传唱不衰。深几许？深到可以穿越千年。直到今天仍有人试图推开虚掩的大门，希望走进帘幕无重数的深深庭院。

"门掩黄昏，无计留春住。"关上门，可以暂时将雨横风狂、烦心的暮春景象关在室外，却无法留住春决绝的离去。深闺中的妇人远眺负心薄幸的爱人，却因"楼高不见章台路"，心生嗔恨，关上门不过是为了驱走心底的悲凉与寂寞。

这样做根本无济于事，她进而因感慨色衰爱弛而泪眼婆娑。眼含热

欧阳修《蝶恋花》：
庭院深深深几许？杨柳堆烟，帘幕无重数。玉勒雕鞍游冶处，楼高不见章台路。
雨横风狂三月暮，门掩黄昏，无计留春住。泪眼问花花不语，乱红飞过秋千去。

泪，去问花如何留春住，花先是无语，继而随着一股风，伴随着离乱的春雨，飞过院中的秋千。其结局自然是飘零在地化为春泥了。

眼，泪眼，泪眼问花，花不语，问花已是痴绝。花无语，继而飞过秋千去。秋千是旧时她与丈夫嬉戏的场所，是他们爱的见证。触景生情，怎不令妇人肝肠寸断。

唐严恽《落花》诗云："春光冉冉归何处，更向花前把一杯。尽日问花花不语，为谁零落为谁开。"欧阳修化用前人诗意，将落花无情、人生悲凉的认知推上了一个新的高度。

从洛阳任满回到京城，欧阳修很快出任馆阁校勘的新职。在"三馆"（史馆、昭文馆、集贤院）"因其校雠，得以考阅，使知天地事物，古今治乱，九州四海，幽荒隐怪之说，无所不通"（《文忠集》）。

宋时，馆阁是士人向往的天堂。担任馆职，可以凭借有利条件多读书，开阔视野，博古通今，学习掌握如何消弭动乱，寻找治国方略，为维护朝廷的长治久安出谋划策。按宋制，两府缺人，则必取于两制；两制缺人，则必取于馆阁。

宋廷通过甄别、培养、简拔的步骤，形成三馆—两制—两府的晋升格局，源源不断地提供名臣。欧阳修在馆阁，其学术文章得到了深造，他成为备用的高级官员一分子。①

欧阳修仕途坦荡，生活上却连遭不幸。先是妹夫早逝，继而续弦妻子杨氏病故。就在身心俱疲的时候，他又卷入了史称"景祐党争"的政治事件。事情发生在仁宗景祐三年（1036），导火线是宰相吕夷简与知开封府范仲淹之间的恩怨纠葛。事件的烈度无法与其后的党争相比，但因开启了

---

① 仁宗天圣四年（1026），始设馆阁校勘之职。在馆供职，主要工作是校对书籍，是馆职中的最低等，由京官充任。晏殊因赏识王琪，就举荐他任此职。史料记载，"校勘官未有带外任者"，因晏殊举荐，有旨特许王琪带外任。

宋代党争的先河，影响力颇巨。

吕夷简（978—1040），字坦夫，寿州（今安徽凤台）人，是宋初名相吕蒙正的侄儿。吕夷简共三度拜相，长达十年，权倾朝野。吕夷简主政时期，正值章献刘太后垂帘听政。吕夷简居中调停帝后矛盾，巧妙地遏制了刘太后膨胀的权力野心，保全了赵宋统治权的有序传承。《宋史》称："仁宗初立，太后临朝十余年，天下晏然，夷简之力为多。"因此，宋仁宗对他圣眷优渥。维护宋廷的同时，吕夷简也为巩固自己的权力不择手段。

吕夷简因循守旧，对政治腐败、冗官冗吏问题负有不可推卸的责任。这引起了以范仲淹为首的一批有见识的中下级官员的强烈不满。吕夷简与范仲淹因为性格、政治理念不同，注定了二人不可能和睦相处。

范仲淹此前两次因进谏被贬，重回朝堂后，被任为天章阁待制。他没有学会保持缄默，反而越挫越勇，以谏诤为己任。吕夷简派人传话给他：待制乃侍从之官，不是口舌之任。言外之意是请他闭嘴，小心言多语失。范仲淹则据理反驳，向皇帝进言，正是我辈分内之事。

见范仲淹油盐不进，吕夷简苦思冥想，心中有了计较：向宋仁宗荐举范仲淹任知开封府事。此举看似为国荐贤不避前嫌，实则包藏祸心。一来，开封府事烦任重，范仲淹忙于公务，就无暇议论朝政得失；二来，公务繁忙，难免会忙中出错。那时候，再堂而皇之地把他贬黜出京！如此一石数鸟的妙计，绝非寻常官员可以想得出。

哪知素称难治的汴梁城，在范仲淹到任月余，就肃然称治。京师人称赞"朝廷无忧有范君，京师无事有希文"。

不久，范仲淹再次上疏弹劾吕夷简任相弄权，亲自绘制了一幅《百官图》，进献给宋仁宗，明白无误地告诉赵官家，自他亲政以来得以升迁的官员，哪些属于正常提拔，哪些属于吕夷简的私货。他特别提醒宋仁宗："况进退近臣，凡超格者，不宜全委之宰相。"（《宋史》）小心君权旁落，相权膨胀。

弄巧成拙，本来已令吕夷简心生懊悔。得知范仲淹将自己影射为王莽、曹操似的人物，他怒不可遏，在宋仁宗面前逐一辩驳，并且反戈一击，攻击范仲淹越职言事，荐引朋党，离间君臣。宋仁宗对从前范仲淹率台谏官员集体请奏对之事印象颇深，权衡利弊，他支持了吕夷简，将范仲淹贬知饶州。仁宗这样做，自有他的道理，将范仲淹逐出朝堂，只是权宜之计，也是对他的保护。

所有人都以为随着范仲淹的离去，事情会告一段落，哪知引发的政治震荡远未结束。一些与此事毫不相干的人卷了进来，事件变成了多人参与的党争。先是吕夷简为了警示后来者，将与范仲淹交往密切的官员诬为范的党羽，然后指使亲信上疏，"请以仲淹朋党榜朝堂，戒百官越职言事"（《皇宋通鉴长编纪事本末》）。

范仲淹刚离开汴梁，集贤校理余靖就上疏，为范仲淹鸣不平。如果说吕夷简借打击朋党之名贬逐范仲淹是欲加之罪，那么余靖的上疏，等于是将这一罪名坐实。鉴于李唐朋党政治的危害，宋代的统治者对朋党十分警惕。为防止重蹈前朝覆辙，宋廷数次下诏，严禁官员之间结党。余靖的上疏非但没有令宋仁宗收回成命，他反而因此落馆职，被贬为监筠州酒税。

紧接着，与余靖同任馆职的尹洙，上疏称自己与范仲淹"义兼师友"，现在"素与仲淹分疏"的余靖"犹以朋党得罪"，情愿"乞从降黜，以明典宪"（《皇宋通鉴长编纪事本末》）。尹洙主动承认是范党，宋仁宗当然不会心慈手软，立即将尹洙贬为监郢州酒税。

所有人都明智地选择钳口结舌，而欧阳修移书担任右司谏的高若讷，责备他身为谏官，却事不关己，高高挂起。范仲淹年长欧阳修十八岁，范仲淹直言敢谏的名声远扬天下时，欧阳修才刚刚入仕。二人并无深厚私交，欧阳修敬仰范仲淹的道德品格，对他十分尊重。但是，朝堂之上任谏职的官员很多，欧阳修因何只攻击高若讷一人？

原来，荐举制度是北宋朝廷进用官员的主要途径，官员间的相互荐引司空见惯。为了防止官员利用荐举结党营私，宋廷规定不得引荐亲戚、朋友等，被荐举者一旦言不副实，发生贪污渎职等情形，举主须连坐。官员为了规避风险，往往会在举状中注明"素昧平生""素不相识"等字眼，实际荐举的却是熟知脾性的亲友。

尹洙任馆职，正是范仲淹荐举。为了避嫌，尹洙鼓动同年余靖率先发难。进士及第的官员十分注重同年之谊，视同年为异姓兄弟。余靖遭贬，尹洙心不自安，主动上疏请求处分。

尹洙、余靖、高若讷三人同为天圣二年（1024）进士，范仲淹被贬后，尹洙、余靖、高若讷与欧阳修在余靖家中聚会，商量如何施以援手。然而，高若讷认为范仲淹被贬，是"自取谴辱，岂得谓之非辜"。以同年之谊请高若讷出面营救范仲淹，是尹洙认为他"正直有学问，君子人也"。事实证明，余靖、尹洙、欧阳修几人都是书生意气。文章作得好，不等于在官场游刃有余。四人没有达成共识，聚会不欢而散。

欧阳修与尹洙不是同年，但志同道合，在洛阳结下了深厚的友谊。尹洙父亲尹仲宣，与欧阳修父亲欧阳观，同为真宗咸平三年（1000）进士。欧阳修与尹洙兄长尹源，同为天圣八年（1030）进士。回到朝堂，欧阳修与尹洙再次成为同僚，关系更加密切。

余靖、尹洙二人遭贬，高若讷仍无动于衷，欧阳修激于义愤，作书与高若讷，其中有"足下犹能以面目见士大夫，出入朝中称谏官，是足下不复知人间有羞耻事尔"（《与高司谏书》）之语。欧阳修在书信中写道，倘若你认为范仲淹当贬，那么，我正是范之朋党，把信直接交由朝廷处置好了。

身为谏官之首，高若讷虽有风闻言事、独立言事的职权，但他上了年纪之后，不复当年之勇，已经在考虑致仕。慑于吕夷简的威势，他不愿因一个贬谪之人而得罪权相，是打算保持沉默的。明哲保身，最多被人指为行政不作为，哪知被口不择言的欧阳修指责为无耻，遭此刺激，高若讷将欧阳修的书信交给了宋仁宗。

赵官家见欧阳修自己跳出来，直承为范仲淹的朋党，果断下旨将欧阳修贬为夷陵县令。

余靖、尹洙、欧阳修三人前赴后继，或者是有组织的行为，而欧阳修的同年蔡襄的行为，则是个人行为了。蔡襄创作了《四贤一不肖》一诗，将范仲淹、欧阳修、余靖、尹洙四人尊为贤者，骂高若讷为不肖小人。

艳词事件

欧阳修、蔡襄将政治立场与个人品德混为一谈，简单地将不同立场的人划为小人，将缺乏客观标准的君子小人论引入了党争。随着蔡襄诗的流播，宋代朝堂的政治党争从此拉开大幕。北宋的覆亡原因虽多种，但党争是非常重要的原因。田况在《儒林公议》中云："人到于今讽诵且笑之，然'朋党'之说，兆于兹矣。"

庆历三年（1043），主政多年的宰相吕夷简以老病请辞。内忧外患之下，宋仁宗决定更张政事，任命亲改革派的晏殊为继任者。凭着早年勇于言事的经历和晏殊的大力举荐，欧阳修与余靖相继被任命为谏官。宋仁宗这样做，等于是释放一个政治信号，为即将进行的政治革新做人事准备。

果然不出宋仁宗所料，欧阳修上表章强烈请求天子擢用范仲淹。在晏殊、欧阳修、蔡襄等人的大力举荐和共同保举之下，范仲淹得以回到权力中枢，主持著名的"庆历新政"。

对于欧阳修的荐贤行为，范仲淹也觉过分，一度以"执政可由谏官而得乎"为由，拒绝就任参知政事。欧阳修等人是新政强有力的支持者、推动者，但矫枉过正，在朝堂广树政敌，导致了新政的失败。

身为言官，弹劾奸佞、整肃朝纲本来是欧阳修等人的职责所在，可是，简单地将不同政治立场的官员尽数攻击，无疑扩大了攻击面，将大部分政治中立的官员推向了改革的对立面。这些被弹劾的官员位高权重，在官场的势力盘根错节。牵一发而动全身，弹劾一人，就等于在与一个既得利益集团为敌。弹劾一人，无疑是与他们所代表的官僚世家、士大夫群体乃至整个皇权相抗衡。

欧阳修这样做，使自己在朝堂上陷入被动，给新政招致了毁灭性打击。令人不解的是，经历景祐年间的党争事件，欧阳修似乎并没有从中吸取教训，数次在公开场合宣扬君子有党论，还写下了千古奇文《朋党论》，对君子有党论加以全面阐释，将朋党政治上升到了理论高度。

欧阳修以为"小人无朋，惟君子则有之"。换言之，只要能相结为朋党者，都是君子，都是统治者值得依赖的人。

随着新政实施，反动者越来越多。眼见宋仁宗的态度出现了微妙的变化，晏殊担心新政胎死腹中，将欧阳修"罢知谏院，出为河北都转运按察使"。请欧阳修暂时离开朝堂，是为了减少反动派的攻击。但蔡襄迁怒于晏殊，数次上表章弹劾。被诬以不忠不孝，贪财好利的晏殊，被罢相职，出知地方。不到一年，宋仁宗就以朋党之名尽罢杜衍、范仲淹、韩琦、富弼等新政官员，"庆历新政"由此夭折。

众人走后，作为硕果仅存的改革中坚，欧阳修为新政做了最后的努力，上表为范仲淹、富弼、韩琦、杜衍等人鸣冤。欧阳修上疏宋仁宗："夫正士在朝，群邪所忌；谋臣不用，敌国之福也。今此数人一旦罢去，而使群邪相贺于内，四夷相贺于外，此所以臣为陛下惜也！"（《论杜

衍、范仲淹等罢政事状》)

欧阳修的奏章，惹来被他指为群邪的反对派大臣的嫉恨。很快，政敌在他的冶艳词作与帷薄不修之事上大做文章。这就是北宋仁宗朝有名的"艳词事件"。

原来，欧阳修一母同胞的妹妹，嫁给一个叫张龟正的男人没有几年，就守了寡。丈夫早死，本来没有子嗣的欧阳妹妹不知是出于什么心理，将丈夫前妻所生的一个孩子带回家抚养。与欧阳修没有一点儿血缘关系的张氏长到十五岁，由欧阳修做媒，嫁给了族兄之子欧阳晟。

欧阳晟在虔州司户任上被罢官，回到家中，发现欧阳张氏难耐寂寞，与管家勾搭成奸。欧阳晟一怒之下，将不守妇道的张氏送至开封府。

知开封府的官员名叫杨日严，从前在知益州的任上因为贪赃枉法，遭到过欧阳修的弹劾。杨日严得知跪在下面的犯妇是欧阳修的外甥女，就趁此良机公报私仇，暗中指使手下，想法把案子攀污上欧阳修。

公报私仇本来是杨日严的个人行为，哪知人同此心的朝臣不止他一人，嗅觉灵敏异常的谏官钱明逸也听说了此事。钱、杨二人一拍即合，钱明逸很快将此事就捅到了上面——欧阳修与外甥女早有奸情，证据便是欧阳修写的一首《望江南·江南柳》：

江南柳，叶小未成阴。人为丝轻那忍折，莺嫌枝嫩不胜吟。留著待春深。

十四五，闲抱琵琶寻。阶上簸钱阶下走，恁时相见早留心。何况到如今。

开封府的衙役施展手段，严刑逼供之下，张氏很快承认，自己结婚之前就和欧阳修有奸情，并且证实这首艳词的确是当年欧阳修所作。

鉴于案情重大，为正纲纪，有必要彻查此事。宰执重臣陈执中等人见事情没有如愿，再派户部判官苏安世复审。此前，谏官蔡襄与孙甫二人极力反对陈执中出任参知政事重职，认为他"刚愎不学"，恐难担此重任。在宋仁宗的坚持下，陈执中得以跻身执政行列。欧阳修、蔡襄、孙甫三人为友情深厚之同年，陈执中迁怒欧阳修，既是报复，也是立威。

兹事体大，宋仁宗也得知了这件事情，为探明究竟，他派出宫中亲信宦官王昭明参与复审。宋仁宗担心苏安世趁勘察此案徇私舞弊，派出太监来监视，并非没有道理。因为许多朝臣确实打算趁此良机，把艳词事件办成铁案。

有宋一代，北宋宦官并非如史家所称，只是"供扫洒而已"。他们是皇帝家奴，也是最高统治者的一种重要政治工具。《宋史》留名的四十三名宦官中，有统军履历的达十八人，出任钤辖、都监、巡检、走马承受对军队进行监视者就更多了。其余名不见经传的皇城司的小太监，做的就是一些类似"包打听"的侦探工作。许多不在皇城司任职的宦官，担当的是"千里眼""顺风耳"的角色。

对待奴才，除了要经常性"饵以骨"，还要严加防范。与文臣、武将相比，宦官的升迁颇有难度。想要升到级别最高的正六品押班，必须符合以下条件：有五年边任经历，带御器械五年，年龄五十岁以上，而且数十年宦官履历中不能有任何污点。

这不能责怪这些皇帝专业户，请为他们设身处地地想一想，与其他朝臣相比，宦官不会被别有用心者施以性贿赂。一般人到了知天命的时候，也没有了进取之心，更何况是宦官群体。

特别需要指出的是，由宦官提纲主角的另一项任务，就是负责审理案件。许多时候，他们即使不是主审，也会成为"陪审团"的主要成员。赵官家任命他们临时出任这种职务，因为他们会更多地体现主人的意志。如此一来，许多案件在没有审理之前，就会知道出现什么样的结果。

有宋一代，宦官参与审理案件，敢于主持公道者，实在是凤毛麟角。万幸的是，欧阳修赶上了一位宅心仁厚的宦官。

苏安世与王昭明奉旨前来，主持"艳词事件"的狱事，苏安世按照陈执中等宰执的意思，建议王昭明"不如锻炼"。"锻炼"，即是刑讯逼供，罗织罪名。

苏安世敢于明目张胆地说出这种话，是有原因的。不久前，欧阳修担任河北转运使一职时，曾出使辽国。宋仁宗当时给他安排了一个副手，正是这位宫里来的王昭明。①

对于官家放一个"千里眼"在自己身边，欧阳修无力拒绝。宋仁宗这样做，也是源于祖宗家法。但是，让自己带着一个宦官去做一国使节，欧阳修明确表示反对。

宋廷设有隶属内侍省的往来国信所，专门负责与契丹通使交聘之事，但从所知史料来分析，这些宦官所做的，只是迎来送往，或作为随从暗中监视，并不是国家正式的使节。据史料记载，宦官做使节的事情，两宋只有五人。最著名的应该就是童贯。即使在朝中有"媪相"之称，但对任命他为正使之事，蔡京以同样的理由表示不满。宋徽宗见两个宠臣掐上了，只好居间调停，童贯最终以副使身份前往辽国。

见欧阳修明确反对以王昭明为副使，宋仁宗也就不再坚持。毕竟此事没有先例，自己开这个头不大好。史称宋仁宗是个万事不会，只会做官家的人，他不是很有个性，但具体事务会多听多信朝臣意见。

宋仁宗早把这事忘在了脑后，苏安世却记得清清楚楚。依他的理解，

---

① 重要职责、重要人臣身边安排一个官家的亲信太监，是一种防患于未然的治术。太监之所以讨厌，就因为他们常常站在士大夫的对立面。

官家此举，意在让王昭明趁机报一箭之仇，送一个人情给王昭明，自己就应该知情识趣地送一个顺水人情给王公公。

苏安世先入为主，看走了眼。王昭明表现出来的光风霁月、坦荡胸怀，让他大感意外。王昭明婉转地向他表达了自己的意思：昭明每天在官家左右，"欧阳修"这三个字听得耳朵也起了茧子。现在苏大人这样做，异日老奴难逃官家诛戮。据《宋朝事实类苑》记载，王昭明道："上令某为监勘，正欲尽公道，锻炼何等语也？"

苏安世一听这绵里藏针的话，只道他秉承了宋仁宗的意旨，心中暗暗吃惊。自己人微言轻，这样做只是遵几位宰执之意。如果一意孤行，只怕会触怒赵官家，几位大人情急之下丢车保帅，最终倒霉的只能是自己。况且，欧阳修与自己往日无仇，近日无冤，没有必要将事情做得太绝。

心中忐忑不安的苏安世，不敢拿政治前途去赌明天，但就此让欧阳修解脱，又觉难以向几位宰相大人交代。最后，他硬给欧阳修加了一条罪名，了结了这桩风流公案——"乃坐用张氏奁中物买田立欧阳氏券"（《续资治通鉴》），就是欧阳修用张氏的钱财购买田产，却将田产归入妹妹欧阳氏的名下。

文章太守

欧阳修因此被贬知滁州，才四十岁出头，就自号醉翁。数年贬谪生活之后，他须发尽白，可见承受的心理压力之大。王昭明保全了欧阳修的清誉，名载史册。苏安世没能做到两面讨好，不久就被降职使用。

前面所说《望江南·江南柳》一词，是否为欧阳修所作，学界一直争论不下。

有学者认为该词出自谏官钱明逸之手。欧阳修在《新五代史·吴越世家》中揭露钱氏在地方烦苛淫侈之政，其中多有诋毁钱氏之意，因此，吴越钱俶后人钱明逸作伪词公报私仇。

欧阳修在《新五代史》中确实揭露了钱氏在吴越的一些弊政，或者与谏官钱明逸打击迫害有关。会出现因果不明的情形，完全是因为欧阳修的《新五代史》编撰时间没有明确记载。从他与尹洙、梅尧臣等人的来往信件可知，《新五代史》在景祐三年（1036）前已着手编写，皇祐五年（1053）基本完稿，历时十八年之久。

《新五代史》的价值不在它的史料，而在于它师法《春秋》的撰述方式，微言大义，以古讽今，意在其外。不过，其行文呆板，多发议论和感慨，且多用"呜呼"二字开头，被戏称为"呜呼史"。

钱明逸在庆历五年（1045）见到欧阳修编写的《新五代史》之事，实在令人怀疑。

另一个被指作伪的人是刘辉，原名几，字子道，写文章好为"怪崄之语，学者翕然效之，遂成风俗"。其文风，人称"太学体"。欧阳修倡导古文运动，在其主持贡试的时候，见一举人论曰"天地轧，万物茁，圣人发"，一看就知道是刘幾的试卷，戏续曰："秀才刺，试官刷。"他自首至尾以"朱笔横抹之"，将刘幾淘汰出局。时隔两年，刘幾易名刘辉，再战科场，文风大变，写得务实通畅。欧阳修大加赞赏，将他擢为省元。唱名后，欧阳修才知道自己将刘幾擢为状元，"愕然久之"。（北宋沈括《梦溪笔谈》）

因为二人之间有此龃龉，有人将刘辉指为作伪的"小人"。据史料记载，刘辉是个诚实磊落的厚道之人，进士及第后，授官大理评事，曾乞归侍养祖母。在签书建康军节度判官任上，祖母去世，他辞官守丧。归乡后，他置田数百亩，作为救济族人中贫户的义田。另外，他建房舍设义学，接待远方求学的士人。因为他的善行，地方官府将其乡里更名为义荣社，学馆为义荣斋。这样的良善之辈，会因一次落第而记恨座师，不惜作"猥亵之词"，陷欧阳修于不义吗？况且欧阳修的词集《近体乐府》编撰完成时，人仍健在，他人怎么可能做手脚呢？另外，刘辉于治平二年（1065）英年早逝，如何会作伪攻击人呢？

还有人断定这首词是欧阳修"肆弄他的轻狂，结下的风流情债"。其实，欧阳修的词作中，与《望江南》相似的词，有许多。以另一首《望江南·江南蝶》为例：

> 江南蝶，斜日一双双。身似何郎全傅粉，心如韩寿爱偷香。天赋与轻狂。
>
> 微雨后，薄翅腻烟光。才伴游蜂来小院，又随飞絮过东墙。长是为花忙。

写的是蝶，但何尝不是在喻人。蝴蝶在雨后翩翩飞舞忙碌，"长是为花忙"，这是"天赋与轻狂"？如果蝴蝶的生物本能是轻狂，"文人无行"，欧阳修为什么不可以轻狂？

据《侯鲭录》记载，欧阳修闲居汝阴的时候，当地一个名伎是他的"粉丝"，"能尽记公所为歌词"。欧阳修大为感动，"筵上戏约，他年当来作守"。过了几年，欧阳修来到当地做官，可惜那女子已经不知流落何方。欧阳修怅然若失，作诗道："柳絮已将春色去，海棠应恨我来迟。"显然，他对从前的盟约，是念念不忘的。

欧阳修是文坛领军人物，是儒学大师，散文严谨古朴，正气凛然，但从他的一些词作来看，他确实是个擅风情的男人，比如《南歌子》：

凤髻金泥带，龙纹玉掌梳。走来窗下笑相扶，爱道画眉深浅、入时无？

　　弄笔偎人久，描花试手初。等闲妨了绣功夫，笑问双鸳鸯字、怎生书？

　　画眉本是闺房之乐，与他人无涉。无奈欧阳修的许多词，完全超出闺房之乐。

　　两宋三百年间，词坛大致有雅化与俗化两个发展方向。多数人只关注雅词，鲜对俗词做深入研究。检视《全宋词》可知，俗词其实占有相当大的比重。其中既有苏轼、黄庭坚、秦观、辛弃疾等名家的词作，也包括了赵长卿、杨无咎、石孝友等二流词作者创作的数量可观的俗词。

　　这些俗词将新的文学精神引入词坛，形成了词的平民化、世俗化的特征，使宋词产生了大力讴歌爱情、呼唤爱情的情真意切之作。俗词中的一些白描、白话表现手法，对雅词的发展也不无裨益。俗词对宋词的成熟风貌形成产生了重要的影响，是宋词发展史上重要的一环。

　　历史证明，艺术来源于生活，俗中有雅，雅中有俗，大俗之后方能有大雅。

　　沈家庄在《宋词的文化定位》中认为："宋词中那些至今被指为芜词、游词、俚词、淫词者，才是在文体的嬗变演化意义上引领着前进的朝向。"李昌集在《北宋文人俗词论》中指出，构成俗词的三个标准是：把秦楼楚馆如实地引入词作，多把伎女当成词的主角，词中充溢着一种市井气息；不着比兴之意，将男女心境真切、直率地表露；运用世俗的语言词汇。也就是说，俗词就是用市井世俗语言来真实反映世俗之情的词作。

　　两宋俗词，以北宋最为兴盛，前期的代表人物就是柳永和欧阳修。从抒情取向和审美格调方面审视，欧阳修的词作明显分为雅词与俗词。其雅

辛弃疾《金菊对芙蓉》：

远水生光，遥山耸翠，霁烟深锁梧桐。正零瀼玉露，淡荡金风。东篱菊有黄花吐，对映水、几族芙蓉。重阳佳致，可堪此景，酒酽花浓。

追念景物无穷。叹少年胸襟，忒煞英雄。把黄英红萼，甚物堪同。除非腰佩黄金印，座中拥、红粉娇容。此时方称情怀，尽拼一饮千钟。

词直承南唐，表现得感慨沉郁、情致绵婉。其传世的词作中，俗词有三十余首，多是描写歌伎的日常情爱世界，如《好女儿令》：

> 眼细眉长。宫样梳妆。靸鞋儿走向花下立著。一身绣出，两同心字，浅浅金黄。
>
> 早是肌肤轻渺，抱著了、暖仍香。姿姿媚媚端正好，怎教人别后，从头仔细，断得思量。

这首小词写出了好女儿的貌美，以及身体暖香轻柔的触感，完全用口语写成，轻快活泼，俗而不鄙，表现出了歌伎追求情爱的大胆与痛苦执着。

又如《醉蓬莱》：

> 见羞容敛翠，嫩脸匀红，素腰袅娜。红药阑边，恼不教伊过。半掩娇羞，语声低颤，问道有人知么。强整罗裙，偷回波眼，伴行伴坐。
>
> 更问假如，事还成后，乱了云鬟，被娘猜破。我且归家，你而今休呵。更为娘行，有些针线，诮未曾收啰。却待更阑，庭花影下，重来则个。

这首词全篇不用故实，完全使用口语，绘声绘色地描述了两个热恋中的男女私会的场景。整首词充满了性的暗示，近乎色情，表现大胆，毫不扭捏作态，将一个女子既羞涩又期待，既向往又担忧的心理描摹得活灵活现。这是欧阳修的俗词中不可多得的佳作。

欧阳修表现人性的张扬的词作还有许多，如"梦里似偎人睡。肌肤依旧骨香腻"（《解仙佩》），"除非我、偎著抱著，更有何人消得"（《盐角儿·增之太长》），"人生最苦，少年不得，鸳帏相守"（《盐角儿·人生最苦》），"从今后、若得相逢，绣帐里、痛惜娇态"（《宴瑶池》）。

文章严谨，不代表他的词作不会写得浅薄庸俗，格调低下。这种直白露骨、有伤大雅的俗词，与道貌岸然的一代文宗形象，实在是不符。然而，风流与下流之间，区别究竟有多少？宋代士大夫大都有艳词传世，非独欧阳修一人。欧阳修赏伎，为伎作艳词，恰恰是他真性情的流露。流连风月，是欧阳修懂生活，享受生活，又何必为前贤讳言？

儒家重仁义道德，轻利益，因此，宋代士大夫喜欢互赠诗词，增进感情。他们喜欢歌伎，就会作词赠送，赠词说明彼此正处于热恋，情难自已。很难想象士大夫与歌伎一见钟情的情形，但至少我们知道，士大夫与歌伎都具有基本的文艺常识，在歌舞酒筵上，大家弹琴、唱歌、作词，士大夫酒至微醺，兴致高涨，这时歌伎就会主动上前，准备笔墨纸砚，双方借词曲传情达意，暗送秋波。

吴曾《能改斋漫录》记载，"苏门四学士"之一张耒（1054—1114），在许州地方为官时，喜欢上了营伎刘淑女，为她作词《少年游》：

　　含羞倚醉不成歌。纤手掩香罗。偎花映烛，偷传深意，酒思入横波。
　　看朱成碧心迷乱，翻脉脉、敛双蛾。相见时稀隔别多。又春尽、奈愁何。

士大夫与歌伎之间擦出火花，实属正常。张耒如此，欧阳修当然也可

张耒《风流子》：

木叶亭皋下，重阳近，又是捣衣秋。奈愁入庾肠，老侵潘鬓，谩簪黄菊，花也应羞。楚天晚，白蘋烟尽处，红蓼水边头。芳草有情，夕阳无语，雁横南浦，人倚西楼。

玉容知安否？香笺共锦字，两处悠悠。空恨碧云离合，青鸟沉浮。向风前懊恼，芳心一点，寸眉两叶，禁甚闲愁？情到不堪言处，分付东流。

以。与《望江南·江南柳》相比，张耒的这首《少年游》，香艳有过之而无不及。

《望江南·江南柳》作者到底是何人，成了一桩历史谜案。后世学者多认为该词确系欧阳修所作，却拿不出确凿的证据。而就此认为这词与欧阳修无关，显然也难以自圆其说。依了欧阳修自己的认识，这种情形不过是——"人生自是有情痴，此恨不关风与月"罢了！

欧阳修心性豁达，贬谪地方，走到哪里，哪里就是乐土。

庆历二年（1042），欧阳修任滑州通判。初到滑州，他即在官署东面兴建一室，号"画舫斋"。请好友蔡襄榜其额，并作《画舫斋记》记其事。

庆历五年（1045），欧阳修因"艳词事件"贬知滁州。在这里，他修了醒心、醉翁二亭，命手下谢姓幕僚"杂植花卉其间"。谢不知该种植什么花卉，于是向欧阳修请教。欧阳修立即赋诗："浅深红白宜相间，先后仍须次第栽。我欲四时携酒去，莫教一日不花开。"（《谢判官幽谷种花》）

"醉翁之意不在酒"，欧阳修以为，圣贤之乐不在外物，而在自我，是自我意识和自身与万物浑然一体，达到"与天地合其德，与日月合其明，与四时合其序，与鬼神合其吉凶"（《周易》）的忘我无我心境。

在滁州，欧阳修写下了传世之作《醉翁亭记》。据滁州地方志记载，欧阳修的《醉翁亭记》成文之后，"远近争传"。当地商人都带了摹本，行走天下，遇到关卡征税，就取出相赠，以此免税，这一招居然百试不爽。

庆历八年（1048），欧阳修改知扬州。在这里，欧阳修选择了一块风水宝地，修建了一座非常雅致的园林建筑，命名为"平山堂"。

平山堂视野开阔，站在堂上，可以俯瞰江南数百里的景物，真州、润

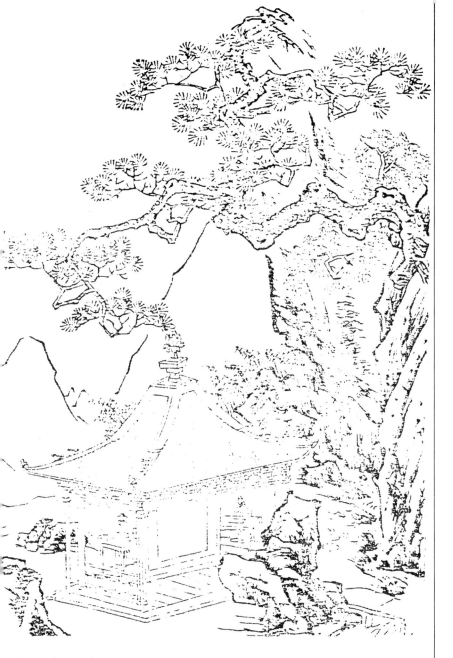

黄庭坚 《瑞鹤仙》：

环滁皆山也。望蔚然深秀，琅琊山也。山行六七里，有翼然泉上，醉翁亭也。翁之乐也。得之心、寓之酒也。更野芳佳木，风高日出，景无穷也。

游也。山肴野蔌，酒洌泉香，沸筹觥也。太守醉也。喧哗众宾欢也。况宴酣之乐、非丝非竹，太守乐其乐也。问当时、太守为谁，醉翁是也。

州、金陵皆隐约可见。每到暑天,公务之余,欧阳修就带僚属到平山堂休闲放松。他在堂前种植了柳树,在堂后种植了竹子,竹叶遮天蔽日,堂中一片清凉。为了营造风雅的氛围,欧阳修命人到荷花种植地抽取荷花数千朵,分植于百余花盆中。酒桌就布置在荷花当中,酒筵就在花香中进行。

酒宴开始,欧阳修主持传花行酒,官伎取一枝盛开的荷花,交宾客依次传递,每人采一片花叶,传到谁手中没有了花叶,谁就得喝酒。五代时就有击鼓传花饮酒的游戏,欧阳修此举属于别出心裁。

嘉祐元年(1056),欧阳修送好友刘敞①出守扬州,饯别之际,忆起从前自己在扬州平山堂的往事,作词《朝中措·送刘仲原甫出守维扬》:

平山阑槛倚晴空,山色有无中。手种堂前垂柳,别来几度春风?

文章太守,挥毫万字,一饮千钟。行乐直须年少,尊前看取衰翁。

"山色有无中"之句,出自唐人王维的诗《汉江临泛》,乃王维融画法入诗的力作。据《艺苑雌黄》记载,《朝中措》成为流行曲子后,有人认为,平山堂距离江左诸山非常近,在平山堂眺望那些山,一目了然,欧阳修写成"山色有无中",因为他高度近视。

人生如白驹过隙,时隔二十年,作为欧阳修身后的文坛领军人物,苏轼为维护前贤,作《水调歌头·黄州快哉亭赠张偓佺》为欧阳修辩诬:

落日绣帘卷,亭下水连空。知君为我新作,窗户湿青红。长记

---

① 刘敞(1019—1068),字原父,庆历六年(1046)进士。宋代史学家、文学家、散文家、金石大家。

苏轼《水调歌头·黄州快哉亭赠张偓佺》：
落日绣帘卷，亭下水连空。知君为我新作，窗户湿青红。长记平山堂上，欹枕江南烟雨，
杳杳没孤鸿。认得醉翁语，山色有无中。
一千顷，都镜净，倒碧峰。忽然浪起，掀舞一叶白头翁。堪笑兰台公子，未解庄生天籁，
刚道有雌雄。一点浩然气，千里快哉风。

平山堂上，欹枕江南烟雨，杳杳没孤鸿。认得醉翁语，山色有无中。

一千顷，都镜净，倒碧峰。忽然浪起，掀舞一叶白头翁。堪笑兰台公子，未解庄生天籁，刚道有雌雄。一点浩然气，千里快哉风。

此词作于宋神宗元丰六年（1083），苏轼贬居黄州第四年，欧阳修已病逝十年。

何谓有？何谓无？山色可以有中无，也可以无中有。人生亦是如此，身处贬谪之所的苏轼，当然会理解欧阳修在扬州贬所的心境。处江湖之远，不必哀哀切切；居庙堂之高，也应该保持淡定与从容。欧阳修与苏轼都是豁达通脱之人，有如此涵养，故能写出"山色有无中"之句。

元丰二年（1079），苏轼第三次途经扬州，登临平山堂，作《西江月》缅怀恩师欧阳修：

三过平山堂下，半生弹指声中。十年不见老仙翁，壁上龙蛇飞动。

欲吊文章太守，仍歌杨柳春风。休言万事转头空，未转头时皆梦。

"未转头时皆梦"化自白居易《自咏》"百年随手过，万事转头空"句，意思更进一层。

人生如梦，如幻露，如泡影，斤斤计较于不得意、不如意，只能罹患抑郁症而亡。一腔浩然气，千里快哉风——欧、苏二人都是阅尽世间百态、品过人情冷暖的翩翩孤鸿，披襟当风而立，人生的不如意与仕宦沉浮又何足萦怀？得大自在者，神仙中人也！

人到晚年，欧阳修自称"六一居士"，其意为一万卷书、一千卷古金石文、一张琴、一局棋、一壶酒和一老翁。晚年欧阳修始信释道之说，生性豁达通脱的他，并不讳言自己的衰老。"樽前看取衰翁"是劝刘原父珍惜人生，并非真的要他流连风月，在任上天天饮酒。

欧阳修的这首词，深情而豪迈，对宋代词坛带来了深刻的影响："天下翕然师尊之，风尚为之一变。即以词言，亦疏隽开子瞻，深婉开少游。"（清冯煦《宋六十一家词选·例言》）

欧阳修的词，基本上沿袭《花间集》的创作风格，写恋情、相思回肠荡气，缠绵悱恻，读来情真意切。

欧阳修在平山堂前手植的柳树，人称"欧公柳"。后来，有一薛姓官员东施效颦，也于堂前种了一株柳树，自称"薛公柳"。薛姓官员一离任，柳树就被扬州人民砍掉，做了烧柴。公道自在人心，欧阳修在扬州绝不是每天只知宴饮，不恤政事的。

名垂千古

宋仁宗在位四十余年，没有留下子嗣。他曾在宫中抚养过两个宗室子弟，其中一个就是后来继位为君的宋英宗赵曙。当时赵曙叫作赵宗实。赵宗实四岁入宫，长到八岁的时候，被送回了王府，因为宋仁宗的亲生儿子出生了。

宋仁宗公开立赵宗实为皇子的时候，赵宗实已经是三十一岁的成年人。赵宗实临行之际，不知此去是祸是福，叮嘱手下人道："好好看护好我这个老住处，或者官家哪天有了皇储，我还得搬着铺盖回来住的。"

也不能怪赵宗实心下怅惘，从他父亲那一辈，家中就经历过这样痛苦的折磨。赵宗实的生父濮安懿王赵允让，是宋太宗第四子商王赵元份之子，也是宋真宗的侄子。赵允让也有过与赵宗实相似的经历。

当年，宋真宗所立的悼献太子死后，曾将赵允让养在宫中，准备立为太子。数年之后，宋仁宗出生，才将赵允让送出宫去。赵允让的遭遇与父亲如出一辙，所以心底对做皇子之事并没有觉得特别开心，对于触手可及的帝位也不敢表现得太过热情。

宋英宗推己及人，明白从前父亲的痛苦，所以做了皇帝的他，要在父亲身后加以尊崇以作补偿。宋英宗为了生父在身后有一个名分，亲自掀起一场旷日持久的政治风波，这就是北宋历史上著名的"濮议之争"。

朝堂之上形成了泾渭分明的意见。一派以韩琦、欧阳修等重臣为首，支持宋英宗追封生父濮安懿王为"皇考"，理由是"出继之子，对所继所生皆称父母"。另一派以台谏官员为主体，司马光、贾黯、吕诲、吕大防、王珪等人为代表，主张濮王较宋仁宗年长，宋英宗应当称濮王为"皇伯"，理由是"为人后者，为之子不得复顾其私亲"。

双方都是饱读诗书之辈，熟悉前朝历代典章制度，在朝堂之上各执一词。双方引经据典，针锋相对，一场辩论大战进行得不亦乐乎。

韩琦的内心深处有着难言的苦衷，宋英宗亲政经历了无数坎坷，急需树立权威，否定宋英宗，就等于前功尽弃。韩琦从立储之初就力挺宋英宗，所以此事仍要坚定不移地予以支持。在很大程度上，韩琦被宋英宗实施了政治绑架。为了宋王朝的政权稳定，他成了有进无退的马前卒，即便前方是万丈深渊，也只有义无反顾地奋勇向前。

欧阳修这时候的表现，对待此事的态度，可以从他自幼丧父一事上追寻根源。他认为"盖以恩莫重于所生，故父母之名不可改"（《文忠集》）。他支持宋英宗，完全是因为个人感情。

宋英宗在"濮议之争"中的行为，可以视作他尚未完全进入角色的政治不成熟。他没有接受一个帝王所应该接受的教育，为君之初，他没有完成由"小我"到"大我"的过渡，在家与国之间没有摆正自己的位置，导致了朝堂的动荡与不安。他坚持的"孝道"停留在从前为人子、为人臣的认识阶段，尚未能明白自己已经是一国之君。移孝作忠，这个忠，理应是忠于自己的王朝。

宋英宗此举，造成朝堂上群臣的分裂。此事在彼时事关国计民生，背后有君权、相权、臣权的博弈，更是公权与私利的纷争。最后，宋英宗达到了目的。强烈支持他的重臣欧阳修却在事后惊讶地发现，自己已经成为众矢之的，集诸怨于一身的替罪羊了。

"濮议之争"最激烈的时候，只要听到有人发出赞同他主张的声音，欧阳修就会引为知己。本来已经近视的他，在政治上又多了短视行为，他的这种心理被一些政治投机者看在眼中。这些跳出来附和"皇考"之说的人，并不是在心底赞同此说，不过想利用这个良机结识韩琦、欧阳修等宰执重臣，求得一条升官发财的终南捷径。被人攻击得焦头烂额的欧阳修哪里会想到这一层。

一个名叫蒋之奇的江苏宜兴人，原任太常博士，参加了考制举试（文学侍从特种试），可惜因竞争激烈而名落孙山。朝里无人怎做官？蒋之奇另辟蹊径，直接求见欧阳修，对其追崇濮王为皇亲之说赞不绝口，认为既合于情理，又不违背礼制。欧阳修见有知音主动登门拜访，喜出望外，见他试卷策论也堪读，于是尽力援引，终使蒋之奇升任监察御史里行。

"濮议之争"平息之后，反对派台谏官员多数被贬谪，朝堂之上一股怨气郁结。这股怨气不但笼罩在欧阳修身上，也同样包括他所荐举的蒋之奇等人。蒋之奇此时已经升为御史，但在朝堂之上被人视为欧阳修一党。官升了，人在官场却被孤立。被人指指戳戳的滋味不好受，升官带来的喜悦被这种不自在冲淡了许多。

宋英宗为生父争来了一个皇考的名分不久，就撒手人寰。年轻的宋神宗即位为君。

欧阳修读书破万卷，但他从来不读《仪礼》，因此闹出笑话，险些闯祸。宋神宗登基，在福宁殿接受遗诏的时候，百官都穿衰绖拜见新君。台谏官员发现欧阳修丧服里面穿了一件紫地皂花紧丝袍，立即参劾他大不敬之罪。宋神宗新立，并没有深究此事。

每当新君登基，总是会大赦天下以示仁德普施。欧阳修的堂房妻弟因案被劾有罪，希望趁大赦天下的机会，拜托欧阳修将自己的名字列入被赦免名单。哪知欧阳修不肯假公济私，这亲戚恼羞成怒之余，四下散布谣言，说欧阳修和儿媳妇吴氏之间有奸情。

这种八卦绯闻从欧阳修的亲戚口中绘声绘色地说出来，更增加了事情的可信度。朝堂之上，早对欧阳修满腹怨气的大臣更是幸灾乐祸地大肆传播，唯恐天下臣民不知。事情很快被蒋之奇听在耳中，这家伙觉得实在有必要落井下石，便上殿单独向宋神宗弹劾欧阳修，希望以此表明自己与欧阳修划清界限。但宋神宗当然不相信欧阳修会做出如此龌龊的事情。

欧阳修识人不清，现在蒋之奇反噬，倒打一耙，只能怪他自己遇人不淑了。

庆历年间，欧阳修任谏官时就搜罗过一些朝臣的"闺门暧昧难明之事"，弹劾他们，哪知道报应不爽，自己一生两次被台谏官员以彼之道，还施彼身。面对政敌的诬陷，欧阳修百口莫辩，不知他可曾为当年行事孟浪而心生悔意。经常取笑别人的欧阳修，再次成为他人茶余饭后的谈资。欧阳修人生之大不幸，正是因帷薄不修而谤随一生。

蒋之奇弄巧成拙，被贬斥出京，欧阳修的声誉也因此大受影响。朝中反对之声此起彼伏，说他在政事堂议事专断。从前，宋英宗赞许他"性直不避众怨"（《皇宋通鉴长编纪事本末》），勇于担当。这在宋神宗看来，却是他独断专擅的表现。欧阳修也敏感地觉察出了新君的微妙心理，主动三次上表请辞。宋神宗即位之初，有意平息公愤，假意挽留一番后，乃以观文殿学士、刑部尚书命欧阳修出知亳州。

熙宁四年（1071）六月，欧阳修以观文殿学士、太子少师致仕。熙宁五年（1072）闰七月廿三，欧阳修卒于颍州，时年六十六。他从致仕到去世，仅一年多。

消息传出，反对变法派又多了攻击王安石的口实，他们认为，欧阳修的死源自王安石的政治迫害。

王安石在各地推行青苗法，在许多州县遭遇了抵制。知越州山阴县陈舜俞认为新法违制，自作主张不散青苗钱，被降职为监南康军税；许州长葛知县乐京言助役不便，撂了挑子，弃官而去。反对浪潮汹涌，颇具影响的是从前的文坛领袖、知青州欧阳修。欧阳修上疏宋神宗，提议"则乞除去二分之息，但令只纳元数本钱，如此，始是不取利"（《文忠集》），同时请求贷款自愿。

欧阳修是元老重臣，在庆历年间一度以变法派面目立于朝堂，所以在朝臣中有巨大的影响力。欧阳修喜欢奖掖后进，对王安石也有荐举之恩。欧阳修公开表态反对新法，王安石不得不做一番解释。收利钱，是因为在推行青苗法的过程当中，会有官吏之俸、辇运之费、水旱之逋、鼠雀之耗等额外支出，想长期维持青苗法，必须从借贷利息中补偿推行过程中的各种消耗。青苗利钱取之于民，用之于民。况且，青苗利率远较高利贷低上许多。青苗法本来就是收取利钱的，欧阳修想让荷包不鼓的宋神宗做冤大头，上疏结果如何，不问可知。

欧阳修敢作敢当，上疏未果，直接在自己管辖的青州地方停止发放青苗钱。这时，朝中有人建议追究欧阳修的罪责。王安石与欧阳修有师生之谊，这时不愿树敌太多，令保守派趁此事大做文章，及时制止道："欧阳修只是不识藩臣大体而已。"宋神宗才作罢。

宋王朝法定退休年龄是七十岁，欧阳修在六十五岁时就主动申请退休，态度坚决，引起了朝野士人的强烈关注。许多人对欧阳修"力辞于未及之年"（苏轼《贺欧阳少师致仕启》）感到不理解。其实，欧阳修主动求去，是身体原因，而非人们忖度的政治失意。一个人生活自理也成问题的时候，还能奢望他治国平天下吗？

晚年欧阳修受消渴症的并发症影响，健康状况每况愈下。他只得上疏求去，"古者七十而得谢，所以优其臣也。不任以事而养之于家，所以爱老也"（《文忠集》）。先天不足，后天也没有补足。庆历年间因"艳词事件"被贬谪，四十岁便自称"醉翁"，其中既有自嘲的成分，亦是他中年早衰的真实写照。晚年欧阳修带病工作。据《石林燕语》记载："欧阳文忠近视，常时读书甚艰，惟使人读而听之。"欧阳修主动请求致仕，除了政治原因，确实是身体不允许。生活无法自理，如何混迹于尔虞我诈、钩心斗角的朝堂？主动退出，不失为明智之举。

北宋中期一扫五代以来专尚"四六"等华而不实的文风，欧阳修起了重要的作用。他还甘冒天下之大不韪，在大胆怀疑的精神支持之下，向《易经》提出从来没过的挑战。他认为，《系辞》《文言》《说卦》三篇并非孔子所作。

两千年来，从学术思想发展史来看，对六经提出质疑者仅寥寥数人。欧阳修是宋代疑经第一人。他对《易经》提出挑战，是骇世惊俗之举，给那些习惯抱残守缺，在学术上不思进取的文士以当头棒喝。在欧阳修的推动之下，宋人在学术上开始自由探索，对有宋一代的学风发展极其有利。欧阳修对经学大胆怀疑，成为开风气之先的一代学者，对宋学的建立起到了重要作用。

欧阳修被贬与被诬，缘于他在政治上勇于改革，锐意进取。他反对因循守旧，反对对外妥协退缩，主张改革吏制、兵制、贡举制。他反对王安石推行的青苗法，也是事出有因。他正直敢言，个性鲜明，遭贬谪后，仍然可以泰然处之，这正说明他为人旷达。

才华过人，写作严谨，私生活有失检点，正是他遭构陷的原因。其实，偶尔填些艳词，不过是他解压的自我调剂方式，何必求全责备？

欧阳修关心吏治，认为"文章止于润身，政事可以及物"（《宋史》）。入仕后的学子来访，向他讨教学问，欧阳修对他们只谈吏事，而不谈文章。所以如此，也是数次遭贬，在地方历练，知道吏治腐败。

做官难，难于作文章。锦心绣口可以作文章，但做不来官。吏治才是大文章、大手笔。难能可贵的是，作为一代儒宗，在经世致用的思想指导下，欧阳修把变革社会的政治实践始终放在第一位，"庆历新政"只是昙花一现，但欧阳修将文风、学风、政风的变革统一起来，为后来者王安石变法指明了前行的道路。只有通过改革才能一扫百余年来的政治积弊，舍此，无其他捷径可寻。

欧阳修以深厚的文学艺术成就，影响着北宋的文坛。曾巩、王安石、苏洵、苏轼、苏辙等人，都受过欧阳修的奖掖和提携。苏轼、苏辙兄弟二人更是在欧阳修主持贡举时中举的。唐宋八大家，宋占六席，与欧阳修开一代文风不无关系。

欧阳修死后，祭奠文章很多，当世推王安石《祭欧阳文忠公文》为第一。王安石写的祭文，简练凝重，气势磅礴，又蕴含了无尽的怀念与忧伤。"然天下之无贤不肖，且犹为涕泣而歔欷。而况朝士大夫，平昔游从，又予心之所向慕而瞻依。呜呼！盛衰兴废之理，自古如此。而临风想望，不能忘情者，念公之不可复见，而其谁与归？"

文章今日读来，仍令人唏嘘不已，政见不合并没有影响到二人的私谊。在欧阳修殁后月余，王安石再次推行新的方田均税法，正是对逝者最好的肯定。王安石的祭文一出，粉碎了许多捕风捉影的流言。有王安石的褒扬，欧阳修泉下有知，其喜洋洋者矣。

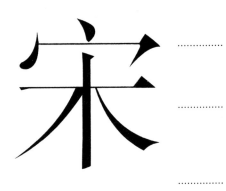

第五章

敢动皇帝奶酪的词人

宋仁宗赵祯是北宋第四任天子，十三岁即位，在位四十二年。宋仁宗同情弱者，宽以待人。他在位期间，文化氛围宽松。史家评他"百事不会，只会做官家"。宋仁宗庙号为"仁"，这是对他一生最好的肯定。

　　仁宗一朝，名臣灿若星辰，包拯包青天无疑是光芒四射的一个。世人只知包拯断案如神，清廉自守，却不知他真正得享大名，是因他直言敢谏。

　　庆历年间，包拯没有陷入党争的泥淖。包拯任御史，得自保守派官员王拱辰的举荐，但他没有追随王拱辰反对新政。包拯对新政表示支持，但与新政官员保持应有的距离。依欧阳修的理解，包拯没有加入"君子党"，就是个小人了。欧阳修、蔡襄等人将君子、小人的道德评判引入党争，本身就是一种政治不成熟的表现。是以知"天下事误于奸慝者，十有三四；误于不通世故之君子者，十有六七"（清刘鹗《老残游记》）。

　　包拯以魏徵为榜样，不避忌讳，不畏权贵，不避亲仇，直言敢谏，展现了犯颜直谏、疾恶如仇的谏官风范，史称"有古诤臣之风"。他任官二十多年，弹人无数，广为人知的有二弹郭承佑、七弹王逵，以及弹劾"国丈"张尧佐。

　　张尧佐是宋仁宗宠爱的张贵妃的伯父。张贵妃父亲早死，张尧佐仗着圣眷优渥，自称"国丈"，由小知县升任权知开封府，再迁为三司使，成为掌握宋王朝财政的官员。包拯上疏弹劾，在奏章中明确指出，张尧佐没有为国理财的才干，仅凭裙带关系，骤然升至三司使之职，玩笑开大了。

其实，张尧佐是进士出身，凭真才实学，跻身王朝官僚队伍。张贵妃还没有得宠的时候，他就已经是吉州推官，史称其"持身谨畏，颇通吏治"，与大家想象中的外戚飞扬跋扈截然不同。但有了外戚的身份，又成青云直上，自然让人心下不爽。

宋仁宗对包拯的弹劾不予理睬。包拯连上两章，恳请宋仁宗以国家为重，收回成命，另任张尧佐他职。右司谏陈旭、吴奎等大臣也纷纷上表附和。宋仁宗见众怒难犯，只好免了"国丈"的三司使之职，另外授予他宣徽南院使、淮康军节度使、景灵宫使、同群牧制置使四职作为补偿，同时赐张尧佐的两个儿子同进士出身。

宣徽院是总领皇宫内部诸司及内侍的职务，宣徽院使可以说是大内总管。按照规定，宣徽使在上朝的时候，班次紧随在两府执政之后，地位颇高。景灵宫使是养老的闲职，但必须由两府执政年老后改授，属于荣誉性高职。群牧制置使一般由枢密使、枢密副使兼任或改任此职，地位略近于两府。如此一来，张尧佐因祸得福，名位反而更高了。

诏旨一出，群情汹涌。退朝之时，包拯发起台谏官员的职责"廷诤"。所谓"廷诤"，又称"面折廷诤"，指臣下在朝堂之上，当着所有臣子的面，向皇帝提出批评，坚持要皇帝改正错误。台谏官员集体廷诤，便是表明御史、谏官对宋仁宗的旨意拒绝执行。

众目睽睽之下，面对台谏官员的七嘴八舌，宋仁宗慌张之下，说错了话："节度使不过是粗官，有什么好争的？"这时，御史中资历最浅的唐介越众而出，指出节度使之职，太祖、太宗皇帝都担任过，不是什么粗官。包拯在朝堂之上口若悬河，说到慷慨激昂处，一张黑脸凛冽挟霜，唾沫星子也飞溅到了宋仁宗的脸上。

宋仁宗的"仁"，就在于他虽然有时也做些逾矩的事，但性情温和，是那种既无本事也无脾气的老好人。作为一个合格的守成之君，宋仁宗明白，保护言官有利于朝廷的长远利益，所以即使被包拯唾沫星子喷了一脸，也没有雷霆震怒。他受了委屈回到后宫，埋怨张贵妃："你只知道宣徽使、宣徽使，难道不知道包拯是谏官吗？"张尧佐知众怒难犯，主动上表请辞。宋仁宗终于松了口气，取消了他宣徽使、景灵宫使的任命。

包拯在家乡任地方官，同样不徇私枉法，招来许多非议。同朝为臣的宋祁，作诗力挺包拯："直干终为栋，真钢不作钩。"（胡仔《苕溪渔隐丛话》）

蓬山不远

宋仁宗容忍包拯把唾沫喷溅到他的脸上，对宋祁词挑宫女也一笑置之，将宫女许配给了他。

宋祁（998—1061），字子京，安州安陆（今属湖北）人，后徙河南雍丘。宋祁历任翰林学士、龙图阁学士，与兄长宋庠于仁宗天圣二年（1024）进士及第，人称"二宋"。礼部定其名次是宋祁状元、宋庠探花。送请圣裁之时，垂帘听政的刘太后认为，做弟弟的不应高于兄长，金口玉言，定宋庠为状元郎，宋祁因而成了第十名。

塞翁失马，焉知非福。宋祁与状元郎失之交臂，也因此声名远播，更因人物风流，文章作得花团锦簇，引出了一段奇缘。

一天，宋祁正走在开封的御街上，迎头过来一队宫车。宋祁识得这些是内家车子，忙不迭地躲避，忽听得一个娇滴滴的声音轻声唤他："小宋！"

宋祁心中一荡，循声望去，只见一个宫女含情脉脉地望了他一眼，放下了车帘。宋祁是个玉树临风的大帅哥，生得"英采秀发，久视之，无一点尘气，真神仙中人也"（北宋范镇《东斋记事》），那宫女芳心暗许，也是情理中事。

宋祁惊鸿一瞥，那宫车早去得远了。宋祁向前紧走几步，那车子已走得不知去向，他人早已痴了。他被这柔情万种的一声呼唤撩拨得心痒难耐，寻思那千娇百媚的笑靥，又怅然若失。那宫女纵是再喜欢，也只能如隔星汉，"盈盈一水间，脉脉不得语"。

宋祁回到家中，情难自已，挥毫写下了《鹧鸪天》：

> 画毂雕鞍狭路逢，一声肠断绣帘中。身无彩凤双飞翼，心有灵犀一点通。
>
> 金作屋，玉为笼，车如流水马如龙。刘郎已恨蓬山远，更隔蓬山几万重。

这首小词，信手化用了李商隐《无题》的诗句，贴切工整，把自己可望而不可即的相思之苦表达得淋漓尽致。

西昆派的诗作，诗法李商隐，辞藻华丽，对偶精工，用典繁缛，有的干脆直接化用李诗，却只得李诗皮毛，缺乏气格。南宋吴枋《宜斋野乘》引葛常之《丹阳集》记载："小说载优人有以李义山（李商隐字义山）服蓝缕之衣而出，或问曰：'先辈之衣何在？'曰：'为馆中诸学士挦将去矣！'人以为笑。"

宋祁将"身无彩凤双飞翼，心有灵犀一点通"粘贴复制，"刘郎已恨蓬山远，况隔蓬山几万重"之句，直接将李诗《无题》中的"一"字换为

"几"字。"车如流水马如龙"直接借用了李煜《望江南》之句。宋祁信手拈来，不着痕迹，显示了其深厚的"化功大法"。

《鹧鸪天》很快就在京师中传唱开来，传到了宋仁宗的耳中。有心成人之美的宋仁宗将宫女悉数召来，问及此事。一个宫女怯生生地走出来，承认了事情是自己所为。原来，这名宫女曾于宫中侍宴，故识得年轻的翰林学士宋祁，对他早已情愫暗生。那一天在街上邂逅宋祁，就壮起胆子喊了一声。

得知事情始末，宋仁宗命左右请来宋祁。听官家问及此事，宋祁既惶恐又窘迫。

见宋祁一脸惶恐、无地自容的样子，宋仁宗哈哈大笑，道："蓬山不远！"于是亲自主婚，将这名大胆追求爱情的奇女子许配给了宋祁。

宋庠与宋祁一母同胞，但他质朴端庄，不好声色。兄弟二人已是位尊职显，宋庠仍律己极严。上元夜，宋祁拥伎欢饮，享受人生。宋庠却在书院枯坐，读《易经》，耳中听得宋祁那厢传来阵阵欢笑声，不禁大皱其眉。次日，他派左右责备宋祁道："还记得从前寒微之时苦读吗？"

宋祁不以为然，笑道："回去告诉我兄长，当初寒窗苦读，为的是什么？"

宋祁得意须尽欢的诗酒人生，在宋时的士大夫间，乃是常态。据陆游《老学庵笔记》记载，宋祁好客，经常呼朋引类，"会宾广厦中，外设重幕，内列宝炬。歌舞相继，坐客忘疲，但觉漏长。启幕视之，已是二昼。名曰'不晓天'"。

宋祁的词《锦缠道》，推崇的就是及时行乐：

> 燕子呢喃，景色乍长春昼。睹园林、万花如绣。海棠经雨胭脂透。
> 柳展宫眉，翠拂行人首。

向郊原踏青，恣歌携手。醉醺醺、尚寻芳酒。问牧童、遥指孤村道："杏花深处，那里人家有。"

在春昼乍长、新柳婆娑的时候，宋祁与友人在郊原携手踏青。宋祁虽已经喝得微醺，却仍不尽兴，继续寻找美酒。道逢牧童，才知杏花深处有佳酿。此处化用"借问酒家何处有，牧童遥指杏花村"（杜牧《清明》）之句，却没有清明时节的愁苦之情。

杏花深处对酌，宋祁得酒中真趣矣！

时任宰相的晏殊，十分器重宋祁。宋祁曾有《出小麾集》，中有"甚为元献晏公所重，叙以冠篇行于世"句。《出小麾集》现佚，晏殊的序文也没有流传下来。

据魏泰《东轩笔录》记载："晏元献当国，子京为翰林学士，晏爱宋之才，雅欲旦夕相见。遂税一第于旁边近，延居之，其亲密如此。"

为了可以经常见到宋祁，晏殊在自己的住所附近为宋祁购置了一处居所。汴梁城中寸土寸金，晏殊惜才，令人钦敬。近朱者赤，宋祁风流不羁，喜欢游宴，应是受晏殊影响至深。

晏殊晚年罢相，降工部尚书知颍州。其罢相制词，正是出自宋祁手笔。但令人疑惑的是，制词措辞之严厉，在整个仁宗朝的罢相制词中，极其罕见。

据苏辙《龙川别志》记载："及殊作相，八王疾革，上亲往问。王曰：'叔久不见官家，不知今谁作相。'上曰：'晏殊也。'王曰：'此人名在图谶，胡为用之？'上归阅图谶，得成败之语，并记志文事，欲重黜之。宋祁为学士，当草白麻，争之。乃降二官知颍州，词曰：'广营产以殖货，多役兵而规利。'以它罪罪之。殊免深谴，祁之力也。"

晏殊的罪名有些莫须有的意思，但他遭贬谪，与时代大背景有关。苏辙的图谶之说太过牵强。宋初统治者对于天文图谶之禁，相当严厉。开宝八年（975），宋惟忠因其弟告发"私习天文，妖言利害"，被处死。其后，法禁渐宽，但图谶之说仍是统治者的大忌，其后宋神宗朝李世居案便是证明。"士庶之家亦或收藏传说，不以为怪"（李焘《续资治通鉴长编》），如果是所谓"八王"关注，事情就会引起宋仁宗的严重关注了。"八王"讲晏殊名在图谶，只能证明他私下翻阅了图谶之书，这样诬陷晏殊，等于搬起石头砸自己的脚。

与苏辙截然不同的记载，见于《西清诗话》："遇中秋，晏公启宴，召宋公，出妓乐，饮酒赋诗，达旦方罢。翌日罢相，宋当制颇极诋斥，至有广营产以殖赀，多役兵而规利之语。方子京挥毫之际，昨夕余醒犹在，左右观者皆骇叹。"

晏殊后来被贬为地方官，"每叹士风凋落"，遂作《吊苏哥》。

晏殊被贬的真正原因已杳不可知，依宋祁君子坦荡荡的胸襟，当不会为此龌龊之事。

"红杏尚书"

据《古今词话》记载："景文（宋祁谥景文）过子野家，将命者曰：'尚书欲见云破月来花弄影郎中。'"子野内应曰：'得非红杏枝头春意闹尚书耶？'"

宋祁被称为"红杏尚书"，正是因为其成名词作《玉楼春·春景》：

> 东城渐觉风光好，縠皱波纹迎客棹。绿杨烟外晓寒轻，红杏枝头春意闹。

宋祁《玉楼春·春景》：
东城渐觉风光好，縠皱波纹迎客棹。绿杨烟外晓寒轻，红杏枝头春意闹。
浮生长恨欢娱少，肯爱千金轻一笑。为君持酒劝斜阳，且向花间留晚照。

浮生长恨欢娱少，肯爱千金轻一笑。为君持酒劝斜阳，且向花间留晚照。

"浮生长恨欢娱少，肯爱千金轻一笑"，正是宋祁彻夜之饮的真实记载。其中"红杏枝头春意闹"句，更是令他收获了"红杏尚书"的雅号。王国维在《人间词话》中赞叹道："'红杏枝头春意闹'，着一'闹'字而境界全出矣。"

但词作优劣，从来没有一定之规。清代戏曲研究者李渔就对宋祁的这首词不以为然，在《窥词管见》中批评道："若红杏之在枝头，忽然加一'闹'字，引语殊难着解。争斗有声之谓闹。桃李争春则有之。红杏闹春，予实未之见也。'闹'字可用，则'吵'字、'斗'字、'打'字皆可用矣……予谓'闹'字极粗俗，且听不入耳。非但不可加于此句，并不当见之诗词。"李渔认为"争斗有声之谓闹"，却不知姹紫嫣红的烂漫春光，更是无声胜有声。

幸亏他有自知之明，直承其词评为"管见"。

宋人诗词经常用"闹"来表示无"声"的景象，李渔有点少见多怪。晏殊词中有闹，"宿蕊斗攒金粉闹"（《渔家傲》）；苏轼诗中有闹，"睡眼忽惊矍，繁灯闹河塘"（《湖上夜归》）；黄庭坚诗中有闹，"车驰马逐灯方闹，地静人闲月自妍"（《次韵公秉子由十六夜忆清虚》）；晏几道词中有闹，"风吹梅蕊闹，雨细杏花香"（《临江仙》）；毛滂词中有闹，"水北烟寒雪似梅。水南梅闹雪千堆"（《浣溪沙》）……

宋祁此词一出，"闹"字在词坛层出不穷，蔚为风尚。宋祁将怒放的杏花赋予了拟人的动态美，《玉楼春·春景》一词中的春光有了生命的律动，展现了春的活力。设若只是了无生趣的春景，宋祁又怎能发出"浮生长恨欢娱少"的感慨呢？若没有"闹"这一词眼，宋祁也不可能被称为

"红杏尚书"。

宋祁在官场毫无机心，完全是一派诗人的天真烂漫。

庆历八年（1048），宋祁奉旨为张美人进封制诰。按宋代礼制，"命妃皆发册，妃辞则罢册礼"，"凡制词，既授阁门宣读，学士院受而书之，送中书，结三少衔，官告院用印，乃进内"（《宋史》）。宋祁正好当值，他对册礼不是十分明白，便向同僚李淑请教。

"祁亦疑进告为非，谓李淑明于典故，因问之。"哪知李淑存了私心："谓祁曰：'第进，何所疑邪？'"（《续资治通鉴》）宋祁不疑有他，"不俟旨，写诰不送中书，径取官告院印用之，亟封以进"（《宋史》）。

庆历年间，张贵妃集万千宠爱于一身，希望借此良机，大张旗鼓地举行一番册礼，哪知竟被宋祁坏了她的好事。她"得告大怒，掷于地"。

李淑知情不言，有意倾陷，宋祁"坐是出知许州"（《宋史》）。而据《邵氏见闻后录》记载，"子京出知安州，以长短句咏燕子，有'因为衔泥污锦衣，垂下珠帘不敢归'之句"，词作传到宋仁宗耳中，他"览之一叹，寻召还玉堂署"。

宋祁凭一首词作脱困，既有其侥幸的成分，也应当与宋仁宗的宽宏大量有关。

宋祁并没有因此事而怨恨李淑，从知成都任上回京，曾作《将还都寄献臣》诗，与李淑"侧注旧冠尘满屋，定须弹拂故人前"。

值得一提的是，宋祁写就的《除婉容张氏封贵妃制》，虽被张贵妃怒"掷于地"，却成了内廷文字中的上乘之作。元丰末年，文坛巨擘苏轼特意前往宋祁后人家中寻访该制词。据南宋陈鹄《耆旧续闻》记载："坡至都下，就宋氏借本看，宋氏诸子不肯出，谓东坡滑稽，万一摘数语作诨话，天下传为口实矣。"

宋祁与其兄宋庠齐名，然而一直以来没有跻身朝堂权力中心。据魏泰

《东轩笔录》记载："嘉祐中，翰林诸公，皆入二府。时包拯为三司使，宋祁守郑州，二公久已著人望而不见用。"包拯无法进入两府，是因为他一脸正气，两袖清风，人至察则无徒。宋祁与包拯的情形类似。宋祁交游广泛，人缘好，做事干练，见识、文章也强过兄长宋庠许多，但宋庠可以做宰执重臣，宋祁却无法在政治上进步。据朱弁《曲洧旧闻》记载："或有荐宋莒公（宋庠曾被宋仁宗封为莒国公）兄弟可大用，昭陵（宋仁宗陵号昭陵）曰：'大者可，小者每上殿来，则廷臣更无一人是者'。已而莒公果作相，而景文竟以翰长卒于位。"

宋祁博学多才，通音律，善文章，一生曾四入翰林院。他风流自赏的同时，心系国事，曾上针砭时弊的政论《上三冗三费疏》、军事策论《上便宜札子》《御戎论》等，史称其军事策论"虽古名将不能过也"。

与宋祁喜游宴、放浪形骸截然不同的是，宋庠"清约庄重"（《宋史》），让人感觉难以亲近。

宋庠原名宋郊，字伯庠，忌恨他年纪轻轻就状元及第的人，故意攻击他名字有不臣之意。流言很快传到宋仁宗的耳中。宋仁宗有意大用宋庠，便命其更名。宋郊从此成了宋庠（字公序）。

据《西清诗话》记载，虽是奉旨更名，宋庠仍纠结了许久。"会用新名移书与叶清臣，仍呼'同年'。叶戏答公曰：'清臣，宋郊榜第六中选。遍阅《小录》，无宋庠者，不知何许人？'"宋庠无奈，只好作诗一首自解："纸尾勤勤问姓名，禁林依旧玷华缨。莫惊书录题臣向，即是当时刘更生[1]。"

"同年"是伴随科举制诞生的怪胎。唐人认为"同年，乃九州四海之

---

[1] 刘向（前77—前6），原名刘更生，字子政，沛郡丰邑（今江苏徐州）人。西汉经学家、文学家，汉成帝即位后更名为"刘向"。

人偶同科第，或登科然后相识"（北宋司马光《资治通鉴》），宋人认为"同年登第者，指呼为同年……君子者成众善，以利民与国；小人者成众恶，以害国与民"（北宋柳开《河东先生集》）。

从唐代开始，同年登科进士间互称兄弟十分普遍。唐代科举制尚处于摸着石头过河的阶段，录取的士人至多二三十人。人数有限，攀上高位者更是屈指可数，依靠同年在朝中结党就更加不易了。所以，由同榜进士结成的政治小集团在唐代基本上没有出现。

赵匡胤立国后，恢复科举制，不过，太祖一朝取士与唐朝并无太大区别，每科平均只有十余人。为了防止前朝弊政的再现，赵匡胤下令禁止举子与知贡举官员间以"座主""门生"相称，以防结党。赵匡胤百密一疏，先入为主地以为每科录取进士有限，况且散处各方，不可能相互援引，成为党派，并不禁止同榜进士间以"同年"相称，还恢复了唐代"曲江宴饮、雁塔留名"的习俗，允许新科进士相互订同年之谊。

同年进士，在朝野结党，始于宋太宗赵炅一朝。赵炅继位后，迅速构建"去赵匡胤化"的政治格局，大开科举之门。第一次取士就多达五百人，超过了赵匡胤一朝十七年间取士人数的总和。那些骤登高位的进士，相率援引各自的同年、乡里及故旧进入朝堂，角逐权位。

新科进士登科后除了举行集会，还共同出资刊印"同年小录"。据宋人笔记记载，这种集会和刊印"同年小录"，是以甲次高下定出钱多寡的。这种出资并不是 AA 制，不差钱和名次低的未必多破费，反而是名次高的需要拿大头。新进士春风得意，一旦碰上这种事情，只好去借高利贷。

即使是借钱凑热闹，新科进士仍乐此不疲。集会与印同年录是他们建立亲密无间关系的良机，觥筹交错、吟风弄月之余，大家对未来仕途上互为奥援，早已是心照不宣。宋庠更名后急于告诉"同年"，正是基于此。

更名后的宋庠，在范仲淹贬谪之后，继任参知政事，不久再迁枢密使，拜平章事。宋庠任参知政事，宋祁因避嫌去了翰林学士之职，改任龙图阁学士、史馆修撰。

皇祐三年（1051）春，包拯连上两道奏章弹劾宋庠。奏章没有指出宋庠有什么具体失职，而是批评宋庠在高位之上七年没有任何建树，只知固位食禄。在其位不谋其政者，无功就是过。最终，包拯弹劾奏效，宋庠被贬出知河南府。

秋菊春兰各有香

宋祁未能做两府重臣，意外做了益州（成都）知州。

宋仁宗就知益州人选之事，询问宰辅大臣"益州重地，谁可守者"。见几位重臣斟酌，他说出了自己心中的理想人选："知定州宋祁其人也！"

对赵官家的提名，陈执中表示反对："益俗奢侈，宋喜游宴，恐非所宜。"宋仁宗却认为宋祁"荒饮无度犹在馆，有何不可知益州也"。

宋仁宗目光如炬，宋祁是知益州的最佳人选。千余年前的四川人民，就知道享受生活。宋祁到了地方，如鱼得水，积极倡导吃喝玩乐，成都的饮食娱乐业更加兴旺。

在任上，宋祁早宴移忠寺，晚宴大慈寺，"宴罢，妓以新词送茶，自宋公祁始"（元费著《岁华纪丽谱》）。花甲之年的宋祁，再次引领了宴饮时尚潮流。

苏轼在《次韵刘景文周次元寒食同游西湖》一诗的自注中说："成都太守自正月二日出游，谓之邀头，至四月十九日浣花乃止。"新年伊始，宋祁就率先游山玩水，一玩就是三个多月，日子过得好生安逸。

宋祁在宴饮之余，以士大夫的眼光和情趣，遍访民间、实地考察，记录四川诸多物产，写了一本极具研究价值的《益部方物略记》。书中对产自益州地方的草木、药材、鸟兽等做了详尽的记载。在书中，宋祁不厌其烦地将烹饪原料如蔬果类、水产类、调料类等分门别类，"列而图之，各系以赞"。这是一部成都地方版"山海经"，也是一部"舌尖上的成都"，书中认真记录了口味特征和当时的烹调方法，可供研究川菜烹饪的学人参考。

宋祁在任上，并不是一味游宴。早先，欧阳修推荐宋祁参与编修《新唐书》，欧阳修主编，宋祁副之，其间宋祁一度为亳州知州，他"出入内外"都把稿件随身携带，工作非常认真。据魏泰《东轩笔录》记载，宋祁多内宠，"后庭曳罗绮者甚众"，他在成都"每宴罢盥漱毕，开寝门垂帘，燃二椽烛，媵婢夹侍，和墨伸纸。远近观者，皆知尚书修《唐书》矣，望之如神仙焉"。

一日，屋外纷纷扬扬下起了大雪，宋祁正在用李煜澄心堂纸为某唐人作传，忽然若有所思，环顾左右侍奉的诸姬，志得意满，道："汝辈俱尝在人家，颇见主人如此否？"大家实话实说："实无有也！"其中一个侍姬来自宗室大家，宋祁特意问她："汝太尉遇此天气，亦复何如？"那侍姬侃侃而谈："昔主公遇此天气，只是拥炉命歌舞，间以杂剧，引满大醉而已。"宋祁闻言，哈哈大笑，说"也自不恶"，索性"搁笔掩卷，起索酒饮之，几达旦"。

宋祁多内宠，却并非薄情寡义之人。一次，宋祁与人宴饮于锦江之滨，忽然感觉有点寒冷，于是"命取半臂"。不一会儿，半臂取到，宋祁却强忍寒冷没穿。原来是因为"诸婢各送一枚，凡十余枚，皆至"。宋祁担心厚此薄彼，索性"忍冷而归"。这种看似花痴的行为，正是宋祁真性情的流露。

《景文集·连秀才东归》诗后自序记载，宋祁"年逾三十，多难早衰"，身体健康情况堪忧。就这样的体质，宁愿自己受冷冻，也不愿意拂了众侍姬之心。宋祁，宋之可人也！

　　《新唐书》编撰工作历时十七年①，欧阳修只是《新唐书》的最后定稿者，参加这一工作较晚。庆历四年（1044），时任宰相贾文元提议重修《唐书》。第二年，在宋仁宗的亲自过问下，贾文元充提举官，以王尧臣、宋祁、张方平、杨察、余靖为刊修官，以曾公亮、范镇②、宋敏求等人为编修官。

　　提举官、刊修官、编修官屡有人事变动，唯有宋祁、范镇自始至终参加《新唐书》的编撰。欧阳修在《辞转礼部侍郎札子》中自述："检会宋祁、范镇到局各及一十七年……如臣者，盖自置局已十年后，书欲有成，始差入局……是臣到局月日不多，用功最少。今来一例受赏，臣实愧心。"

　　等到《新唐书》编撰完成，有关人士特别提醒欧阳修要认真校对宋祁所修《列传》。但欧阳修认为宋祁是前辈③，见多识广，对于唐史自然有独特见地，所以一个字也没改。④

　　宋祁在《新唐书》中论唐亡："决江海以救焚，焚收而溺至；引鸩爵以止渴，渴止而身亡。"

----

① 一说二十年，是加上了"印行"的时间。

② 范镇（1008—1088），字景仁，北宋政治家、文学家、史学家。范镇最著名的是他年轻时写的《长啸却胡骑赋》。时范镇与二宋同赋《长啸却胡骑赋》，镇赋先成，二宋读之，称其极佳，不敢出己作。《长啸却胡骑赋》传到契丹，辽人送其美称"长啸公"。另据《晋书》卷六二《刘琨传》记载，"在晋阳，尝为胡骑所围数重，城中窘迫无计，琨乃乘月登楼清啸。贼闻之皆凄然长叹……弃围而走"。范镇写的《长啸却胡骑赋》便是以此为背景。

③ 宋祁年长欧阳修九岁。

④ 据宋张邦基《墨庄漫录》记载，欧阳修认为："宋公于我为前辈，且人所见不同，岂可悉如己意？"

诚哉斯言——李唐王朝的覆亡无法避免，而其后来者，是在不断地饮鸩止渴，重蹈覆辙。仅此一句，宋祁就有资格名垂青史。

书刊行于世之时，在署名问题上，按照惯例，建议只署欧阳修一个人的名字，谁的官职大就署谁的名。但欧阳修还是在《新唐书》的编撰者一栏写上了宋祁的姓名。宋祁得知消息，大呼意外道："自古文人不相让，而好相陵（凌），此事前所未闻也！"（《宋人轶事汇编》）

纵观二十四史，也有多人著史的情况，但在作者的署名上，能加个"等"字就不错了，比如《晋书》，署名是"房玄龄等"，《旧五代史》署名是"薛居正等"，署两位作者名姓的，《新唐书》是唯一一部。欧阳修不掠人之美，着实难得。

嘉祐年间，翰林院学士宋祁，论资排辈都做了二府高官。

嘉祐四年（1059），宋祁知益州任满回京，宋仁宗拟擢任其为三司使。哪知席不暇暖，就被弹劾，包拯认为宋祁游宴无度，不适合担任三司使之重职。宋祁无法出任计相，只得重新去做翰林学士。对此，他作诗自嘲道："粉署重来忆旧游，蟠桃开尽海山秋。宁知不是神仙骨，上到鳌山更上头。"（魏泰《东轩笔录》）

在成都，宋祁有"碧云漫有三年信，明月空为两地愁"之诗句，哪知一语成谶。两年后，宋祁"悲愤而没"。

以宋祁的资历与人望，完全可以出任两府大臣。宋祁壮志难酬，抑郁而亡后，汴梁城中士民为之惋惜，以至有"拨队为参政，成群作副枢。亏他包省主，闷杀宋尚书"的民谣流传。（《宋人轶事汇编》）

据史料记载，得知宋祁出任知州，成都士民奔走相告。到任后，宋祁"先即学官"。他离开成都的时候，益州百姓"襁幼掖老，随数十百里而后返"（北宋吴师孟《宋尚书画像赞》）。据《邵氏闻见后录》记载，他的死讯传至成都，"士民相吊，官吏缁白，争诣佛祠"，为他"营斋荐严，涕泣追慕"，"成都士民哭于其祠者数千人"。还有许多人画像勒石传赞以为纪念。可见宋祁在任上为政宽简，颇得民心。金杯银杯，不如百姓的口碑。

宋祁文采风流，时称大儒。临死之际吩咐后人，不准将他的文章编缀作集以流传。

黄庭坚曾于大相国寺意外购得宋祁《唐史稿》一册，"归而熟视之，自是文章日进"。原来，手稿上面，全是宋祁修改校对的痕迹，黄庭坚认真学习了"其窜易句字"，领悟了"与初造意不同"之处，不知不觉中，写作水平得到了提高。（朱弁《曲洧旧闻》）

赵宋是最令后人扼腕的王朝，没有李唐盛世的雄浑气象，多了平平淡淡的市井气息，士大夫鲜有心雄万夫的进取精神，将精力放在享受生活、追求自我人生价值的实现方面。宋祁一生，是北宋士大夫的缩影，在关心民谟、追求建功立业受阻后，转而放荡不羁，去寻找个体的快意人生。

宋祁曾作《秋园见蝶》一诗：

扑粉曾过宋玉墙，一身生计托流芳。

不须长结东风怨，秋菊春兰各有香。

此诗看似咏物，其实正是他内心世界的反省。秋蝶者，生不逢时者也。曾过宋玉粉墙，是回忆从前的"春风得意马蹄疾"。"不须身结东风怨，秋菊春兰各有香"句表明，经历宦海的沉沉浮浮，对待人生中的一切，宋祁已经超然。

庆历元年（1041）至嘉祐四年（1059）近二十年，宋祁历知八州，足迹从淮水之滨的寿州，直到北部边塞成德军，最终远至西南天府之国成都。宋祁早已不是从前的宋采侯①，丰富的人生阅历，成就了宋祁特立独行的人格。

宋祁流传后世的词作有限，但诗作文章萃取百家，早年追步西昆，晚年卓然自成一家。其后黄庭坚、陈师道为首的江西诗派，深受其影响。黄庭坚、陈师道、张耒、晁补之被尊为江西诗派的"一祖三宗"，宋祁应是开江西诗派先声的历史人物。

---

① 宋祁曾试博学宏词科，作《采侯》诗，其中有"色映堋云烂，声迎羽月迟"之句，擢为第一。应试举子称其为"宋采侯"。

第六章

苏轼

千古风流人物

有宋一代，与后世端茶送茶截然不同，客至则奉茶，辞则点汤是当时的待客之道。

　　据南宋杨万里《诚斋诗话》记载，苏轼善谑。一次，苏轼途经润州（今江苏镇江），"太守高会以飨之"。吃饱喝足，侍奉酒宴的歌伎奉上香茗，同时唱起了黄庭坚的茶词："唯有一杯春草，解留连佳客。"苏轼听了，一本正经地道："却留我吃草！"此言一出，立于他身后的歌伎乐不可支，手扶到了苏轼坐的交椅，笑得前仰后合。交椅一时禁受不起，椅腿折断。苏轼一屁股坐在了地上，宾客大笑，一哄而散。

　　点汤与赐茶，成为官场上应酬的礼节，多见于宋人笔记。宋代文人在聚会宴饮的时候，一般茶酒皆备。宴饮的次序是先酒后茶，饮茶，也可以醒酒。奉茶之际，按例需歌茶词以娱宾遣兴。点茶，或者意在留客，这则故事所讲，应该是收拾酒席，再入舞筵的一个过渡。

　　现存的茶词始见于张先，据沈松勤《两宋饮茶风俗与茶词》统计，张先之后，有苏轼、黄庭坚、舒亶、秦观、毛滂、周紫芝等八十多位词人写有茶词，共计五百一十四首。在宋代茶词当中，以黄庭坚作品数量最多，影响最大。因此，那些歌伎为苏轼奉上香茗，自然而然就会唱出黄庭坚所作的茶词了。

　　据王国维《茶汤遣客之俗》考证："今世官场，客至设茶而不饭，至主人延客茶，则仆从一声呼送客茶矣。此风自宋已然，但用汤不用茶耳。"沈括《梦溪笔谈》记载："百官于中书见宰相，九卿而下，即省吏高声唱一声'屈'，则趋而入。宰相揖及进茶，皆抗声赞喝，谓之'屈揖'。待制以上见，则言'请某官'，更不屈揖，临退仍进汤。"

然而，先茶后汤在当时并没有成为定制。上峰接见下属，事毕点茶，时见于宋代诗词。如北宋王仲修《宫词》："迩英新殿在西厢，圣代隆儒过汉唐。讲罢赐茶班退后，槐盘龙景下修廊。"又如南宋赵鼎《好事近（倅·车还阙，分得茶词）》："兰烛画堂深，歌吹已终瑶席。碾破密云金缕，送蓬莱归客。看看宣诏未央宫，草诏侍宸极。拜赐一杯甘露，泛天边春色。"

乌台诗案

苏轼（1036—1101），字子瞻，号东坡居士，眉州眉山人。对于苏轼，几乎没有人感觉陌生。

喜欢诗的人都知道"横看成岭侧成峰"，喜欢词的人都知道"大江东去，浪淘尽，千古风流人物"，喜欢散文的人都知道"山高月小，水落石出"，喜欢书法的人都知道"苏黄米蔡"，每一个热爱生活的吃货都知道"东坡肉""东坡肘子"。

凡天下奇巧之事，苏轼都愿意尝试。与在文学创作领域机变百出不同，他在官场处处碰壁。

苏轼的心性，在其少年之时即展露无遗。他的父亲对此不无担忧，在《名二子说》中写道："轮、辐、盖、轸，皆有职乎车，而轼独若无所为者。虽然去轼，则吾未见其为完车也。轼乎，吾惧汝之不外饰也！"

轮、辐是车轮上凑集于中心毂上的直木，盖、轸是车厢底部四面的横木，轼，是露在车子外面用作扶手的横木。苏轼一生锋芒毕露，正是父亲担心他的地方。弟弟苏辙的辙，只是车子碾过道路时留下的印迹，既无车之功，也无翻车之祸，无功无过，"善处乎祸福之间"。

　　果然是知子莫若父。

　　王安石变法派官员主政时期，苏轼因反对变法被视为旧党，黯然离京。司马光重返朝堂主政，苏轼又因反对尽废新法，而被视为变法派人物，被排挤出京。

　　在朝，外任，贬居，苏轼终其一生，无法走出这个循环。苏轼遭遇三次贬官，分别到过黄州、惠州、儋州，每次的贬谪之地越来越远，环境也越来越险恶。

　　失之东隅，收之桑榆。苏轼从贬官黄州开始，始自号"东坡居士"，受佛、老思想的影响越来越深，其诗词文章中的释老言论也越来越多，越来越明显。苏辙在《东坡先生墓志铭》中回顾了兄长在贬谪时期的创作和思想，"驰骋翰墨，其文一变，如川之方至，而辙瞠然不能及矣"。苏轼远离了权利场，创作激情爆发，数量上和质量上都迎来了文学创作的最高峰。

　　苏轼贬谪黄州，源于震惊朝野的"乌台①诗案"。

　　王安石罢相一年后，宋神宗从幕后走向前台，亲自主持新法，改年号为"元丰"。元丰二年（1079），王安石于江宁闭门读书参禅，宋神宗亲自发动了针对苏轼的文字狱"乌台诗案"。

　　宋王朝统治者对士人的优容有口皆碑，因此，宋的文字狱也有着与其他王朝截然不同的特色。

---

① 据《汉书·朱博传》记载，御史台中有许多柏树，经常有数千只乌鸦栖息其上，晨来暮去，号为"朝夕鸟"。后世因此称御史台为"乌台"。御史发起的这次诏狱，被称为"乌台诗案"。

宋代实施的是官僚政治，文人之间的斗争远较武夫争斗来得惊心动魄。

王安石教会了宋神宗皇帝独断，罢相之后，宋神宗的独断专行变本加厉。吴充接替王安石出任宰相之职，请求召回司马光、吕公著、韩维等旧臣。司马光在洛阳得知消息，兴奋异常，致信吴充，历数废除新法的必要性与迫切性。变法派官员蔡确搬出"萧规曹随"的典故，劝谏宋神宗，新法乃陛下所创，前相助成，后相废除，会令百姓无所适从。

听了蔡确的劝谏，宋神宗保持了沉默。王安石虽然离开了朝堂，但并不代表人去政息，富国强兵的梦想仍萦绕在他的脑海中。吴充只好打消了念头，司马光空欢喜了一场。此后，蔡确出任参知政事一职，次年吴充罢相，王珪独相。王珪虽是首相，却尸位素餐，人称"三旨相公"，"以其上殿进呈，云'取圣旨'；上可否讫，云'领圣旨'；退谕禀事者，云'已得圣旨'"（《宋史》）。

李定是王安石一手提拔的变法派官员，元丰二年（1079）五月，宋神宗任他为御史中丞兼判司农寺。司农寺是实施变法的主要机关。宋神宗把李定提拔到如此重要的位置，正是希望他感君王知遇之恩，推行新法。要知道，蔡确担任御史中丞一年多就升为参知政事。李定感恩戴德之余，自然希望像他一样。

李定上任月余，新官上任三把火，苏轼撞到了枪口之上。

"熙宁二年（1069）五月，群臣准诏议学校贡举，力欲变改旧法，独殿中丞、直史馆、判官告院苏轼奏云云"（《皇宋通鉴长编纪事本末》），当年朝野只有苏轼一人反对新法改革科举制。他一贯抵制新法，变法派官员在宋神宗面前极力排挤。

熙宁四年（1071），苏轼无奈自请外放，宋神宗命他通判杭州。苏轼离开是非之地，先在杭州，又辗转徙于徐州、密州（今山东诸城）。元丰二年（1079）三月，苏轼徙知湖州（今浙江吴兴）。

到了湖州任上，苏轼按例上表谢恩。本来苏轼作应用文，是小菜一碟，只须拣皇恩浩荡、生民如沐春风的字眼堆砌就足矣，他偏偏为了对仗工整，写出了"知其生不逢时，难以追陪新进；查其老不生事，或可牧养小民"（《湖州谢上表》）之句。文人心性害人不浅，李定还没到任，就有监察御史里行何正臣上奏，指出苏轼《湖州谢上表》有"谤讪讥骂"攻击新政之嫌。

七月二日，李定和监察御史里行舒亶、国子博士李宜之一同上奏，列举苏轼历年所作诗文"讪上骂下""指斥乘舆"，指他恶毒地攻击圣明天子。御史官员们强烈要求圣明天子"断自天衷，特行典宪"。

宋神宗接过几个大臣"精心挑选"的苏轼集句，立即眉头紧锁。他们说苏轼讽青苗法，"赢得儿童语音好，一年强半在城中"（《山村五绝》）；讽兴水利，"东海若知明主意，应教斥卤变桑田"（《八月十五日看潮五绝》其四）；讽议盐铁，"岂是闻韶解忘味，迩来三月食无盐"（《山村五绝》）；讽咏课吏，"读书万卷不读律，致君尧舜终无术"（《戏子由》）。

读书万卷不读律，致君尧舜知无术。

宋神宗大怒，立即颁旨："送御史台根勘闻奏！"

熙宁年间的变法，反对声浪此起彼伏，言辞激烈。宋神宗不为所动，对反对派官员至多是贬官了事。现在苏轼只是写诗讥讽一下，宋神宗就怒不可遏，原因是什么？原来，从前所有的攻击与非议全部是冲着王安石去的，至元丰年间，宋神宗从幕后走到前台，亲自主持变法，此时朝堂重臣清一色是变法派官员，所有人"敢怒不敢言"，偏偏苏轼不改初衷，坚持反对新法，对新法各条例冷嘲热讽。

苏轼文名远播，其举止在宋神宗眼中不是简单的不识相，而是对他君权的一种挑衅。宋神宗决定枪打出头鸟，将苏轼的嚣张气焰压下去，杀鸡儆猴。

见到圣谕，李定立即提出了三点建议："乞选官参治，及罢轼湖，差职员追摄。"（《续资治通鉴》）宋神宗见李定如此知趣，很快指示，此案由御史中丞李定、知谏院张璪负责审讯，同时"令御史台选牒朝臣一员乘驿追摄"，"其罢湖州朝旨，令差去官赍往"《皇宋通鉴长编纪事本末》）。

得到尚方宝剑，李定等人迅速展开了缜密的刑侦工作，苏轼很快就从湖州被押解入京。"二狱卒就絷之，即时出城登舟。郡人送者雨泣。顷刻之间，拉一太守如驱犬鸡。"（北宋孔平仲《孔氏谈苑》）

苏轼心中忐忑，但看到妻子哭哭啼啼，就装出好整以暇的样子，在世人面前秀了一次他的名士风度。据《东坡志林》记载：

> 昔年过洛，见李公简，言："真宗既东封，访天下隐者，得杞人杨朴，能诗。"及召对，自言不能。上问："临行有人作诗送卿否？"朴曰："惟臣妾有一首云：'更休落魄耽杯酒，且莫猖狂爱咏诗。今日捉将官里去，这回断送老头皮'。"上大笑，放还山。余在湖州，坐作诗追赴诏狱，妻子送余出门，皆哭。无以语之，顾语妻曰："子独不能如杨处士妻，作一诗送我乎？"

苏轼回头对妻子王闰之 [①] 笑道："子独不能如杨处士妻，作一诗送我乎？"王闰之正在悲不自胜，忽听苏轼此言，不禁破涕为笑。她自然知道

---

① 王弗逝去多年，苏轼续娶王弗堂妹王闰之为妻，王闰之时年三十一，苏轼时年四十三。十二岁就追随苏轼左右的朝云，时年十七。

这诗的典故。苏轼见她由梨花带雨转为盈盈笑脸，想起自己此去凶多吉少，不由得痴了……

八月十八日，御史台开庭审理苏轼一案，此时方通知苏轼："奉圣旨根勘。"此后，案件的审讯取得阶段性成果：苏轼承认写过讽刺性诗文送给朋友。案件有了新的变化，李定等人立即上奏，要求扩大取证范围。只有这样，才能挖出隐藏在深处的反对变法者。

十月十八日，宋神宗墨宝批复："见勘治苏轼公事，应内外文武官，曾与苏轼交往，以文字讥讪政事者，该取会问验看若干人，闻奏。"

有了宋神宗御批，就等于手中有了尚方宝剑。拖延了这么久，是因为期间遭遇了各方阻力。

宰相吴充委婉地表达了自己对此事的不满。一天，吴充没头没脑地问宋神宗："魏武帝（曹操）何如人？"宋神宗被问得莫名其妙，随口道："何足道！"吴充趁机讽谏："陛下以尧舜为法，薄魏武固宜，然魏武猜忌如此，犹能容祢衡，陛下不能容一苏轼，何也？"宋神宗佯作吃惊，道："朕无他意，止欲召他对狱，考核是非耳，行将放出也。"（北宋吕希哲《吕氏杂记》）

苏轼早就明白，一切只能靠自己。诏狱开始之初，他就打算绝食自求了断。绕过宰相，兴起诏狱，就是对国家法制的破坏。吴充问及，宋神宗才做出些许让步，"遣使就狱，有所约敕"，所以"故狱吏不敢别加非横"（《杭州召还乞郡伏》）。

宋神宗明白，苏轼只是反对新法，而不是反皇帝，他准备就坡下驴，借苏轼文字案煞一煞朝野涌现的反新法风，达到目的就可以了。吓唬一下苏轼，让他知道如何夹紧尾巴做人，可不能让苏轼真的死在狱中。

李定等人领悟了宋神宗的意图。苏轼在交代了一些审案官员已经掌握的材料之后，只承认自己学唐人白居易作讽喻诗，表示对新法的不满，有讥讽之实，绝没有攻击圣明天子。苏轼摆出"肉头阵"，准备周旋到底，李定等人无计可施，对苏轼不敢动刑，也只有谩骂与侮辱了。

经过数月的内查外调，李定等人共收集到苏轼创作的有讥讽内容的诗五十二首、文十篇、赋一篇。

十一月三十日，御史台结案奏闻，为示慎重，宋神宗委派权发运三司度支副使陈睦复核。苏轼供认不讳，洋洋洒洒写了二万余言的"供状"，并表示"甘服朝典"。最终御史台向宋神宗建议：判苏轼两年牢狱，以观后效。

宋神宗对如何处置苏轼颇感踌躇之时，事情传到了后宫太皇太后曹太后的耳中。

据北宋方勺《泊宅编》记载，一天，宋神宗去给曹太后请安。曹太后问他："官家因何数日愁容满面？"宋神宗回答："变法阻力重重，有个叫苏轼的官员以文字谤讪新法。"曹太后问："是不是苏轼、苏辙兄弟二人？"多年来，曹后深居简出，怎会知道朝堂上的消息？宋神宗惊讶道："您是怎么知道的？"曹太后说："我记得仁宗皇帝策试制举回来，高兴地说'朕今日得二文士'，叫苏轼、苏辙。'然吾老矣，虑不能用，将以遗后人，不亦可乎？'"曹太后哭着问二人在哪儿。宋神宗说苏轼正囚禁于牢狱。曹太后哭得更厉害了。宋神宗非常感动，开始有放过苏轼的心思。

不久，曹太后病危，宋神宗打算大赦天下为她祈福。曹太后阻止道："无须赦天下凶恶，放了苏轼一人就可以了。"

曹后的意见宋神宗必须尊重。所以，对苏轼最后的处置必须慎之又慎。

苏轼一案审讯期间，朝野上下在为他求情。远在江宁的王安石上疏宋神宗：岂有盛世杀文士之事乎？杀苏轼，就等于自承治下非"盛世"。王安石知道宋神宗"好名畏义"，故有此说。张方平、范镇等人"皆上书救之，不报"。直舍人院王安礼（王安石的弟弟）也为苏轼求情，向宋神宗进言道："自古大度之主，不以言语罪人。轼以才自奋，谓爵位可立取，顾录录如此，其心不能无觖望。今一旦致于理，恐后世谓陛下不能容才。"（《宋史》）

但"三旨相公"的表现令人大跌眼镜。所谓文字狱，必须要由文人来锻炼。据叶梦得《石林诗话》记载：

> 宰臣王珪进呈，忽言："苏轼于陛下有不臣意。"上改容曰："轼固有罪，然于朕不应至是，卿何以知之？"因举轼《桧》诗"根到九泉无曲处，世间惟有蛰龙知"之句，对曰："陛下飞龙在天，轼以为不知，已而求之地下之蛰龙，非不臣而何？"上曰："诗人之词，安可如此论？彼自咏桧，何预朕事？"珪语塞，章惇亦从旁解之曰："龙者非独人君，人臣俱可以言龙也。"上曰："自古称龙者多矣，如荀氏八龙、孔明卧龙，岂人君也？"遂薄其罪。

所有关心苏轼狱案的人都在努力营救，但苏轼在狱中度日如年，一次意外，他差点自尽。

苏轼走得太匆忙，只有长子苏迈跟随入京。情知此去凶险，苏轼与苏迈约定："送食惟菜与肉，有不测，则撤二物而送鱼。"（叶梦得《避暑录话》）提前通知他，也好让他有心理准备。

苏迈在外面一边为父亲鸣冤奔走，一边照顾苏轼的饮食。世间之事，从来都是锦上添花居多，雪中送炭者少。苏轼本宦囊羞涩，摊上官司后，在汴梁城中"居大不易"。"踰月，忽粮尽"，苏迈"出谋于陈留"（叶梦得《避暑录话》），临走之前，委托亲戚代自己送饭，心烦意乱之际，忘记告诉亲戚自己与父亲之间的约定。

亲戚也是好心，知道苏轼在杭州做通判，喜欢吃鱼，特意为他烹了一条鱼送到御史台。苏轼自然不知其中缘故，看到"最后的晚餐"的时候，无心饮食，立即为自己准备后事。苏轼强忍悲痛，写下了两首绝命诗，是为《予以事系御史台狱，狱吏稍见侵，自度不能堪，死狱中，不得一别子由，故作二诗授狱卒梁成，以遗子由，二首》。

其一：

> 圣主如天万物春，小臣愚暗自亡身。
>
> 百年未满先偿债，十口无归更累人。
>
> 是处青山可埋骨，他年夜雨独伤神。
>
> 与君世世为兄弟，更结来生未了因。

其二：

> 柏台霜气夜凄凄，风动琅珰月向低。
>
> 梦绕云山心似鹿，魂飞汤火命如鸡。
>
> 眼中犀角真吾子，身后牛衣愧老妻。
>
> 百岁神游定何处，桐乡知葬浙江西。

"黯然销魂者，惟别而已矣。"更何况是生离死别？苏轼兄弟间的手足之深情跃然纸间，读来使人唏嘘。狱卒梁成不敢私匿，苏轼的遗诗很快呈到了御前。宋神宗读后，也为苏轼的过人才情所折服，顿生恻隐之心。

十二月二十六日，历时数月之久的"乌台诗案"尘埃落定。综合各方意见，宋神宗对苏轼做出了宽大处理："责授检校水部员外郎黄州团练副使，本州安置，不得签书公事。"

非常人非常事

贬谪苏轼之后，宋神宗对案件相关人员也做了处理：绛州团练使、驸马都尉王诜追两官停勒。

王诜（1048—1104），字晋卿，工词善画，与苏轼、黄庭坚、米芾、李公麟等人为友。王诜的画格调高雅，自成一家。其人放浪形骸，不拘小节，颇具魏晋风度，是个蔑视皇权之人。在《水浒传》中，高俅便是进入王诜的府中才得以发迹。而高俅之前正是苏轼的书僮。对于自己这个亲妹夫，宋神宗下不去手。王诜是宋徽宗的姑父，并不是《水浒传》中所讲的同辈。

闻知御史台立案，王诜第一时间通知了苏辙，有意让苏轼有所准备。王诜数次欺侮妻子，如果不是蜀国公主久病，依宋神宗兄妹情深，王诜这次"原情议罪，实不容诛"（《续资治通鉴》）。

著作佐郎、签书应天府判官苏辙监筠州盐酒税务。苏辙为了营救兄长，上疏宋神宗恳请免苏轼一死，自己乞纳在身官职，以赎兄之罪。宋神宗索性成全他们兄弟的情谊。

太子少师致仕张方平、知制诰李清臣罚铜三十斤。端明殿学士司马光、户部侍郎致仕范镇、知开封府钱藻、知审官东院陈襄、京东转运使刘寰、淮南西路提点刑狱李常、知福州孙觉、知亳州曾巩、知河中府王汾、知宗正丞刘挚、著作佐郎黄庭坚、卫尉寺丞戚秉道、正字吴琯、知考城县盛侨、知滕县王安上、乐清县令周邠、监仁和县盐税杜子方、监澶州酒税颜复、选人陈皀、钱世雄各罚铜二十斤。宋神宗在位期间，铜的官方指导价，约合每斤一百五十文，罚铜二十斤约合三千文。

喧嚣一时的"乌台诗案"，终于以苏轼的贬官画上了句号。后人只看到了狱案是李定等台谏官员"小人得志之秋，率意径行"（清丁绍仪《听秋声馆词话》），却忽略了宋神宗在其中的主导作用，更不会想到苏轼的个

王诜《蝶恋花》：

钟送黄昏鸡报晓。昏晓相催，世事何时了。万恨千愁人自老。春来依旧生芳草。

忙处人多闲处少。闲处光阴，几个人知道。独上高楼云渺渺。天涯一点青山小。

人悲剧正是宋台谏制度在士人党争中的必然产物。

后世有人认为，苏轼是被屈打成招的，本意并不如台谏官员构陷的谤讪。仔细分析就明白，讽刺与谤讪二者，如何分辨得清？后人这种想法，完全是纯粹的爱屋及乌罢了！数年之后，宋哲宗元祐三年（1088），苏轼在《乞郡札子》中直承其事："昔先帝召臣上殿，访问古今，敕臣今后遇事即言。其后臣屡论事，未蒙施行，乃复作为诗文，寓物托讽，庶几流传上达，感悟圣意。而李定、舒亶、何正臣三人，因此言臣诽谤，遂得罪。然犹有近似者，以讽谏为诽谤也。"

苏轼承认在诗文中确实语涉讽谏。正是因为他创作的许多词作、文章脍炙人口，人们争相抄录，广为流传，他希望通过诗文来"庶几流传上达，感悟圣意"（《乞郡札子》）。

对此，宋人并不讳言。"苏门四学士"之一黄庭坚在《答洪驹父书》中称"东坡文章妙天下，其短处在好骂，慎勿袭其轨也"，"苏门六君子"之一陈师道于《后山词话》中记载"苏诗始学刘禹锡，故多怨刺，学不可不慎也"。

作为继欧阳修之后的文坛执牛耳者，苏轼当然会自觉地心存儒者报国、以言为先的理念。在诗文有讽谏之意，才是真的苏东坡。

苏轼成为公众人物，最初是因为他的文章。

宋仁宗嘉祐元年（1056）七月，苏轼兄弟参加了开封府解。榜出，袁毂第一，苏轼第二。苏轼本来是四川人，却参加了开封府解，一定有其父亲运作沟通的艰辛，也许苏轼也是"高考移民"。嘉祐二年（1057），文坛领袖欧阳修权知贡举。苏轼兄弟试于礼部，这年的策论是《刑赏忠厚之至论》。

苏轼仅用六百余字就阐述了自己一生所遵循的仁政治国理念，提出"以君子长者之道待天下，使天下率相而归于君子长者之道"，主张赏罚分明，

"有一善，从而赏之"，"有一不善，从而罚之"，同时强调"立法贵严，而责人贵宽"，奖赏有吃不准的地方要奖赏，惩罚有拿不稳的地方就不要惩罚。在苏轼看来"与其杀不辜，宁失不经"，赏重了"不失为君子"，而罚重了"则流而入于忍"。

担任点检试卷官的梅尧臣，读了苏轼的文章，觉得"有孟轲之风"，转交给欧阳修看，"文忠惊喜，以为异人"（苏辙《东坡先生墓志铭》）。苏文引经据典，有"当尧之时，皋陶为士，将杀人。皋陶曰杀之三，尧曰宥之三"之句，饶是一代文宗欧阳修，想破脑袋也没有想出苏轼用典的出处。他去向梅尧臣讨教。宋诗的开山祖师、博闻强识的梅尧臣也不知，面报道："何须出处！"最后，两位考官大人达成共识，"以为皆偶忘之"（陆游《老学庵笔记》）。

据《诚斋诗话》记载，欧阳修本来想把苏文取为第一，但担心文章是其学生曾巩所作，为避嫌疑，将苏文取为第二。等到揭榜，才知文章作者是苏轼。欧阳修与梅尧臣面面相觑，自我解嘲道："此郎必有所据，更恨吾辈不能记耳。"

发榜后，苏轼按规矩前去拜谒考官。欧阳修不耻下问："'皋陶曰杀之三，尧曰宥之三'，见于何书？"苏轼回道："事在《三国志·孔融传》注。"欧阳修回到家中，将《三国志·孔融传》注遍阅，也没有找到。他日，欧阳修再问苏轼。苏轼不敢再有所隐瞒，实话实说道："曹操灭袁绍，以袁熙妻赐其子丕。孔融曰：'昔武王伐纣，以妲己赐周公。'操惊问何经见，融曰：'以今日之事观之，意其如此。'尧皋陶之事，某亦意其如此。"

欧阳修听了，不由对眼前的青年刮目相看。他并没有因为苏轼杜撰历史而恼羞成怒，反而兴奋异常，他折服于苏轼的疑古与创新。认为苏轼"善读书，善用书，他日文章必独步天下"。

时隔多年，苏轼回忆起师生二人初次见面的场景："公为抚掌，欢笑改容。此我辈人，余子莫群。我将老休，付子斯文……"师生一见如故，欧阳修将二十一岁的苏轼引为同道中人，嘱咐他"我将老休，付子斯文"，希望苏轼能够继他肩负起领导文坛的重任。苏轼年少时"以学为嬉"，但文坛泰斗欧阳修刚正不阿的人格魅力感染了他。苏轼将欧阳修视为师尊，因为仰慕欧阳修，居然到了"昼诵其文，夜梦见之"（《祭欧阳文忠公夫人文》）的程度。

　　欧阳修高度评价了这位文坛新秀："读轼书，不觉汗出，快哉快哉！老夫当避路，放他出一头地也。"（《与梅圣俞书》）《宋史》记载："修喜得轼，并以培植其成长为己任。士闻者始哗不厌，久乃信服，文风为变。苏氏文章，遂称于时。"

　　有了欧阳修的奖掖，苏轼在汴京城声名鹊起，不少名公巨卿以识苏轼为荣。由此，苏轼奠定了其文坛地位。物以类聚，人以群分。青年苏轼正处于心智成熟期，人格塑造深受欧阳修言行影响，由此人生轨迹趋同，屡遭贬谪，宦海沉浮，也就不足为奇了。

　　参加完礼部试不久，苏轼母亲程氏卒。"讣至"，苏轼与父亲苏洵、弟弟苏辙"仓惶返蜀"。

　　三年守丧期满，苏轼兄弟重返汴梁，欧阳修荐举苏轼应"材识兼茂明于体用科"，继续为他的仕途保驾护航。

　　制举又称特科、贤良科，与汉唐所设贤良方正能直言极谏科有继承关系，是宋代选拔特殊人才的科目，往往下诏求荐，带有察举制的特征。但其录取人数少，其考试内容与考试方法与进士、诸科大为不同，被录取者多获重用。

　　宋代设置制举的目的是选拔那些文史知识渊博，而不擅长诗赋章句，或不屑于应诗赋考试的士人。考试题目要求应试者有良好的文学素养，能灵活运用经史故事，分析历史上或现实中的社会实际问题，以便为统治者提供借鉴与参考。

得到荐举，等于通过了初审。接下来是进京参加"阁试"。考试论六首，要求一天完成，不得少于三千字。阁试合格者，方有幸参加御试。考试的办法与进士诸科相同，为防作弊，也须糊名、誊录。

欧阳修正是深知苏轼所学杂芜，不读死书，懂得活学活用，所以荐举他参加制举。他在《举苏轼应制科状》中信誓旦旦："如有缪举，臣甘伏朝典！"

嘉祐六年（1061），苏轼兄弟参加制举的六论题目，分别为"王者不治夷狄论"（出自《春秋·公羊传·隐公二年》何休注），"刘恺丁鸿孰贤论"（出自《后汉书·丁鸿传》和《后汉书·刘恺传》），"礼义信足以成德论"（出自《论语·子路》包咸注），"形势不如德论"（出自《史记·孙子吴起传》赞），"礼以养人为本论"（出自《汉书·礼乐志》），"既醉备五福论"（出自《诗经·大雅·既醉》郑玄注）。

制举所出策题，多出自经史。在答题时，应试者必须确切知道论题的出处并引出相关的上下原文，方为"通"。在此基础上，摆事实，说道理，然后做文、理兼顾的论述。四"通"以上方为合格。

据司马光《司马温公集》记载，苏轼兄弟二人应制举，苏轼不知"形势不如德论"出处，苏辙不知"礼义信足以成德论"出处。饱读诗书的苏轼兄弟尚且如此，其他人的情况不问可知。

经过宋仁宗御试，苏轼入三等，苏辙入四等。消息一出，欧阳修喜不自禁道："苏氏叔侄昆仲，连名并中，自前未有盛事！盛事！"（《与焦殿丞千之》）

南宋词人吕本中赞苏轼："自古以来，语文章之妙，广备众体，出奇无穷者，唯东坡一人。"（陈鹄《耆旧续闻》）明人宋濂在《苏平仲文集序》

中道："（文）自秦以下，文莫盛于宋。宋之文莫盛于苏氏。"

苏轼将传统赋变为散体赋，是继欧阳修之后使赋从汉大赋，到魏晋骈赋，再到唐之律赋，转而为散文赋的一大贡献。欧阳修为之感慨再三："如苏氏父子以四六述叙，委曲精尽，不减古人。自学者变格为文，迄今三十年，始得斯人。不惟迟久而后获，实恐此后未有能继者尔。自古异人间出，前后参差不相待。余老矣，乃及见之，岂不为幸哉！"（《文忠集》）

自宋置制举以来，入三等者只有苏轼及吴育二人。苏轼、苏辙兄弟连名并中，都是宋仁宗钦点。苏轼的策卷"文义粲然"，被擢为第一，是实至名归。苏辙入四等，其间有曲折。

仁宗朝之前，制举试题对现实问题较少提及。宋仁宗于皇祐元年（1049）特意颁旨，制举试题"先问治乱安危大体，其馀所问经义名数，自依旧制"（《宋会要辑稿》）。应试者，可以结合经史，质疑当朝政治得失。

宋仁宗公开宣称不过是种高姿态而已，年轻人苏辙却信以为真，在其策论中直言不讳，批评宋仁宗耽于淫乐，奢侈腐化，导致上行下效，民生凋敝，国弱财尽。在御试策论中公开批评圣明天子，苏辙此举史无前例。因此，录取与否，考官意见不统一，众人把皮球踢到宋仁宗脚下，请天子宸纲独断。宋仁宗不方便自打耳光，索性成全了苏辙，将其入四等。

通常情况下，制举取人的标准主要取决于文辞的优劣及对经史的熟悉程度。出题范围太过宽泛，遍及经史，没有真才实学的人根本不敢参加制举。不过，通过制举者可以获得提拔重用，另外仁宗一朝规定，不带三省御史台馆阁职事的京朝官，可以自我推荐或由少卿监以上官员推荐应试。所以，参加制举的士子不在少数。

据北宋李廌《师友谈记》记载，"初赴制举之召到都下，是时同召试者甚多"。但时任宰执的韩琦无意间的一句话，令许多人放弃了应制举："相国韩魏公语客曰：'二苏在此，而诸人亦敢与之较试，何也？'"这番话如长了翅膀一样在京师中传播，与文名远播的苏轼兄弟同赴制举，无异于陪太子读书，"于是不试而去者，十盖八九矣"。选择弃权，无疑是明智之举。

到了南宋，制举进行了革新，不再从注疏中出题，只从经史正文中出题。

宋代制举御试的结果分为五等，但一、二等从不授人，以示其要求之高，因此第三等便是最高等，相当于进士科第一名，第四等相当于进士科第二、第三名。制举考试难度大，要求高，两宋三百余年，仅录取四十人，苏轼兄弟就占了两个名额。

苏轼的诗名与文名仿佛，当时"士大夫不能诵坡诗，便自觉气索"，不读苏轼的诗，士人都不好意思出门见人。

在诗中发议论并非始于苏轼，但苏轼继承前人，发扬光大，表现得更自觉、更成熟。这种议论的诗一多，当然会被别有用心之人利用，最终酿成文字狱，也就不足为奇了。

苏轼文、诗、词三绝，在他成名之前，宋代的散文、诗歌创作都已达到一个很高的水平。随着苏轼官场失意，宋词迎来了一个崭新的发展时期。

多情却被无情恼

苏轼将诗文革新运动的成果扩大到了词的领域，宋词的内容和风格都有了革命性的突破。

一些学者认为，苏轼幼时起就"登车揽辔，有澄清天下之志"，年少得志，功名心正殷切，学者认为"当其初学为政之时，亦必无学词或学柳词之余暇"。这样讲，正是因为苏轼在科举结束后，于是年十二月出任签书凤翔判官。

在任上，苏轼曾作《凤翔到任谢执政启》，这个执政当是升任枢密副使的欧阳修。在文中，苏轼说："伏自到任以来，日夜厉精，虽无过人，庶几寡过。"苏轼在凤翔任上，为实现"致君尧舜"的政治理想而锐意进取，兴修水利，监察狱讼，忙得不可开交。苏轼为公务所羁，根本没有时间填词。此后，苏轼任满回京，不久即遭父丧，与苏辙护送父亲灵柩归乡。直至熙宁元年（1068）服除，"二苏居丧，无诗文"（《四库全书总目提要》引《朱子语类》）。按礼制，诗文尚然，词当然更不可能写了。

此后，苏轼与王安石政见不合。熙宁四年（1071）六月，已是三十六岁的苏轼，出任知杭州。一些学者认为，在杭州任上，苏轼开始尝试词的创作。其实，在此之前，苏轼就有词作。

需要特别指出的是，宦海沉浮后，苏轼的词作风格才渐趋成熟，创作出了认识突破、内容突破的新词。

苏轼的词作并非横空出世，并非一下子达到出神入化的境界，而是经历了学习、摸索和创新，逐渐发展成熟，再自成一家的过程。

苏轼尝试词作创作，正是柳永慢词风靡词坛之际。苏轼尽可能避免走上柳永"以俗为美"的路子。慢词创作需要长期的学习探索，因此，苏轼的早期词作，更多受欧阳修词作思想的影响。

苏轼赴杭期间，特意绕道颍州（今安徽阜阳）拜访了恩师欧阳修。在那里，苏轼盘桓了二十余日。欧阳修在颍州西湖之滨，款待了远道而来的得意门生苏轼。席间歌伎所唱的词，理应是欧阳修创作的十三首《采桑子》组词。①

---

① 查《欧阳修全集》可知，《采桑子》其中九首，为皇祐元年（1049）欧阳修知颍州时所作，其余四首则是其致仕归颍后所作。他在《西湖念语》中说："因翻旧阕之辞，写以新声之调，敢陈薄技，聊佐清欢。"

欧阳修远离政治，寄情山水的诗酒人生定然会影响到苏轼。来到风景更胜颍州西湖的杭州西湖，同病相怜的苏轼，自然会效仿欧阳修，作词抚慰政治上的失意，寄托失落的情怀。一些略显青涩的婉约短制，多创作于此时，如《蝶恋花·春景》：

> 花褪残红青杏小，燕子飞时，绿水人家绕。枝上柳绵吹又少，天涯何处无芳草。
>
> 墙里秋千墙外道，墙外行人，墙里佳人笑。笑渐不闻声渐悄，多情却被无情恼。

《蝶恋花·春景》历来受到人们的喜爱与关注，并且对词所蕴含的主题一直存在争议。有人认为它只是苏轼在抒发伤春的感受，有人则认为该词中寄寓了苏轼政治上的失意与落寂。仔细分析，其实词中饱含着他对朝廷和君主的不舍之情。

"花褪残红青杏小"，这是典型的暮春时节，这个季节燕子已经归来，田野中，溪水边，到处可见它们轻捷的身影。杏花已经残败飘零，小小的青杏挂满枝头。苏轼笔下，没有丝毫伤春之感，反而处处生机。

"枝上柳绵吹又少"，增加了春色的立体感，为整幅画面披上了朦胧的面纱。给读者一种雾里看花，似有还无的感觉。漫天飞絮与连天碧草，勾勒出一片欣欣向荣的景色。置身画外，仍会感觉到这是一个充满希望的季节。

下片笔锋一转，将所有人拉到了一个耐人寻味的场景中。"墙里秋千墙外道，墙外行人，墙里佳人笑"，一道不可逾越的高墙，将墙里与墙外分为两个截然不同的世界。虽然只是轻描淡写地点出了秋千，但一个"笑"字就将墙内外的心情清晰地展现在众人面前。相较而言，高墙之外的人就

苏轼《蝶恋花·春景》：

花褪残红青杏小，燕子飞时，绿水人家绕。枝上柳绵吹又少，天涯何处无芳草。

墙里秋千墙外道，墙外行人，墙里佳人笑。笑渐不闻声渐悄，多情却被无情恼。

显得太过落寂了。墙外的小路崎岖不平，绵延向远方。形单影只的词人，背着行囊，拖着沉重的步伐，默默前行。高墙之内的秋千上，年少不识愁滋味的佳人，无忧无虑地悠悠荡荡。欢声笑语飞出高墙之外，传入行人的耳中，引起行人无限的感慨。

仅仅是一墙之隔，就是不同的炎凉世界。墙外的行人对墙内的佳人充满了眷恋，甚至以为那笑声是在对他远行的多情挽留。事实证明，这只不过是行人的一厢情愿，高墙之内的人根本没有注意到他的存在，更无法体会墙外人对她的心驰神往。

墙外人驻足片刻，重新上路，坚定地迈向远方。一个"渐"字表明，墙外人且行且顾，希望得到召唤。渐行渐远，直到笑声不可闻，墙外人哀叹道："多情却被无情恼！"

类似的情景，在《古诗十九首·西北有高楼》中也有描述。一个男子虽然同样不识楼上弹琴之人，却被琴音吸引，驻足倾听，进而产生了"不惜歌者苦，但伤知音稀。愿为双鸿鹄，奋翅起高飞"的慨叹。

据说苏轼自己也非常喜欢这首词。据清代学者张宗橚所辑《词林纪事》记载：

> 子瞻在惠州，与朝云闲坐。时青女初至，落木萧萧，凄然有悲秋之意。命朝云把大白，唱"花褪残红青杏小"。朝云歌喉将啭，泪满衣襟。子瞻诘其故，答曰："奴不能唱，是'枝上柳绵吹又少，天涯何处无芳草'也。"子瞻大笑："是吾正悲秋，而汝又伤春也。"遂罢。朝云不久抱病身亡，子瞻终身不复听此词。

在《离骚》中，美人经常是君王的象征，《蝶恋花》中的佳人同样是意有所指。这首词完全是写实，行人就是词人，与之相对应的佳人则是薄情寡恩的君王。行人对佳人的眷恋，实际就是词人对朝堂的不舍，以及不得不离开的无奈。苏轼借这首小词坦露心曲，表明自己身处江湖之远仍心系庙堂。佳人再无情无义，身为贬臣的他，受尽冷眼仍百折不回。这正是苏轼的悲哀与可贵之处。

欧阳修作词，并未全脱花间派的窠臼，他认为填词不过是"敢陈薄技，聊佐清欢"的毫末小道，苏轼虽受其影响，但别出心裁，有意识地提高词的地位，将之视为与诗同等作用的新文体。词到了苏轼的笔下，有了诗化的倾向，即"以诗为词"。

南宋刘辰翁在《辛稼轩词序》中评道："词至东坡，倾荡磊落，如诗如文，如天地奇观，岂与群儿雌声较工拙。"

苏轼在杭州诗酒唱和，即席所作，多是短制词作，以诗为词，以叙事为主。频繁使用的词牌《浣溪沙》《菩萨蛮》《南歌子》《南乡子》《蝶恋花》《虞美人》是唐末五代花间派词人常用的。这些优雅缠绵的词牌，直到北宋年间，仍为"二晏"、欧阳修等词坛名家所喜欢。受欧阳修影响，苏轼自然也是以婉约为正宗。

熙宁四年（1071），三十六岁的苏轼，在杭州通判任上，与八十二岁的张先一见如故，成了忘年交。苏、张二人年龄相差四十六岁，却没有影响到二人的友谊。二人惺惺相惜，张先极为欣赏后起之秀苏轼，苏轼也对张先的诗词给予了极高评价。

因作名句"云破月来花弄影""娇柔懒起，帘幕卷花影""柔柳摇摇，坠轻絮无影"，人称张先为"张三影"。张先曾任吴江知县，仕至都官郎中。虽是享誉词坛的名人，张先终生沉沦下僚，以诗酒自娱。

张先年过八十仍纳妾。一次家宴上，春风得意的张先即席赋诗一首："我年八十卿十八，卿是红颜我白发。与卿颠倒本同庚，只隔中间一花甲。"苏轼作诗调侃道："十八新娘八十郎，苍苍白发对红妆。鸳鸯被里成双夜，一树梨花压海棠。"

近朱者赤，与词坛老宿张先交游，苏轼的词作风格自然受其影响。如苏轼与张先同游西湖时所作《江城子·江景》，其措辞立意明显有张先词风。

（湖上与张先同赋，时闻弹筝。）

凤凰山下雨初晴，水风清，晚霞明。一朵芙蕖，开过尚盈盈。

何处飞来双白鹭，如有意，慕娉婷。

忽闻江上弄哀筝，苦含情，遣谁听！烟敛云收，依约是湘灵。

欲待曲终寻问取，人不见，数峰青。

据南宋袁文《瓮牖闲评》记载，这首词是苏轼为好友刘贡父兄弟所作："东坡倅钱塘日，忽刘贡父相访，因拉与同游西湖。时二刘方在服制中，至湖心，有小舟翩然至前，一妇人甚佳。见东坡，自叙：'少年景慕高名，以在室无由得见，今已嫁为民妻，闻公游湖，不避罪而来。善弹筝，愿献一曲，辄求一小词，以为终身之荣，可乎？'"

刘贡父兄弟如果在服制，不可能到杭州访友。苏轼也不便带二人出游西湖。是以知袁文记载有误。游湖之人，是苏轼与张先二人，否则飞来的就不是"双白鹭"了。

与友人游西湖，邂逅了女"粉丝"，苏轼当然不忍拂了对方好意，只好作词一首赠之。

"一朵芙蕖，开过尚盈盈"，说的正是该女子"年且三十余，风韵娴雅"，如出水芙蓉。筝声凄苦，正是其借筝音如泣如慕地诉说对苏轼的仰慕追思之苦。双白鹭者，暗指听筝者是苏轼与张先二人。一曲"烟敛云收"的筝音尚袅袅，弹筝人翩若惊鸿而去，江上"人不见，数峰青"，苏、张二人目送飞鸿，怅然若失。

苏轼到杭州的第三天，就跑到孤山拜访惠勤、惠思二僧。惠勤、惠思二僧僻处深山，过着清苦的修行生活，却甘之若饴。二僧得淡泊之真趣，令苏轼羡慕不已，曾写下"孤山孤绝谁肯庐，道人有道山不孤"的诗句赞美二人。

苏轼的散文、诗词中多有表现其疏狂不羁、超凡脱俗的内容，所以如此，正是因为其所学融会儒、释、道三家。苏轼尊奉佛教，对佛禅有较深入的了解，与同时代的许多高僧大德长期保持着友好往来。

苏轼所学先而道，继而儒，后而佛，出入释老而精通儒家经典，对三教经典有舍取，最终通三教之变，成一家之言。

苏轼一生宦海沉浮，始终乐天知命，穷达如一，居庙堂之高则忧其民，处江湖之远则忧其君。受孟轲"民本"思想的影响，苏轼也以为"民者，天下之本"，佛家提倡的"世法平等"可以校正"君臣大义"。他将忠君与"非君"，统一于"君臣相济"，认为天下者非君有也，天下使君主之耳。人臣之大节莫过于忠，而忠的内容是正君之非。苏轼"既非汉皇唐宗，又非宋祖今上"，所以这种思想在其文学作品中多有表述。被人构陷，酿成文字狱正是性情使然。

苏轼生前遭打击而颠沛流离，死后被尊崇。统治者将他从祀孔庙，称他为"十哲"之一。佛家扯他去做妙喜老人，道家说他是奎宿，明人戏云："大苏死去忙不彻，三教九流都扯拽。"

在杭州结识张先之后，苏轼的词作创作迎来了一个高峰期。这段时间，苏轼的词作继承了张先花间词的风格，多描写细节，格调清新自然。如《浪淘沙·探春》：

昨日出东城，试探春情。墙头红杏暗如倾。槛内群芳芽未吐，早已回春。

绮陌敛香尘，雪霁前村。东君用意不辞辛。料想春光先到处，吹绽梅英。

清人王文诰在《苏文忠公诗编注集成总案》中，将该词的创作时期记为熙宁五年（1072）壬子正月，笔者认为此说有误。苏轼甫至杭州，不可能这么快走出政治失意的心理阴影。

苏轼有《正月二十一日病后，述古邀往城外寻春》之诗传世。"述古"，是时任知杭州陈襄（1017—1080）的字，陈襄有《和苏子瞻通判在告见寄》诗与苏轼唱和。陈襄是北宋名臣，世称"古灵先生"，有《古灵先生文集》传世。

王安石为救亡图存，推行新法，锐意改革。苏轼反对王安石变法，但并非食古不化的官员，与其他反对者不同。苏王之争，并非争改革是否要进行，而是争改革是渐进还是躁进。苏轼认为"法相因则事易事成，事有渐则民不惊"（《宋史》），主张渐进式改革。

陈襄反对"青苗法"，熙宁年间先后五次上疏，论新法之害，请罢免王安石、吕惠卿。宋神宗没有听从陈襄的建议，不过，他将陈襄擢为知制诰。后来，陈襄出知陈州（今河南周口市淮阳区），于熙宁五年转知杭州，成了苏轼的顶头上司。据苏轼《钱塘六井记》记载："熙宁五年秋，太守陈公述古始至，问民之所病。"据此可知，陈襄知杭州是在熙宁五年的秋天。

陈襄年长苏轼二十岁，但苏轼当时已是名闻天下的文坛风云人物。二人因政见相近，雅好诗词，遂结为忘年挚友。公务之余，陈襄经常邀请苏轼一同出游、宴饮。结合苏轼与陈襄的唱和诗可知，《浪淘沙·探春》一词应作于熙宁六年（1073）春正月二十二日。

陈襄与苏轼二人诗酒唱和，相处融洽。可惜，这样的日子并不长久。第二年秋，陈襄离开苏轼，复知陈州。

是年冬，苏轼作《行香子·丹阳寄述古》回忆二人从前踏雪寻梅的快乐时光：

> 携手江村，梅雪飘裙。情何限、处处消魂。故人不见，旧曲重闻。向望湖楼，孤山寺，涌金门。
>
> 寻常行处，题诗千首，绣罗衫、与拂红尘。别来相忆，知是何人？有湖中月，江边柳，陇头云。

这道词写得情真意切，是苏轼早期词作中难得的佳作。

孤山寺、涌金门等西湖胜景，都留下了苏轼与陈襄二人流连的足迹与题诗。如今，湖中月、江边柳、陇头云依然，又是梅雪飘裙的时节，再闻从前寻春旧曲，陈襄却"故人不见"。睹物思人，却已世事变迁，物是人非。此情此景，怎么不令苏轼怅然若失？

密州三曲

陈襄离开杭州不久，苏轼也改任知密州。密州，是苏轼生命中重要的驿站，在这里，他的词作风格渐趋理性、成熟。苏词卓然自成一家，自密州始。

苏轼下车伊始才发现，密州旱灾、蝗灾交相为虐，"岁比不登"，赤地千里，因"公私匮乏"，百姓只好铤而走险。面对"饥馑疾疫"、饿殍满地的社会现状，地方官员却有意隐瞒灾情，胡说什么"蝗不为灾"，反而诡称蝗虫可以"为民锄草"。

面对天灾人祸，苏轼一边将灾情据实上报，呼吁减免密州赋税，一边组织百姓生产救灾，并拨出库粮，收养那些无家可归的儿童。经多方努力，密州的灾情得到了有效控制。

自通判杭州以来，苏轼对王安石推行的新法有了重新审视，从最初的完全否定，逐步向"因法以便民"转变。他不再激烈地反对新法，而是"较量利害，参用所长"（《辩试馆职策问札子》）。密州不比杭州，百姓生活的艰辛与残酷的社会现实，使苏轼对政治有了更加深刻的体会。

经过数年的探索，苏轼的词作渐渐形成自己的风格，开始将慷慨激昂、悲壮苍凉的情感融入词的创作当中，其作品的内涵也向雄浑壮阔转变。苏轼在密州创作的词作，多变为长调，豪放的风格渐趋显现。其间，他创作出了《江城子·乙卯正月二十日夜记梦》《江城子·密州出猎》《水调歌头（丙辰中秋，欢饮达旦，大醉，作此篇，兼怀子由）》等佳作。

词这种文学体裁产生后，词家多以之赠伎。士大夫间约定俗成，抒发夫妻感情时只诗，而不用词。苏轼毅然冲破传统樊篱，写下了千古名作悼亡词《江城子·乙卯正月二十日夜记梦》：

> 十年生死两茫茫，不思量，自难忘。千里孤坟，无处话凄凉。纵使相逢应不识，尘满面、鬓如霜。
>
> 夜来幽梦忽还乡，小轩窗，正梳妆。相顾无言，惟有泪千行。料得年年肠断处，明月夜、短松冈。

这首《江城子》是苏轼婉约作品的代表作。夫妻之情，在宋人眼中是人伦之大者，庄重而神圣，一般讲来，只能用诗来抒发夫妻之情。苏轼开创性地用词来抒写对妻子的思念之情，完全是一种惊世骇俗的创举。苏轼不会循规蹈矩，在他的眼中，既没有"诗尊词卑"的世俗观念，也没有"诗庄词媚"的传统观念。

乙卯年是熙宁八年（1075），苏轼时年四十，年富力强。十年前（1065年），苏轼发妻王弗病逝。王弗颇具文学素养，美丽娴雅，是苏轼文学艺术上的知音，更是事业上的良助。

王弗逝去，苏轼的人生步入低谷。政治生涯中的不公正遭遇与宦海沉浮的无奈，令苏轼备感世态炎凉，更需要理解与慰藉。失去发妻，短暂的痛楚之后，苏轼的内心陷入了长期的孤寂。伤痛不会随着时间的流逝而淡薄，思念却会随着时间的推移缓缓流淌，并在不经意间将思念深植骨髓。

灯火钱塘三五夜，明月如霜，照见人如画。帐底吹笙香吐麝，更无一点尘随马。

寂寞山城人老也！击鼓吹箫，却入农桑社。火冷灯稀霜露下，昏昏雪意云垂野。

这首《蝶恋花·密州上元》作于密州上元夜，离开人间天堂杭州，来到荒凉萧条的密州，从"帐底吹笙香吐麝"的温馨之地，来到"火冷灯稀"的密州，每逢佳节倍思亲，苏轼自然会思念王弗。

正月二十日，苏轼郁结在心底的思念，终于在这一天夜晚喷薄而出。"不思量，自难忘"，忙于公务，没有时间想念亡妻，但难忘从前。王弗的孤坟与密州相隔千里，苏轼连到坟前倾诉心底的凄凉也不可得。况且，二人阴阳相隔已有十年，苏轼宦海奔波，满面风尘的样子，即便夫妻重逢，王弗见到他怕也不敢相认。

日有所思，夜有所梦，在梦中，苏轼终于见到了思念的人。王弗仍像从前那样，临窗梳妆，忽然见到苏轼，像是不敢相信自己的眼睛一样，深情地凝视着他，不发一言，热泪却夺眶而出……

王弗逝去三年，苏轼续弦前妻堂妹王闰之。王闰之比苏轼小十二岁，为人娴静从容，是苏轼的贤内助，在陪伴苏轼度过"乌台诗案"，贬谪黄州，元祐党争的艰苦风月后，于宋哲宗元祐八年（1093）病逝，享年四十六。

在与苏轼风雨同舟的二十五年间，王闰之悉心照顾丈夫的生活起居，与苏轼相濡以沫，同甘共苦。王闰之育有苏迨、苏过二子，对王弗之子苏迈视如己出。因此，王闰之死后，苏轼痛断肝肠，在其祭文中称赞道："妇职既修，母仪甚敦，三子如一，爱出于天……"

王闰之的灵柩暂厝京西寺院。苏轼祭文中感慨："旅殡国门，我少实恩。惟有同穴，尚蹈此言。"心存愧疚的苏轼，决定死后与王闰之"同穴"。"惟有同穴"，道出了王闰之在苏轼心中的分量。

宋哲宗绍圣三年（1096）正月初五，是王闰之逝去三年的忌日。僻处贬地惠州的苏轼，特意往海惠寺放生池放鱼，为王闰之祈福，并作《蝶恋花（同安生日放鱼，取金光明经救鱼事）》一词以纪其事：

> 泛泛东风初破五，江柳微黄，万万千千缕。佳气郁葱来绣户，当年江上生奇女。
>
> 一盏寿觞谁与举，三个明珠，膝上王文度。放尽穷鳞看圉圉，天公为下曼陀雨。

就在一尾尾放生后的鱼欢快游弋的同时，天空飘下了丝丝春雨。苏轼以为自己的虔诚，感动了上苍，降下曼陀雨。

乙卯年冬，苏轼在知密州任上，创作了另一首代表作《江城子·密州出猎》：

> 老夫聊发少年狂，左牵黄，右擎苍。锦帽貂裘，千骑卷平冈。为报倾城随太守，亲射虎，看孙郎。

酒酣胸胆尚开张。鬓微霜，又何妨。持节云中，何日遣冯唐。会挽雕弓如满月，西北望，射天狼。

作此词之际，正是北宋与西夏西北争雄的时候，苏轼身不能至，心向往之。他无法亲临边境为国家效力，却志在千里，"西北望，射天狼"之句，显然是有感而发。

"持节云中，何日遣冯唐"句，更是以西汉云中太守魏尚自比，希望宋廷将边事托付于他，建功边陲，为国捍边。

将词从花前月下的婉约樊篱中解放出来，一变成为抒发胸襟抱负的载体，并非苏轼独创。范仲淹的代表作《渔家傲·秋思》，在宋初词坛异军突起，开豪放词之先河：

塞下秋来风景异，衡阳雁去无留意。四面边声连角起，千嶂里，长烟落日孤城闭。

浊酒一杯家万里，燕然未勒归无计。羌管悠悠霜满地，人不寐，将军白发征夫泪。

据魏泰《东轩笔录》记载："范文正公守边日，作《渔家傲》乐歌数阕，皆以'塞下秋来'为首句，颇述边镇之劳苦。欧阳公尝呼为'穷塞主之词'。"欧阳修本人写过许多低级趣味的小词，自己的清白都无法辩白，怎会有闲情去讥讽范仲淹？魏泰的记载不可尽信，但确实反映了部分人的看法：身为朝堂上出将入相的重臣，怎么可以写这样的词？

苏轼对自己词作的心态，颇堪玩味。作了新词，苏轼问手下"善讴"者："我词比柳词何如？"那人据实而言："柳郎中词，只合十七八女孩儿，执红牙拍板，唱'杨柳岸，晓风残月'；学士词，须关西大汉，执铁

范仲淹《渔家傲·秋思》：

塞下秋来风景异，衡阳雁去无留意。四面边声连角起，千嶂里，长烟落日孤城闭。

浊酒一杯家万里，燕然未勒归无计。羌管悠悠霜满地，人不寐，将军白发征夫泪。

绰板，唱'大江东去'！"（南宋俞文豹《吹剑续录》）

苏轼在《与鲜于子骏简》中不无得意地道："近却颇作小词，虽无柳七郎风味，亦自是一家。"担心引来词坛非议，他未雨绸缪："令东州壮士抵掌顿足而歌之，吹笛击鼓以为节，颇壮观也。"

可见这首《江城子》可能是苏轼第一次对词形式的大胆尝试，令东州壮士击鼓，是因为他心底打鼓。

自柳词风靡以来，词坛一直是欧阳修、晏殊为代表的婉约派为主流，隐然已是文坛盟主的苏轼，其旷达的词风立即引发了词坛震荡。苏门弟子晁补之云："苏东坡词，人谓多不谐音律。然居士词横放杰出，自是曲子中缚不住者。"（吴曾《能改斋漫录》引晁无咎语）

一年前，苏轼赴密州的途中，写下一首《沁园春（赴密州早行，马上寄子由）》，词中抚今追昔，表露了自己仕途失意的无奈与心有不甘：

> 孤馆灯青，野店鸡号，旅枕梦残。渐月华收练，晨霜耿耿；云山摛锦，朝露漙漙。世路无穷，劳生有限，似此区区长鲜欢。微吟罢，凭征鞍无语，往事千端。
>
> 当时共客长安，似二陆初来俱少年。有笔头千字，胸中万卷；致君尧舜，此事何难？用舍由时，行藏在我，袖手何妨闲处看。身长健，但优游卒岁，且斗尊前。

去密州任知州，是苏轼主动请求。苏轼虽然远离了政治权力中心，可是汴梁朝堂之上的新旧党争愈演愈烈，所有官员都无法置身事外独善其身。

苏轼通判杭州已满三年，既无法擅自回京，也等不到升迁。在政局前景不明朗的情形下，苏轼选择明哲保身，主动请求到条件更艰苦、地理更偏僻的密州任职。苏辙在《超然台赋叙》中云："子瞻通守余杭，三年不得代，

晁补之《八声甘州（扬州次韵和东坡钱塘作）》：

谓东坡、未老赋归来，天未遣公归。向西湖两处、秋波一种，飞霭澄辉。又拥竹西歌吹，僧老木兰非。一笑千秋事，浮世危机。

应倚平山栏槛，是醉翁饮处。江雨霏霏。送孤鸿相接，今古眼中稀。念平生、相从江海，任飘蓬、不遣此心违。登临事，更何须惜，吹帽淋衣。

以辙之在济南也，求为东州守。既得请高密，五月乃有移知密州之命。"

仕途蹭蹬，饱读诗书的苏轼想起了"用之则行，舍之则藏"（《论语》）的圣贤教诲，明智地选择了远离政治博弈中心。他在《密州到任谢执政启》中坦承心曲："虽无望于功名，庶少逃于罪戾。"

据元好问《东坡乐府集选引》，宋神宗读到此词后，不屑一顾道："教苏某闲处袖手，看朕与王安石治天下。"元好问还质疑这首《沁园春》是伪作，其中词句"鄙俚浅近，叫呼炫鬻，殆市驵之雄醉饱而后发之。虽鲁直（黄庭坚）家婢仆且羞道，而谓东坡作者，误矣"。

苏轼的一些词确实写得草率，元好问先人为主，有猜疑不无道理。

在宋代"金曲"排行榜中，《水调歌头》名列第二。若单就宋词而论，《水调歌头》与《浣溪沙》并驾齐驱，分别占据宋词长调与小令"金曲"排行榜首位。《水调歌头》是宋词长调中使用频率最高的，共有七百六十九首词作传世。如果说《浣溪沙》是唐宋词人共同表演的大合唱，那么《水调歌头》则是宋代词人独擅其胜的咏叹长调。苏轼创作的《水调歌头》数量不多，但以少胜多，以其经典的创作而影响了整个词坛。

相传最早的《水调歌》，是被指斥为荒淫无道的隋炀帝杨广所创。吊诡的是，入唐以后，这种以"声韵悲切"为特征，有亡国之音嫌疑的《水调歌》，竟然深受喜爱。入宋以来，这种流行的热度不减，大概是觉得唐人《水调歌》小曲太过简单，大曲又不便流传，宋人截取《水调》大曲歌唱部分的第一叠，加以创新，于是，《水调歌头》这支宋代歌坛最为流行的长调"金曲"诞生了。

令人遗憾的是，柳永虽然是宋代词史上第一个大力创作慢词长调的代表人物，柳永词集之中却找不到一首冠以《水调歌头》的作品。在苏轼之前，《水调歌头》已经流行起来，却一直没有出现有影响力的作品。因此，苏轼创作的《水调歌头》，影响引导了宋代词坛时尚。苏轼为《水调歌头》的创作带来了全新的艺术风格和审美特色，他也因此初步奠定了宋代词坛一哥的地位。苏轼一共创作了四首《水调歌头》，其中两首写于知密州、徐州任上，另外两首创作于黄州。

苏轼的《水调歌头》诸作中，传诵最广、影响最大的佳词，莫过于在密州创作的《水调歌头（丙辰中秋，欢饮达旦，大醉，作此篇，兼怀子由）》：

明月几时有？把酒问青天。不知天上宫阙，今夕是何年。我欲乘风归去，又恐琼楼玉宇，高处不胜寒。起舞弄清影，何似在人间。

转朱阁，低绮户，照无眠。不应有恨，何事长向别时圆？人有悲欢离合，月有阴晴圆缺，此事古难全。但愿人长久，千里共婵娟。

苏轼自请知密州，本来是想方便和苏辙兄弟见面。哪知人在江湖身不由己。他到了密州，公务繁忙，根本无暇抽身。二苏各自独在异乡，每逢佳节更思亲，兄弟二人数年没有团聚，这种思念之情更加强烈。面对一轮明月，酒后辗转反侧，难以入眠的苏轼，挥毫泼墨，写下了这首传唱至今的名作。

《水调歌头》是苏词中最为脍炙人口的一首。密州两年，是苏轼文学创作的重要时期，其间苏轼创作诗歌一百十五首、文牍五十八篇、词十八首。其中，词的创作进入成熟期，尤其是《江城子·乙卯正月二十日夜记梦》《江城子·密州出猎》《水调歌头》被词界誉为"密州三曲"。

《水浒传》中，张都监命人在鸳鸯楼安排家宴，欢度中秋佳节，邀请武松前来饮酒。席间，张都监唤心爱的养娘玉兰"唱个中秋对月时景的曲儿"，于是，玉兰姑娘执着象板，唱起了"东坡学士中秋《水调歌头》"。

苏轼《水调歌头》：

明月几时有？把酒问青天。不知天上宫阙，今夕是何年。我欲乘风归去，又恐琼楼玉宇，
高处不胜寒。起舞弄清影，何似在人间。

转朱阁，低绮户，照无眠。不应有恨，何事长向别时圆？人有悲欢离合，月有阴晴圆缺，
此事古难全。但愿人长久，千里共婵娟。

一个小小的都监府上的养娘都会唱《水调歌头》，可见苏轼词在宋时传唱之盛。

"丙辰中秋，欢饮达旦，大醉，作此篇，兼怀子由"，委婉地告诉所有人，思念胞弟之情并不是全部。这首词作于熙宁九年（1076）中秋，苏轼与其弟苏辙已经七年不能团聚了（苏辙在齐州任掌书记）。对此良辰美景，苏轼在超然台上做彻夜之饮，不知不觉中大醉。

《水调歌头》一词所表现的思想感情，本来甚为明显，苏轼因政治处境的失意，以及和其弟苏辙的别离，中秋对月，不无抑郁惆怅之感。但是，他没有陷在消极悲观的情绪中，旋即以超然达观的思想排除忧患，终于表现出对人间生活的热爱。

词的上片主要抒发自己对政治的感慨。开头"明月几时有？把酒问青天"两句，是从李白《把酒问月》诗中的"青天有月来几时，我今停杯一问之"两句脱化而来，同时点明饮酒赏月。密州距离开封遥远，消息闭塞。因此苏轼有"不知天上宫阙，今夕是何年"之问。表面看似乎是在赞美月夜，其实是身处江湖之远，心系庙堂。"我欲乘风归去"几句，表达了苏轼渴望建功立业的迫切心情，却又心下忐忑，担心朝堂之上政争激烈，"高处不胜寒"。万般无奈，苏轼只好"起舞弄清影，何似在人间"。

所谓"人间"，即指密州。为官一任，造福一方，只要奋发有为，做地方官同样可以为国家出力。

苏轼的启蒙人是天庆观道士张易简，耳濡目染，他自幼接受了道家文化的熏陶。他反对新法，也是因为深受"治道贵清静而民自定"的道家思想影响。

从"酒食地狱"的杭州来到"衣食之奉，殆不如昔"的密州，苏轼的生活质量直线下降。理想丰满，难敌现实的骨感——生活困窘，加上政治不得意，苏轼的内心充满了矛盾，自许"致君尧舜，此事何难"，却被宋神宗认为"非佳士"。想要优游卒岁，却又心有不甘。入世与出世之间，实在是让苏轼难以取舍。用舍行藏的道家思想自幼深植心底，但报君恩、酬知遇，尽忠职守的儒家思想，在他的心中同样根深蒂固。身处逆境与官场蹭蹬，更令苏轼内心纠结不已。

已过不惑的苏轼，宦海沉浮多年，对人生、社会又多了深刻的反思。"人有悲欢离合，月有阴晴圆缺，此事古难全"之句，充满了理性的思辨。悲欢离合与月的阴晴圆缺本来没有什么关联，但苏轼从古至今，从人事到天象的高度艺术概括，将自然融合于一处，让人丝毫不觉有突兀之处。

终于，苏轼压抑的生命力在中秋月圆之夜得到了升华。他排遣了思亲情怀，丢开了不为世用的烦恼，坦然面对生活对他的种种困厄与不公，转而为天下苍生祈福，送上自己最真挚的祝福——"但愿人长久，千里共婵娟"。这该是一种怎样的超然与洒脱？

据蔡絛《铁围山丛谈》记载：

> 歌者袁绹，乃天宝之李龟年也。宣和间供奉九重，尝为吾言："东坡公昔与客游金山，适中秋夕，天宇四垂，一碧无际，加江流倾涌。俄月色如画，遂共登金山山顶之妙高台，命绹歌其《水调歌头》曰：'明月几时有，把酒问青天。'歌罢，坡为起舞。而顾曰：'此便是神仙矣！'吾谓文章人物，诚千载一时，后世安所得乎？"

袁绹放歌，东坡起舞，皆一时之瑜亮，其词其人其景，瑶台月下逢神仙中人矣！

有人从这首词中读出了苏轼的颓废与苦闷，却忽视了词中积极向上的一面。当理想与现实发生冲突的时候，苏轼并没有消沉，而是直面人生，顺应自然。

苏词中这种卓绝千古的旷达，引发了无数人的共鸣。宋人胡寅在《酒边词序》中对苏词赞叹不已："及眉山苏氏，一洗绮罗香泽之态，摆脱绸缪宛转之度，使人登高望远，举首高歌，而逸怀浩气，超乎尘垢之外。"

中秋词肇兴于宋，后代亦不乏佳作。而其间影响最大者，首推苏轼《水调歌头》。苏轼身后出现了大量的中秋词与咏月词，一大批词人在创作题材的选择上对苏轼中秋词有着明显的模拟与继承，只是直到今天再未出现超越者。

胡仔《苕溪渔隐丛话》对《水调歌头》推崇备至："中秋词自东坡《水调歌头》一出，余词尽废。"王国维认为"长调自以周、柳、苏、辛最工。若屯田之《八声甘州》，东坡之《水调歌头》，皆伫兴之作，格高千古，不能以常词论也"（《人间词话》）。这些赞誉之词，苏轼当之无愧。

浣溪沙

得之坦然，失之淡然，这才是智者的生存之道。知密州的两年，是苏轼人生的一个低谷期。然而，就是在密州，苏轼对社会和人生，做了深入的思考，并体现在其文学创作之中。影响苏轼一生的思想，正是形成于创作"密州三曲"之时。

这年冬天，有旨苏轼移知河中府。熙宁十年（1077）二月，就在他走到距离开封城只有四十里的陈桥驿时，新的旨意传来，苏轼"不许入国门"，即刻改任知徐州。[①] 苏轼莫名其妙，但君命难违，只好掉头赴任。天性烂漫的他，又在送别前任江仲达的诗中，牢骚满腹："此身无用且东来，赖有

---

① 苏辙诗《寄范丈景仁》记其事为"及门却遣不得入，回顾欲去行无人"。

江山慰不才。"(《徐州送交代仲达少卿》)

苏轼五月到任,席不暇暖,黄河在澶州曹村(今河南濮阳西)决堤。洪水一直冲到了徐州城下,史载"彭门城下水二丈八尺,七十余日不退"。苏轼临危不乱,指挥抗洪,与当地兵民谱写了抗洪救险的壮丽诗篇。

苏轼一生,都在为实践自己经世致用的政治理念而努力。他在抗洪一线身先士卒,带领当地兵民在泥水中打桩筑堤。苏轼就住在堤上,风餐露宿,经过两个多月的严防死守,洪水终于退去,徐州兵民财产得保无虞。

事后,苏轼奏请宋神宗加固徐州防洪堤坝。宋神宗下旨表彰了他的功绩,拨专款加固了防洪堤。后来,徐州当地人民为了缅怀苏轼,把这道长堤命名为"苏堤"。

从宋神宗熙宁十年直到明熹宗天启四年(1624),五百余年,徐州地方水患不断,因有苏堤做屏障,当地一直安然无恙。有诗为证:"自公去后五百载,水流无尽恩无穷。"(明吴宽《赋黄鹤楼送李贞伯》)

在徐州,苏轼词作最著名的莫过于《浣溪沙》。

《浣溪沙》虽然只是一支小令歌曲,却是唐宋词坛上使用频率最高的一个词调。两宋共计有八百余首《浣溪沙》。如果说《浣溪沙》是宋词调中的"第一调",那么苏轼绝对堪称宋词调的冠军。创作《浣溪沙》的宋代词人共有一百七十二位,苏轼一人以四十六首独占鳌头。

《浣溪沙》一调在宋词的创作中使用频率最高,与其接近近体诗而比近体诗更新颖多姿有关。《浣溪沙》由六句七言组成,像是一首去掉第三句、第七句的七律。分为上下两阕后,打破了七律以七言八句为一整体的固有结构,形体变得摇曳生动。熟悉近体诗的宋代士人更容易掌握《浣溪沙》这个词调的格律特征和形式,创作起来得心应手。

《浣溪沙》词调不是苏轼首倡,之前已经涌现了一大批以《浣溪沙》擅胜的名家,前有晏殊、欧阳修,与苏轼同时代或稍晚的有晏几道、王安石、黄庭坚、秦观、贺铸等。他们在《浣溪沙》的创作上各有所长，如晏殊的"一曲新词酒一杯"，欧阳修的"堤上游人逐画船"，秦观的"漠漠轻寒上小楼"等，都是脍炙人口的经典之作。

苏轼选择《浣溪沙》这个词调来进行创作，必须在形式和艺术上有所突破。果然，苏轼在《浣溪沙》的内容方面做出了开拓与创新，扩大了唐末五代以来《浣溪沙》表现社会生活的题材范围，赋予其抒发思想情感的艺术功能。

如《浣溪沙·徐门石潭谢雨道上作五首》，描写了农村生活、农夫形象、田园风光、民俗风情，既表现了词人热爱自然、崇尚质朴的审美情趣，也反映了他身为官员，与民谋福祉、关心农事的工作热忱。苏轼以组词的形式，为扩大《浣溪沙》的艺术表现功能做了有益的尝试。《浣溪沙·徐门石潭谢雨道上作五首》的第四首，尤其为人称道，给人耳目一新的感觉：

（徐门石潭谢雨，道上作五首。潭在城东二十里，常与泗水增减清浊相应。）

簌簌衣巾落枣花，村南村北响缲车，牛衣古柳卖黄瓜。

酒困路长惟欲睡，日高人渴漫思茶，敲门试问野人家。

这首词，被许多人解读为苏轼歌颂劳动人民的生活意趣，也有人对这首词做了另类解读。

《浣溪沙》词，苏轼一口气写了五首，是他于城东二十里的石潭谢雨归来所作。

洪水过后的第二年，徐州大旱，面对"烟尘蓬勃，草木焦然"的严重旱情，苏轼先去石潭祈雨，等到了雨，然后谢雨。"牛衣古柳卖黄瓜"，写的是新法实施以来，农民为解救钱荒，积极展开经济活动的场景。"酒困

黄庭坚《浣溪沙》：
新妇滩头眉黛愁，女儿浦口眼波秋。惊鱼错认月沉钩。
青箬笠前无限事，绿蓑衣底一时休。斜风吹雨转船头。

路长惟欲睡"，写的正是苏轼谢雨归来。他途中亲眼见到徐州百姓生计艰辛，心下黯然，于是借描述农村寻常景象，婉转地表达对新法扰民的批判，感慨自己有志难伸的无奈。

为了一睹苏轼的风采，"旋抹红妆看使君，三三五五棘篱门。相挨踏破茜罗裙"（《浣溪沙》），乡下的女子化了妆，挨挨挤挤地踏破了身上穿的茜罗裙。

公道自在人心，苏轼两年后改任知湖州。《罢徐州往南京马上走笔寄子由五首》写道，离开徐州之际，徐州百姓"洗盏拜马前，请寿使君公"，为他奉上美酒，拉着他的车留恋不舍为他送行。"前年无使君，鱼鳖化儿童"，是百姓心底的感激之情。徐州百姓的真挚情感，令苏轼感动不已，他谦逊道："水来非吾过，去亦非吾功。"——我只是做了自己该做的事情而已！苏轼劝大家豁达一点："吾生如寄耳，宁独为此别。"苏轼看不懂朝堂之上的政治，漂泊得久了，到哪里为官，已经看得淡了。

哪知四月到湖州，席不暇暖之时，他就被以莫须有的罪名身陷乌台诏狱。

早在他离京赴杭州之时，表兄文同①劝诫他道："北客若来休问事，西湖虽好莫吟诗。"可惜他把文同的诤言当成了耳旁风，依旧口无遮拦，十余年后终于自食其果。

苏轼被贬黄州，"责授检校水部员外郎黄州团练副使"，其实属于监视居住的钦犯。

苏轼诗《初到黄州》自注称"检校官例折支，多得退酒袋"。据史料记载，检校官之名始于李唐，它是诏除而非正式任命的一种加官。有宋一代，

---

① 文同，字与可，擅画竹，以法度严谨著称。晁补之赠诗曰："与可画竹时，胸中有成竹。"成语"胸有成竹"典出于此。

苏轼《浣溪沙》：
风压轻云贴水飞，乍晴池馆燕争泥。沈郎多病不胜衣。
沙上不闻鸿雁信，竹间时听鹧鸪啼。此情惟有落花知。

从检校太师至检校水部员外郎共分十九等。实际上，检校水部员外郎，在当时是贬官的代名词。检校官按例没有俸禄，检校水部员外郎的唯一待遇，就是可以领取若干瓶官酒，得一些退酒袋的钱。

团练使之职与唐代的司马一样，常常作为贬官安置。团练使始置于唐肃宗乾元元年（758），大者领州十余，小者二三州，是掌握各州军事的显职。唐代的团练副使虽然是副职，品级和实权与正职相去甚远。宋代的团练副使是从八品的散官。据《宋史·职官十一》载，团练副使的月俸是二十千。但宋代官俸按省钱支付，一百文实得仅为七十七文。按宋代官制，苏轼是责授团练副使，按例"支给半俸"。苏轼在黄州的月薪为七千七百文。

赤壁怀古

元丰三年（1080）正月初一，苏轼离开汴京赴贬所，一个月之后，顺利抵达黄州。陪苏轼前往贬地的是苏迈。到了黄州，父子二人先是寓居城东南的寺庙定慧院。在这里，苏轼写下了《卜算子·黄州定慧院寓居作》：

> 缺月挂疏桐，漏断人初静。谁见幽人独往来，缥缈孤鸿影。
>
> 惊起却回头，有恨无人省。拣尽寒枝不肯栖，寂寞沙洲冷。

黄庭坚赞道："语意高妙，似非吃烟火食人语。非胸中有万卷书，笔下无一点尘俗气，孰能至此？"（《跋东坡乐府》）清人沈祥龙《论词随笔》更是把这首词视为"诗言志，词亦贵乎言志"的代表作。

夜深人静，残月斜挂，梧桐稀疏，一只无助的孤雁"绕树三匝，无枝可依"，它的眷恋、惆怅、哀愁，都凝结看似缥缈的往来盘旋之中。

显然，这只孤鸿正是词人的自喻。苏轼初到贬地，孤独、彷徨无助。阮籍《咏怀》中有"孤鸿号外野，翔鸟鸣北林。徘徊将何见？忧思独伤心"句。隋人卢思道《孤鸿赋》赞美孤鸿"实禀清高之气"。

幽人，同样是苏轼的自喻之词，其诗作《定慧院寓居月夜偶出》首句即为"幽人无事不出门"。词与诗作于同时，可以相互参照阅读。

令人匪夷所思的是，该词在《宋六十名家词·东坡词》中多出了一个莫名其妙的序，写作背景地设在了惠州，更杜撰出一个感人肺腑、催人泪下的爱情故事。一位神秘的温姓思春女，因为仰慕苏轼的才华，夜深人静的时候，大胆来寻找自己的爱情。幽人成了美女，孤鸿则是逾墙而翩如惊鸿的曼妙身影。因为苏轼的拒绝，美女郁郁而终。

这样曲解苏词，不但是唐突佳人，而且是对苏轼的亵渎。如此牵强附会，完全脱离和违背了苏轼原词的创作思想感情。

五月，苏轼一家老幼二十余口才迁来。初到黄州，苏轼房无一间，地无一垄，这么多人的食宿都成了棘手的问题。按例，地方官府不会为贬谪官员提供住宿，大家只好挤在废弃驿站临皋亭中。驿站临近长江，年久失修，潮湿逼仄。

住的是"小屋如渔舟"，吃的是"空庖煮寒菜"，用的是"破灶烧湿苇"，对此情景，苏轼只有"也拟哭途穷"（《寒食雨二首》）。

尤其令苏轼心冷的是，从前的好友像躲瘟疫一样疏远了他。他作诗感慨世态炎凉："我谪黄冈四五年，孤舟出没烟波里。故人不复通问讯，疾病饥寒疑死矣。"（《送沈逵赴广南》）

收入锐减，苏轼不得不勒紧腰带，省吃俭用，把自己的零用钱限制在每天一百五十文。每月初一，苏轼取出四千五百文，分为三十份，用画叉挑起来，挂在屋梁上。

苏轼才华横溢，同时出手豪爽，不善理财，"俸入所得，随手辄尽"

苏轼《卜算子·黄州定慧院寓居作》：
缺月挂疏桐，漏断人初静。谁见幽人独往来，缥缈孤鸿影。
惊起却回头，有恨无人省。拣尽寒枝不肯栖，寂寞沙洲冷。

（《与章子厚书》）。他自奉甚俭，实际上习惯了"卯酒困三杯，午餐便一肉"（《二月二十六日雨中熟睡至晚强起出门还作此诗》）的生活。在贬地，他一如从前，无酒不欢，每饮必醉。地方政府打击私酒，苏轼嫌村酒味道不佳，干脆自己动手，用"百钱一斗"的成本自酿蜜酒，酿成后还遍赠亲友。

苏轼"到黄已半年，朋游常少"（《答参寥书》），不过，他很快又结识了一些朋友：安国寺僧首继连，"江南蜀士"王齐愈、王齐万、王齐雄兄弟三人，知黄州徐君猷，通判孟震，武昌主簿吴亮，青年才俊何颉之，黄州处士潘革，近邻古耕道，开药店的小商人郭遘，赤脚医生庞安常。从各地赶来拜访探视的朋友，不绝于途，参寥子更是不远千里，从杭州到黄州探望故友，一住就是"期牛"。

据《避暑录话》记载，苏轼在黄州，每天早上起来，见没有客人到访，就主动出击，自己去登门拜访朋友。"设一日无客，则欿然若有疾。"

无官一身轻，苏轼不是在家中饮酒赋诗，接待宾朋，就是与友人泛长江，吊赤壁，游山玩水，消磨岁月。

苏轼初至黄州，"度囊中尚可支一岁有余"（《答秦太虚书》），花钱大手大脚，日子一久，坐吃山空，立即囊中羞涩。见苏轼生活"日以困匮"，追随他至黄州的挚友马正卿①挺身而出，"于郡中请故营地数十亩，使得躬耕其中"（《东坡八首（并叙）》）。

知黄州徐君猷，崇儒重道，礼贤下士，体谅苏轼的际遇，在权力范围内尽可能地照顾苏轼。苏轼曾在寄给徐君猷弟弟徐得之的信中写道："某始谪黄州，举目无亲，君猷一见，相待如骨肉。"他又在《醉蓬莱·重九上

---

① 马正卿，字梦得，今河南杞县人。苏轼任凤翔府签判时，与苏轼同龄的马正卿就与他成为朋友。苏轼贬谪，马正卿亦追随而至。

君猷》一词中赞徐君猷："赖有多情，好饮无事，似古人贤守。"

见马正卿出面为苏轼申请营田，徐君猷立即从中斡旋，玉成此事。有了黄州城东的数十亩坡地，苏轼又购买了一头耕牛，在此间躬耕陇亩。因为钦慕唐代诗人白居易，苏轼在贬地耕植，自得其乐，从此自号"东坡居士"。①

苏轼在东坡"身耕妻蚕"，"劳苦之中，亦自有乐事"（《与李公择》）。他说着"便为齐安民，何必归故丘"（《子由自南都来陈三日而别》），追求陶渊明的人格精神，咏诵《归去来辞》，内心却不忘回朝效忠，建功立业。

朋友远道来访，生活起居很不方便。苏轼决定自己动手，建几间草屋，改善居住环境。元丰五年（1082）二月，在朋友的大力帮助下，他于东坡地头上建成了五间草屋。落成之日，恰好天降瑞雪。在贬谪之地，他终于圆了自己的求田问舍梦，苏轼兴奋之余，在草堂壁间画满了雪花，将草屋命名为"雪堂"，并且作《雪堂记》记其事。

"乌台诗案"后，苏轼身心俱疲。然而，元丰五年，他一年三咏赤壁，写下"一词二赋"（《前赤壁赋》《后赤壁赋》《念奴娇·赤壁怀古》），一举奠定了文坛大家的地位。在人生最失意的时候，苏轼在创作成就上达到了巅峰，因此名垂千古。

苏轼早年就"奋厉，有当世志"（苏辙《东坡先生墓志铭》），是抱着"致君尧舜，此事何难"（《沁园春》）的心态进士及第，踏入仕途的。"为君铸作百炼刀，要斩长鲸为万段"（《石炭·并引》），心雄万夫的他，俨然是舍身为国的凛然伟丈夫。得知宋军在西北与西夏作战失利，他在

---

① 白居易贬忠州，曾作《东坡种花二首》，其中有"持钱买花树，城东坡上栽"，"东坡春向暮，树木今何如"之句。南宋周必大《二老堂诗话·东坡立名》记载："本朝苏文忠公不轻许可，独敬爱乐天……谪居黄州，始号'东坡'，其原必起于乐天忠州之作也。"

密州写下了"会挽雕弓如满月，西北望，射天狼"，渴望于军前报效国家。

壮志难酬的苏轼，本来"要将百篇诗，一吐千丈气"（《与顿起孙勉泛舟探韵得未字》）的，哪知因诗文得祸，连创作的自由也没有了。"乌台诗案"无疑是飞来横祸，其直接后果就是禁锢了苏轼的创作思想。

苏轼曾经自述："某平生无快意事，惟作文章，意之所到，则笔力曲折，无不尽意。"（北宋何薳《春渚纪闻》）他认为世间乐事，无逾写诗、作文章。"乌台诗案"发生后，苏辙被贬为监筠州盐酒税务，作书劝兄长"深戒作诗，其言切至，云当焚砚弃笔"。苏轼也是明白人，初到黄州，也懂得收敛，"故遂不作一字"。

心有余悸的苏轼不敢再轻易写诗，寄给亲友的书信，也再三叮嘱"不须示人"（《答李端叔书一首》），"看讫、火之"，完全是一副惊弓之鸟的样子。仕途蹭蹬，苏轼寻求心灵上的宁静与顺应自然、无欲无为的境界，开始注重身心休养。

苏轼的自省，并不是消极避世，而是开始主动地反思：曾经拥有的荣誉、职务、名声，究竟给他带来了什么？沉寂下来的他，逐渐回归空灵与淡泊。对于名利，他不再像从前那样执着与热切。虽然初期闭门思过，但时间一久，他便故态复萌。只是在黄州期间，苏轼创作的诗歌数量锐减。即使有，风格也无复从前那种恣肆汪洋，嬉笑怒骂。

一个执着于理想的人，既不会违其本性，轻易变其操守，也不会因求免祸而苟安。苏轼发现了作词的妙用。词被士人视为"小道""末技"，一直无法登大雅之堂，尚未纳入统治阶级的监控范围。于是乎，词这种无关宏旨，"无事不可入，无意不可言"的艺术形式，成了苏轼寄托心声的首选方式。

他在《与陈大夫八首》中写道："比虽不作诗，小词无碍。"这是苏轼在黄州的创作形式由诗到词悄然变化的最好证明。

从前，他心底偶尔会泛起归隐山林、急流勇退的心思，却始终没有放弃忠君报国、建功立业的理想。"乌台诗案"后，残酷的现实让苏轼不得不重新审视自己的过去。苏轼黄州时期及此后的创作中，佛道出世思想逐渐代替了从前随人俯仰的积极用世的儒家思想。

在贬谪黄州之前，苏轼的"密州三曲"就打破了"诗言志，词言情"的传统。虽然艺术上已经有所突破，但真正全方位记载和抒发其思想及生活琐事的，还是在黄州。苏轼一生作词三百余首，在黄州五年，创作的词就有一百余首，数量多，而且具有丰富的内涵。苏轼升华了词的功能。

少了心底的顾忌和羁绊，苏轼笔下的词，成了他言志、抒情、载道、叙事、交往的最重要载体。其言志词中最为震撼人心的，无疑是《念奴娇·赤壁怀古》。

《念奴娇》在宋代是一个使用频率很高的词调。宋词长调排行榜前三的词调是《水调歌头》《念奴娇》《满江红》。《念奴娇》能跻身前三，与苏轼的创作与影响力有密切的关系。

《念奴娇》可能是盛唐的歌伎念奴所创制，其歌词创作则是从宋代开始形成并且发展。据专家考证，生活于宋仁宗时期的沈唐所创《念奴娇》，是现存《念奴娇》词调的第一首作品。该词抒写思妇怀远的离别相思之情，具有明显的俚俗特色。沈唐的词写得不错，但对宋词的创作和发展没有产生重要的影响。

苏轼是《念奴娇》词调的第二位作者，他创作的两首《念奴娇》，影响了数百首《念奴娇》词的创作。宋词现存六百一十八首《念奴娇》，有六百一十五首是苏轼之后创作的。苏轼大胆创新，使《念奴娇》迅速攀升到宋词长调"金曲"的地位，进一步巩固了其词坛大家地位。

苏轼谪居黄州，一共创作了两首《念奴娇》。

《念奴娇·赤壁怀古》无疑是苏词中最为脍炙人口的杰作：

大江东去，浪淘尽，千古风流人物。故垒西边，人道是，三国周郎赤壁。乱石穿空，惊涛拍岸，卷起千堆雪。江山如画，一时多少豪杰。

　　遥想公瑾当年，小乔初嫁了，雄姿英发。羽扇纶巾，谈笑间，樯橹灰飞烟灭。故国神游，多情应笑我，早生华发。人生如梦，一樽还酹江月。

　　词的上下阕，一开始就为所有人展现了一幅波澜壮阔的画卷：长江水、赤壁石、历史风云人物，逐一奔入眼底，立即唤起了所有人的思古幽情；乱、穿、惊、拍、卷，看似在大刀阔斧描摹长江水狂澜奔腾的骇人声势，其实极写历史之波诡云谲，使人对惊心动魄的赤壁古战场心生向往之情；一句"人道是，三国周郎赤壁"，明白无误地告诉读者，此赤壁非彼赤壁[1]。苏轼揣着明白装糊涂，就是为了一吐思古之幽情。

　　词的下阕，重点描述了周郎指挥兵马大破曹军，还是青春年少、意气风发的年纪。"小乔初嫁了"更是泛泛之言，不必去考证小乔是什么时候嫁的周郎。这样写，只是为了让周郎年少英雄的形象更加血肉丰满。"故国神游"者，后人认为，既然写的是赤壁怀古，神游者自然是苏轼了，也有人认为神游者其实是周郎。笔者认为二者都有道理，身不能至，却心向往之的苏轼，神游的是蒲圻赤壁古战场，早已殒身的周郎，神游的是黄冈赤壁，因为这里有苏轼这个"自远方来"的知音。"笑我"的人，既是苏轼，也是周郎。周郎笑的是苏轼多情，这种多情是寄情山水的情；苏轼的自嘲则是笑自己华发早生，年纪一大把，却功业未遂。而周郎建功立业是在"雄

---

[1] 据考证，赤壁战场位于湖北蒲圻县（今赤壁市）三十六公里之长江南岸处。苏轼贬谪黄州，所游的赤壁位于黄冈市赤壁山最西端，原名赤鼻，也称作赤鼻矶。清人朱日浚有诗道："赤壁何须问出处，东坡本是借山川。"

苏轼《念奴娇·赤壁怀古》：

大江东去，浪淘尽，千古风流人物。故垒西边，人道是，三国周郎赤壁。乱石穿空，惊涛拍岸，卷起千堆雪。江山如画，一时多少豪杰。

遥想公瑾当年，小乔初嫁了，雄姿英发。羽扇纶巾，谈笑间，樯橹灰飞烟灭。故国神游，多情应笑我，早生华发。人生如梦，一樽还酹江月。

姿英发"的年纪。以周瑜的年轻得志与自己老大一事无成，做一种鲜明的反衬，更加突出了词人在理想与现实矛盾中所产生的深沉概叹。

就在所有人以为苏轼如此一比较，一定会黯然神伤的时候，苏轼笔锋一转，写出了"人生如梦，一樽还酹江月"的神来之笔。和永恒的江水、江月相比，短暂的荣辱得失，又算得了什么？

《念奴娇·赤壁怀古》可以参照苏轼的《前赤壁赋》《后赤壁赋》进行阅读。在黄州谪居的几年中，苏轼已有"哀吾生之须臾，羡长江之无穷"的喟叹。当年雄姿英发、挥斥方遒的周郎，而今安在？风云一时的历史人物，最终只能湮没在岁月的长河中！

"大江东去，浪淘尽，千古风流人物"是该词的总起，也是全词内容的总概括。它高屋建瓴，道出了江山如画、英雄功业与物是人非的感慨，婉转地安慰自己——英雄尚且如此，何况凡夫俗子？

首句与末句"人生如梦，一樽还酹江月"遥相呼应。词中抒发的人生感叹，见于始末，贯穿全篇。"人生如梦"包含了苏轼的多少无奈？其中有他的感慨，更有坚持理想，对虚名不萦怀的旷达态度。"一樽还酹江月"表达了他并未被贫困击倒，这样讲，不过是借酒浇胸中块垒，与江月为侣的孤独落寂而已。

苏轼的人生如梦之叹，有其消极的一面，也有执着于理想、不甘沉沦的一面。元丰四年冬，他得知宋军在西北大捷的消息，抑制不住心底的兴奋，在《谢陈季常惠一揞巾》诗中，坦露心曲："臂弓腰箭何时去，直上阴山取可汗。"身处江湖之远，苏轼仍时刻关注国事，强烈的爱国情怀，正是苏轼写作《念奴娇·赤壁怀古》的深厚基础。

因此，苏轼词中虽有消极的感叹，但仍难掩其胸臆间激荡的豪情，具有使人热血沸腾、感奋向上的力量。

在黄州躬耕陇亩，苏轼逐渐适应了贬谪生活。一连数年，朝堂没有起复之意，苏轼建好"雪堂"之后，再次有了求田问舍的心思，准备终老黄州。

元丰五年三月七日，苏轼前往黄州东南地方的沙湖相田。哪知道晴朗的天空忽然阴云密布，大雨不期而至。带雨具的从人年轻，腿脚利落，早已走得不知去向。其余相随的人，进退失据，狼狈不堪。独有苏轼徜徉雨中，吟啸徐行。不一会儿，云收雨歇，一轮红日喷薄而出。有感于天有不测风云，苏轼写下了这首《定风波》：

莫听穿林打叶声，何妨吟啸且徐行。竹杖芒鞋轻胜马，谁怕？一蓑烟雨任平生。

料峭春风吹酒醒，微冷，山头斜照却相迎。回首向来萧瑟处，归去，也无风雨也无晴。

人生道路上，难免会经历风风雨雨。碰到了雨，即使没有雨具，苏轼也没有惊慌失措，而是坦然面对，该怎么样还怎么样。苏轼对雨无动于衷，对晴也不再介意。"也无风雨也无晴"之句，表现出经历诸多磨砺的苏轼，对任何事情都能保持超脱的心态。

一般讲来，"风雨"是危难和恶劣环境的比喻；"晴"则意味着处境顺利、万事如意。"也无风雨也无晴"，在苏轼眼中，身处逆境或一帆风顺都无所谓，无须哀叹命运的种种不公。"山头斜照却相迎"，不经历风雨，如何见彩虹？天晴之后，也难免会有风雨雷电，一帆风顺不是人生。苏轼的达观思想，在黄州数年后上了一个台阶。"一蓑烟雨任平生""也无风雨也无晴"，比起"人有悲欢离合，月有阴晴圆缺，此事古难全"，达观境界更加深刻了。（在淋了雨之后，苏轼大病一场）

元丰六年九月，苏轼的侍妾王朝云诞下一子，苏轼为之起名为"遁"。这个"遁"字，大有深意。

孩子出世之前，苏轼谢世的传言传得沸沸扬扬。这个传言源自苏轼的《临江仙·夜归临皋》：

> 夜饮东坡醒复醉，归来仿佛三更。家童鼻息已雷鸣。敲门都不应，倚杖听江声。
>
> 长恨此身非我有，何时忘却营营。夜阑风静縠纹平。小舟从此逝，江海寄馀生。

学者认为这是苏轼元丰五年的作品，实在理解有误。据苏轼《东坡志林·东坡升仙》记载："吾昔谪黄州，曾子固居忧临川，死焉。人有妄传吾与子固同日化去，且云：'如李长吉时事，以上帝召他。'时先帝亦闻其语，以问蜀人蒲宗孟，且有叹息语。"据李焘《续资治通鉴长编》卷三十八记载："元丰六年六月，京师盛传苏轼已白日仙去，上对左丞蒲宗孟叹息久之。"曾巩死于元丰六年（1083）四月十一日，苏轼已死的传闻不应早于此前。据《避暑录话》记载，传言苏轼死亡，是因为"子瞻在黄州，病赤眼，逾月不出，或疑有他疾，过客遂传以为死矣"。

贫穷与疾病是孪生姐妹，苏轼在黄州时期"疾病连年"，先后得过腹泻（初到黄州时，水土不服）、肩周炎（亦称"五十肩"，苏轼时年近五十）、中暑、水疫、疮疖、红眼病等。少则数日，多则一年半载，轻则闭门谢客，重则卧床不起。

元丰六年春三月，苏轼致信好友沈睿达，告诉他"某今年一春卧病，近又得时疾，逾月方安"（《与沈睿达二首·之一》）。他跟好友陈朝请诉苦："春夏以来，卧病几百日，今尚苦目病。"（《答濠州陈章朝请二首·之一》）他在寄给蔡景繁的信中写道："某卧病半年，终未清快。近复以风毒攻右目，几至失明。"（《与蔡景繁十四首·之二》）他告知滕

达道："某感时气，卧疾逾月，今已全安。"（《与滕达道二十四首·之十八》）

从这些书信中可知，苏轼的红眼病是因为风毒引发，他不得不闭门谢客月余。好不容易等到病情好转，忍耐了许久的他，"复与数客饮江上，夜归，江面际天，风露浩然"。对着良辰美景，苏轼喝得大醉，与"客大歌数过而散"。（叶梦得《避暑录话》）

"小舟从此逝，江海寄馀生"已经说得很清楚，又怎么会是"元丰五年九月雪堂夜饮，醉归临皋作《临江仙》词"（《苏文忠公诗编注集成总案》）呢？

第二天，坊间有了苏轼"挂冠服江边，拏舟长啸去"的传言。郡守徐君猷职责所在，急忙过江探视究竟。到了苏轼家中，"则子瞻鼻鼾如雷，犹未兴也"。（叶梦得《避暑录话》）

据史料记载，杨寀于八月二十七日至黄州。徐君猷应该是完成工作交接方离开黄州。因此，苏轼的这首《临江仙》应作于元丰六年夏秋之交。

元丰六年（1083）九月二十七，朝云为苏轼生下一子。这个孩子的眉眼像极了苏轼，中年得子的苏轼兴奋不已。此前，苏轼已有三子，分别是苏迈、苏迨、苏过。苏轼在黄州，精研《周易》，立即为第四子起名为"苏遁"。"遁"者，避也，隐也。在黄州的数年贬谪生活，让苏轼心生避世隐居之情。

孩子满月之时，苏轼按照风俗，为苏遁举办了洗儿会，作诗道："人皆养子望聪明，我被聪明误一生。惟愿孩儿愚且鲁，无灾无难到公卿。"

苏轼在黄州谪居数年，"坐见黄州再闰，儿童尽楚语吴歌"（《满庭芳》），蹉跎黄州岁月，四年两闰虚过，膝下孩子，会说楚语、会唱吴歌。

高情已逐晓云空

就在苏轼决定远离政治旋涡，终老黄州之时，元丰七年（1084）春三月，又传来了令他振奋的消息。

据说，苏轼的《水调歌头》一出，立即传唱大江南北。终于有一天，传唱到了宋神宗的耳中。听到"高处不胜寒"之际，宋神宗感慨再三，道："苏轼终是爱君的！"于是，他良心发现，传旨苏轼移汝州。

此后，宋神宗崩，宋哲宗立，高太后临朝。

苏轼迎来了职场新生，被起为朝奉郎知登州。四个月后，擢为礼部郎中。不到一个月，又除起居舍人、迁中书舍人，再迁翰林学士知制诰，知礼部贡举。元祐四年，又出知杭州，后改知颍州、知扬州、知定州。

宋哲宗亲政后，苏轼被远贬惠州，不久，再贬往更南、更偏的儋州。在惠州，苏轼写下了另外一阕著名的悼亡词《西江月·梅花》：

> 玉骨那愁瘴雾，冰姿自有仙风。海仙时遣探芳丛。倒挂绿毛幺凤。
>
> 素面翻嫌粉涴，洗妆不褪唇红。高情已逐晓云空。不与梨花同梦。

《西江月·梅花》作于宋哲宗绍圣三年（1096）。表面看是咏梅，其实这是苏轼写给逝去的侍妾王朝云的悼亡词。

苏轼在《朝云墓志铭》中，深情地回忆这位红颜知己："东坡先生侍妾曰朝云，字子霞，姓王氏，钱塘人。敏而好义，事先生二十有三年，忠敬若一。绍圣三年七月壬辰卒于惠州，年三十四。"

岭南瘴气夺去了朝云年轻的生命，苏轼悲不自胜，写下了《朝云墓志铭》《惠州荐朝云疏》《雨中花慢》等，纪念这位曾经的红颜。其中《西江月·梅花》更是将自己的一腔哀思寄托于词中，借梅咏人，写出了朝云的貌美如花及高尚情操。

"玉骨那愁瘴雾，冰肌自有仙风"，梅花玉骨冰肌，即使在遍地瘴疬的惠州，仍于寒风中傲然开放，飘逸出尘。此两句高度概括了朝云天生丽质的容貌和不同凡俗的禀性。

朝云因为家庭贫寒，自幼沦落风尘，成了杭州歌舞班中的一员。熙宁七年（1074），苏轼通判杭州，朝云在一众女子中表现得不卑不亢、卓尔不群，如一朵出污泥而不染的青莲，亭亭玉立。苏轼一见大喜，将其收为侍女。

朝云感激苏轼，同时倾慕苏轼的绝世才华，决心追随一生一世。在被贬谪黄州、惠州的漫长岁月中，苏轼连丧发妻王弗、续弦王闰之，朝云不离不弃，精心侍奉，陪伴苏轼度过了人生最失意的时光，给予苏轼莫大的精神安慰。

惠州地处偏远，环境险恶，朝云"那愁瘴雾"，不怕艰难困苦，追随苏轼。自幼生长于山水胜地杭州的朝云，无法适应惠州的环境，被瘴疬夺去了年轻的生命。另据宋朱彧《萍洲可谈》记载："广南食蛇，市中鬻蛇羹，东坡妾朝云随谪惠州，尝遣老兵买食之，意谓海鲜，问其名，乃蛇也，哇之，病数月，竟死。"

朝云虽是歌女出身，却蕙质兰心，冰雪聪明，在苏轼的悉心调教下，很快就可以粗识文字，而且笃信佛学，颇有悟性与灵性，成了苏轼文学艺术上的知音。"海仙时遣探芳丛。倒挂绿毛幺凤"，意为海上神仙也为梅花的冰肌玉肤所倾倒，时常派绿毛幺凤这样的珍禽倒挂梅枝，前来探访。

据《萍洲可谈》记载："海南诸国有倒挂雀，尾羽备五色，状似鹦鹉，形小如雀，夜则倒悬其身。畜之者以蜜渍粟米、甘蔗。不耐寒，至中州辄以寒死，寻常误食其粪，亦死。元符中，始有携至都城者，一雀售钱五十万。东坡《梅》词云'倒挂绿毛幺凤'，盖此鸟也。"

北宋庄绰的《鸡肋编》中，也考证了苏轼词中的绿毛幺凤鸟："广南

苏轼《西江月·梅花》：
玉骨那愁瘴雾，冰姿自有仙风。海仙时遣探芳丛。倒挂绿毛幺凤。
素面翻嫌粉涴，洗妆不褪唇红。高情已逐晓云空。不与梨花同梦。

有绿羽丹觜禽，其大如雀，状类鹦鹉，栖集皆倒悬于枝上，土人呼为'倒挂子'。"

绿毛幺凤鸟倒挂，是岭南梅花开时的奇特景象。因此，苏轼联想这或者是仙人嘉奖朝云特意派遣来的使者。"素面翻嫌粉涴，洗妆不褪唇红"句是讲，岭南的梅花洁白如玉，花叶四周皆红，即使在梅花开谢之后，梅叶仍有红色印迹。表面写梅花绚丽多姿，其实是在怀念朝云去尽铅华的天生丽质。

苏轼另有一首《南歌子》，极力描述朝云的美貌，将朝云比作"待歌凝立"的巫峰仙女，如"一朵彩云"般飘然出尘，有着"鸾""燕"一般的翩翩舞姿：

> 云鬓裁新绿，霞衣曳晓红。待歌凝立翠筵中，一朵彩云何事下巫峰。
> 趁拍鸾飞镜，回身燕飏空。莫翻红袖过帘栊，怕被杨花勾引嫁东风。

《西江月·梅花》末句"高情已逐晓云空，不与梨花同梦"，化用唐人王昌龄《梅花》诗中的"落落寞寞路不分，梦中唤作梨花云"句，反其意而用之，感叹斯人已逝，一切都变得如晓云一样渺无影踪，不可捉摸。

随着品性高洁的朝云逝去，一切都变成了"高情已逐晓云空"。孤独的苏轼，只能写下"不与梨花同梦"的悼亡词，回忆从前的美好时光。

朝云生前，一直随泗上比丘尼学佛。苏轼粗通佛理，一些诗词当中经常将朝云比作佛经中的散花、天女，自称维摩。朝云染病之际，苏轼写下《三部乐（情景）》云：

> 美人如月。乍见掩暮云，更增妍绝。算应无恨，安用阴晴圆缺。
> 娇甚空只成愁，待下床又懒，未语先咽。数日不来，落尽一庭红叶。
> 今朝置酒强起，问为谁减动，一分香雪。何事散花却病，维摩

无疾。却低眉、惨然不答。唱金缕、一声怨切。堪折便折。且惜取、少年花发。

朝云也割舍不下苏轼，临终为他颂偈云："一切有为法，如梦幻泡影，如露亦如电，应作如是观。"此四句偈语，出自佛教经典《金刚经》，朝云是劝苏轼对自己的死不必悲伤，经历的苦难也不必放在心上。人生就如梦幻泡影，如露如电，转眼即逝，放下就得大自在。

朝云死后，葬于栖禅寺松林中，苏轼在坟冢上建六如亭，纪念这位红颜知己，在亭柱间镌刻楹联：不合时宜，惟有朝云能识我；独弹古调，每逢暮雨倍思卿。

这首《西江月·梅化》，托物言志，借物抒情，读来令人唏嘘不已，正是因为其中蕴含了知音已逝、真情难寄之情，饱含了词人对朝云的深切怀念。

《西江月·梅花》独出机杼，自成一格，确实是苏轼晚年词作中的佳品。明代杨慎在《词品》中称誉："古今梅词，以坡仙绿毛幺凤为第一。"《全宋词》中一共收录了一千余首梅词，如苏轼梅词者，凤毛麟角。苏轼梅词出类拔萃，正是因为词作中有其人格魅力，其笔端的梅花，是他人生际遇与人格的代言。

有苏词如此悼念，朝云一生，夫复何憾？

直到宋徽宗即位，苏轼遇赦北归，未几，卒于常州，享年六十五。

苏轼一生足迹遍天下，在全国有近百处的东坡遗迹，其人气是其他士人无法相比的。

北归途中，当风烛残年的苏轼在润州（今江苏镇江）金山寺看到好友李公麟在十年前为他绘制的写真像，心中感慨不已，用一首《自题金山画像》诗，对自己的一生做了切中肯綮的评判："心似已灰之木，身如不系之舟。问汝平生功业，黄州惠州儋州。"

十多年的贬谪生涯，成了苏轼生命的主题。一生漂泊大江南北，苏轼承受了太多的磨难。对此，他毫不介怀，而是用自嘲诙谐的语言总结自己的一生，足见其光风霁月的坦荡情怀。

"问汝平生功业，黄州惠州儋州"也是对自己生平的肯定，在三州的贬谪生活，是苏轼政治上最为失意，也是生活最困难的时期，也是他文学创作的高峰期。

仕途的蹭蹬成就了苏轼，成全了他伟大的人格。

苏轼的一生令后人唏嘘，但不可否认，正是因为独特的人生经历，他的文学创作才会实现儒、释、道思想的融合，其济世悯农的情怀才会闪耀千古。"立功"的道路受阻之后，他将才华转向了文学创作领域，取得了辉煌的成就。

身为被监视居住的犯官，苏轼在惠州、儋州关心民生疾苦，积极通过各种关系和自己的影响力为当地人民谋福祉，建水磨坊、舍药济民，策划修筑了惠州东西二桥，在贬谪地实现了士大夫人生三不朽中的"立功"。

在黄州，苏轼基本完成了《苏氏易传》《东坡书传》《论语说》三部学术专著的框架。在惠州和儋州，苏轼对三部著作进行了修订与校对，完成了定稿。对完成的三部经学著作，苏轼极是珍惜。在北归途中，过合浦遇险，年迈的苏轼不是关心自己的安危，而是担心手稿的安全："余自海康适合浦，连日大雨，桥梁大坏，水无津涯……所撰《易》《书》《论语》皆以自随，而世未有别本。抚之而叹曰：'天未欲使从是也，吾辈必济！'已而果然。"（《记过合浦》）

严格来讲，苏轼在政治上并不像司马光一样保守，但也绝不是一个有远见的革新派。他是一个关心民瘼的良吏，更是一个才华横溢的文学家。他不肯同流合污，不愿左右逢源，在朝堂之上始终无法立足。失之东隅，收之桑榆，官场不如意，间接成就了苏轼文坛不朽的传奇。

第七章

秦观

古之伤心人

据宋皇都风月主人《绿窗新话》记载："秦少游寓京师，有贵官延饮，出宠妓碧桃侑觞，劝酒惓惓。少游领其意，复举觞劝碧桃。贵官云：'碧桃素不善饮。'意不欲少游强之。碧桃曰：'今日为学士拼了一醉！'引巨觞长饮。少游即席赠《虞美人》词曰：'碧桃天上栽和露，不是凡花数。乱山深处水萦回，可惜一枝如画为谁开？轻寒细雨情何限！不道春难管。为君沉醉又何妨，只怕酒醒时候断人肠。'合座悉恨。贵官云：'今后永不令此姬出来！'满座大笑。"

天上和露栽的碧桃，见到"少豪俊，慷慨溢于言辞"（《宋史》）的秦观，自然会留下"满堂兮美人，忽独与余兮目成"的香艳传奇。"桃花一簇开无主，可爱深红爱浅红"（杜甫《江畔独步寻花·其五》），一枝如画，却只能孤芳自赏。为谢词人殷勤意，拚却醉颜红，不过是在借他人酒杯，浇自己胸中块垒罢了。"只怕酒醒时候断人肠"句，正是词人"临风怳兮浩歌"（屈原《九歌》）。

"恨"者，"笑"者，何足道哉！据说，《虞美人》词风行汴梁城之后，秦观成了达官贵人府上不受欢迎的人。

苏门高弟

苏轼一生失意官场，却成为继欧阳修之后大宋文坛的领军人物。他在朝野享有盛誉，与之交游，拜在其门下的人也有很多。在苏轼众多的门生和崇拜者当中，最为人所熟知的无过于黄庭坚、秦观、张耒、晁补之四个，即所谓的"苏门四学士"。

"黄郎萧萧日下鹤，陈子峭峭霜中竹。秦文茜藻舒桃李，晁论峥嵘走金玉。"（张耒《赠李德载二首·其二》）四人各有所长，苏轼却偏爱秦观。据《避暑录话》记载，"苏子瞻于四学士中最善少游"，小说、戏曲中也留下了许多关于二人的话题，比如《苏小妹三难新郎》之类。

秦观（1049—1100），字太虚，后改字少游，号淮海居士等，扬州高邮（今江苏高邮）人。从陈师道《秦少游字序》中的"愿还四方之事，归老邑里如马少游"句可知，秦观改字，与其心慕汉马援从弟马少游有关。史称马少游淡泊名利，知足求安，宋代视其为无意功名、不求仕进的楷模。

秦观与苏轼亦师亦友，政治上持有大致相同的见解，有大致相同的立场。秦观与苏轼政治命运同样坎坷，词风却相去甚远。秦观没有追随苏轼开创的"一洗绮罗香泽之态"的词风，反而回归花间词闺情春怨的传统，另辟蹊径，卓然成一家。

秦观未能如苏轼一样，在词的创作中加入逸怀浩气与博大旷达的意境，而是多写伤春怨别。尽管如此，研究资料显示，秦观名列宋代"十大词人排行榜"第五，历代词选第八。秦观在词坛有不可动摇的历史地位。

秦观一生，个性较柔弱，感情细腻，思想多悲观，缺乏阳刚之气。他的诗和词，格调哀婉、悲戚，故他被称"古之伤心人也"。

秦观出生于高邮一个寒士家庭，幼年时其父出外游学，没有时间教导他。他少年丧父，所以性格上更多一些柔弱的女性化色彩。因家庭困难，秦观边读书边劳作。十九岁时，秦观娶妻徐氏。秦观一生游冶，喜欢出入风月场所，可知夫妻二人感情不和美。

年轻时的秦观，博闻强记，性格不羁，颇具名士风度，以为"功誉可力致而天下无难事"（《秦少游字序》）。二十一岁时，秦观作《浮堰赋》，对普通百姓的生活苦难寄予了深深的同情。二十四岁时，秦观苦研兵法，作《郭子仪单骑见虏赋》，热情讴歌了平定叛乱的唐人郭子仪。

此时的秦观，读书似乎只是自娱，而不是为了做官，"缪挟江海志，耻为升斗谋"（《春日杂兴十首·其二》），不是在家中闲居，就是出外游历。

秦观与苏轼的结识颇具戏剧性。据北宋释惠洪《冷斋夜话》记载，熙宁七年（1074），得知一代文宗苏轼往密州赴任，途经淮扬，一直有心结识苏轼的秦观动起了心思："作坡笔语，题壁于一山中寺。"果然不出秦观所料，苏轼见到他的题诗，"果不能辨，大惊"。等到拜访友人孙觉之时，苏轼自然在孙觉的面前提及此事。孙觉取出家中秦观所作诗词百余篇，给苏轼观看。苏轼看后，恍然道："向书壁者，岂此郎焉！"

苏轼对秦观的才华赞赏有加，"遂结神交"（清秦瀛《淮海先生年谱》）。

孙觉也是高邮人，是秦观的长辈。秦观曾从孙学儒家经典，称孙妻为"姨婆"。

孙觉（1028—1090），字莘老，师从学者胡瑗，仁宗朝时进士及第。他是黄庭坚的岳父。孙觉因反对青苗法，辗转地方为官，历知湖州、苏州、福州、徐州。此时，孙觉正居祖母丧于家中。秦观《淮海集》称其"转守七州多异政，奉常处处有房祠"。高邮地区至今仍有苏轼、孙觉、秦观、王巩的四贤祠。

熙宁九年（1076）十二月，苏轼罢知密州，改知河中府。还未到任，告下改知徐州。

元丰元年（1078）夏，秦观进京参加秋试，途经徐州，终于得偿所愿，见到了苏轼。

二人第一次见面，秦观作《别子瞻》赠苏轼，其中有"我独不愿万户侯，惟愿一识苏徐州"之句。在诗中，秦观化用李白《与韩荆州书》中"生不用封万户侯，但愿一识韩荆州"之句，字里行间充满了对苏轼的钦慕与结识后的欣喜之情。

投桃报李，苏轼在回诗《次韵秦观秀才见赠秦与孙莘老李公择甚熟将入》中写下"故人坐上见君文，谓是古人吁莫测"之句，对秦观的才学大加赞赏。

秦观在徐州并没有待多久，二人依依惜别，相约秋后再见，哪知秦观爽约了。原来，自信满满的秦观落第了。初试失利，秦观性格中的缺陷暴露无遗。落第后的秦观认为不是自己无能，而是天道不公，自己怀才不遇，返乡后无颜见人。

苏轼得知他落第的消息，去信安慰道："此不足为太虚损益，但吊有司之不幸尔。"（《答秦太虚五首·之一》）他还作诗激励秦观："秦郎文字固超然，汉武凭虚意欲仙。底事秋来不得解，定中试与问诸天。"（《次韵参寥师寄秦太虚三绝句时秦君举进士不得》）苏轼在肯定秦观才华的同时，也为主考官错失人才而表示遗憾。

出乎苏轼意料的是，秦观的心理承受能力太差，暂时的落第居然挫伤了他的少年壮志。秦观回到家乡，写了《掩关铭》，表示从此无意功名，再无从前的雄心万丈。

科场失意后，自然界的春花秋月，人事的悲欢离合，都会触动秦观心底敏感的神经。即使是蝶飞蜂舞、桃杏花开的春天，秦观都心情灰暗。在

《沁春园》中，春光烂漫在他眼中看来，是"桃愁杏怨，红泪淋浪"：

> 宿霭迷空，腻云笼日，昼景渐长。正兰皋泥润，谁家燕喜；蜜
> 脾香少，触处蜂忙。尽日无人帘幕挂，更风递、游丝时过墙。微雨
> 后，有桃愁杏怨，红泪淋浪。
> 风流寸心易感，但依依伫立，回尽柔肠。念小奁瑶鉴，重匀绛蜡；
> 玉龙金斗，时熨沉香。柳下相将游冶处，便回首、青楼成异乡。相
> 忆事，纵蛮笺万叠，难写微茫。

"有我之境，以我观物，则物皆著我之色彩"（王国维语），离别令
秦观苦不堪言，何况是春雨过后，"宿霭迷空，腻云笼日"的初春景象，
怎能不令他肝肠寸断？

山抹微云

元丰二年（1079）三月，秦观前往越州省亲，恰逢苏轼自徐州前往湖州
赴任，于是搭乘了苏轼的顺风船。一行人从高邮出发，行经扬州，游历了
平山堂。到了无锡，几人又游览了惠山。一路游山玩水，免不得诗词唱和。

到了湖州，苏轼、秦观二人一起过了端午节。秦观盘桓数日，起身前
往越州。据胡仔《苕溪渔隐丛话》卷三十三引《艺苑雌黄》："程公辟
（名希孟）守会稽，少游客焉，馆之蓬莱阁。一日，席上有所悦，自尔眷
眷不能忘怀，因赋长短句，所谓'多少蓬莱旧事，空回首、烟霭纷纷'。"
秦观的代表作《满庭芳》，正是创作于此时。

山抹微云，天连衰草，画角声断谯门。暂停征棹，聊共引离尊。多少蓬莱旧事，空回首、烟霭纷纷。斜阳外，寒鸦万点，流水绕孤村。

销魂。当此际，香囊暗解，罗带轻分。谩赢得、青楼薄幸名存。此去何时见也？襟袖上、空惹啼痕。伤情处，高城望断，灯火已黄昏。

在秦观的长调词中，这首《满庭芳》的成就最高。

词一开始，就为所有人铺陈开这样一幅情景。会稽山顶，愁云惨淡，天边是一望无涯的枯草。眼中已经是一派深秋萧瑟的景象，耳中更传来了令人肠断的画角声。一个"抹"字，将会稽山若隐若现的景色跃然纸上。"天连衰草"，更加烘托出离别氛围的凄迷。

"离恨恰如春草，更行更远还生"（李煜《清平乐》），秦观作此词时的心理，正是如此。与心爱的人"共引离尊"，只能是聊胜于无，此句与柳永"执手相看泪眼，竟无语凝咽"之句异曲而同工。

接下来，送行的人进入画面，黯然神伤的秦观暂停征棹，与眷恋的女子把酒话别。回首往事，蓬莱阁中的欢愉历历在目。而今，这份情仿佛身周的烟霭，稀释了，变得不知如何捕捉。

"斜阳外，寒鸦万点，流水绕孤村"句，化用隋炀帝杨广《野望》"寒鸦千万点，流水绕孤村"之句，更令离别的画面增了几分悲苦。

夕阳残照中，寒鸦噪晚风，与此截然不同的是，送行的人与远行的人无语相对，酒入愁肠，那女子再也无法忍受心底的悲痛，珠泪纷纷坠落襟袖。词人不忍直视她的泪眼，竭力掩饰，扭头去眺望远方的孤村。他心中感慨不已，自己毅然离去，只怕从此"薄幸"名声在外了。就在这时，那女子"香囊暗解，罗带轻分"，把随身佩戴的香囊塞在词人手中。

"伤情处，高城望断，灯火已黄昏"，当他清醒过来，伊人已经不告而别，悄然远去，秦观眼中只余灯火阑珊中的会稽城。此一句，辛弃疾的更胜一筹："众里寻他千百度，蓦然回首，那人却在，灯火阑珊处。"（《青玉案·元夕》）

柳永创作了大量慢词，发展到苏轼的时候，慢词在艺术上更臻完美。柳永的慢词惜乎格调低俗，东坡的慢词格局一变，以诗为词，写来旷达不羁。秦观的《满庭芳》则是用小令笔法填写慢词，寓情于景，情景交融，抽丝剥茧般层层递进，深情委婉曲折，沁人心脾。此词一出，立即风行于江淮之间，后有人将其与柳永并称，戏称"山抹微云秦学士，露花倒影柳屯田"（叶梦得《避暑录话》）。

吴曾《能改斋漫录》记载了一则歌伎改换秦观《满庭芳》韵脚的故事，很是令人寻味。

杭之西湖，有一倅闲唱少游《满庭芳》，偶然误举一韵云："画角声断斜阳。"伎琴操在侧云："'画角声断谯门'，非斜阳也。"倅因戏之曰："尔可改韵否？"琴即改作阳字韵云："山抹微云，天连衰草，画角声断斜阳。暂停征辔，聊共饮离觞。多少蓬莱旧侣，频回首，烟霭茫茫。孤村里，寒鸦万点，流水绕低墙。魂伤当此际，轻分罗带，暗解香囊。漫赢得青楼薄幸名狂。此去何时见也，襟袖上空有余香。伤心处，长城望断，灯火已昏黄。"东坡闻而称赏之。

后因东坡在西湖，戏琴曰："我作长老，尔试来问。"琴云："何谓湖中景？"东坡答云："秋水共长天一色，落霞与孤鹜齐飞。"琴又云："何谓景中人？"东坡云："裙拖六幅潇湘水，髻　巫山一段云。"又云："何谓人中意？"东坡云："惜他杨学士，憋杀鲍参军。"琴又云："如此究竟如何？"东坡云："门前冷落鞍马稀，老大嫁作商人妇。"琴大悟，即削发为尼。

从此，临安城内少了一位能诗擅琴的佳人，白云庵内多了一个礼佛诵经的女尼。《东坡笔记》记载了琴操谢东坡歌云："谢学士，醒黄粱，门前冷落稀车马，世事升沉梦一场，说什么鸾歌凤舞，说什么翠羽明珰，到后来两鬓尽苍苍，只剩得风流孽债，空使我两泪汪汪，我也不愿苦从良，我也不愿乐从良，从今念佛往西方。"

据蔡絛《铁围山丛谈》记载：

> 范内翰祖禹作《唐鉴》，名重天下。坐党锢事。久之，其幼子温，字元实，与吾善。政和初，得为其尽力，而朝廷因还其恩数，遂官温焉。温，实奇士也。一日，游大相国寺，而诸贵珰不辨有祖禹，独知有《唐鉴》而已。见温，辄指目，方自相谓曰："此《唐鉴》儿也！"又，温尝予贵人家会，贵人有侍儿，善歌秦少游长短句，坐间略不顾，温亦谨，不敢吐一语。及酒酣欢洽，侍儿者始问："此郎何人耶？"温遽起，叉手而对曰："某乃'山抹微云'女婿也！"闻者多绝倒。

范温的父亲范祖禹（1041—1098），字淳甫，成都人，宋仁宗嘉祐八年（1063）进士。范祖禹参与《资治通鉴》编撰，还撰写了《唐鉴》《帝学》《仁皇政典》等，被称为"唐鉴公"。范温生活在父亲的阴影之下，大家都知道他是"唐鉴儿"，范温宁愿向世人展现他的另一个身份——"'山抹微云'女婿"，这话虽范温在酒酣耳热之际说出来的，但也足以说明秦观词的知名度。

"词"这一文学体裁自诞生以来，一直以描述男女之情为"当行本色"。词从青楼歌坊走向士大夫的酒宴歌席后，词的功能开始悄然发生了变化。词从伶工之词发展成为士大夫之词，创作范围变得开阔起来。苏轼不满足于词"娱宾遣兴""陈伎佐歌"的简单功能，有意识地将词提高到了与诗同等的地位。这种"以诗为词"的创作革新，苏轼认为不过是"自是一家"，并没有开宗立派的意思。后世将他的数首词贴上"豪放"的标签，也是一叶障目。所谓的"豪放"词，在苏词中所占的比例并不是很高。苏轼将传统表现女性化的柔情之词，扩展为表现男性化的豪迈旷达，在表现男女情事的同时，更注重与咏物、咏史相结合。苏轼的这种词作风格，突破了词为艳科的旧传统。

　　《四库提要》总结道："词自晚唐五代以来，以清切婉丽为宗。至柳永一变，如诗家之有白居易；至苏轼又一变，如文家之有韩愈，遂开南宋辛弃疾一派。"李清照在《词论》中评论苏词："晏元献、欧阳永叔、苏子瞻，学际天人，作为小歌词，直如酌蠡水于大海，然皆句读不葺之诗尔，又往往不协音律。"苏轼确实有不协音律的词作，但并非表明苏轼不懂音律。因为苏轼在创作的时候考虑更多的是内容的连贯性。是为了音律而创作，还是为了创作而创作，这是形式与内容之争。苏轼创作的婉约词哀而不伤，摆脱了柳词轻浮侧艳、柔靡低沉的弊病。

　　秦观词被推为婉约正宗，被视为"当行本色"的巨擘，实至名归。秦观词虽然也是写离愁别恨，却与此前的词人风格不同。秦词情感真挚，语言优雅，意境深婉，符合音律的要求，也符合词体的本色及士大夫的审美情趣。

　　秦观词创作风格的形成，与其失意的仕宦经历有很大的关系。秦词早期因其多愁善感的心性形成了纤柔婉约的风格，经历迁谪，其词风变得凄厉。

秦观的《淮海居士长短句》共八十三首词作，其中写男女恋情的就有五十四首，故后世有秦词"专主情致"之说。秦观不同时期的遭遇与感触，在这些词作中都有不同程度的反映。这些词作表面上是描述男女离别后的相思之苦，实则在倾诉词人一生穷困潦倒、仕途坎坷的悲哀。生活不如意，政治失意，心胸狭隘，导致了秦观词作清冷凄寂、格调悲凉低沉的风格。

　　失意人生的感慨，唯有说与"同是天涯沦落人"的歌伎听。在同病相怜的歌伎身上，秦观找到了身心的慰藉，把她们视为红颜知己。秦词中，歌伎的悲欢离合，也是秦观自己人生的写照。她们的悲惨命运折射出秦观的悲喜人生。这些颓废、凄苦的词作，寄予了秦观怀才不遇、政治失意的一腔忧郁。

　　词在南唐君臣手中完成了由伶工之词向士大夫之词的转变，晏殊、欧阳修等人的词作，情中有思，充满忧生、忧世的人生感慨，柳永的羁旅词充盈着漂泊人五味杂陈的人生况味，自我抒情色彩明显，苏轼词融合了上述词风，去俗为雅，提升词境，推尊词体，使词作在士大夫化的基础上更趋于雅化。

　　"词家先要辨得个情字"（清刘熙载《艺概·词曲概》），"词不在大小浅深，贵于移情"（清沈谦《填词杂说》），"情不深而为词，虽雅不韵，何足感人"（陈廷焯《白雨斋词话》），词句参差，便于旖旎入情。词人填词的第一要素就是真挚痴情，抒发真情至性是一切文学创作所必需，词更是如此。宋代词人都擅言情，秦观更是工于言情，一往情深。《满庭芳》正是他不能忘情、无法释怀之作，"多少蓬莱旧事，空回首、烟霭纷纷"写出了难舍难分的无限眷恋。

　　秦观作《满庭芳》之时，苏轼正身陷乌台诏狱。二人后来重逢，苏轼对秦观说："久别，当作文甚胜，都下盛唱公'山抹微云'之词。"秦观只有逊谢。苏轼话锋一转，批评道："不意别后，公却学柳七作词！"秦观听了，急忙为自己辩解道："某虽无识，亦不至是。先生之言，无乃过乎？"苏轼见秦观不认账，道："'销魂、当此际'，非柳词句法乎？"

秦观见苏轼言之有据，"惭服"。（黄昇《花庵词选》）

秦观的词作，确实继承了柳永的一些创作特点。在柳永之前，没有人专注于慢词的创作。柳永的词，无论是从形式上，还是从内容上，对于词的发展都有重要的作用。慢词最初是流行于市井之间的低俗文化，迁客骚人不屑一顾。此外，慢词曲调的变化和格律，比小令严格，不通音律的寻常文士无法信手拈来，藏拙不失是一种好办法。秦观没有刻意地学习柳永，但十分注重慢词的创作。在他存世的作品中，慢词占四分之一强。

佳期如梦

秦观与柳永一样，都是营造意境的高手，秦观的《满庭芳》一出，柳永的《雨霖铃》无法再专美于前。苏轼词"大江东去，浪淘尽，千古风流人物"疏快明朗，却失去了词之幽凄迷离的意境。苏词有直抒胸臆、旷达不羁的一面，于词之原道论，未免失之生硬。

秦观没有像苏轼那样化诗为词，他的词作更多的是一种对词作原始风格的回归。作词，要求入律，还要求词的用字措辞、取象造境要柔婉，便于歌伎歌唱。秦观的词作"淡语皆有味，浅语皆有致"（清冯煦《宋六十一家词选·例言》），既与苏轼词的奇险不同，也有别于柳永词一味迎合世俗的艳美。秦观的词作，深挚之情出以闲淡之语，却意韵隽永，如《浣溪沙》：

漠漠轻寒上小楼，晓阴无赖似穷秋。淡烟流水画屏幽。

　　自在飞花轻似梦，无边丝雨细如愁。宝帘闲挂小银钩。

　　寒是轻寒，阴是晓阴，画屏则是淡烟流水。飞花轻似梦，丝雨细如愁，就连帘上挂的银钩也是小的。一片闲愁，尽在飞花细雨之中。这一切看起来是如此平淡无奇，背后却是词人远超侪辈的敏感与细致入微的观察力。

　　"填词，一调有一调之体制，一调有一调之气象，即一调有一调之作法。"（清蔡嵩云《柯亭词论》）在推尊词体的同时维护词的本色，秦观词"得《花间》《尊前》遗韵，却能自出清新"（刘熙载《艺概·词曲概》）。秦观的言情词，用语清新，明白晓畅，全无柳永词的脂粉气，而且不尚典故，不发政论，而是专注情致。同门晁补之赞道："近世以来，作者皆不及秦少游。如'斜阳外，寒鸦万点，流水绕孤村'，虽不识字人，亦知是天生好言语。"（吴曾《能改斋漫录》引晁无咎语）

　　柳永为了适应长词慢调的体制，采用了直陈其事，层层铺叙的表现手法。这样写词脉络分明，平铺直叙，通俗易懂，迎合了普通大众的审美情趣。秦观在学习柳永的基础上加以改进，情景空间转换不着痕迹，结构与内容浑然一体，在慢词的创作上更胜柳永一筹。

　　苏轼本质上仍是一个诗人，其词作近于诗人的气质。秦观在气质上更似词人，这是由其先天气质因素决定的。他不愿在推尊词体的同时丢掉词的传统美感，在词创作手法上与苏轼有所不同，为词坛开辟新境，在前人的基础上，以其个性化的创作进一步推动了词的演进。

　　清周济《介存斋论词杂著》指出："北宋有无谓之词以应歌，南宋有无谓之词以应社。""无谓"就是无聊，没有价值与意义。周济这一认识是学界的共识，在评论宋词的价值与成就之时，"有谓""无谓"就成了评判标准。流传后世的宋词计有两万余首，"有谓"的词只占有极少的比例，应歌而作、应社而作的词才是主流。

"花间词"是文人词的鼻祖，这种"无谓之词"演绎了文人词在生成与发展过程中积淀下来的本性与特征。花间词奠定了文人词的审美风范，在相当长的时间内成了文人填词的一种固定模式。北宋词人李之仪在《跋吴师道小词》中明确主张，填词当"以《花间集》中所载为宗"，论词则必须"以《花间》所集为准"，才能保持词体固有的风格。

苏轼认为词是"诗之裔"，但也无力改变词的社交、娱乐、抒情的功能。他的许多词作也是应歌之作，应歌才是词体创作的重要途径。

徽宗政和年间，苏轼的弟子李廌听一位老翁执乐唱歌，心里别扭异常，写了《品令》一词嘲讽道："唱歌须是，玉人檀口，皓齿冰肤。意传心事，语娇声颤，字如贯珠。老翁虽是解歌，无奈雪鬓霜须。大家且道，是伊模样，怎如念奴。"

大量史实表明，在迎来送往、朋侪相聚的宴集活动中，文人应歌填词，歌伎歌以侑酒，是两宋士大夫约定俗成的社交方式，也是彼时司空见惯的娱乐风尚。这一方式与风尚构成了宋词的原生态，也决定了词体功能的多样性。

苏轼戏称秦观为"山抹微云"君，以秦观词气格为病，却在填新词之后，问门下张耒、晁补之道："何如少游？"仅此便可知秦观在他心底的地位如何。

元丰三年（1080），苏轼贬谪黄州，许多旧交唯恐引火上身，纷纷避之，苏轼也害怕牵连亲友，与他们之间少了书信往来。

得知苏轼遭遇不幸，秦观很是关心，主动去信宽慰道："以先生之道，仰不愧天，俯不怍人，内不愧心。某虽至愚，亦知无足忧者。"

苏轼回信除了表示感激之情外，再次劝秦观多作时文，鼓励他再战场

秦观《画堂春》：
落红铺径水平池，弄晴小雨霏霏。杏园憔悴杜鹃啼，无奈春归。
柳外画楼独上，凭栏手捻花枝。放花无语对斜晖，此恨谁知？

屋。信中对自己在黄州的日常起居娓娓道来，生活琐事无所不及，写到最后，他抱歉道："欲与太虚言者无穷，但纸尽耳。"（《答秦太虚书》）

在苏轼等师友的激励之下，秦观鼓足余勇，于元丰五年（1082）再次参加春试。造化弄人，秦观又一次落榜了。一阕《画堂春》最能代表秦观科举失意后落寂的心：

> 落红铺径水平池，弄晴小雨霏霏。杏园憔悴杜鹃啼，无奈春归。
> 柳外画楼独上，凭栏手捻花枝。放花无语对斜晖，此恨谁知？

表面看来，秦观写的是春怨春恨。仔细琢磨，却与第二次的落榜有关。其中"杏园憔悴杜鹃啼"之句，化自杜牧《杏园》诗"莫怪杏园憔悴去，满城多少插花人"之句。

杏园故址是今西安大雁塔南，唐时为新晋进士游宴之地。据《旧唐书》记载，大中元年（847）三月敕："自今进士放榜后，杏园任依旧宴集，有司不得禁制。"据唐李淖《秦中岁时记》记载："进士杏花园初会谓之探花宴，以少俊二人为探花使，遍游名园，若他人先折得名花，则二使皆有罚。"宋人在诗词中经常将长安喻为汴梁，杏园则指汴京城中的琼林苑。

那些新科进士意气风发，插花欢饮的时候，落榜生秦观黯然神伤，只能凭栏远远观望。杜鹃鸟的啼声，在他耳中听来，也变成了绝妙的讽刺。秦观的这种发自心底的郁闷，正是落第造成的。他人的欢声笑语，暮春的落红和小雨，更令心情低落的秦观郁闷。

这种无法排遣的懊恼，在暮春时节中越聚越浓，秦观的心中自然会由嗔恨而生出莫名的悲愤，进而自怨自艾。"凭栏手捻花枝"是心中恨极，最终只好接受现实，无可奈何地"放花无语对斜晖"，自己找了个台阶道："此恨谁知？"

秦观存世的五十多首风花雪月词，都抒发了忧、恨、愁、苦、悲、怨这些情绪，只有一首《鹊桥仙》例外：

> 纤云弄巧，飞星传恨，银汉迢迢暗渡。金风玉露一相逢，便胜却人间无数。
>
> 柔情似水，佳期如梦，忍顾鹊桥归路。两情若是久长时，又岂在朝朝暮暮。

这首词热情讴歌了牛郎织女坚贞不渝的爱情，历来被誉为秦观爱情词中仅有的积极向上、格调明朗的作品。但"飞星传恨""佳期如梦""忍顾鹊桥归路"等语仍透露出一种挥之不去的哀怨与感伤。

"金风玉露一相逢，便胜却人间无数"，"一"会超越"无数"，完全是因为爱情的坚贞。"金风"就是秋风，"玉露"就是白露，"金风玉露"正是七月初七的景象。牛郎、织女聚少离多，只有到金风玉露的七月初七才能重逢。尽管如此，他们这种短暂的团圆，仍远胜那些日夜厮守的感情。相见时难别亦难，一年一度的团聚，佳期如梦，长夜苦短，所以更应该格外珍惜这难得的相会。离别越久，相思越深，世间情，何曾有如牛郎、织女一样的坚韧与真挚？

秦观高度评价了牛郎织女的爱情，认为"两情若是久长时，又岂在朝朝暮暮"，忠贞的爱情并不在于是否形影不离，真正的爱情会超越时空、跨越地域的阻隔。历代诗人、词人以牛郎织女聚少离多为恨事，秦观反其道而行，他笔下的爱情胜过了"在天愿作比翼鸟，在地愿为连理枝"的海誓山盟。因此，这首《鹊桥仙》成了千古传唱的名词。

元丰七年（1084），苏轼奉旨移汝州。七月，途经金陵的苏轼专程拜访了赋闲在家的王安石。二人一笑泯恩仇，诗词唱和、相谈甚欢。[1] 在此，苏轼向王安石荐举秦观，认为他人才难得。

八月，苏轼至京口，与好友滕元发会于金山，秦观也来相聚。从苏轼赠诗可知，在二次科举失利后，秦观改太虚为少游。

秦观告别后，苏轼作书王安石，再次举荐秦观："向屡言高邮进士秦观太虚，公亦粗知其人，今得其诗文数十首，拜呈。词格高下，固已无逃于左右，独其行义修饬，才敏过人，有志于忠义者，其请以身任之。此外，博综史传，通晓佛书，讲集医药，明练法律，若此类，未易以一一数也。才难之叹，古今共之，如观等辈，实不易得。愿公少借齿牙，使增重于世，其他无所望也。"（《上荆公书》）很快，王安石回书道："公奇秦君，数口之不置；吾又获诗，手之不舍。"（《回苏子瞻简》）

得到王安石和苏轼的肯定与激励，秦观重燃信心，再战场屋。元丰八年（1085）五月，三十七岁的秦观终于进士及第。此后，秦观历任定海主簿、蔡州教授，开始了仕宦人生。

就在秦观进士及第的前一年秋天，宋神宗在大宴群臣的时候，"忽暴得风疾，手弱觞侧，馀酒沾污御袍"（陆游《老学庵笔记》）。元丰八年二月，宋神宗病重，无法处理朝政，传旨立延安郡王赵傭为皇储，由皇太后高氏暂时听政。三月，高太后向朝臣宣读宋神宗的圣旨，立赵傭为太子，改名赵煦。

---

[1] 南宋朱熹《朱子语类》称："凡荆公所变更者，初时东坡亦欲为之。"苏轼并不是反对变法，而是认为王安石"求治太急，听言太广，进人太锐"（《宋史》）。究其根本，二人所争者是藏富于国或藏富于民而已。

数日后，三十八岁的神宗龙游大海。不到十岁的皇太子赵煦于枢前继位，是为宋哲宗。

垂帘听政的高太后（谥号"宣仁"）被史家称为"女中尧舜"，是个坚定的反对新法者。宋神宗在世时，囿于祖宗家法，她不敢过多干政。此时军国重权在握，她第一件事情就是召回反变法的领军人物司马光。

从熙宁六年（1073）至元丰八年（1085），十余年间，司马光做了五任提举西京嵩山崇福宫。他在编撰完成帝王教科书《资治通鉴》的同时，创造了北宋官员任宫观使时间最久的纪录。出任门下侍郎之重职的司马光，连上数道表疏，指出熙丰年间的变法全是"舍是取非，兴害除利，名为忧民，其实病民，名为益国，其实伤国"（《乞去新法之病民伤国者疏》）。

重返朝堂的司马光，打出了"以母改子"的旗号，全面废除新法。北宋于次年改元"元祐"，历史进入"元祐更化"时代。

党争的是与非

司马光主政之后，苏轼也回到了朝堂。元祐元年（1086）三月，苏轼先任起居舍人，继而为中书舍人，不久改任翰林学士、知制诰。四月，复制科，苏轼与鲜于侁以贤良方正一同举荐秦观应试。

可惜好事多磨，秦观所上策论中有针对党争而作的《朋党》篇，此举为"洛党"官员所攻讦，被"诬以过恶"（苏轼《乞郡札子》）。秦观因此落第，怏怏返蔡州。秦观这次落第，并非因其策文不堪读，而是因为他与苏轼的师生关系。

元祐五年（1090）五月，因重臣范纯仁、曾肇的举荐，秦观被再次召至汴梁，应制科进策论，被任为太学博士、校对秘书省黄本书籍^①。不久，秦观改任秘书省正字。

哪知事情再起波澜，右谏议大夫朱光庭弹劾秦观"素好恶徒，恶行非一，岂可以为人之师"（李焘《续资治通鉴长编》）。秘书省正字虽然是从八品的小官，却"实为儒学之选"（《曾巩集》）。身为从四品的右谏议大夫朱光庭，因何会弹劾一个无足轻重的小学官？原来，朱光庭此举乃是项庄舞剑，意在沛公。

就在秦观任秘书省正字之时，苏门弟子黄庭坚任著作佐郎（正八品），晁补之、张耒同任著作郎（从七品），与秦观一样同为馆职。沿唐故事，馆职都可以称为学士，史称四人为"苏门四学士"。从此，四学士的政治命运也与苏轼紧密联系在一起，随着朝堂激烈的党争而一同沉浮。

在汴梁城中，苏轼居住在"阊阖门外白家巷中"（李廌《师友谈记》），秦观住在"东华门之堆垛场"（胡仔《苕溪渔隐丛话》引王直方《诗话》），二人交往密切。

元祐六年（1091）八月，秦观再次遭遇不幸。这次弹劾他的是侍御史贾易，他在奏章中称："有如秦观险薄无行，所为不逞，天下莫不非之……苏轼兄弟阴结权幸，分布腹心，伺察中外，苟有与之少异者，必能中伤摧辱。故贪利小人竞相趋附，而秦观狡狯尤甚，当其鹰犬之寄，同恶相济，谋害正直……"（李焘《续资治通鉴长编》）做了一年秘书省正字的秦观，又回去校对黄本书籍了。

贾易攻击秦观"险薄无行"，与其师程颐观点一脉相承。程颐（1033—1107），字正叔，北宋理学名臣，世称伊川先生。早年，程颐随兄长程颢

在洛阳讲学，深受居洛阳编撰《资治通鉴》的司马光赏识。元祐年间，司马光举荐他担任崇政殿侍讲之职。

当年秦观应制举无果，在蔡州曾作《水龙吟》：

> 小楼连苑横空，下窥绣毂雕鞍骤。朱帘半卷，单衣初试，清明时候。破暖轻风，弄晴微雨，欲无还有。卖花声过尽，斜阳院落。红成阵，飞鸳甓。
>
> 玉佩丁东别后。怅佳期、参差难又。名缰利锁，天还知道，和天也瘦。花下重门，柳边深巷，不堪回首。念多情、但有当时皓月，向人依旧。

据陈鹄《耆旧续闻》，程颐读到"天还知道，和天也瘦"之句，表示强烈不满："高高在上，岂可以此渎上帝。"有人认为程颐无见识，因为此句明显化自唐人李贺之"天若有情天亦老"。其实，程颐虽然泥古不化，不至于连此常识都不具备。真正令程颐恼怒的是，秦观此词是写给相好的"营妓娄婉字东玉者"（胡仔《苕溪渔隐丛话》引《高斋诗话》）。

考宋代官制，一州之教授，总领州学，并以经书、儒术、行义训导诸学生徒，掌功课、考试之事，纠正违犯学规者。在崇儒重文的宋代，州教授之职非常重要，秦观却与营妓打得火热，如何为人师表？秦观的这些艳词，授人以柄，在程颐眼中，是有辱斯文的行为。就连苏轼对此词也多有讥诮之意。

将宋词与唐诗做一番简单比较，会发现词中的声色倾向更为明显。词人在创作过程中加入了许多女性容貌（色）的描写，以及与异性交往过程中的心理感受的刻画。艺术创作中不乏女性容貌之美的描绘，将美貌女子置于审美中心，在中国文学史上是寻常之事。但是，艺术的审美如果只剩下对艺

秦观《水龙吟》：

小楼连苑横空，下窥绣毂雕鞍骤。朱帘半卷，单衣初试，清明时候。破暖轻风，弄晴微雨，欲无还有。卖花声过尽，斜阳院落。红成阵，飞鸳甃。

玉佩丁东别后。怅佳期、参差难又。名缰利锁，天还知道，和天也瘦。花下重门，柳边深巷，不堪回首。念多情、但有当时皓月，向人依旧。

术表现者的审美，高雅的艺术也会变成对声色的迷恋，在超越一个"度"之后，其艺术性会大打折扣，审美价值也会被削减，甚至会产生质的变化。

令人遗憾的是，在传之后世的宋词中，有许多对异性间的交往欲望的描写。这种文学现象，在彼时称为"绮语柔情""郑卫之声"。秦观的早期词作中确实有香艳之气。比如被明人沈际飞在《草堂诗馀四集·续集》中评为"太露、太急"的俚词《满江红（姝丽）》：

> 越艳风流，占天上、人间第一。须信道、绝尘标致，倾城颜色。翠绾垂螺双髻小，柳柔花媚娇无力。笑从来、到处只闻名，今相识。
>
> 脸儿美，奂儿窄。玉纤嫩，酥胸白。自觉愁肠搅乱，坐中狂客。金缕和杯曾有分，宝钗落枕知何日。谩从今、一点在心头，空成忆。

又如《迎春乐》：

> 菖蒲叶叶知多少，惟有个、蜂儿妙。雨晴红粉齐开了，露一点、娇黄小。
>
> 早是被、晓风力暴，更春共、斜阳俱老。怎得香香深处，作个蜂儿抱。

上述二词明显是格调不高的浮艳之作，极可能是秦观年轻未仕时冶游艳遇的记录。这类词被时人讥为"薄情之作"，更被后人讥为淫词。

审美趣味在不同的历史时期会有不同的变化，既有健康的，也有变态的。这种情趣往往与人类社会的政治、经济、文化等有关。政治的腐败与道德的沦丧，往往会令人的审美情趣日趋低下。这些内容与歌伎有关的艳词，不能代表全部宋词，但作为一种词文化现象，是事实存在的。

宋代歌伎身为特殊的女性群体，不像普通女子一样受到礼教束缚，其生活习惯及行为方式相对自由，特别是与男性的交往上，具有一定的自由度。福祸相倚，正是因为这个自由度，一些词人在其作品中表现的内容也达到了肆无忌惮的程度。后代一些词评家指责柳永"词语尘下""声态可憎"，并非无的放矢。

子曰："先进于礼乐，野人也；后进于礼乐，君子也。如用之，则吾从先进。"（《论语》）圣贤孔子认为，由"君子"加工制作的雅文化，起源于"野人"即普通人之手，"俗"即是"雅"的源头活水。

苏轼对这种词文化现象，也有自己的理解。他在《于潜僧绿筠轩》诗中云："人瘦尚可肥，士俗不可医。"黄庭坚在《论书》中附和道："士大夫处世可以百为，惟不可俗，俗便不可医也。"

词作有露骨描写，并不是个例。柳永写过，欧阳修写过，黄庭坚也写过，其词作《千秋岁》中有"欢极娇无力，玉软花欹坠。钗胃袖，云堆臂。灯斜明媚眼，汗浃薔腾醉。奴奴睡，奴奴睡也奴奴睡"之句。好在这些词人只是俗一时，而非俗一世。

秦观这次受弹劾，是无辜"中枪"，贾易是冲着苏轼来的，原因仍是党争。

北宋覆亡的原因，除了政治腐败，党争是其中重要的一环。党争之事，其由来也久矣，在北宋末年发展到极致。宋神宗年间的党争，主要是以王安石为首的变法派与司马光为首的保守派之间的政治斗争。

宋神宗的死讯传至金陵的时候，退闲在家的王安石再也无法淡定。自从他归隐，宋神宗一身系新法废存。如今宋神宗死去，新法不知是否还能推行。王安石身处江湖之远，心系庙堂。变法早已经融入他的血液之中，他时刻关注政坛风云变幻。当司马光任相，尽废新法的消息传至金陵，精神崩溃的王安石一病不起。

黄庭坚《蓦山溪·赠衡阳妓陈湘》：

鸳鸯翡翠，小小思珍偶。眉黛敛秋波，尽湖南、山明水秀。娉娉袅袅，恰近十三余，春未透。花枝瘦。正是愁时候。

寻花载酒。肯落谁人后。只恐远归来，绿成阴、青梅如豆。心期得处，每自不由人，长亭柳。君知否。千里犹回首。

元祐元年（1086）四月，王安石病逝于金陵居所。消息传至汴梁，年迈体衰的司马光，挣扎着上疏朝廷，建议对死去的王安石"优加厚礼，以振起浮薄之风"（元张光祖《言行龟鉴》）。尽管司马光与王安石政见不和，但他并没有因此彻底否定王安石，反而对其道德文章做了高度评价。王安石与司马光所争者，国是也！

有了十余年的地方官历练，重返朝堂的苏轼对王安石的新法有了新的认识。他不但反对司马光尽废新法，尤其反对废免役法，恢复差役法。他建议道："公欲骤罢免役而行差役，正如罢长征而复民兵，盖未易也。"他甚至冒着触怒司马光的危险，"上疏极言衙前可雇不可差，先帝此法可守不可废"。

不但苏轼反对，就连吏部尚书、同知枢密院事范纯仁、尚书右仆射、中书侍郎吕公著、中书舍人范百禄、兵部尚书王存、御史中丞李常、侍御史盛陶等一大批为司马光选拔重用的守旧派官僚，也不同程度地反对司马光的做法。他们纷纷上疏，主张继续推行新法，陈述复行旧法的弊端。

九月，司马光病逝。朝堂一片混沌不明，八十多岁的文彦博以"班宰相之上"出山主政。文彦博擢尚书左丞吕大防为中书侍郎，刘挚为尚书左丞，守旧派势力继续把持军国重事。

司马光与王安石相继谢世，标志着一个伟大时代的结束。此后，由于政见不同及学术主张的分歧，朝堂之上出现守旧派官员相互倾轧，进而分化为几大政治势力，拉开了党争的大幕。

宋代党争与其他王朝的党争不同，有其独有的特点，参与党争的各派政治力量都是官僚士大夫，都是集官僚、文人、学者三位一体的复合型人才。王夫之在《读通鉴论》中感慨道："朋党之兴，始于君子，而终不胜于小人，害乃及于宗社生民，不亡而不息。宋之有此也，盛于熙、丰，交征于元祐、绍圣，而祸烈于徽宗之世。"

秦观在汴梁的时候，朝堂之上大致有三派政治势力：以崇政殿说书、河南人程颐及其门徒左司谏朱光庭、殿中侍御史贾易等人为首的"洛党"；以永静东光（今河北东光）人刘挚、右谏议大夫梁焘、起居舍人妆左司谏刘安世、监察御史王岩叟为首的"朔党"；还有一派则是以苏轼、苏辙兄弟、殿中侍御史吕陶等为首的"蜀党"。其中把持朝政的"朔党"势力最为强大。

　　三党之间明争暗斗，已不是国是之争，而是意气之争。这种无谓的意气之争，将北宋朝廷一步步推向万劫不复的深渊。

　　秦观与苏轼虽然在词作风格方面和而不同，但在对待变法的看法方面有共识。他认为王安石变法是矫枉过正，而司马光的尽废新法，更是一种矫枉过正的做法。这样做，无疑会对大宋财政产生不利影响。国家大政，秦观认为应该审时度势，宽猛相济、强弱相资。对于朋党政治，秦观更是深恶痛绝，他认为朋党乱政，反对借朋党之名兴政治斗争之实。

　　秦观本以为自己人微言轻，哪知他与苏轼交往密切，感情笃深，早就被"洛党"和"朔党"看在眼中，视为政治异己，贴上了"蜀党"的标签。在对国家政事的看法上，秦观与苏轼多数时候保持相同的观点。二人同声相应，同气相求，"洛党""朔党"把秦观当成攻击苏轼的突破口，也是顺理成章之事。"乌台诗案"发生时，晁补之刚刚进士及第，秦观尚未入仕，未受到牵连，黄庭坚时任著作佐郎，因受苏轼牵连被贬为知吉州太和县。

　　见到贾易弹劾自己，牍及秦观，苏轼站出来辩白："臣与贾易本无嫌怨，只因臣素疾程颐之奸，形于言色，此臣刚褊之罪也。而贾易，颐之死党，专欲与颐报怨。"（《再乞郡札子》）

　　苏轼与程颐的矛盾冲突，主要由二人个性差异引起。苏轼为人通脱豁达，不拘形式，率性自然。程颐则认死理，不知变通，为人拘谨、刻板。二人同在朝中做官，因行事风格不同，相互间难免会有龃龉。二人交恶，也说不清楚究竟是哪个有错在先，根本就是种种偶然，终于酿成的必然而已。

据《河南程氏外书》记载，司马光死后，朝堂有旨命程颐主持丧事。恰好这一天明堂大典，许多官员"称贺讫"，打算前往祭奠司马光。苏轼兄弟也在其列，途中却碰到了朱光庭。苏轼见他来去匆匆，就问原因。朱光庭道："往哭温公（司马光），而程先生以为庆吊不同日！"

程颐这样做，也有理论依据。《论语》有云："子于是日哭，则不歌。"见程颐如此食古不化，有人反驳道："孔子言哭则不歌，并没有说歌则不哭！"但大家都知道程颐倔强，最终怅然而返。苏轼掉头而去，临走前扔下一句话："伊川可谓鏖糟陂里叔孙通也。"

这句戏谑的话很快被添油加醋地传到了程颐的耳中，成为二人交恶的导火线。

原来，鏖糟陂是个地名，位于汴梁城西南十五里。这个地方杂草丛生，乱七八糟。陶宗仪《辍耕录》解释，俗语以不洁为鏖糟。现在昆山地区有"奥灶面"者，实为"鏖糟面"。鏖糟，就是肮脏、不干净的意思。苏轼说颐是"鏖糟陂里叔孙通"，嘲笑程颐是个不知变通、肮脏的乡下人，哪里懂什么"礼"。

时任谏官的吕陶，《四库全书总目提要·净德集提要》记载其"秉性抗直，遇事敢言，所陈论多切国家大计……大抵于邪正是非之介剖析最明，而据理直陈，绝无洛蜀诸人党同伐异之习"。吕陶在苏轼被朱光庭、贾易攻讦弹劾之时，挺身而出，主动为苏轼辩护。因此，他也被视为蜀党中人。

对于程颐与苏轼交恶之事，旁观者清的吕陶，对苏轼、程颐交恶的始末曾公允评道，"轼非无过也"，"轼荐王巩为不知人，戏程颐为不谨

言。举此二者而罪之则当也。若指其策问为讥议二圣而欲深中之，以报亲友之私怨，诚亦过矣"。（李焘《续资治通鉴长编》）

仔细剖析，元祐年间的党争，许多时候都是"洛党"与"朔党"共同攻击"蜀党"，这还得提及宋代地域文化冲突对党争的影响。

唐末五代以来，随着经济重心的南移，宋立国之时，蜀地与吴越地方的文化已经明显优于中原地区。宋兴之初，朝堂上的文官也多来自南方地区。赵炅扩大科举规模之后，这种情形越来越明显。随着南方官员的增加，南北士人共处一堂，难免会有地域文化的冲突。南方文化不可遏制地崛起，势必会引发党争。

从前的冲突，多数表现在人事方面。代表中原文化的北方士人，对南方士人天生有一种排斥的心理。王安石变法时期，因为司马光为首的北方官员不合作，他援引了吕惠卿、曾布等南方官员襄助。南方冲突骤然加剧，政见之争逐步朝着意气之争发展，终至不可收拾。元祐年间的党争，主要是政见不同，但也夹杂着狭隘的地域之争。司马光居洛十五年间，结识了一些服膺其道德学问的北方士人。等到他主政，自然会举荐这些人入朝为官。单是为了感激，自然会有一帮北方士人团结在他的身周，构成其政治核心力量。

程颐由一介布衣被擢为崇政殿侍讲，正是因为司马光的大力举荐。这时，他以礼制为由反对众人祭奠，引起苏轼的反感与调侃再正常不过。

据蔡絛《铁围山丛谈》记载，元祐年间的苏轼"既登禁林，以高才狎侮诸公卿，率有标目殆遍也"。苏轼恃才傲物，放旷不羁，其由来久矣。程颐主张敬诚格物，以致天理，其门人朱光庭的座右铭是"毋不敬，思无邪"，任谏官时"端笏正立，严毅不可犯，班列肃严"（《二程外书》）。这与苏轼骨子里的率性洒脱形成了鲜明对比，他们相互看不惯，太正常不过了。

作为程颢、程颐的继承人，南宋理学名臣朱熹认为，以苏轼为首的"蜀党"，"大概皆以文人立身"，"都不曾向身上做工夫，平日只是以吟诗饮酒，戏谑度日"（《朱子语类》）。苏轼与程颐，"洛党"与"蜀党"的冲突，正是缘自学术上的争鸣，所谓道不同不相为谋。苏轼又口无遮拦，深深地伤害了程颐及其门人。

很快，苏轼就自食苦果。先是朱光庭跳出来弹劾苏轼，认为苏轼于元祐元年学士院试馆职出的策题"师仁祖之忠厚，法神考之励精"中有诽谤二帝之嫌，故此请"特奋睿断，正考试官之罪，以戒人臣之不忠者"（《皇宋通鉴长编纪事本末》）。

苏轼急忙上疏为自己辩解，好在高太后并不糊涂，觉得朱光庭所说有些捕风捉影。收回了前日"放罪指挥"的成命，苏轼侥幸躲过一劫。

翌年，苏轼再次为院试馆职撰策题"两汉之政治"，导致了更多的台谏官员群起而攻。这一次苏轼无法在朝堂立足，元祐五年（1090），苏轼乞求外任。三月，苏轼以龙图阁学士充浙西路兵马钤辖，出知杭州。

元祐六年，苏轼重返朝堂，出任翰林学士承旨、知制诰、兼侍读，苏辙迁中大夫、守尚书右丞。见苏轼兄弟再次成为天子近臣，深以为忧的"洛党"立即行动起来。

"洛党"侍御史贾易觅得苏轼元丰八年于扬州所作《归宜兴留题竹西寺》诗，其中有"山寺归来闻好语，野花啼鸟亦欣然"之句。他深文罗织，诬蔑"山寺归来闻好语"之句是恶毒攻击宋神宗，对他的死幸灾乐祸。因为元丰八年三月宋神宗去世，而此诗作于五月。贾易还信口开河，诬蔑苏轼兄弟"尽纳蜀人，分据要路，复聚群小"，妄图颠覆政权。这个罪名可非同小可，苏轼第一时间上疏抗辩，虽然再次免于文字狱，也只好"引咎请外"，出守颍州。

不久，宣仁太皇太后死去，宋哲宗亲政，起用章惇、曾布、蔡卞等熙、丰新党人物，更张元祐政治，"绍述"熙、丰新法。章惇等人一上台，就拿《神宗实录》开刀，斥之为"谤书"，大兴文字狱，打击迫害元祐诸臣。

《神宗实录》计有元祐、绍圣、绍兴三种版本，虽已失传，却是"各以私意去取"（南宋李心传《建炎以来系年要录》）的官修史料。最早由蔡确提举，邵伯温、陆佃（陆游祖父）修撰。蔡确罢相后，由司马光提举。司马光去世后，吕公著为提举，黄庭坚、范祖禹为检讨。

对于修撰《神宗实录》的史料取舍，当时史官就有严重分歧。据《宋史》记载，身为王安石弟子的陆佃，在修撰的时候，经常与范祖禹、黄庭坚发生争执。黄庭坚认为："如公言，盖佞史也！"陆佃坚持道："尽用君意，岂非谤书乎？"陆佃虽是王安石的门人，但政见并不与王安石相同，在修撰《神宗实录》时，虽有师生私情，但绝不会护短。范祖禹、黄庭坚等人写史则是出于政治上的需求。

范祖禹、黄庭坚等人没有据实秉笔而书，"止是尽书王安石过失，以明非神宗之意"（《续资治通鉴》）。只有在意识形态领域完全否定王安石变法，才能为"元祐更化"制造舆论，提供理论依据。如此一来，章惇、曾布等人"绍述"神宗、王安石新法之初，首先拿《神宗实录》开刀，立案勘治，也就是顺理成章之事了。

所有的修撰官员均遭贬谪，陆佃也不能幸免。已经坐党籍被贬为杭州通判的秦观，也因参与修撰被诬为"影附苏轼，增损《神宗实录》"，"添差监处州茶盐酒税"（清秦缃业、黄以周《续资治通鉴长编拾补》）。苏轼也在劫难逃，章惇上台后，重新追究他从前所撰责降吕惠卿诰的词"语涉讥讪"（元祐六年，苏轼曾因此罪名出知颍州）。苏轼落职被贬英州，此后再贬惠州、儋州。

飞红万点愁如海

北宋末年，元祐党人流配至岭南者，计三十二人。地点虽异，却无不是远恶军州。九百余年前的岭南，除桂林、广州等人口繁众的地区外，"多旷土，茅菅茂盛，蓄藏瘴毒"（李焘《续资治通鉴长编》）。苏轼《闻乔太博换左藏知钦州以诗招饮》诗云："阵云冷压黄茅瘴，羽扇斜挥白葛巾。"王十朋集注："《通真子·瘴气论》曰：'岭南瘴犹如岭北伤寒也。从仲春讫仲夏，行青草瘴；季夏讫孟冬，行黄茅瘴。'"南宋诗人杨万里曾有《瘴雾》诗道："午时犹未识金乌，对面看人一似无。腊月黄茅犹尔许，不知八月却何如？"

章惇、曾布把政治异己发配往岭南，就是欲置之死地的。苏轼在惠州虽有"日啖荔枝三百颗，不辞常作岭南人"（《惠州一绝》）之句，只是聊以自慰。宋徽宗即位，苏轼遇赦，北归过大庾岭，道遇一老翁，题诗于壁道："问翁大庾岭头住，曾见南迁几个回。"（《赠岭上老人》）被贬往岭南，基本是有去无回的。

苏轼侥幸回到中原，终因在岭南染上的瘴毒发作而逝于常州。

从政治权力中心转眼跌落尘埃，秦观的心底愁苦万分，在处州写下了《千秋岁》：

> 水边沙外，城郭春寒退。花影乱，莺声碎。飘零疏酒盏，离别宽衣带。人不见，碧云暮合空相对。
>
> 忆昔西池会，鹓鹭同飞盖。携手处，今谁在。日边清梦断，镜里朱颜改。春去也，飞红万点愁如海。

这首《千秋岁》创作于何时，今天仍有争议。笔者倾向于秦观作于贬

秦观《千秋岁》：

水边沙外，城郭春寒退。花影乱，莺声碎。飘零疏酒盏，离别宽衣带。人不见，碧云暮合空相对。

忆昔西池会，鹓鹭同飞盖。携手处，今谁在。日边清梦断，镜里朱颜改。春去也，飞红万点愁如海。

谪不久的绍圣初年，因为此词是秦观词风由凄婉开始转变为凄厉的过渡性作品。

从帝乡到处州，秦观心底的失落可想而知。眼中见到的暮春景象，更增加了他的无奈与悲哀。"花影乱，莺声碎"的时节，飘零在异乡的秦观，只好独自饮酒，排遣心中难言的寂寞。衣带宽并非为伊人憔悴，而是因心底的郁闷。

"疏酒盏"并非疏远了酒杯，而是因独酌无相亲。"日暮碧云合，佳人殊未来"（江淹《杂体诗》），"人不见"的人，并非实指某人，而是怀念从前交游的故旧。来到处州的秦观，无法随遇而安，念念不忘从前"鹓鹭同飞盖"的辉煌瞬间。秦观《淮海集》卷九《西城宴集》诗二首记载，在元祐七年三月，"诏赐馆阁官花酒，以中浣日游金明池、琼林苑，又会于国夫人园，会者二十有六人"。

不久前还坐着车，在汴梁城内道上意气风发地纵马驰骋。转眼间，朝堂发生巨变，从前种种竟如幻象般变得只堪回味。人如果只是活在从前的回忆中，注定是痛苦的。"日边清梦断"，"日边"指汴梁城，秦观身在处州，仍在痴想回到京师。"镜里朱颜改"，徒唤奈何，好景不长。"春去也"，更令秦观感慨年华易逝。

"飞红万点愁如海"，更是写出了秦观愁到极致的寂寥与哀叹。"落红不是无情物，化作春泥更护花"（清龚自珍《己亥杂诗·其五》），境由心生，同样是暮春景象，在不同人的眼中就会有不同的感受。秦观命运多舛，与他的性格及心理承受能力也有关系。秦观词多沉沉暮气，正是他性格中的弱点所致。心态决定命运，积极进取的人喜欢展望未来，悲观颓废的人喜欢回味从前。

据宋人曾季貍《艇斋诗话》记载，秦观此词传至曾布耳中，曾布断定："秦七必不久于世，岂有愁如海而可存乎？"北宋曾敏行《独醒杂志》也有类似记载。此后，秦观再贬横州，途经衡州，州守孔平仲见了此词，吃惊道："少游盛年，何为言语悲怆如此？"

苏轼读了秦观的《千秋岁》后，曾和词一首《千秋岁·次韵少游》：

> 岛边天外，未老身先退。珠泪溅，丹衷碎。声摇苍玉佩，色重黄金带。一万里，斜阳正与长安对。
>
> 道远谁云会，罪大天能盖。君命重，臣节在。新恩犹可觊，旧学终难改。吾已矣，乘桴且恁浮于海。

与秦观的悲观与失落不同，苏轼"吾已矣，乘桴且恁浮于海"之句仍是一如既往地超脱乐观。

秦观的一些词，在后人眼中看来不只是暮气沉沉，甚至是有点鬼气森森了。北宋吴坰《五总志》中记载了一则关于秦观的故事，很能说明秦观这类词作的风格特点。

> 潭守宴客合江亭，时张才叔在坐，令官妓悉歌《临江仙》。有一妓独唱两句云："微波浑不动，冷浸一天星。"才叔称叹，索其全篇。妓以实语告之："贱妾夜居商人船中，邻舟一男子，遇月色明朗，即倚樯而歌，声极凄怨。但以苦乏性灵，不能尽记，愿助以一二同列，共往记之。"太守许焉。
>
> 至夕，乃与同列饮酒以待。果一男子三叹而歌。有赵琼者，倾耳堕泪曰："此秦七声度也。"赵善讴，少游南迁，经从一见而悦之。商人乃遣人问讯，即少游灵舟也。其词曰："潇湘千里接蓝色，兰桡昔日曾经。月明风静露华清。微波浑不动，冷浸一天星。独倚危樯情悄悄，时闻飞瑟泠泠。仙音含尽古今情。曲终人不见，江上

数峰青。"

崇宁乙酉，张才叔过荆州，以语先子，乃相与叹息曰："少游了了，必不致沉滞，恋此坏身，似有物为之。"然词语超妙，非少游不能作，抑又可疑也。

词由晚唐入宋，宋人在推陈出新的基础上，仍推崇唐诗风骨，这种情况在北宋末年词坛尤其明显。两宋三百余年，一些名家词作多引用唐诗入词，有的甚至整句一字不改地借用。

秦观这首《临江仙》，结尾句借用了中唐诗人钱起应试名作《湘灵鼓瑟》之末句"曲终人不见，江上数峰青"。无独有偶，修筑岳阳楼的滕子京也有词《临江仙》借用该句做结尾："湖水连天天连水，秋来分外澄清。君山自是小蓬瀛。气蒸云梦泽，波撼岳阳城。帝子有灵能鼓瑟，凄然依旧伤情。微闻兰芝动芳馨。曲终人不见，江上数峰青。"宋人如此反复地化用唐诗名句，应当是潜意识对前朝臻于化境的文学形式有着强烈认同与期待，秦观也是希望通过模仿学习，帮助其作品恢复为雅正之音。

仕途遇挫初期，秦观词作风格随心理变化而有了变化。元祐二年[①]，苏轼、秦观等十六人会于王诜之西园。李伯时（李公麟）作画，米芾作记《西园雅集图记》，其中有"其乌帽黄道服，捉笔而书者，为东坡先生"，"幅巾青衣，袖手侧听者，为秦少游"。

西园雅集，是苏轼及其门人政治生涯中的黄金时代，几人在京执行公务之余，游赏宴集，诗词唱和，度过了一段美好的时光。此次雅集，会聚了当时文化艺术界的翘楚，因为影响巨大，流传久远，与"兰亭雅集""玉山雅集"并称"三大雅集"。西园，也是秦观人生中最美好的回忆。躬逢

---

① 孔凡礼《苏轼年谱》认为此事为元祐三年冬十二月，未审孰是。

其盛的秦观，曾作《望海潮》以记其事：

> 梅英疏淡，冰澌溶泄，东风暗换年华。金谷俊游，铜驼巷陌，新晴细履平沙。长记误随车。正絮翻蝶舞，芳思交加。柳下桃蹊，乱分春色到人家。
>
> 西园夜饮鸣笳。有华灯碍月，飞盖妨花。兰苑未空，行人渐老，重来是事堪嗟。烟暝酒旗斜。但倚楼极目，时见栖鸦。无奈归心，暗随流水到天涯。

这首词又题"洛阳怀古"，是秦观的代表作之一。

词的上阕展示了冬去春来生机勃勃的景象，梅花疏落，冰雪消融，粉蝶翩翩，垂柳依依，秦观与好友数人出游，眼前"絮翻蝶舞"的春景触动柔肠，于是有感而发。

"金谷俊游"之句，金谷是西晋石崇修建的私人会所，宋时仍在。据说，当年西晋皇宫对面的御街前立有铜铸的骆驼，因此，那条最繁华的街道命名为铜驼街。唐刘禹锡有诗《杨柳枝词九首》："金谷园中莺乱飞，铜驼陌上好风吹。"秦观信手拈来，丝毫不见晦涩。春天来临，俊男靓女就会踏着铜驼街的沙子，前往金谷园踏青。

下阕"西园夜饮鸣笳。有华灯碍月，飞盖妨花"，极写西园夜饮灯火车骑的盛况，此句正是为"兰苑未空，行人渐老"句张本。"重来是事堪嗟"做一总结语，回首从前，物是人非，感慨年华易逝，青春易老。

"但倚楼极目，时见栖鸦"句，乌鸦尚且有枝可栖，词人却颠沛流离，居无定所。"无奈归心，暗随流水到天涯"之句正是画龙点睛之语，词人宦游在洛阳，因思念家乡而归心似箭。只是心归何处，令他心底纠结不已。

秦观归心并非家乡高邮，而是另有所指。"天涯"者，应是帝乡汴梁

北宋·李公麟（传）|西园雅集图|

秦观《望海潮》：

梅英疏淡，冰澌溶泄，东风暗换年华。金谷俊游，铜驼巷陌，新晴细履平沙。长记误随
车。正絮翻蝶舞，芳思交加。柳下桃蹊，乱分春色到人家。

西园夜饮鸣笳。有华灯碍月，飞盖妨花。兰苑未空，行人渐老，重来是事堪嗟。烟暝酒旗
斜。但倚楼极目，时见栖鸦。无奈归心，暗随流水到天涯。

城。名为怀古，其实是在忆西园之事；流水向东，洛阳称西京，东京为汴梁城。秦观志向远大，一直希望有舞台一展抱负。只有在朝堂之上，才能完成理想。因此，秦观词中的天涯实指汴梁城。

秦观远在处州（今浙江丽水），朝堂之上仍不乏落井下石者。又有御史周秩弹劾"秦观落馆阁校勘，左宣德郎（正七品下），差监处州茶盐酒税，罪罚重轻，人言未允"（秦绪业、黄以周《续资治通鉴长编拾补》）。很快，秦观就被降为左宣议郎（从七品下），仍监处州茶盐酒税。

降职使用不久，绍圣三年（1096），又有人弹劾秦观"谒告写佛书"。很快，朝堂有旨，秦观"削秩徙郴州"（《宋史》）。

在处州，秦观对仕途悲观失望之余，一度想借学佛以自遣，"因循移病依香火，写得弥陀七万言"（《题法海平阇黎》），反映的正是这个时期的日常事。

在处州，秦观除了抄佛经，还借酒浇愁。在其《处州闲题》中有"清酒一杯甜似蜜，美人双鬓黑如鸦"之句，可见抄佛经大见成效，心态已经渐趋平和。苏轼得知，也替他感到高兴，"少游谪居甚自得"（苏轼《与鲁直二首（之二）》）。可惜，这种苦中作乐、自我麻醉的日子也不能长久。

请假抄佛经，是为失落的心寻找一方净土与解脱，哪知成了授人以柄的罪证。在处州任监茶盐酒税，虽官小位卑，好歹算是体制中人。"削秩"不但丢了公职，还失去了经济来源。

在郴州旅舍，秦观写下了一阕《踏莎行·郴州旅舍》，讲述心底的悲愤与对未来的茫然：

雾失楼台，月迷津渡。桃源望断无寻处。可堪孤馆闭春寒，杜鹃声里斜阳暮。

秦观《踏莎行·郴州旅舍》：

雾失楼台，月迷津渡。桃源望断无寻处。可堪孤馆闭春寒，杜鹃声里斜阳暮。

驿寄梅花，鱼传尺素。砌成此恨无重数。郴江幸自绕郴山，为谁流下潇湘去。

驿寄梅花，鱼传尺素。砌成此恨无重数。郴江幸自绕郴山，为谁流下潇湘去。

　　《踏莎行》作于绍圣四年（1097）暮春。这一年，秦观因为抄佛经而被"郴州编管"。宋代官员犯罪，轻的送某州居住，稍重曰安置，最重的才是编管。苏轼在黄州属于安置，可以在黄州附近游山玩水、访朋探友。秦观被编管郴州，要受地方官约束，不得自由行动。

　　王国维《人间词话》云："少游词境最为凄婉，至'可堪孤馆闭春寒，杜鹃声里斜阳暮'，则变而为凄厉矣。"其实，秦观在贬谪时期所创作的词，基本上都有暮春、斜阳、流水等"凄厉"的成分，只是这首《踏莎行》表现最为突出。

　　"雾失楼台，月迷津渡。桃源望断无寻处"之句看似写景，其实反映的是词人所处的时代大背景。秦观置身于绍圣年间的政治中，一路南贬，丝毫不见得以北返的迹象。看不到未来在哪里，想要寻一方桃源净土，也是"无寻处"。前往郴州的境况，秦观在其他词作中也有所反映，如《如梦令·遥夜沉沉如水》：

　　遥夜沉沉如水，风紧驿亭深闭。梦破鼠窥灯，霜送晓寒侵被。无寐，无寐，门外马嘶人起。

　　深夜，秦观被"鼠窥灯"的响动从梦乡惊醒。有"鼠窥灯"，说明此地贫瘠。希望一灯如豆，随时有可能熄灭，即使如此，还要提防黑暗中的饥鼠觊觎。思及可以预知的未来，心寒、被冷的秦观，再也睡不着了。不知过了多久，门外传来的马嘶声把他从深思中唤醒。不管未来如何，日子仍得继续。无寐的遥夜之后，还得踏上荆棘遍地的贬途。人生的悲哀，莫

▶ 秦观《如梦令》：

遥夜沉沉如水，风紧驿亭深闭。梦破鼠窥灯，霜送晓寒侵被。无寐，无寐，门外马嘶人起。

过于此！另有《题郴阳道中一古寺壁二绝》可与《如梦令》相互参看，诗中写道："哀歌巫女隔祠丛，饥鼠相追坏壁中。北客念家浑不睡，荒山一夜两吹风。"

一路行来，都是凄风苦雨的夜，秦观怎么能安然入睡。在处州抄佛经而得的超然，完全被心底的悲凉与绝望淹没。

"驿寄梅花，鱼传尺素"，人在贬途的秦观，亲友寄来的书信支撑着他渐行渐远。而这种慰藉越多，词人心底的忧郁越多。终于，悲愤不已的秦观发出了"郴江幸自绕郴山，为谁流下潇湘去"的声泪俱下的嘶喊。

不平则鸣，秦观经历了无数的打击，对自己受党争无端牵连，心底似有不满之意。郴江水绕郴山流，北经耒阳县，至衡阳而东入于潇湘。此一句，显然是有感而发的。据说，苏轼读了此词感慨再三道："吾负斯人！"（清邓廷桢《双砚斋词话》）

元符元年（1098），秦观被迁贬至横州。据朱弁《曲洧旧闻》载："秦少游自郴州再编管横州，道过桂州秦城铺。有一举子，绍圣某年省试下第，归至此，见少游南行事，遂题一诗于壁曰：'我为无名抵死求，有名为累子还忧。南来处处佳山水，随分归休得自由。'"此诗正中秦观心事，他读后触动愁肠，竟然"泪涕雨集"。

秦观无法直面人生挫折与命运不公。在横州，情绪低落的秦观，经常把死挂在嘴边，"南土四时尽热，愁人日夜俱长。安得此身作石，一齐忘了家乡"（《宁浦书事六首·其三》）与苏轼"此心安处是吾乡"的旷达洒脱相较，心态差异何其大！秦观无法摆脱贬谪之后的心理阴影，学佛与好道的超脱，只是暂时的。

"身与枝藜为二，对月和影成三。骨肉未知消息，人生到此何堪。"（《宁浦书事六首·其一》）"对月和影成三"句明显化自李白"举杯邀明月，对影成三人"句，显然是秦观在贬地心境的写实。"家乡在万里，妻子天一涯"（《自作挽词》），在忍受与亲人分离的痛苦之时，每思及在贬谪之地可想而知的结局，岂能不更令他肝肠寸断？

据南宋朱熹《三朝名臣言行录》记载："惇、卞用事，所以杀公者百计，皆不克，然必欲致于死，故方窜广东，则移广西，既抵广西，则复徙广东，凡二广间甲令所载称远恶州军者，无所不至。"因为太祖赵匡胤有不杀士大夫的祖宗家法，所以章惇、蔡卞、曾布几人清洗政治异己势力的唯一办法，就是贬谪。他们要将贬谪的功夫做足做透，不遗余力，不把政敌折腾死于贬途，绝不罢休。

秦观已经生不如死，章、蔡等人还是没有放过他。元符元年（1098）九月，朝堂有旨，秦观移送雷州编管，这次的罪名是"附会司马光等同恶相济"（《皇宋通鉴长编纪事本末》）。

情知难逃毒手的秦观心灰意懒之余，在雷州写了一篇《自作挽词》，有"奇祸一朝作，飘零至于斯"之句，感慨贬谪流离之苦。

元符三年（1100），宋哲宗病逝，宋徽宗赵佶柩前继位。为了政权的平稳过渡，宋徽宗有意消弭党争，苏轼及其门人终于迎来了春天。很快，朝堂有旨，苏轼移廉州安置，秦观移英州。

六月二十五日，苏轼过雷州与秦观一晤。秦观作《江城子》词，其中有"别后悠悠君莫问，无限事，不言中"。短暂相聚后，"相与啸咏而别"（北宋何薳《春渚纪闻》）。

《宋史》记载："徽宗立，复宣德郎，放还。至藤州，出游华光亭，为客道梦中长短句，索水欲饮，水至，笑视之而卒。"

苏轼不知，雷州小聚，竟然是他和秦观的永别。得知秦观的死讯，他不敢相信。等到消息确认，苏轼悲不自胜："哀哉痛哉，何复可言！"（苏轼《与欧阳元老》）他将秦观《踏莎行》中的"郴江幸自绕郴山，为谁流下潇湘去"之句，书于扇上，叹息再三："少游已矣，虽万人何

288

赎？"（胡仔《苕溪渔隐丛话》引惠洪《冷斋夜话》）

在党争政治大潮中，苏轼既不能独善其身，也无力对门人施以援手。因此，他对秦观的心情感同身受。苏轼的感慨，既有自责的成分，也有无法言语的成分。

清人黄了翁《蓼园词评》云："次阕言书难达意，自己同郴水之自绕郴山，不能下潇湘以向北流也。语意凄切，亦自蕴藉，玩味不尽。"秦观的个人悲剧与其天性有关，但秦观的际遇绝非个人的悲剧，而是一个时代的悲剧。党争伤了北宋的元气，却成就了一代婉约派巨擘。正是"国家不幸诗家幸，赋到沧桑句便工"（清赵翼《题遗山诗》）。

第八章

周邦彦

两宋骚雅第一人

据南宋洪迈《夷坚志》记载：

> 周美成顷在姑苏，其营伎岳七楚云者，追游甚久。后从京师归，过苏省访之，则已从良数年矣。明日，饮于太守蔡峦子高坐上，因见其妹，作《点绛唇》①词寄之曰："辽鹤西归②，故人多少伤心事，短书不寄，鱼浪空千里。冯仗桃根③，说与相思意。愁何际，旧时衣袂，犹有东风泪。"楚云览之，为之累日感泣。

　　宋时，文人可以狎妓冶游，眠花卧柳，但绝对不可以陷入太深，娶其为妻或妾。据唐孙棨的笔记《北里志·王团儿》记载，妓女宜之才貌双全，以诗试探心仪的男人孙棨"只问仙郎有意无"。孙棨丝毫不念旧情，回复道："泥中莲子虽无染，移入家中未得无！"即便是出淤泥而不染的莲子，只要是风月场中的女子，就不配得到士子的真爱。

---

① 据前人考证，《点绛唇》词牌名源自南北朝江南才子江淹《咏美人春游》句"白雪凝琼貌，明珠点绛唇"。始见于五代词人冯延巳的《阳春集》。
② 辽鹤西归是说学道有成的丁令威化鹤归来。此处指词人周邦彦。
③ 晋书法家王献之有妾名唤桃叶，其妹名唤桃根。冯，指凭借。冯仗桃根，喻凭借楚云之妹捎信。

少年游

　　词是一种应歌性很强的音乐文学形式，其兴盛既与隋唐以来的燕乐发展密切相关，亦有赖于唐宋两代的歌伎制度。作为一种特殊的社会现象与文化形态，歌伎为词的形成与发展提供了广袤的文化土壤。许多词作能脍炙人口，皆因是应歌之作。所谓"应歌"，就是写给歌伎演唱的歌词。词人新声一出，立即风靡秦楼楚馆。有乐，就需要词，歌伎需要词人的词抬高身价。流连风月场所的词人，乐得为歌伎作词，为博美人一笑，也借此提高知名度。设若宋词不能歌，其影响力及传播速度就会大打折扣。

　　因此，研究词与歌伎的关系，方便我们了解词与其他文化之间的关系，以及深入了解历史及历史人物。唐末五代至北宋末年，词的发展渐呈多元化，但在漫长的发展过程中，词一直与歌伎保持着牢固而持久的文化联系。无视歌伎的事实存在，对宋词的研究会是狭隘的。

　　歌伎制度作为阶级社会中长期存在的剥削制度，由来久矣，在经历了先秦女乐、汉代倡乐和魏晋乐户的发展之后，到了唐代，逐渐形成相对稳定的结构形态。官伎制度是进一步组织化与制度化。唐代的家伎、私伎也十分兴盛，歌伎的活动完全渗透到士大夫的生活领域当中，对词的诞生与发展影响巨大。

　　宋代的歌伎制度，既沿袭唐制，也有自身的特点。宋代歌伎分官伎、家伎、私伎，但与相关的称谓明显不同。据唐孙棨《北里志》记载："（唐代）曲内妓之头角者，为'都知'，分管诸妓。"宋代官伎的魁首则称为"行首"。唐代官员可由官伎侍寝，宋代则规定官伎向官员提供的服务仅限于歌舞表演及陪酒。

　　宋代歌伎制度盛行，词人与歌伎交往密切。酒席宴前，歌伎普遍会请求词人为自己作词，其结果甚至会影响她的未来生活。没有一个歌伎不希望自己的演出大获成功。宋代城市化进程加快，歌伎的从艺活动具有了浓郁的商业化倾向。歌伎之间也存在残酷的竞争，哪个人能得到名家之作，尤其是专为自己创作的应歌，就可以身价百倍。

寻常歌伎自然很难得到名家为其创作的词作，而艳帜高张者则集万千宠爱于一身。南宋孟元老《东京梦华录》中开列了"崇、观以来，在京瓦肆伎艺"的群芳谱，其中"小唱：李师师、徐婆惜、封宜奴、孙三四等，诚其角者"。

李师师实有其人。据《宣和遗事》记载，她是汴梁染局匠王寅的女儿。在襁褓之时，她的母亲就死了，父亲用豆浆喂养她，好不容易才保住一条小命。担心她长不大，王寅决定将孩子舍身佛寺。说来也奇，到宝光寺舍身时，小女孩儿突然啼哭不止。住持方丈抚摩她的头顶，她立即不哭。俚俗呼佛门弟子为师，父亲就给她起了个小名"师师"。师师四岁时，王寅因为官司而屈死狱中。隶籍娼户的李姥见她孤苦伶仃，大发善心，收养了她。从此，小女孩儿改姓李，也入了勾栏娼籍。长大后的李师师，色艺双绝，名冠诸坊，被选为上厅行首。李师师无须四处向词人乞词，自然有人主动赠送。

诗文相赠，本是古代文人以文会友的一种传统，更何况是赠给红粉佳人。

张先就写过很多赠伎词。清叶申芗《本事词》云："张子野风流潇洒，尤擅歌词，灯筵舞席赠伎之作绝多。"其有名可考者有，《谢池春慢·玉仙观道中逢谢媚卿》为谢媚卿所作，《南乡子（送客过余溪，听天隐二玉鼓胡琴·般涉调）》为听二玉鼓胡琴所作，《望江南（与龙靓·般涉调）》为赠龙靓所作，《醉垂鞭》为赠年十二琵琶娘者所作，其他咏笛、咏舞、咏善歌者、咏鼓胡琴者，不胜枚举。

张先有一首《师师令（中吕宫）》，据说是赠李师师的。

香钿宝珥。拂菱花如水。学妆皆道称时宜，粉色有、天然春意。蜀彩衣长胜未起。纵乱云垂地。

都城池苑夸桃李。问东风何似。不须回扇障清歌，唇一点、小于珠子。正是残英和月坠。寄此情千里。

前文提及，晏几道也有一首《生查子》赠给李师师：

远山眉黛长，细柳腰肢袅。妆罢立春风，一笑千金少。

归去凤城时，说与青楼道。遍看颍川花，不似师师好。

秦观有一首赠李师师的《一丛花》：

年时今夜见师师。双颊酒红滋。疏帘半卷微灯外，露华上、烟泉凉飔。簪髻乱抛，偎人不起，弹泪唱新词。

佳期谁料久参差。愁绪暗萦丝。想应妙舞清歌罢，又还对、秋色嗟咨。唯有画楼，当时明月，两处照相思。

据词学家研究，晏几道的词作于元丰五年（1082），秦观的词则不会迟于绍圣二年（1095）。张先这首词作于何时，已不可考。《师师令》是否为李师师所作？这个师师姓什么，与活动于徽宗年间的李师师是否为一人？

宋人提及李师师的史料有许多，但没有一人将张先词中的师师与后来的李师师联系起来。明人杨慎在《词品·遗事》中始云："李师师，汴京名妓，张子野为制新词，名'师师令'。"从张先、晏几道、秦观生活的时代推测，三人钟情的师师，有可能是同一人，但并无确切证据证明《师师令（中吕宫）》是赠予李师师的。

综合多种史料可知，真正与李师师关系密切的名词家，另有其人。

据张邦基《墨庄漫录》记载："政和间，汴都平康之盛，而李师师、崔念月二妓，名著一时。晁叔用（冲之字叔用）每会饮，多召侑席。其后十许年，再来京师，二人尚在，而声名溢于中国。李生者，门第尤峻。叔用追感往昔，成二诗，以示江之子。其一云：'少年使酒来京华，纵步曾游小小家。看舞霓裳羽衣曲，听歌玉树后庭花。门侵杨柳垂珠箔，窗对樱桃卷碧纱。坐客半惊随逝水，吾人星散落天涯。'其二云：'春风踏月过章华，青鸟双邀阿母家。系马柳低当户叶，迎人桃出隔墙花。鬓深钗暖云侵脸，臂薄衫寒玉照纱。莫作一生惆怅事，邻州不在海西涯。'"

元祐（1086—1093年）年间，晁冲之初识李师师，李师师只是个能跳霓裳羽衣舞，会唱《玉树后庭花》，袅袅婷婷的小女孩儿。十多年后，李师师已经成长为色艺俱佳、"门第尤峻"的名妓。遥想从前，恍如隔世，怎么不令晁冲之感慨再三。

与张先、晏几道、秦观所作词不同，张邦基的记载明确指出，晁冲之《都下追感往昔因成二首》是赠李师师的。或者晁冲之另有词作赠李师师，但未见明确指出。

真正与李师师剪不断、理还乱的，是北宋末年的大词人周邦彦。据说，当年周邦彦一见李师师，惊为天人，作词《玉团儿》相赠：

铅华淡伫新妆束。好风韵、天然异俗。彼此知名，虽然初见，情分先熟。

炉烟淡淡云屏曲。睡半醒、生香透肉。赖得相逢，若还虚过，生世不足。

据陈皓《耆旧续闻》记载："美成至角妓李师师家，为赋《洛阳春》。"

晁冲之《汉宫春·梅》：

潇洒江梅，向竹梢疏处，横两三枝。东君也不爱惜，雪压霜欺。无情燕子，怕春寒、轻失
花期。惟是有，年年塞雁，归来曾见开时。

清浅小溪如练，问玉堂何似，茅舍疏篱。伤心故人去后，冷落新诗。微云淡月，对孤芳、
分付他谁。空自倚，清香未减，风流不在人知。

眉共春山争秀，可怜长皱，莫将清泪湿花枝，恐花也、如人瘦。

清润玉箫闲久，知音稀有。欲知日日倚栏愁，但问取、亭前柳。

从词意的深情款款分析，周邦彦与李师师二人之间友情深厚，绝非寻常可比。周、李二人之间关系究竟亲密到了什么程度，事如春梦，已杳不可考。但野史将周邦彦的一首早年的词作《少年游》，生生曲解成了他与李师师及宋徽宗三人之间的绯闻证据：

并刀如水，吴盐胜雪，纤手破新橙。锦幄初温，兽烟不断，相对坐调笙。

低声问：向谁行宿？城上已三更。马滑霜浓，不如休去，直是少人行！

伴向人前不认周郎

《少年游》词始见于晏殊《珠玉词》"长似少年时"之句，柳永、苏轼等人皆有该词牌作品传世。有宋一代最著名者，无过于周邦彦创作的《少年游》。

周邦彦（1056—1121），字美成，晚号清真居士，钱塘人。《宋史·文苑传》称其"好音乐，能自度曲"。《咸淳临安志·人物志》则称其"能文章，妙解音律，名其堂曰'顾曲'"。三国周瑜因为精通音律，故此有"曲有误，周郎顾"的传奇，周邦彦名其堂为"顾曲"，其自负之心可见一斑。

词评家叶嘉莹先生评周邦彦是"集北宋之大成，开南宋之先声"的词坛重要人物，可是在同时代晁补之《论本朝乐章》，李之仪《跋吴师道小词》

等词评中，并无一语提及周邦彦，李清照《词论》遍论北宋诸词人，亦未有片言提及周邦彦。时隔数百年，清代词人重新给予周词定位，将之视为"词中老杜"。周邦彦词不但是词家正宗，而且一跃成为"词人巨擘"。

周邦彦生前，词名为赋名、文名所掩盖，世人未重其词。元丰初年，周邦彦只是汴梁城中一名太学生。元丰六年（1083），周邦彦献《汴都赋》赞颂新法，歌功颂德的文章得到宋官家赏识，被擢为试太学正（正九品，隶国子监，元丰年间为五人）。从一介布衣成为学官，周邦彦可谓春风得意。《宋史》记载，少年得志的周邦彦"疏隽少检，不为州里推重，而博涉百家之书"。《少年游》便是作于此时。

"并刀如水，吴盐胜雪，纤手破新橙"，词一开始就把所有人带入了一幅温馨的画面。并刀，是并州（山西）地方出产的刀具。如水，是讲剪刀的颜色发青，跟水的颜色一样。彼时有"契丹鞍、西夏剑"之说。契丹鞍具制作精良。西夏则控扼丝绸之路，受中亚先进铸造技术影响，生产的剑质量上乘。并州与西夏接壤，流风所及，制作生产剪刀的技术远胜其他地方。在宋时，并州产剪刀已经是全国知名。与并州产的颗粒状盐价格低廉不同，吴盐属于海盐，所以"如雪"。刚刚上市销售的"新橙"与时令水果不同，价格自然贵上许多。周邦彦这样写，就是为了突出这女子日常所用之物，都不是寻常人家所能拥有。

"锦幄初温，兽烟不断，相对坐调笙"，温暖的锦幄，袅袅升起的香烟，男女对坐调笙，暧昧的情愫如同轻烟，让人沉醉其间。

如泣如诉、如怨如慕的笙声暂歇，见那男子坐在那里若有所思，女子只得开口相询："向谁行宿？"今天晚上你要到哪儿留宿呢？见男子踌躇，女子只好婉转地提醒他："城上已三更！"

古代城市最早的夜市始见于唐中晚期记载，但唐廷规定，城、坊、市门必须在日头一落就关闭，城市中普遍实施夜禁。燃烛点灯也有严格限制。

宋朝不设宵禁，比唐朝多了"月上柳梢头，人约黄昏后"的浪漫都市风情。

"忆得少年多乐事，夜深灯火上樊楼"（刘子翚《汴京纪事二十首·其十七》），宋代汴梁城中的百姓，可以在夜晚自由自在地信步街市，选购自己喜爱的物事。灯火通明的夜里，各行各业的商家仍在营业，叫卖声、丝竹管乐声、开怀畅饮的喧闹声沸反盈天，北宋末年的汴梁，完全是一座东方不夜城。

女子说"城上已三更"，完全是为留客找理由。"马滑霜浓，不如休去，直是少人行"，见那男子仍不表明去留态度，女子再次借口霜浓路面湿滑，留他歇宿。

历代词评家对此词评价甚高。清王又华《古今词论》引毛先舒语："周清真《少年游》题云'冬景'，却似饮妓馆之作。只起句'并刀如水'四字，若掩却下文，不知何为陡着此语。'吴盐''新橙'写境清晰，'锦幄'数语，似为上下太淡宕，故着浓耳。后阕绝不作了语，只以'低声问'三字，贯彻到底，蕴藉袅娜，无限情景，都自纤手破橙人口中说出，更不必别着一语，意思幽微，篇章奇妙，真神品也。周美成词家神品，如《少年游》'马滑霜浓，不如休去，直是少人行'言马言他人，而缠绵偎倚之情自见。若稍涉牵裾，鄙矣！"

清孙麟趾撰、陈凝远校《词径》云："恐其平直，以曲折出之，谓之婉。如清真'低声问'数句，深得婉字之妙。"清陈廷焯《词则·闲情集》云："'向谁行宿'，曰'城上三更'，曰'马滑霜浓'，曰'不如休去'，曰'少人行'，颠倒重复，层折入妙。"

周邦彦的词作，继承了柳永的手法，而又有所发展。柳永词作"见眼中景物，道心中人物"，喜欢直抒胸臆。而周邦彦词"珠圆玉润，四照玲珑"（清周济《词辨》），多了托物寄兴、含蓄婉转的美。

周邦彦喜欢用典，其词作典故主要来自唐诗。"并刀如水"化自杜甫

《戏题王宰画山水图歌》"焉得并州快剪刀，剪取吴淞半江水"，"吴盐胜雪"化自李白《梁园吟》"玉盘杨梅为君设，吴盐如花皎白雪"，"马滑霜浓"化自杜甫《放船》"直愁骑马滑，故作泛舟回"，"相对坐吹笙"化自王建《宫词》"院院烧灯如白日，沈香火底坐吹笙"。

讲究用典，而且信手拈来，举重若轻，丝毫不见有晦涩之感，这正是周邦彦被称大家风范的原因。邯郸学步者，喜欢用典、讲究堆砌华丽辞藻者，不过是掉书袋的措大而已。

史书称其"博涉百家"，楼钥在《清真先生文集序》中赞其文"经史百家之言，盘屈于笔下，若自己出"，此语同样适用于他的词作。后世词人艳羡周邦彦的化功大法，刘肃在《陈元龙集注〈片玉集〉序》中对其推崇备至，云："周美成以旁搜远绍之才，寄情长短句，缜密典丽，流风可仰，其征辞引类，推古夸今，或借字用意，言言皆有来历，真足冠冕词林。"

《少年游》本来是周邦彦在汴梁城早期的冶游之作，野史硬生生演绎成了活色生香的三角绯闻。南宋张端义《贵耳集》记载："道君（宋徽宗）幸李师师家，偶周邦彦先在焉。知道君至，遂匿于床下。道君自携新橙一颗，云江南初进来。遂与师师谑语。邦彦悉闻之，隐括成《少年游》云……"有学者不辨真伪，认为徽宗"自携新橙，已是奇闻，携来仅仅一颗，又何其乞儿相"。更有人认为宋徽宗以帝王之尊为了讨李师师欢心而行幸乃无稽之谈。

其实，宋徽宗、周邦彦君臣二人为李师师争风吃醋不可信，但若简单否定宋徽宗与李师师无染，怕也难以服众。周邦彦有《诉衷情》一首，庶几可近历史真实：

当时选舞万人长。玉带小排方。喧传京国声价，年少最无量。

花阁迥，酒筵香。想难忘。而今何事，伴向人前，不认周郎。

"选舞"本来是应节而舞，此处的选舞之"选"，却是选择、选拔之意。"排方"是彼时腰带上的一种饰物。"喧传"就是哄传、盛传。从词中可知，年龄最小的李师师因为是万人舞的领舞，有幸得到了"玉带小排方"的赏赐。

大观二年（1108），大晟府雅、燕乐成，遂颁示天下，令太学生从教坊乐工习学大晟府乐舞。李师师在万人舞中脱颖而出，成为"万人长"，周邦彦应该功不可没。因此，方有"而今何事，俦向人前，不认周郎"的质问。

许多人一提到宋徽宗，就会大摇其头。因为他背负了太多的骂名，史家多视赵佶为北宋覆亡的罪魁祸首。但大家都会肯定他的书法、绘画、诗词艺术，因为这些只是个人的长处，与他做帝王的职责干系不大。但身为一国之君，宋徽宗也有其政治贡献。

宋徽宗在位期间，积极发展教育事业：设立了路级提举学事司，此举开了明、清以来设立省级单位主管教育官员的先河；设立了书、画、算学，培养科学、艺术类人才。在此之前的封建统治者网罗书、画、算学人才，为其统治服务，但并没有设立专门的机构培养这一类人才。徽宗崇宁二年（1103）九月"置医学"，崇宁三年六月"置书、画、算学"，"大观四年（1110）以算学生归之太史局，并书学生入翰林书艺局，画学生入翰林图画局，医学生入太医局"（《宋史》），宋代的文化事业由此步入了最繁荣期。

值得一提的是，宋徽宗非常关心弱势群体，采取了一系列措施，从经费、机构、政策等方面大力扶持发展慈善事业，设安济坊养民之贫病者，置居养院以处鳏寡孤独，设置漏泽园安葬无主尸骨。最大的政治是民生，不管宋徽宗是出于什么想法，这些惠民政策无疑是值得肯定的。当然，他的这些政绩并不能证明他就是个具有远见卓识的合格统治者。

大晟词人

经历了数代人的努力，宋代的经济、文化各方面在宋徽宗时期发展到了巅峰。表面的繁荣，令赵佶虚荣心大盛。为了歌颂盛世升平景象，宋徽宗特意成立了大晟府。大晟府的创立与宋徽宗的个人爱好有极大关系，但它的的确确是中国音乐史和词史上的盛事。

大晟府是宫廷乐府，负责颁布乐律、教习音乐、修正乐律，编辑调谱制声律，制造乐器、制撰文字的专门国家机构。因为它有制撰文字的职责，后代词评人提出了"大晟府词人"的概念，甚至将周邦彦视为大晟词派的领军人物。

周邦彦曾任大晟府提举，确实是大晟词人，但凭空多出一个大晟词派，实在是令人不解。王灼《碧鸡漫志》记载："崇宁间，建大晟府，周美成作提举官，而制撰官又有七。"[1]许多人认为，周邦彦任提举官，是大晟府成立伊始之事。其实，周邦彦提举大晟府是政和六年（1116）的事情，不久就外任知顺昌府（今安徽阜阳）了。[2]

大晟府，本来就是歌功颂德的专门机构。历任大晟府提举，都非诤臣直臣，蔡攸与杨戬更是知名的佞臣。周邦彦不愿意同流合污，沦为政治工具，采取了不合作、明哲保身的态度。

宋徽宗好大喜功，许多地方官为迎合其虚荣心理，不断制造祥瑞，上报

---

[1] 据曾敏行《独醒杂志》卷四载："政和间，置大晟乐府，建立长属。时晁冲之叔用作梅词以见蔡攸（时任大晟府提举官），攸持以白其父曰：'今日于乐府中得一人。'元长览之，即除大晟丞。"

[2] 此说为王国维先生考证，今人诸葛忆兵进一步指出"周邦彦提举大晟府，在政和六年十月到七年三月之间。任期最长不超过半年，短则一二个月"。薛瑞生考证认为，大观年间提举大晟府的是刘昺，政和四年至政和六年，任提举官的是杨戬，政和七年至宣和二年罢大晟府，任提举官者为蔡攸。未审孰是。

祥瑞。从大观二年（1108）开始，全国各地先后有庐州雨豆，汀怀二州庆云现，乾宁军、同州黄河水清三次的异事，陕州、岚州黄河清，虔州芝草生，蔡州瑞麦连野，河南府嘉禾生、野蚕成茧，相州野蚕成茧等祥瑞发生。

龙颜大喜的宋徽宗，命蔡京暗示周邦彦，希望周邦彦作一首马屁词，以便使天下共唱，万世流芳。哪知，周邦彦以"某老矣，颇悔少作"为由婉言拒绝。（周密《浩然斋雅谈》）据《清真先生文集序》，晚年的周邦彦"学道退然，委顺知命，人望之如木鸡"。叶嘉莹等学者认为，周邦彦完全是因为经历党争波涛，不敢随便乱说话。

其实，周邦彦的仕宦并未受北宋末年党争的影响，因为他并没有在政治上站队。倘若真的是因为政治上属于旧党，既不可能在蔡京主政时期任职，更不会错过这种难得的撇清自己的良机了。婉拒蔡京，正是因为他不愿阿附权贵，悔悟从前行事之孟浪。

拒绝蔡京，正是因为周邦彦此前有献诗蔡京之事。事情始末如何，学界仍存在争议。关于此事的记载，始见于宋《西清诗话》，原书已佚。《西清诗话》为蔡京季子蔡絛所作，因此，周邦彦献诗之事的真实性毋庸置疑。胡仔《苕溪渔隐丛话》转引其中内容道："周邦彦美成上家公生日诗云'化行禹贡山川外，人在周公礼乐中'，时称警策。"

南宋王明清《挥麈馀话》借题发挥道："周美成邦彦，元丰初以太学生进《汴都赋》，神宗命之以官，除太学录。其后流落不偶，浮沈州县三十馀年。蔡元长用事，美成献《生日诗》，略云：化行《禹贡》山川内，人在周公礼乐中。元长大喜，即以秘书少监召，又复荐之，上殿契合，诏再取其本生进。"

王国维在《清真先生遗事》中指出，将周邦彦献诗与其履历扯上关系，完全是附会牵强之辞。但关于献诗的性质与时间，一直充满了争论。

薛瑞生《周邦彦别传》认为："至政和六年（1116），礼乐大备，此年正月十七日又恰为蔡京七十岁生日，按国人惯例，七十岁生日自当为大庆之时。"进而推断周邦彦出任秘书监、进徽猷阁待制均是政和七年之事。

刘扬忠《周邦彦传论》则认为，这两句诗只是泛泛之言，随便献给哪位权相都可以，所以这只是逢场作戏之作而已，不足为奇。王国维也为之开脱道："其于蔡氏，亦非绝无交际，盖文人脱略，于权势无所趋避。"夏承焘则认为这是周邦彦的品行问题，在《瞿髯论词绝句》中讥讽道："崇宁礼乐比伊周，江水难湔七字羞。归魄梵村应有愧，钱塘长绕月轮流。"而孙虹《周邦彦词新论》更是直斥周邦彦的行为是"用颂天子之词谀蔡京，是有过于潘岳远拜路尘，清流为之齿冷的行为"。

潘岳，字安仁，"貌若潘安"说的就是他。他在仕宦不显之时，曾作《闲居赋》自励："览止足之分，庶浮云之志，筑室种树，逍遥自得。"表示自己绝不会不义而富贵。可是，为了攀附权贵贾谧，每当贾谧出行，潘安与石崇望尘而拜。人们讥讽道："高情千古《闲居赋》，争知安仁拜路尘！"

文字好，并非可以代表一切。文学是苦闷的象征，可以视作精神超越的方式。其人表现出言行相悖，无须惊诧。

北宋末年，蔡京父子权倾朝廷内外，能巴结上蔡京，就会仕途坦荡，平步青云。据朱彧《萍洲可谈》记载："祖宗故事，宰相呼相公，节度使带开府仪同三司，元丰官制前带同中书门下平章事，亦呼相公，谓之使相，三公正真相之任，呼公相，尚书改令，厅为公相厅。蔡京首以太师为公相，其子攸自淮康军节度使除开府仪同三司，遂父呼公相，子呼相公。"

蔡京父子经常侍宴，宋徽宗也经常微服前往蔡京府上巡幸。一次，宋徽宗酒至微醺，脱口道："相公公相子。"蔡京虽然年迈，仍才思敏捷，立即奉承道："人主主人翁。"此一联对仗工整、浑然天成，蔡京马屁拍得含蓄内敛、不着痕迹。赵佶听了心底舒坦，君臣二人不禁相视大笑。

其实，一些人所纠结的只是"人在周公礼乐中"句。周公者绝不是专颂天子之辞，如果是，曹操就不会在《短歌行》中有"周公吐哺，天下归心"之句了。崇宁礼乐与伊周相比，本身也是一件十分无聊的事情，二者相去千年，历史不断进步，不能因为宋徽宗在位时政治腐败而简单否定当时的礼乐制度。

所谓"化行禹贡山川内"，是指在蔡京为相期间，教化大行于九州之内。此一句明显是谀词，但这种例行文字当不得真，并不能成为周邦彦操行低下的证据。另外，从此句也可以看得出周邦彦对新法的态度。

孔安国注"禹贡"意为禹制九州贡法，"任其土地所有，定为贡赋之差"。蔡京曾三度拜相，他所推行的仍是王安石时期倡导的方田均税法，继续王安石未完成的清量土地，均定赋税之事。其实，最早提出方田法的人是欧阳修。宋王朝自建国以来，国家推行不抑兼并的土地政策。不抑兼并直接导致了"田制不立，畎亩转易，丁口隐漏，兼并冒伪"的后果。发展到宋代中期已经成了"势官富姓，占田无限，兼并伪冒，习以成俗，重禁莫能止"（《宋史》）的糜烂地步。

当一些法令法规到了积弊丛生，再去着手变革，自然会困难重重。一些人提出了恢复井田制，对此欧阳修不敢苟同，他试图通过"尽地利"的办法和核实土地亩数以平均赋役的"千步方田法"来改革旧制。

欧阳修在洺州肥乡县实施方田均税法之后，地方豪强隐产漏税的情况有所缓解，减轻了中小地主和普通百姓的赋税负担，增加了国家的财政收入。就在宋仁宗决定在全国范围内推广新法的时候，河北路暴发了"凡千百人，聚讼于三司"的事件。此一事件直接导致了方田法的无疾而终。

熙宁五年（1072）八月，欧阳修死后月余，以王安石为主导的变法集团重新颁布了新的方田均税法，此举旨在清丈田亩，检查漏税，均定田赋。只可惜新的方田均税法虽然取得了一定成绩，但因为同样没有解决好用人的问题和地主豪强势力的阻挠而最终失败。

蔡京担任宰相之后，于崇宁三年（1104）向宋徽宗进言复行方田均税法，继续王安石元丰年间未竟的变法事业。蔡京为相，曾三罢三复，方田均税法也因之而三复三罢。他崇宁三年首度为相，五年即遭罢黜。第二次复相是大观元年（1107）正月，至三年六月再次被罢免。也只有在大观三年正月，蔡京作寿时在相位，恰好在这一年制礼、作乐、行方田均税法三事皆备。

综合分析，周邦彦献诗极可能便在此时。写诗赞颂蔡京推行方田均税法，至少说明周邦彦心底不排斥新法的改革。

公允地讲，蔡京（1047—1126）并非一无是处。其居相位期间，对茶、酒、盐、货币、教育、科举制度、土地政策等都进行了改革。一系列改革在一定程度上适应了商品经济发展的需要，同时加大了中央对地方财政的剥削与掠夺，造成地方财政匮乏，由此产生了许多不利影响。但将北宋覆亡的责任全部推在蔡京一人身上，有失偏颇。从蔡京任相的三起三落可以看得出，他在朝堂之上并非只手遮天、为所欲为。在某种程度上讲，他更多的是宋徽宗的艺术知音。

相信周邦彦献诗不久，很快就为士林所不齿。所以他迷途知返，觉今是而昨非，多年之后婉拒了蔡京的要求。不给蔡京面子，等于不给官家面子，周邦彦的官运如何，不问可知。

笔者认为，正史记载极可能受野史笔记等影响，以至于出现前后抵牾之事。或者，周邦彦提举大晟府，就是为了附会《少年游》的传奇。为了力证宋徽宗与李师师之间的关系非常寻常，后人干脆将周邦彦的另一首名作《兰陵王·柳》也附会成为证据。

柳阴直，烟里丝丝弄碧。隋堤上、曾见几番，拂水飘绵送行色。登临望故国，谁识、京华倦客？长亭路，年去岁来，应折柔条过千尺。闲寻旧踪迹，又酒趁哀弦，灯照离席。梨花榆火催寒食。愁一箭风快，半篙波暖，回头迢递便数驿，望人在天北。

凄恻，恨堆积！渐别浦萦回，津堠岑寂，斜阳冉冉春无极。念月榭携手，露桥闻笛。沉思前事，似梦里，泪暗滴。

关于周邦彦与李师师之交游，宋人记载有许多，但多将周邦彦与宋徽宗因李师师争风吃醋事纠缠在一处。所不同者，不过是花样翻新，争说香艳，故作惊奇之语。李师师作为北宋末年汴京城中的名妓，是真实存在的。那么，周邦彦与李师师究竟有没有关系？宋徽宗与李师师究竟有没有关系？周邦彦与宋徽宗是否因李师师曾争风吃醋？

王国维在《清真先生遗事》中并未言明周邦彦与李师师的关系，只是语气含糊地说政和初年，周邦彦已年近六旬。言外之意，周邦彦老迈年高，即使是有冶游之事，应该也是年少轻狂时候的事情。另一说法是，周邦彦与李师师之间的交游仅发生在元丰年间，只是"应歌"与"听歌"的纯洁关系。

王国维爱屋及乌，没有虑及张先八十娶十八妾，"一树梨花压海棠"之事。另一种说法经不起推敲。众所周知，周邦彦词集中赠伎词很多，周邦彦与歌伎的交游，自少年在钱塘始，直到老来，一直未曾断绝，他们的关系并不仅限于"应歌"与"听歌"。士与歌伎，应该不会有纯粹的建立在精神层面的交往。

周邦彦有一首题为"咏妓"的《意难忘（中吕美咏·杂赋）》：

衣染莺黄。爱停歌驻拍，劝酒持觞。低鬟蝉影动，私语口脂香。檐露滴，竹风凉。拼剧饮淋浪。夜渐深，笼灯就月，子细端相。

知音见说无双。解移宫换羽，未怕周郎。长颦知有恨，贪耍不成妆。些个事，恼人肠。试说与何妨。又恐伊、寻消问息，瘦减容光。

衣染莺黄，是说这妓女穿着莺黄色的衣裳。驻拍，停止敲击乐器的拍板。蝉影，古代妇女两鬓薄如蝉翼的一种发式。竹风凉，白居易《渭村退居，寄礼部崔侍郎、翰林钱舍人诗一百韵》中有"望春花景暖，避暑竹风凉"之句。减容光，元稹《会真记》中有"自从别后减容光，万转千回懒下床"句。清沈谦《填词杂说》云："长调极狎昵之情者，周美成之'衣染莺黄'，柳耆卿之'晚初晴'是也。"

这首词所赠何人，并没有明言，但从"解移宫换羽，未怕周郎"即知，这位女子"未怕周郎"，说明其艺之高。当世这种色艺双绝的女子，能有几人？从"笼灯就月，子细端相"的恩爱绸缪，到"佯向人前，不认周郎"，怎能不令周邦彦感慨良多？

张端义《贵耳集》认为《兰陵王·柳》是周邦彦和李师师相好，得罪了宋徽宗，被押出都门。李师师置酒为他送行，周邦彦作此词以纪其事。"拂水飘绵送行色"，说明这首词确实是送行词，但是不是李师师送别周邦彦，就不得而知了。

词的名字是"柳"，内容却不是咏柳，而是伤别之作。

"柳"者，留也。"丝"者，思也。"絮"者，绪也。因其谐音，所以柳具有了挽留与惜别的意思。把柳树纳入吟咏对象，可以追溯到《诗经·采薇》："昔我往矣，杨柳依依。"早在宋之前，古人就有折柳送别的习俗，文人士大夫更是在诗词中经常用柳来渲染离别之情。

隋无名氏《送别》："杨柳青青著地垂，杨花漫漫搅天飞。柳条折尽花飞尽，借问行人归不归。"宋人继承了前人吟咏柳树的传统，更将这种吟咏运用到了新兴的文学载体词作当中。词人笔下的柳，已经发展成了符号化、艺术化悲凉凄苦的信息载体。

"参差烟树灞陵桥。风物尽前朝。衰杨古柳，几经攀折，憔悴楚宫腰"（柳永《少年游》），柳永这首咏柳词，继承了李白"年年柳色，灞陵伤别"的比喻传统。他笔下的柳，就像楚宫中因争宠而瘦身、风光不再的宫女。以柳条比喻女子腰身，柳永此词浅露直白。

柳的婀娜多姿，委曲柔弱与女性的温柔体贴，娇羞含蓄类似，因此在宋人多用柳条来比拟女性腰身。张先就有"细看诸处好，人人道、柳腰身"（《醉垂柳》）之句。"垂杨只解惹春风，何曾系得行人住"（晏殊《踏莎行》），晏殊笔下的柳充满了理性的思辨。随风飘拂的柳条，看似"只解惹东风"，其实根本留不住行客的匆匆脚步。此一句咏柳，与其"无可奈何花落去，似曾相识燕归来"一样，都是词人在抒发对时光年华流逝的无奈与感慨。"枝上柳绵吹又少，天涯何处无芳草"（苏轼《蝶恋花》），看似写柳绵纷飞，春光已逝，其实是在伤感好景不长，年华易去。

周邦彦传之后世的咏物词中有六首是咏柳词，《兰陵王·柳》虽然并没有跳出"风月相思、羁旅行役"的范畴，但其写作方法上有所突破，而且遣词用字细致入微，讲究锤炼雕琢。

词一开始，就写了柳荫、柳丝、柳絮、柳条，先将离愁别绪借着柳树渲染一番。

"柳阴直，烟里丝丝弄碧"，日悬中天，柳树的阴影不偏不斜直铺在地上，也可以说是隋堤上绿柳成行，柳荫沿长堤伸向远方，像一条直线。"烟里丝丝弄碧"，新生的柳枝细长柔弱，像丝一样。柳丝也似乎有灵性，知道自己秀色可人。在春天碧色朦胧的烟霭中，柳条摇曳生姿，更有一种朦胧的美。

"隋堤上、曾见几番，拂水飘绵送行色"，这样的景象，词人从前经常见到。隋堤是汴京附近汴河的大堤，因为汴河是隋人所修，因此称隋堤。"拂水飘绵"四字锤炼极工，生动地摹画出柳树依依惜别的形态。"登临望故国，谁识、京华倦客？"词人登上高堤远眺家乡，厌倦了京华生活的客子内心的惆怅与忧愁，又有谁能理解？显然，长堤上的柳枝并没有顾及词人的心情，只管一如既往，和从前一样向行人拂水飘绵，表示惜别之意。

"长亭路，年去岁来，应折柔条过千尺"，古时驿路十里一长亭，五里一短亭，"何处是归程？长亭更短亭"，长亭接短亭的归途漫漫，故乡迢迢。在长亭路上，年复一年，送别时折断的柳条怕要超过千尺了。表面上是爱惜柳条，深层的含义是周邦彦在感叹人世间离别的频繁，情深意挚，耐人寻味。

"闲寻旧踪迹"，周邦彦忽然回忆起从前的一次送别场景。那是寒食节前的一个夜晚，送别的宴席上灯烛闪烁，送行人与行人都在伴着哀伤的乐曲饮酒。此情此景，实在令人终生难以忘怀。唐制，清明取榆、柳之火分赐近臣。一个"催"字，道出了人生岁月易逝、青春易老的无奈。

就在词人浮想联翩之际，小舟"一箭风快，半篙波暖"回头看时，已经是"迢递便数驿，望人在天北"。出行一帆风顺本来是值得高兴的事情，词里却多了一个"愁"字。之所以"愁"，是因为这里有让他留恋的人。"望人在天北"，回头望去，那人已经远在天北，只留下一个模糊难辨的身影。

"渐别浦萦回，津堠岑寂，斜阳冉冉春无极"，从"柳阴直"的中午，一直到斜阳冉冉，可见词人与送行者难舍难分。大水有小口旁通为浦，别浦也就是水流分支的地方，在这里水波回旋。"津堠"是渡口附近的守望所，已是傍晚时分，渡口上行人稀少，只有津堠孤零零地立在那里。斜阳冉冉，春光笼罩在暮色之中，空阔的背景越发衬托出词人心底的孤寂与悲凉。周邦彦想起了"月榭携手，露桥闻笛"的往事。那些难忘的夜晚，给他留下了无尽的思念，月榭之中，露桥之上，都有他们相伴相偎的身影。

想到分别之后，重逢不知要到何时，"沉思前事，似梦里，泪暗滴"，往事如梦，词人情不自禁地流下了泪水。"黯然销魂者，惟别而已矣。"

周邦彦的这种悲伤不足为人道，也不能为外人道，因此只好暗自落泪。

读《兰陵王·柳》，初读似乎并无感觉，仔细品味，则觉萦回曲折，似浅实深。词中似有吐不尽的心事流淌其中，无论景语、情语，都耐人寻味。在《兰陵王·柳》之前，诗词中并不乏咏柳之作，但直到周邦彦此作一出，柳的原型与内涵才真正与词中其他内容紧紧联系起来。周邦彦的柳词，不但丰富了柳的形象，深化开拓了柳的意蕴，还使婉约词焕发出前所未有的活力。长调慢词使得咏柳词获得了极大的发挥空间，周邦彦精通音律，因此成了咏柳词的集大成者。

谁识京华倦客

据宋人毛开《樵隐笔录》记载："绍兴（南宋初宋高宗赵构年号）初，都下盛行周清真咏柳《兰陵王慢》，西楼南瓦皆歌之，谓之《渭城三叠》。以周词凡三换头，至末段声尤激越，唯教坊老笛师能倚之以节歌者。"渭城三叠又称"阳关三叠"，有人说是每句重复唱三次，也有人说是最后一句唱三次。怎么唱并不重要，只要知道周邦彦不但精于音律，而且作词喜欢创为繁难之曲调，足矣。

据南宋周密《浩然斋雅谈》记载，一次，朝廷赐酺，李师师唱了《大酺》《六丑》二曲。同样精于音律的宋徽宗从来没有听过这种曲调，问教坊使袁绹。袁绹回答道："这是起居舍人新知潞州周邦彦所作。"宋徽宗好学，问《六丑》之义，左右都莫名其妙。"急召邦彦问之，对曰：'此犯六调，皆声之美者，然绝难歌。昔高阳氏有子六人，才而丑，故以比。'"

晏殊、欧阳修等人作词并不注重词的音乐性，他们创作的词并不注明宫调。柳永和周邦彦因为精于音律，既是音乐家，又是词人，其曲调当时都是可以歌唱的。他们还常常自创一些新的曲调，所以他们的词集往往标明词的曲调。《兰陵王·柳》一词，周邦彦就注明了是越调的《兰陵王》。现存周词一百九十五首，共使用一百二十五个词调，其中自度曲和经他手审定音律得以流传的曲调，有三十四个。

周邦彦晚年，创作了许多犯调的词，如六丑、玲珑四犯、倒犯、花犯等。犯调，就是将这个曲调的中间加以变化和转折，就像正在低缓地抒情之际，突然变成了"飙海豚音"。不是一般的歌者，还真唱不出来。《兰陵王·柳》从越调犯正宫，就连老年的笛师都很难演奏，《六丑》连犯六调，李师师却可以轻松自如地歌唱。李师师妙解音律，果然名不虚传。

宋代词人中，至周邦彦始好用犯调。清代康熙词谱更认为，诸犯调皆始于周邦彦。历代词评家批评周邦彦词格调不高、意境不远，在声律方面却不得不对他的功力大加赞赏。强焕《片玉词序》称周词"模写物态，曲尽其妙"。陈振孙《直斋书录解题》则称周邦彦词"长调尤善铺叙，富艳精工，词人之甲乙也"。刘熙载在《艺概》中批评周邦彦词道："美成词信富艳精工，只是当不得个'贞'字！"王国维早期也对周邦彦的词十分不屑，认为"美成词多作态，故不是大家气象，若同叔、永叔，虽不作态，而一笑百媚生矣，此天才与人力之别也"，甚至认为"词之雅、郑，在神不在貌，永叔、少游虽作艳语，终有品格，方之美成，便有淑女与倡伎之别"。

在传统文学观念当中，闺阁文化是诗文经常用到的题材。李唐时，除了杜牧的"十年一觉扬州梦，赢得青楼薄幸名"，倡伎文学基本上乏人问津。发展到了北宋，情况发生了变化。在词里，倡伎文化得到了淋漓尽致的施展。从某种意义上讲，词的出现填补了诗的空白。即使苏轼"以诗入词"，把词的内容扩展到"无意不可入，无事不可言"的境地，一定程度上摆脱了词与倡伎文化的牵绊，使词坛气象一新，但无法改变词与倡伎文化的依赖，豪放词无论从词人数量上，还是词作的数量上，都无法与婉约派相匹敌。倡伎文化的繁荣，有力推动了词的发展，是宋词得以发展繁荣的载体。简单否定倡伎文化是封建糟粕，以"贞""荡"来区分宋词，难免会失之偏颇。

王国维鄙视周邦彦的词，正是因为他反感周词中的倡伎题材。其实，周邦彦严守词为艳科的教义，"逐弦吹之音，为侧艳之词"既是为词的传统观念所囿，也是其有意放浪形骸，沉湎于声色，以示与统治阶级的不合作。这种情况，在彼时寓有一定程度追求自由的色彩。周邦彦与柳永的情况类似，政治不得意，这种气质与性格的人，很容易接受历史上失意之人的习尚，成为花街柳巷间的常客，写些艳词也是顺理成章之事。

周邦彦的艳词所占比例有限，但其中多脍炙人口之作，如《瑞龙吟·大石春景》：

> 章台路。还见褪粉梅梢，试花桃树。愔愔坊陌人家，定巢燕子，归来旧处。
>
> 黯凝伫。因念箇人痴小，乍窥门户。清晨浅约宫黄，障风映袖，盈盈笑语。
>
> 前度刘郎重到，访邻寻里，同时歌舞。唯有旧家秋娘，声价如故。吟笺赋笔，犹记燕台句。知谁伴、名园露饮，东城闲步。事与孤鸿去。探春尽是，伤离意绪。官柳低金缕。归骑晚、纤纤池塘飞雨。断肠院落，一帘风絮。

这首《瑞龙吟·大石春景》是周邦彦的名篇，本来就被王国维视为"创意之才少"，更被一些词评家讥为"不过桃花人面，旧曲翻新耳"。

读了"诚知此恨人人有，贫贱夫妻百事哀"（元稹《遣悲怀三首·其二》），"惟将终夜长开眼，报答平生未展眉"（元稹《遣悲怀三首·其三》）之句，人们都会为诗人元稹对亡妻的多情与专一而感动，又有几人知道他根本就是一个负心薄幸、天性凉薄之辈？其实，倾诉离思、深情悼亡，只是求得心灵安慰的另一种称谓。因此，周邦彦词中表现出来的深婉怅惘，即使触动了你心底最深处的柔肠，也不要认为那是真的。

"章台路。还见褪粉梅梢，试花桃树"，词的第一部分，写的是词人故地重游。"褪粉"不是褪去花粉，"粉"指的是白色的梅花，梁简文帝萧纲《梅花赋》有"争楼上之落粉，夺机中之织素"句。南北朝·宗懔《早春诗》有"散粉成初蝶，剪彩作新梅"句，意思是说，落梅纷纷似蝴蝶，只好剪彩制作梅花。周词中的"褪粉"与散粉、落粉同意，"褪粉梅梢"就是说梅梢上落下的梅花，像脱去一层白衣似的。

"试花桃树"的"试"字运用极为巧妙，桃树似乎担心春的乍暖还寒，不敢让桃花朵朵绽放，而是试探着，一枝一枝地开放。周邦彦在另外一首《蝶恋花》写下"桃萼新香梅落后"句，说的正是梅落桃开的时节。"还见"二字，说明词人对此番景象十分熟悉，他对章台路的景色一点儿也不陌生。

"愔愔坊陌人家，定巢燕子，归来旧处"，"坊陌"是小巷，此处指歌伎的聚居处，"愔愔"是说小巷幽深。"定巢燕子"化用杜甫《堂成》"频来语燕定新巢"句。春天来了，燕子又飞回到原来居住的地方，忙着衔泥筑巢。词人的心与燕子相同，故地重游的他心底激荡。

"黯凝伫。因念箇人痴小，乍窥门户"，词人终于站在从前熟悉的门户前，他默默地站在那里，忽然回忆起了从前。"黯"有心底黯然销魂之意，"凝"有一往情深、专注之意，"伫"则是有所期待之意。或者，词人在心中期待的是，当心上人看到他突兀出现在眼前时一脸惊喜的神情。"痴小"是讲二人相识之时，她还是个豆蔻年华的孩子，她羞涩地从院子里向外窥视，与冶游至此的词人炽热的目光不期而遇。

"清晨浅约宫黄，障风映袖，盈盈笑语"，词人想起了两人初识时的情景。"约黄"是古时女子的一种妆容，在鬓角涂饰微黄。梁简文帝《美女篇》有"约黄能效月，裁金巧作星"之句。因为约黄本来是宫中女子的妆束，也被称为"约宫黄"。词人隔了门看到她的时候，她正用宽大的衣袖遮风，隐约能看到其俏脸上的约宫黄，听到她银铃般的笑声。一想到这些，词人与读者不禁都醉了。

"前度刘郎重到，访邻寻里，同时歌舞。唯有旧家秋娘，声价如故"，词人笔锋一转，又将画面拉回到了现实当中。"玄都观里桃千树，尽是刘郎去后栽"，显然，此处的"刘郎"是借用了刘禹锡《再游玄都关绝句》之意。刘郎重到，她却人面桃花不知何处去。词人四处打听她的消息，得知在同时歌舞的人中，只有她的身价和从前一样。"秋娘"是唐时长安著名的妓女，经常出现在元稹、白居易的诗当中，在这里借指词人的心爱者。她并没有因为年华逝去而降低身价，她的歌舞仍像从前一样在当地享有盛名。

她并没有忘记旧情，"吟笺赋笔，犹记燕台句"。李商隐《柳枝五首序》中云，有一位叫柳枝的洛中美女擅长音乐，一天，听到有人在唱李商隐的《燕台》诗，十分钦慕，于是手断长带，托人向李商隐求诗。李商隐去见她的时候，"柳枝丫鬟毕妆，抱立扇下，风障一袖"。周邦彦用此典故，意思是讲，她吟诗作赋的纸笔上还写有自己的诗句，墨痕尚在。

"知谁伴、名园露饮，东城闲步"此一句，着意刻画了词人难堪、懊悔、遗憾的复杂心理。"同来望月人何处？风景依稀似去年"（唐赵嘏《江楼旧感》），此时此刻，她陪伴谁在姹紫嫣红的园中畅饮，谁又会伴词人在东城的郊野漫步踏青？此一句读来，令人顿生物是人非的感慨。

"事与孤鸿去。探春尽是，伤离意绪"之句，"事与孤鸿去"出自杜牧《题安州浮云寺楼寄湖州张郎中》"恨如春草多,事与孤鸿去"之句。此处只用其半句,显然是刻意而为。意如曹操《短歌行》之"青青子衿,悠悠我心"句,突出的正是省略去的"恨如春草多"之句。"探春尽是,伤离意绪"之意,似为春天可以周而复始,而感情则稍纵即逝,一去不复返。

"官柳低金缕。归骑晚、纤纤池塘飞雨。断肠院落,一帘风絮"句,写归途所见。"晚"表明词人流连徘徊了许久。池塘飞雨作"纤纤"状,像极一张无边无际的雨丝织就的愁网。"一帘风絮",门帘上的飞絮也似词人心底的愁网,词人就是被困在网中央,不能自拔的情圣。

"人如风后入江云,情似雨馀粘地絮"(《玉楼春》),人生不堪幽梦太匆匆!

后人往往多注重于词的抒情,而忽略了词也具有叙事性。在词的发展过程中,叙事功能极大丰富了词作的内涵,也拓展了词的审美空间。从晚唐的韦庄到北宋初期的柳永,都有以叙事为主的词作。而真正将词的叙事性发展成熟和取得突破的词人,却是周邦彦。

《瑞龙吟》是一首叙事性非常强的长调,乍一看,词中所写的,不过是一些不关紧要的细节与片段,但分明又道出了词人的心路历程。正是通过这些细节与片段的变化,词作达到了叙事抒情融合的效果。第一叠,章台路—梅花桃树—人家燕子,从都市到人家的转换中历述一段人生,暗含人生的沧桑变化,展现的是旧地重游,以眼前景抒悲慨情。第二叠开始转入回忆,追忆当初相见刹那的印象,伊人形神兼备,呼之欲出,其中蕴含无限深意。第三叠用今昔合一的视角,叙事伤离。"前度刘郎"独自面对"一帘风絮",这正是周邦彦传奇一生的浓缩。

在叙事中借助视角的转换,增加了抒情的层次感,也使抒情更具真实感。同样是叙事,柳永词一览无余,周邦彦词则一波三折,跌宕回旋,诉说着凄婉的情绪,构成了幽深的传奇式意境。

周邦彦《玉楼春》：

桃溪不作从容住，秋藕绝来无续处。当时相候赤阑桥，今日独寻黄叶路。

烟中列岫青无数，雁背夕阳红欲暮。人如风后入江云，情似雨馀粘地絮。

吴世昌在《片玉词三十六首笺注》中特加按语，对周邦彦的这种创作风格给予高度评价："近代短篇小说作法，大抵先叙目前情事，次追叙过去，求与现在上下衔接，然后承接当下情事，继叙尔后发展，欧美大家作品殆无不守此文例。清真先当九百年前，已能运用自如。第一段叙目前景况，次段追忆过去，三段再回至本题，杂叙情景故事，用能整篇浑成，毫无堆砌痕迹。"

　　《瑞龙吟》被词评家讥为旧曲翻新之作，其实崔护的《题都城南庄》本身也具有叙事性。词的叙事性可以通过多种方式完成，在词文本之外加入题目、单独的小序等内容，在词文本中运用典故达到叙事的效果。周邦彦在这一领域做了许多有益的尝试，他的一些词作既有抒情性，又另外加入了叙事的内容。超越前人的是，词中的叙事并没有影响词的抒情性，反而增加了词审美中的传奇性。

　　在周邦彦之前，词中的叙事性只是某一画面的刻画或者描述。如柳永的"针线闲拈伴伊坐"，只是他围绕相思这一情感而想象出来的场景，并没有一个较为完整的故事发展情节。在周邦彦的一些词作中，我们可以感受到他的真挚情感，还可以看到"故事"。这些故事，往往是随着抒情的深入而娓娓道来的。

　　《拜星月慢》的故事性与抒情性融为一体，是周邦彦的另一首代表性词作。

　　　　夜色催更，清尘收露，小曲幽坊月暗。竹槛灯窗，识秋娘庭院。笑相遇，似觉琼枝玉树相倚，暖日明霞光烂。水眄兰情，总平生稀见。

　　　　画图中、旧识春风面。谁知道、自到瑶台畔。眷恋雨润云温，苦惊风吹散。念荒寒、寄宿无人馆。重门闭、败壁秋虫叹。怎奈向、一缕相思，隔溪山不断。

从词作内容分析，可能与《瑞龙吟》中回忆的是同一人。清代词人周济评道："全是追思，却纯用实写。"诚哉斯言，周邦彦的"实写"为我们打开一幅多情的画卷。

　　更鼓催来了阴沉的夜色，清露收尽了飞舞的灰尘，词人踏着月色，轻轻跨过竹槛，来到了幽静的秋娘庭院。那里有一个人、一盏灯在等候着他。忽明忽暗的烛光里，秋娘笑靥如花相迎。词人似乎被一道闪电击中，秋娘的绝世容颜，是他生平所仅见。从此，她琼枝玉树般的身姿，灿烂如暖日明霞的笑脸，在他心底再也挥之不去。

　　上半片纯用写实手法，过去发生之事，历历在目。这样的叙事方法，加强了词作的真实感。"画图中、旧识春风面"，"旧识"二字点明这首词是怀念之作。

　　"念荒寒、寄宿无人馆。重门闭、败壁秋虫叹"，置身荒寒的馆舍中，孤苦伶仃的词人听着秋虫的悲鸣，不禁辗转反侧，难以入睡。一个"叹"字，道出了词人难以排遣的悲凉。"一缕相思，隔溪山不断"，从前种种恩爱，早已如春梦了无痕，往事只能在更深人静的夜晚回味。

　　《拜星月慢》完全是一个美丽的故事，叙述文学所要求的时间、地点、人物、事件的开端及发展，高潮一应俱全。蒋哲伦所说："全词文辞精绝，叙事婉转，犹如唐人传奇小说，形象鲜明，情节曲折，感情波澜起伏。"

　　《拜星月慢》章法结构精致巧妙，词中这种无奈情感的沉郁之情，与词的由远及近、顿抑手法相得益彰，赋予了词作现实之意义，这种高超的艺术表现方法富有传奇性之魅力，更容易引起读者的共鸣。

　　叙事有时不得不情景再现，多了人物对话与心理的描述，因此，周邦彦词具有了独特的真实感。如前文所述《少年游》，这首小令同样以叙事抒情，在词人笔端，并刀、吴盐、纤手、新橙等一一呈现。从"纤手破新橙"到"相对坐调笙"，看似画面简单的变幻，包含了无尽的情感。到了分别的时刻，又不做直接的抒情，只是用简短的问话，表达出难舍难分的感情。

两个人物，几句话语，一份真情，寥寥数语，蕴含了许多。事情的发生仿佛词人亲见，因此，《少年游》难免被张端义《贵耳集》附会成宋徽宗私会李师师的香艳传奇。

周邦彦的另一首《少年游》，也被认为是"以一首小令写故事"的杰作：

> 朝云漠漠散轻丝。楼阁淡春姿。柳泣花啼，九街泥重，门外燕飞迟。
>
> 而今丽日明金屋，春色在桃枝。不似当时，小桥冲雨，幽恨两人知。

这首小令也是在回忆从前的恋情，所不同者，上片与下片都是在回忆。

云低雨密，燕子迟飞，追思中的场景，按照恋情的发展而一一再现。"而今丽日明金屋"句打破时空，使整个叙述变得轻灵生动，充满了生活气息。虽然短小，意蕴却深远。

漠漠云烟，漫天的细雨，显然是一个不宜出行的日子。词人却不顾泥泞，执意前行。他要去的地方花树环绕，楼阁掩映在微雨迷蒙中。他的心上人，素服淡妆，凭窗而立。她也在焦急地等待心上人的出现。词人步履维艰，一路行来，"九街泥重"，词人眼中所见"柳泣花啼"、燕子飞迟，无不暗示二人之间的感情充满了变数。词人雨中跋涉前行，表明对她一往情深。

"金屋"出自汉武帝"若得阿娇为妇，当以金屋贮之"句，后人引申为新妇居所。综合可知，在他不轻言放弃的努力下，有情人终成眷属。在

周邦彦《烛影摇红》：

芳脸匀红，黛眉巧画宫妆浅。风流天付与精神，全在娇波眼。早是萦心可惯。向尊前、频频顾盼。几回想见，见了还休，争如不见。

烛影摇红，夜阑饮散春宵短。当时谁会唱阳关，离恨天涯远。争奈云收雨散。凭阑干、东风泪满。海棠开后，燕子来时，黄昏深院。

春光烂漫的某一个日子里，夫妇二人回忆起旧日恋情，当年"小桥冲雨，幽恨两人知"。没有两情相悦的"小桥冲雨"幽会，就不会有"丽日明金屋"的现在。

不经历风雨，怎么见彩虹？"不似"二字是词眼，词人以为，在恋爱的道路上，总会有波折与阻挠。为了爱情，只有携手并肩，共同面对困难，排除艰难险阻得来的爱才尤为珍贵。

一个简单的细节展开后，变成一个事件，将纯粹的咏叹变为缠绵曲折的倾诉，这也是宋词中的一种境界。达到这一境界的，周邦彦无疑是第一人。

随着时间的推移，王国维也彻底改变了对周邦彦词的认识，在《清真先生遗事》中赞周邦彦道："先生于诗文无所不工，然尚未尽脱古人蹊径。平生著述，自以乐府为第一……而词中老杜，则非先生不可。昔人以耆卿比少陵，犹为未当也。"

王国维早期先入为主地受了前代词评人的影响，但随着研究深入，也逐渐理解了周邦彦词的过人之处。因此，他在重编本《人间词话》中改变了对周邦彦的评价，所以前后观点不一。王国维治学严谨，勇于自省。

罗忼烈对王国维"美成如杜"说详加剖析，认为"若从思想内容来比较……两宋词人没有一个像杜甫的。但若从文学艺术的种种特征来比较，杜诗文辞精工，章法严密而多变化，工于炼字，多用偶句，格律精严而富创新，风格以沉郁顿挫为主流。这六点，其他词人也有具备一两点的。但不如清真全面"，然而，"老杜可以说是诗人之首，周词似杜却不是等于词人之首。"诚哉斯言，此论切中肯綮。

周邦彦博采众长，集婉约词之大成，在两宋词风的转变当中确是一位承前启后的人物。"流风可仰，为南宋姜夔、吴文英词派所从出，成为维系南北词脉的重要纽带。"这个评价不为过誉。

第九章

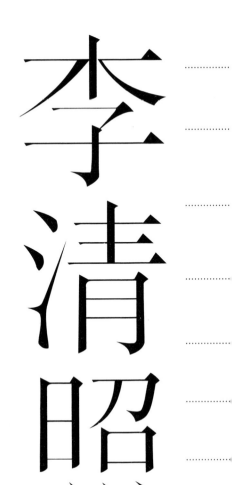

李清照

觉醒的才女

宋徽宗赵佶在位二十六年，不懂治国之道，只图享乐，重用奸佞，政治上并无多少建树。北狩途中，赵佶受尽屈辱，于绍兴五年（1135）卒于五国城（今黑龙江依兰县），享年五十四。

元人脱脱编撰《宋史》，至《徽宗纪》之际，掷笔感慨道："宋徽宗诸事皆能，独不能为君耳！"赵佶是历代皇帝中书法、绘画才艺绝伦的人物，《全宋词》共收录了其词作十一首。其中二首作于北狩途中，表达了凄厉哀婉的亡国之痛。

其一是《燕山亭》：

裁剪冰绡，轻叠数重，淡著胭脂匀注。新样靓妆，艳溢香融，羞杀蕊珠宫女。易得凋零，更多少、无情风雨。愁苦。问院落凄凉，几番春暮。

凭寄离恨重重，这双燕，何曾会人言语。天遥地远，万水千山，知他故宫何处。怎不思量，除梦里、有时曾去。无据，和梦也新来不做。

其二是《眼儿媚》：

玉京曾忆昔繁华，万里帝王家。琼林玉殿，朝喧弦管，暮列笙琶。

　　花城人去今萧索，春梦绕胡沙。家山何处，忍听羌笛，吹彻梅花。

看了父亲填的词，宋钦宗也一时手痒，和其韵云：

　　宸传百载旧京华，仁孝自名家。一旦奸邪，天倾地坼，忍听琵琶。

　　如今塞外多离索，迤逦绕胡沙。万里邦家，伶仃父子，向晓霜花。

"玉京曾忆昔繁华，万里帝王家"，赵佶只用短短十二字，就将昔日开封城的热闹繁华展现在读者眼前。下阕笔锋一转，从前的富足变成了萧索颓败，过往已是一片黄沙。耳边不再是欢快的笙琶声，而是不忍卒闻的羌笛。

《徽钦北徙录》记载："少帝歌不成曲，三人（另一人为太上太后郑太后）大哭而止。"今昔对比强烈，赵佶笔下的亡国之痛，尤为深刻。赵桓所和之作，将国破之痛延伸至亡家，绝望的悲痛致使歌不成曲，唯有泪眼人看泪眼人了。

如果泪水可以洗刷靖康之耻，就让赵佶父子的泪水更汹涌一些吧！

倚门回首，却把青梅嗅

　　蹴罢秋千，起来慵整纤纤手。露浓花瘦，薄汗轻衣透。

　　见客入来，袜刬金钗溜。和羞走，倚门回首，却把青梅嗅。

一阕清新秀丽的《点绛唇》，为我们勾勒出一幅简洁明快的场景。一个天真烂漫的少女刚刚荡过秋千，正站起身揉搓纤手的时候，突然听到有客来访，她连鞋子也顾不得穿，往闺房跑，因为走得狼狈，发髻上的金钗掉在地上也顾不得拾取。等到了屋门的时候，却停下脚步，装作去嗅青梅，实则是想看看来者是什么人。"和羞走""倚门回首""却把青梅嗅"，一连串细腻的小动作，让少女的狡黠聪慧一览无余。

一个不知名的少年郎，懵懵懂懂地闯进了情窦初开的少女心扉。这个少女，就是后来名震大宋词坛的李清照（1083—？）。或者，那个少年郎，就是李清照的未来夫君赵明诚（1080—1129）。二人有婚约，赵明诚可能是为婚事而来，李清照假借嗅青梅，想看未来夫君一眼，也未可知。李清照为了纪念这个令自己怦然心动的场景，写下了这首《点绛唇》，也是应有之义。

可是，后代词评家认为这首词淫靡庸俗，甚至说这词并非李清照所作。其实，哪个少年不钟情？哪个少女不怀春？其时的李清照正值情窦初开的豆蔻年华，写下这样一首欲语还羞的词，也并不是什么特别出格的事情。

"和羞走，倚门回首，却把青梅嗅"之句，将一个娇憨小女儿的烂漫天真，刻画得入木三分，绝非庸俗之作。这首小令清新自然，与"淫靡"二字似乎并无多少的瓜葛。较真儿起来，也唯有词中"露浓花瘦""薄汗轻衣透"之句令一些人想入非非。倘若只将目光聚焦在少女轻薄的衣衫上，而对那娇羞无限的一抹回眸视而不见，那只能说明词评人的心理阴暗。

李清照荡秋千的小园名叫"有竹堂"，是其父李格非在京师汴梁的居所。在寸土寸金、居大不易的汴梁城中，许多官员都得租房子居住，李格非是有房一族，少女李清照可以在私宅中荡秋千，不过，有客人来就得回避，所以"有竹堂"规模不会很大，更不会有内外宅之分。至于此词是否作于李格非通判广信军之时，待考。

李格非，字文叔，山东济南人。《宋史》称"幼时俊警异甚"，"出东坡之门，其文亦可观"（邵博《跋〈洛阳名园记〉》），苏门弟子晁补之《鸡肋集·有竹堂记》载："济南李文叔为太学正，得屋于经衢之西，输直于官而居之。治其南轩地，植竹砌傍，而名其堂曰有竹。"

韩淲《涧泉日记》说："李格非之文，自太史公之后，一人而已。"此说有溢美之嫌，但李所作《洛阳名园记》被称为中国第一部园林专著，其居所称为"有竹堂"，其人之审美情趣、心性学问，可见一斑。

在女子无才便是德的专制时代，官宦女子都要经历什么样的成长历程呢？晚明才女沈宜修《夏初教女学绣有感》云："忆昔十三余，倚床初学绣。十五吹琼箫，柳絮飞沾袖。十六画蛾眉，蛾眉春欲瘦。"在大宋朝，女孩子不需要读经明史，必修功课是女红，这是将来在婆家安身立命的本领。官宦人家的千金则有条件学习音乐，练习字画，以提高修养，陶冶情操。

李格非是名士，其妻也非寻常人。俞正燮《癸巳类稿·易安居士事辑》称："父格非，母王状元拱宸孙女，皆工文章。"王拱宸是宋仁宗朝的名臣，与欧阳修同科且状元及第。二人是连襟，王拱辰续娶妻妹为妻，故欧阳修嘲其新女婿是旧女婿，大姨夫为小姨夫。另有一说，李清照之母乃是王珪之女。还有说李格非先娶王拱宸之女，后娶王珪女。无论是哪个王氏，毫无疑问的是，都是家世显赫，有着极深文学修养的知性女子，对年幼的李清照产生了重要的影响。

润物细无声，在父母的熏陶之下，养在深闺人未识的李清照"幼有才藻"，名动京师。以至于赵明诚为之倾倒，自编自导了一出凤求凰的闹剧。元伊士珍《琅嬛记》记载，赵明诚"幼梦诵一书曰：'言与司合，安上已脱，芝芙草拔'"。"幼"字，或者可以证明赵、李二人订婚是在未成年之前。据南宋赵彦卫《云麓漫钞》，其时李格非之女"有才思，文章落纸，人争传之。小词多脍炙人口"，待字闺中的李清照词名远播，赵挺之岂有不知之理？

据说，李清照在少女时期，曾作《如梦令》一词。此词一出，汴梁纸贵。

昨夜雨疏风骤，浓睡不消残酒。试问卷帘人，却道海棠依旧。

知否？知否？应是绿肥红瘦。

这首《如梦令》历来为人所称道。有人说它"人工天巧，可称绝唱"，有人说它"圣于词者"。明代蒋一葵道："当时文士莫不击节称赏，未有能道之者。"李清照年谱、年表有多种，其作品系年却难以编撰，学者只能根据词意进行分析推断。

一些人认为这首词是写于婚后，与北宋末年的政治党争扯上关系。理由可能是"浓睡不消残酒"句，一个少女怎么会喝得烂醉呢？而"雨疏风骤"不应只是自然界的风雨，而应该与社会政治的黑暗挂钩，为了证明此说，甚至举出宋人借咏海棠来传达爱憎观念的例子。这种望文生义的引申与演绎，令人莫名其妙。花谢花开也是自然现象，雨疏风骤的气象又与人事何干？

李清照一生嗜酒，似乎在少女时期就贪杯，如她的另一首《如梦令》：

尝记溪亭日暮，沉醉不知归路。兴尽晚回舟，误入藕花深处。

争渡、争渡，惊起一滩鸥鹭。

这首词语言明白如话，不事雕琢。天色暗下来以后，小舟偏离了航道。词人不小心闯进了荷丛，惊起了栖息在那里的一群水鸟。在空阔的水

李清照《如梦令》：

昨夜雨疏风骤，浓睡不消残酒。试问卷帘人，却道海棠依旧。知否，知否？应是绿肥
红瘦。

面上，突然一群鸟高声鸣叫着，四散而飞。刹那间的惊悸之后，沉醉中的词人猛然醒悟。

虽然是小令，但景象开阔，极具逸兴豪情，不见丝毫的脂粉气。清沈曾植《菌阁琐谈》评道："易安倜傥，有丈夫气，乃闺阁中之苏、辛，非秦、柳也。"词中盈溢的丈夫气不能令人无视，以至于有人将此词归在苏轼的名下。

溪亭是今济南七十二名泉之一，一个"尝"字更是明白无误地告诉读者，这首《如梦令》是李清照回忆少女时期寄情山水的佳作。

李清照任性、直率、热爱自然，这与家庭教育有关（李清照出生时，李格非已经三十六岁）。李格非是"苏门后四学士"之一，势必要受到苏轼自由通脱的学术思想影响。他并没有束缚和轻视女性，而是任由女儿自由发展身心，为李清照的个性形成提供了宽松的环境。这也是李清照会饮酒，误入藕花深处晚归也不会受到责备的原因。

如果把这些词全部归于李清照婚后所作，如何解释她"幼有才藻"、词名满京师之说？

知子莫若父，父亲赵挺之对儿子的心事自然明白，决定玉成此事，欣然道："此离合字，词女之夫也。"于是，他立即请人前往李格非府上议婚。

赵挺之原籍山东密州，年长李格非七岁，先李六年登进士第，做了十三年登莱教授后，才补德州通判一年，也算是潦倒半生。元祐初年，赵挺之好不容易应中书侍郎张璪举，入京应馆职考试，只因赵挺之在德州推行新法，就被苏轼指斥为"聚敛小人，学行无取"，而百般阻挠。虽然赵挺之涉险过关，但从此心底"深衔之"。受此影响，苏门弟子黄庭坚对赵挺之百般羞辱。陈师道虽与赵挺之是连襟，却宁可挨冻，也不穿妻子借来的赵挺之的裘衣，因此冻病而死。①

此后赵挺之曾任国子司业，与李格非同在太学任职。二人既是老乡，也是同僚，门第、处世相类似（无攀附，不苟进），赵挺之当然知道李格非有个能诗擅文的女儿。所以，当赵挺之听到儿子的说辞，径自去问李清照名而纳其聘，是自然之事。

吏部侍郎②之子与礼部员外郎③之女，倒也是门当户对。男大当婚，女大当嫁，更何况李清照年已十九。宋代法定婚龄是男子年十五，女子年十三。

李格非作文尚"诚"，提出"诚著"为作文的标准。赵明诚既是官宦子弟，是前途不可限量的太学生。他找不出理由拒绝，欣然允婚。有学者认为，赵挺之与李格非联姻是一桩政治婚姻，是赵为缓和苏轼、黄庭坚之间矛盾的未雨绸缪之举。此说大可商榷。苏轼简单地将推行变法的地方官员视为"聚敛小人"，本就是政治不成熟的草率行为，其门人群起而攻击赵挺之，更是意气用事。赵挺之人品如何，赵的子弟人品如何，李格非岂有不知之理。

很快，李清照与赵明诚结为夫妇。易求无价宝，难得有情郎，李清照幸运地嫁给了才情兼备、与之意趣相投的赵明诚。二人的结合虽然是父母之命、媒妁之言，是典型的一桩包办婚姻，却珠联璧合，佳偶天成。新婚

---

① 《朱子语类》卷一百三十说："陈无己（陈师道一字履常，一字无己）、赵挺之、邢和叔皆郭大夫婿。陈为馆职，当侍祠郊丘，非重裘不能御寒，无己只有其一，其内子为于挺之家假以衣之。无己诘所自来，内子以实告，无己曰：'汝岂不知我不著渠家衣耶！'却之。既而遂以冻病而死。"

② 据龚延明《宋代官制辞典》载，吏部侍郎之职始于隋炀帝大业二年（607），尚书省六部始置侍郎各一人。宋沿置，元丰改制后为吏部副长官，侍郎二员分领左、右选。为从三品。

③ 同上，礼部员外郎之名，始于隋文帝开皇六年（586）。宋沿置，元丰改制后，为职事官，佐郎中掌本司事；郎中缺，则掌领本司事，并专职描绘祥瑞图。正七品官员。

燕尔的李清照，作《减字木兰花》表达了自己的喜悦之情：

卖花担上。买得一枝春欲放。泪染轻匀。犹带彤霞晓露痕。

怕郎猜道。奴面不如花面好。云鬓斜簪。徒要教郎比并看。

春天来了，词人买来一枝含苞欲放的梅花。花蕾上还沾着娇艳欲滴的晨露，正想将花插在鬓间，忽然担心丈夫看到，会认为花比自己的笑靥还要好看，岂不是自寻无趣。转念一想，偏偏将花插在了鬓间，特意试试丈夫，问问他究竟是花好看，还是自己好看。

"怕郎猜道，奴面不如花面好"，活脱脱地刻画出一个好强自负，又有些小嫉妒的新妇形象。"云鬓斜簪"更显她风情万种，丰神如画。李清照这时正是花容月貌的年纪，更兼饱读诗书，腹有诗书气自华，一枝梅花怎么会有她绰约多姿、仪态万方？

望着明艳不可方物的爱妻与鬓间一时瑜亮的梅花，赵明诚不禁痴了，良久才知情识趣地说出了标准答案："花美，人更美！"听了丈夫发自内心的赞美，词人醉了。

倘若赵明诚答非所问，李清照就会"烂嚼红茸，笑向檀郎唾"（李煜《一斛珠》），大撒其娇。回答正确，就会"笑语檀郎：今夜纱厨枕簟凉"（李清照《丑奴儿》）。

这首小令将一个沉浸在爱河中的小女子率性天真、千娇百媚的形态表达得惟妙惟肖。

李清照高调秀恩爱的词作，被一些词评家讥为"淫靡庸俗"之作。还有人怀疑这首词不是李清照所作，原因是"词意浅显"。似乎像李清照这样的大家，不屑写这种小词。其实，即使是被奉为一代词宗，词坛有"男中李后主，女中李清照"之誉（清人沈谦语），李清照毕竟还是个女性。

是真名士自风流，这首小令反映的正是新婚不久的她的真性情。

李清照的这些词作，反映了她新婚生活的幸福，侧面展现了其不羁率真、蔑视礼法的性格，反映了其词作独特的艺术风格。唯有真性情，才能写出真文章，才会在千年之后为人所津津乐道。歌唱爱情，本来就是词的当行本色。

王灼《碧鸡漫志》载："易安居士……若本朝妇人，当推文采第一……作长短句……闾巷荒淫之语，肆意落笔，自古缙绅之家能文妇女，未见如此无顾忌也。"充分肯定李清照的才华，同时不忘站在道德的制高点上对李词进行无情之批判。他的观点，颇具代表性。

词坛众星罗列，争奇斗艳，原本是男性展现才华的舞台，男子可以作雌声填词唱和，流连风月。倘若一介女流横空出世，填的词远超侪辈，令所有须眉男子汗颜，自然会招来男性词评家的无端指责，进而斥为淫靡。况且，李清照高视阔步，目中无人，将柳、晏、苏、黄等人视若无物，自然容易招人嫉妒。

1987 年，国际天文学会命名水星上的第一批环形山，其中有十五座是以中国人命名的，其中有一座就是李清照。本来，李清照这样的女子，就是需要仰视的。

才下眉头，却上心头

赵明诚人品学识俱佳，涉猎极广，尤其喜欢金石学。如愿抱得美人归的他，与李清照甚是相得。婚后二人吟诗作词，相互唱和。共同赏玩金石，研究书画。

据陈师道《后山集·与鲁直书》记载，赵明诚"颇好文义，每遇苏、黄文诗，虽半简数字必录藏"。而他的父亲赵挺之，因为和苏轼、黄庭坚等人有过节，"与曾布比，建议绍述"，打击迫害元祐诸人不遗余力。因为受到赵佶赏识，青云直上，由吏部尚书拜右丞，进左丞、中书门下侍郎，成了官居一人之下、万人之上的宰相。

赵明诚本来就是个穷太学生，没有收入，偏偏喜好收藏。收藏是个烧钱的爱好。每个月的初一和十五，赵明诚就向学校请假，先到当铺把衣服换半千钱，然后直奔大相国寺去淘宝。一旦有所收获，"市碑文果实归，相对展玩咀嚼"（《金石录后序》）。赵明诚因为喜欢收藏苏轼、黄庭坚等人的墨迹，所以"失好于父"，手头拮据。

见丈夫经济陷入窘境，李清照并没有冷嘲热讽，而是夫唱妇随，主动替他分担。据史料记载，李清照在家中"始谋食去重肉，衣去重采，首无明珠、翠羽之饰，室无涂金、刺绣之具"（《金石录后序》），心甘情愿将物质生活水平降到低保水平，而且曾经"典钗钏得一碑版"，与丈夫互相搜校。

夫妻二人质衣典钗钏度日，小家庭财政捉襟见肘，却仍热衷于收藏。崇宁（1102—1106 年）年间，有人持徐熙牡丹图真迹求售，开价二十万，"留信宿，计无所出而还之。夫妇相向惋怅者数日"（《金石录后序》）。

这种清贫的生活，在李清照的词作中亦有集中反映，如《一剪梅》：

红藕香残玉簟秋。轻解罗裳，独上兰舟。云中谁寄锦书来？雁字回时，月满西楼。

花自飘零水自流。一种相思，两处闲愁。此情无计可消除，才下眉头，却上心头。

《一剪梅》词牌创自周邦彦，取其首句"一剪梅花万样娇"前三字为调名。原来的清真体为上下片各二十九字，分出七、四、四、七、七及七、七、七、四、四字句式组成。李清照改为五十九字之漱玉体。

　　在学界最具争议的是，该词究竟是作于赵明诚、李清照夫妻分别之际，还是分别之后。

　　元伊世珍《琅嬛记》引《外传》云："易安结缡未久，明诚即负笈远游。易安殊不忍别，觅锦帕书《一剪梅》词以送之。"《唐宋词选》（1981年版）同意此说，认为"上片开头三句写分别的时令和地点，下片起句'花自飘零水自流'回应这三句。这些都是写分别时的情景，其他各句是设想别后的思念心情"。另有选本则认为"就词的内容考察，是写别后的思念，并非送别"。王学初在《李清照集校注》中提出不同见解："清照适赵明诚时，两家俱在东京，明诚正为太学生，无负笈远游事，此则所云，显非事实。"

　　更有后人指出《琅嬛记》乃是伪书，所以书中所载不可尽信。笔者认为，《琅嬛记》是不是伪书，与其对《一剪梅》的解析是否正确并无关系。仔细分析可知，此词确实是李清照写在送别之前。

　　"红藕香残玉簟秋"，首先点明词作的时间是秋天。从"红藕"到"玉簟"由外而内的场景变换，刻意烘托出了作者的惜别之情。花落花开本来是自然之事，而文人总是借来比喻人事的悲欢离合。玉簟发凉本来是肌肤才能体会，这样写来，也是词人内心凄凉的感受。

　　"轻解罗裳，独上兰舟"是词人思及丈夫去后，会余下自己寂寞一人。"云中谁寄锦书来"是思及丈夫远行，锦书难托。从"轻解罗裳，独上兰舟"的白天，到"雁字回时，月满西楼"的月夜，词人日思夜想，见到南飞的雁，居然生出雁足传书的遐想，不禁让人为词人的痴情与奇思而感叹不已。

　　"无言独上西楼，月如钩"（李煜《相见欢》）已是太过凄清，而

"月满西楼"之时，词人却没有丝毫赏月的心情。一个"满"字，也在暗示所有人，西楼上有的只是清冷的月华。想来，此前的月圆之夜，词人一定是与丈夫并肩赏月的。唐人李益的七绝诗《写情》可以作为此词上半阕的释读："水纹珍簟思悠悠，千里佳期一夕休。从此无心爱良夜，任他明月下西楼。"或者，李清照此词上片便是化自此诗也未可知。

此前的思夫之词作有许多，如"梳洗罢，独倚望江楼，过尽千帆皆不是"（温庭筠《梦江南》），"独上高楼，望尽天涯路"（晏殊《蝶恋花》）。另有许多不乏情深意挚之作，但无一例外的是，这些思夫词都是男性推己及人的手笔。而李清照所作，词中女子形象就是她本人，这种以吾手写吾心的作品真挚自然，当然是男性无法比拟与超越的。

"花自飘零水自流"一句承上启下，所展现的落花流水，与"红藕香残""独上兰舟"遥遥相对，与晏殊的"无可奈何花落去"有异曲同工之妙。

此一句与后面"一种相思，两处闲愁"衔接自然，丝毫不见有突兀之处。"一种相思，两处闲愁"如神来之笔，将词人的离愁别绪推向了高潮。因为她深知伉俪情深，这种刻骨铭心的相思是一而二、二而一的，不只是自己，丈夫心底也不愿意远离家，远离自己的。李清照博览群书，此一句可能化自前人罗邺《雁二首》之"江南江北多离别，忍报年年两地愁"，以及韩偓《青春》"樱桃花谢梨花发，肠断青春两处愁"。

怕离别，偏偏要离别，这就是人生的无奈。生活不完全是诗情画意，不是金石册文，为了生活，赵明诚必须四处奔波。笔者认为，北宋末年收藏大热，赵明诚虽然年轻，却是个目光如炬的收藏大家。他暂别李清照，并不是为了游学。赚钱贴补家用，这才是一个丈夫应有的责任。

"此情无计可消除"，短暂的离别，是为了更长久的厮守，晓事明理的女词人不禁发出"才下眉头，却上心头"的深深叹息。此一句从范仲淹

《御街行》"都来此事，眉间心上，无计相回避"脱胎而来，却没有范词的平铺直叙，"才下""却上"，抑扬顿挫，令人耳目一新。李清照此句夺造化之工，青出于蓝，艺术感染力明显更胜范词一筹。

"才下眉头，却上心头"与"一种相思、两处闲愁"前呼后应，相得益彰。顺理成章地成了为人所称道的名句，人们反而忘记了它是化自范仲淹的词句。李清照年纪轻轻，工诗善词，最擅言情。她的早期作品真挚的感情与词作艺术完美地结合在一处，浑然一体，将"语尽而意不尽，意尽而情不尽"的婉约风格发展到了极致，因此被誉为婉约词之宗。

明人李廷机《草堂诗馀评林》赞李清照此词"语意超逸，令人醒目"，确是切中肯綮之语。陈廷焯则认为"红藕香残玉簟秋"之句精秀特绝，浑似不食人间烟火语。以寻常语入词，却达到了不食人间烟火的境界，可见李清照创作水平的确高超绝伦。

其实，在李清照的早期作品中，类似思夫闺怨题材有许多，如《怨王孙·春暮》、《小重山》（春到长门春草青）。其中读来令人柔肠寸断的《点绛唇》，尤其为人称道：

> 寂寞深闺，柔肠一寸愁千缕。惜春春去，几点催花雨。
>
> 倚遍阑干，只是无情绪。人何处，连天芳草，望断归来路。

宋代婉约词，几乎不出男女离愁别怨与闺情的范畴，这首词也是李清照思念暂别的丈夫赵明诚而作。不同的是，那些词中的女性基本上是欢场女子，感情也是真挚感人，但她们对爱情的追求是被动的，没有自由选择的余地。她们错把风情当成了爱情，注定结局是悲苦的。

李清照这个时期的婚姻则是幸福的，她在《凤凰台上忆吹箫》词中写道："生怕离怀别苦，多少事、欲说还休。"离愁别绪的倾诉，向世人展现的却是对纯洁爱情的执着与追求。

这首《点绛唇》上半阕一开始，一反此前的写景，而是直抒胸臆，以抒情入题。"寂寞深闺"之句，词人把离别相思的具体感受毫不保留地表达出来。深闺独守，所以寂寞。"柔肠一寸"化用欧阳修《踏莎行》中"寸寸柔肠，盈盈粉泪。楼高莫近危阑倚"之词意。但李词用柔肠"一寸"对愁"千缕"，一而十，十而百，百而千，离愁无限放大发酵，女词人将内心无处排遣的寂寞愁苦写得凄绝幽远。一如李煜《虞美人》"剪不断、理还乱，是离愁"。二李写离愁之句，各擅胜场，难分伯仲。

"惜春春去，几点催花雨"，词人笔锋一转，从抒情转入了写景，写出了离别的季节是暮春时节。"惜春长怕花开早，何况落红无数"（辛弃疾《摸鱼儿》），更何况是疏雨催花。眼见盛开的花转眼间被雨打落在地，落英缤纷。花落花开本是自然之事，却触动了多情的词人柔肠，由此联想到"何如盛年去，欢爱永相忘"，也未可知。"催花雨"遥对"愁千缕"，与秦观《浣溪沙》"无边丝雨细如愁"一样，将离愁比喻为春雨，如此有了具体的形象，增加了情景交融的艺术感染力。

下片开始则由景及人，进一步抒写离别的愁苦与盼归的心境。"倚遍阑干，只是无情绪"，词人走出深闺，倚在高栏之上遥望，却始终不见爱人的归来。一个"遍"字，将词人百无聊赖、心绪不宁的焦虑状显现无遗。

"人何处？连天芳草，望断归来路"，最后三句交代了词人的焦躁不安与心神不宁的原因，同时也是词人对真挚爱情的大胆表露。心上人怎么还不归来？此一处芳草句，前代词评人都认为是如"王孙游兮不归，春草生兮萋萋"（《楚辞·招隐士》）之意，或者是"离恨恰如春草，更行更远更生"（李煜《清平乐》），以春草写离愁。笔者认为，"连天芳草"中的芳草，另有所指，或者是"天涯何处无芳草"之意。

李清照与赵明诚婚后恩爱异常，却一直没有生育。史料对此事的记载阙如，可想而知，"不孝有三，无后为大"，李清照不生育犯了七出之条，赵家人表面上不说什么，难免会有言语闪烁之事。以李清照的聪颖，哪里听不出来，以她不羁的性格隐忍，也是为了给丈夫面子。现在丈夫远行，她没有了主心骨，更是失魂落魄。

　　在李清照心底最担心的是，赵明诚在外背叛自己，四处拈花惹草。如此一来，李清照在家中就会更加尴尬。李清照的婚姻究竟幸福不幸福，在她的传世词作中就可以读出来。笔者此一说，绝非孤证。陈廷焯《白雨斋词话》说："宋闺秀词，自以易安为冠。"其实，李清照的闺阁词不仅在宋代无人能出其右，就是在宋代之后，也无比肩者。李清照词作"用浅俗之语发清新之思"，喜欢用白描手法，以曲折细腻见长。语言清雅婉约，信手拈来，就是那些以婉约为宗的著名词人，也相形见绌。其词加入了大量俗语，却丝毫不影响词的美感。这些日常所见反而增加了作品的细腻，更增情感的含蓄与深沉。

人比黄花瘦

　　李清照婚后第二年，宋徽宗亲书元祐党人名单，刻石端礼门，以示不得翻案。不幸的是，李格非名列元祐奸党，贬职发回原籍居住。①

---

① 有学者认为，李清照因此而不得不离开新婚不久的丈夫，随父母亲回原籍居住。据崇宁三年四月所颁布的甲辰诏记载："尚书省勘会党人子弟，不问有官无官，并令在外居住，不得擅到阙下。"但此诏书仅针对党人家中的男丁，不会牵涉嫁出去的姑娘。按《宋刑统》："妇人从夫，无自专之道。"所以，李清照不会被遣返原籍，她的《小重山》不会作于崇宁五年。

与娘家每况愈下截然相反，夫家蒸蒸日上，赵挺之升任尚书左丞。李清照极为尴尬，她上诗公公救父，有"何况人间父子情"之句。赵挺之直接无视，李清照悲愤莫名，再次上诗讽谏道："炙手可热心可寒。"

此句化用杜甫《丽人行》"炙手可热势绝伦，慎莫近前丞相嗔"之句。李清照以杨国忠比喻赵挺之，二人身份相当，却有欠妥之处：一则，杨国忠是世人唾弃的祸国权臣，是导致安史之乱、李唐王朝由盛转衰的重要责任人；二则，赵挺之并非大奸大恶之人，李清照公然将之比作杨国忠，无视上下尊卑的家庭等级观念，在世人眼中是大逆不道的行为。

这种率性的行为，于事无补，还将父亲、丈夫推上了十分尴尬的位置。赵明诚虽与妻子感情笃厚，难敌封建礼教的重压。即便不向李清照恶语相向，也不能排除对她的逐渐疏远。

随着赵挺之步步升迁，李清照在赵府如履薄冰。生性敏感的她，难抑心底的悲愤，写下了《满庭芳·残梅》寄寓这种难以言表的哀伤：

小阁藏春，闲窗锁昼，画堂无限深幽。篆香烧尽，日影下帘钩。
手种江梅渐好，又何必、临水登楼。无人到，寂寥浑似，何逊在扬州。
从来，知韵胜，难堪雨藉，不耐风揉。更谁家横笛，吹动浓愁。
莫恨香消雪减，须信道、扫迹情留。难言处，良宵淡月，疏影尚风流。

这是李清照咏梅词中的一篇佳构，词的上片"小阁藏春"以下，一连四句描写环境的深邃、幽暗、寂静，看似写景，实则是以景烘托出词人心境的悲凉与孤寂。

"江梅"是梅花的一个品种，原本是生长在南方的野生梅花。其花为单瓣，花瓣为五瓣，色呈白、粉、红等单色。据专家考证，约在宋仁宗时期引植于开封城。据《范村梅谱》记载，江梅"又名直脚梅，或谓之野梅。凡山间水滨，荒寒清绝之趣，皆此本也。花稍小而疏瘦有韵，香最清，实小而硬"。宋人爱梅与唐人爱牡丹一样蔚为风尚，在宋时，江梅以疏瘦有韵、梅香清冽为第一。

"手种江梅渐好"句看似达观，实则是先扬后抑。"又何必临水登楼"，"临水"暗用陶潜《归去来辞》"临清流而赋诗"句，"登楼"则用王粲作《登楼赋》之事。如果手种江梅真的可以疏解词人的哀愁，又何必临水登楼？

李清照手种江梅的院落，已经变得无限幽深。"无人到"一语，隐隐约约地告诉读者，赵明诚受家庭影响，已经开始渐渐疏远自己。"何逊在扬州"句，则是借何逊《咏早梅》诗"朝洒长门泣，夕驻临邛杯。应知早飘落，故逐上春来"句抒发胸臆。"长门"是指阿娇长门冷落，"千金纵买相如赋，脉脉此情谁诉"，"临邛"是讲卓文君担心为司马相如所弃之事。

即便是像陶潜临水赋诗，优游岁月，王粲登楼作赋，宣泄愁思，也无法排遣心中的寂寞。这种难言之事，唯有倾诉于手种江梅了。梅又怎么能替她分忧？

词人的一腔心事，讲给了江梅。由此联想到世人只知赏梅，不知爱梅惜梅。词人面对即将飘零的梅花，倾吐出心声"莫恨香消雪减，须信道、扫迹情留。难言处，良宵淡月，疏影尚风流"之句。看似是在宽慰梅花，实则是词人自喻。她坚信自己与梅一样，"疏影尚风流"。梅与词人，一而二，二而一矣。

与《满庭芳》不同，《行香子》对词人愁苦彷徨的描写更加清晰：

> 草际鸣蛩。惊落梧桐。正人间、天上愁浓。云阶月地，关锁千重。纵浮槎来，浮槎去，不相逢。

星桥鹊驾，经年才见，想离情、别恨难穷。牵牛织女，莫是离中。甚霎儿晴，霎儿雨，霎儿风。

　　这首词在《历代诗馀》中题作"七夕"，有人据此推断此词作于建炎元年（1127），是李清照思念赵明诚之作。表面上看，词作似乎是在讲夫妻二人的聚少离多，其实通篇都是一种借题发挥。

　　"正人间、天上愁浓"，天道远，人道迩，写天上是虚，写人间是真。"浮槎来，浮槎去"，暗寓李清照与赵明诚的关系在激烈的党争中若即若离，处于一种"微妙"的境地。"浮槎"的典故出自西晋张华《博物志》卷三，说天河与海相通，每年八月有木筏漂浮往来，从不失期。于是有人冒险要上天宫，携食品乘木筏河流二十多天，居然真的到达了天河。他看到的景象是牛郎在天河饮牛，织女在遥远的天宫隔河相望。名为夫妻，却相隔遥远。"不相逢"与"纵"字遥相呼应，意味深长。赵明诚父子因党争疏远李清照，赵、李纵然保持着夫妻关系，但二人的关系早已经由亲转疏了。

　　"霎儿"应是彼时的方言，意为刹那间、一会儿。"霎儿晴，霎儿雨，霎儿风"的形象比喻，明白无误地告诉世人，赵李婚姻生活正在经历一场感情危机。

　　三个"霎儿"突出了天气忽晴、忽雨、忽风的变化无常，重字叠句放在词中，非但没有令人感到烦琐，反而显得语言越发活泼、自然，收到了良好的艺术效果。这应该是李清照叠字在词作中的大胆尝试，充分表现出了词人的卓越才华与独出机杼。

　　富贵怕见花开，大观元年（1107）三月，赵挺之卒于汴梁城。因为赵挺之得罪过蔡京，蔡京趁机落井下石，将赵挺之全家逐出京城。按宋代礼制，赵明诚也必须回乡守制。时任鸿胪少卿的赵明诚携妻李清照回到青州

（今属山东），夫妻二人开始了十年的屏居生活。①

次年，赵明诚与李清照用陶渊明《归去来辞》之意，为居所起名为"归来堂"，决心在青州过归去辞来，"甘心老是乡"的隐居生活。"归来堂"的命名，与赵李夫妻随遇而安，"虽处忧患困穷而志不穷"的豁达心态有关。

远离政治，专心一意做收集整理金石碑刻、古书画、古器皿的研究，自得其乐，这才是李清照想要的理想生活。从她改号"易安"可知，李清照虽倜傥有男子气，但仍是个女子，她决心将"归来堂"建成心灵的避难所，故名"易安"。

有学者称"易安"出自《归去来辞》"倚南窗以寄傲，审容膝之易安"句，因此望文生义，认为李清照嫌居处狭仄，进而批评她数典忘祖。立即有人指出，李清照自号"易安"，是易安于仅容膝之室，本意是自甘淡泊。陶潜《归去来辞》之句亦有出处，西汉韩婴《韩诗外传》记载，楚王遣使迎北郭先生，妻曰："所安不过容膝。食方丈于前，所甘不过一肉。今以容膝之安、一肉之味而怀楚国之忧，其可乎？"北郭先生听了老妻的话，恍然大悟，"乃偕妻逃"。陶潜"审容膝之易安"，正是比喻自己知足于贫寒而无意仕进。

后世有学者称，李清照的"易安"之号始见于《金石录后序》，因此自号"易安"，"明诚在日必无此称号"，是在赵明诚卒后方有。理由是按照宗法制度，女子有三从之义，内讳不出门，所以寻常女子不会有名字。笔者认为，李清照巾帼不让须眉，绝非寻常女子可比。自号"易安"，始于屏居青州，也不值得后人惊诧。李清照在丈夫面前从来强势，

---

① 崇宁四年（1105）十月，赵明诚被任命为鸿胪少卿之职。鸿胪寺是北宋九寺之一，神宗元丰改制之后，设置卿、少卿、丞和主簿各一名。鸿胪寺是掌管周边邻国朝贡事务，因为并无太多事情，鸿胪寺卿被笑称为"睡卿"。

在丈夫面前自称"易安居士"，也在赵明诚可以接受的范围。从李清照的词作中就可以看得出来，李清照自诩"此花不与群花比"（《渔家傲》），骨子里根本没有将自己认作赵明诚的附庸。

在青州期间，李清照逐渐走出心理阴影，再次变得开朗。夫妻二人朝夕相处，由于赵明诚深爱金石研究与收藏，李清照受其影响，与丈夫一同校勘旧书，携手溯洄于历史文物的长河之中。

如果说最早的图书管理员是老子，"老子为固守藏室之史"（《史记》），那么第一个图书收藏大家则是孔圣人了。春秋时期礼崩乐坏，学在官府的局面被打破，开始了学术下于民间的时代。孔夫子收集上三代残篇断简，编订六经，教育后人，开私人藏书之先河。

至宋代，雕版印刷术成熟与广泛运用，教育普及，图书出版业蓬勃发展，由此为私人藏书带来了极大的便利，进一步促进了宋人藏书热。赵明诚对于金石绝不只是限于喜好与兴趣，而是当作一种事业。在《金石录序》中，赵明诚自述其创作动机道："余自少小喜从当世学士大夫访问前代金石刻词，以广异闻。后得欧阳文忠公《集古录》，读而贤之。以为是正讹谬，有功于后学甚大。惜其尚有漏落，又无岁月先后之次，思欲广而成书，以传学者。"

"金石"二字连用，最早见于《墨子》："古者圣王必以鬼神为〔有〕，其务鬼神厚矣，又恐后世子孙不能知也，故书之竹帛，传遗后世子孙。咸恐其腐蠹绝灭，后世子孙不得而记，故琢之盘盂，镂之金石以重之。"金即古铜器，石，即古碑刻。金石学历史悠久，从孕育到兴盛贯穿整个封建社会，赵明诚、李清照夫妇当为金石研究的佼佼者。

赵明诚喜爱金石学乃是家学渊源，他的祖父赵元卿自幼即好金石碑刻，收藏颇丰。其父赵挺之在兼侍读、修国史的时候也有很多收藏。据《金石录》卷三十载："唐遗教经，国初时人盛传为王右军书，惟欧阳公识其非是。余家藏金石刻二千卷，独此经最为旧物，盖先公为进士时所蓄尔。"

赵明诚、李清照夫妇的收藏当中，除了祖传之物外，就是夫妇二人节衣缩食，出资购买的。

李清照于《金石录后序》中，对归来堂的金石收藏也有回顾。赵挺之为相之后，赵明诚因荫出仕，"便有饭蔬衣练，穷遐方绝域，尽天下古文奇字之志。日就月将，渐益堆积。丞相居政府，亲旧或在馆阁，多有亡诗、逸史、鲁壁、汲冢所未见之书，遂尽力传写，浸觉有味，不能自已。后或见古今名人书画，一代奇器，亦复脱衣市易"。乡居青州之日，赵明诚与李清照夫妇二人"仰取俯拾，衣食有余"。经济状况好转，也为他们的金石收藏提供了可能。

据史料记载，夫妇二人的金石收藏除了收购之外，还要四处托人访求。政和三年（1113），楚公钟在鄂州嘉鱼县出土，王寿卿以墨本遗明诚。政和六年，刘岐以《汉张平子残碑》墨本寄明诚。

为求得一碑一帖不遗余力，赵明诚经常亲自外出郊野考古。政和元年九月，他曾到泰山，收得《唐登封纪号文》两碑。宣和三年八月间，他得后魏郑羲下碑于莱州、上碑于胶水。"衡墓与碑，在今齐州历城县界中古平陵城傍，余尝亲至墓下观此碑，因模得之。"（《金石录》）

经过十余年积累，赵明诚与李清照的"归来堂"藏书规模已经颇为可观。归来堂中的十余间屋舍中，"起书库大橱，簿甲乙，置书册"，分门别类地放着上自三代，下讫五季，钟、鼎、甗、盘、匜、尊、敦之款识、丰碑、大碣、显人、晦士之事迹，凡见于金石刻者二千卷。就算是赵明诚与李清照自己查阅书籍，也必须"请钥上簿，关出卷帙"。二人十分注意爱护图书，一旦有了脏污，"必惩责揩完涂改"。

建炎年间，历经战火劫难的"归来堂"，"犹有书二万卷，金石刻二千卷"。赵明诚与李清照夫妻的"归来堂"，成了南北宋之交北方最大的私人藏书馆。对此，李清照不无自豪，称颂归来堂所收藏"纸札精致，字画完整，冠诸收书家"。

在《金石录后序》中，李清照深情地忆及人生中的最快乐时光："每饭罢，坐归来堂，烹茶，指堆积书史，言某事在某书某卷第几页第几行，以中否角胜负，为饮茶先后。中即举杯大笑，至茶倾覆怀中，反不得饮而起。"赵明诚除了自惭不如，对妻子的敬重爱慕更加深了几分。

夫妻二人乐此不疲，李清照在《金石录后序》中写道："乐在声色狗马之上。"《古今女史卷一》称："自古夫妻擅朋友之胜，从来未有如李易安与赵德甫者。佳人才子，千古绝唱。"

在青州隐居的岁月，是赵明诚与李清照伉俪情深，几胜新婚的十年。

今存李清照写于赵明诚复职莱州前，屏居青州"归来堂"时的词作计有十三阕。词中亦有孤清寂寞的成分，这与事实相符。赵明诚研究金石，除了闭门不出校勘，还得经常四出访求碑刻等物。根据《李清照年谱》记载，赵明诚居青州期间，曾五游仰天山，多次访游灵岩寺。

大观三年（1109）九月，赵明诚游灵岩寺，虽然"宿两日乃归"，李清照却作有《凤凰台上忆吹箫》，细诉相思之苦。

香冷金猊，被翻红浪，起来慵自梳头。任宝奁尘满，日上帘钩。生怕离怀别苦，多少事、欲说还休。新来瘦，非干病酒，不是悲秋。

休休，这回去也，千万遍《阳关》，也则难留。念武陵人远，烟锁秦楼。惟有楼前流水，应念我、终日凝眸。凝眸处，从今又添，一段新愁。

明代词人杨慎读了这首词，不禁问道："'欲说还休'，与'怕伤郎，又还休道'同意，端的为着甚？"五百年前，就有人想要解开这个谜团了。

李清照《凤凰台上忆吹箫》：

香冷金猊，被翻红浪，起来慵自梳头。任宝奁尘满，日上帘钩。生怕离怀别苦，多少事、欲说还休。新来瘦，非干病酒，不是悲秋。

休休，这回去也，千万遍《阳关》，也则难留。念武陵人远，烟锁秦楼。惟有楼前流水，应念我、终日凝眸。凝眸处，从今又添，一段新愁。

"香冷金猊，被翻红浪，起来慵自梳头"句，"金猊"就是香炉，出自宋人徐伸《转调二郎神》"熏彻金猊烬冷"。

理解了这首词的内涵，就明白了赵明诚长途跋涉三百余里，到达灵岩寺，却只"宿两日乃归"的原因。分开愁，相守也愁，李清照似乎一生都生活在愁海当中。"从今又添，一段新愁"，这究竟是怎样的缘故？

屏居青州期间，李清照执着于收藏的得失，常常因买不起心爱的物事而怅然。据此可知，李清照情绪波动系于两件事情：夫妻感情和夫妻二人共同的收藏事业。

赵明诚稍微疏远她，李清照就会把小别视为诀别，将薄酌写为宿醉，把清愁写成痛苦。没有如愿以偿得到喜爱的金石古物，李清照就情绪低落，她也喜爱金石收藏，但投入精力不及丈夫。在理智上，她也明白，想要在金石收藏领域有所成就，光是在家考据勘校是远远不够的，走出去考察搜寻是必需的功课。但从感情上讲，她舍不得丈夫远离她去访古寻幽。情感与理智的冲突结果，就是为后世留下了许多佳构，也为后世留下了许多待解之谜。

此前，赵明诚前往仰天山考古，李清照登高怀远，写下了一首《忆秦娥·咏桐》：

临高阁，乱山平野烟光薄。烟光薄，栖鸦归后，暮天闻角。

断香残酒情怀恶，西风催衬梧桐落。梧桐落，又还秋色，又还寂寞。

登临高阁的词人，映入她眼帘的是怎样一幅景象呢？烟霭四起的黄昏时分，日光惨淡，词人极目远眺，广袤的原野尽头，群山攒动，暮色中，群鸦静静地栖息在巢中，远处不时传来凄清的号角声。

一连两个"烟光薄"，并不是简单的重复，更不是词人的失误，而是《忆秦娥》词牌限定的，这种句式称为"联珠体"。这种重复，可以承上启下，层层递进和极力渲染气氛。词人正是借用重复的画面，把自己临高登阁的惆怅反复渲染，有利于增强抒情的艺术效果。

用"归鸦"反衬良人未归，与李白"玉阶空伫立，宿鸟归飞急"的诗意相同。用"暮天"中的画角声，烘托自己的孤单与幽怨，藏情于景，含无尽之情于言外、景外。

"断香残酒情怀恶"之句直述情怀，词人登高远眺，还携带了香与酒。香燃尽了，酒喝残了，词人的心绪却变坏了。本来心情就欠佳，又见西风催逼梧桐叶落。梧桐叶落缤纷，秋天荒凉的景象更增词人寂寞的心境。自从杜甫《宿府》"清秋幕府井梧寒，独宿江城蜡炬残"，白居易《长恨歌》"秋雨梧桐叶落时"，李煜做了亡国之君"寂寞梧桐深院锁清秋"之句问世，梧桐与秋色、孤独几乎成了同义词。"梧桐落，又还秋色，又还寂寞"，一叶落而知秋，秋来人备感寂寞，如此环环紧扣，层层递进，更加显得意绪绵绵不绝如缕。

李清照刻意将短暂的离别写成生离死别，借此从现实超越到悲剧美感的境界。综合可知，李清照的词作，完全从李煜、欧阳修、秦观三家脱胎而来，兼有李煜的深、欧阳修的郁、秦观的婉秀，但李煜遭遇亡国之祸，秦观一生因贬谪而颠沛流离，所以二人悲婉深沉的环境，均是出自肺腑。李清照成长于膏粱之家，长大嫁入显宦之门后，夫妻和美，似乎没有理由时不时地悲从中来。但是一读李清照的词作，让人无法直视扑面而来的悲苦气息。在平静安定的生活中，想要涵育出触动灵魂深处的感触与情怀，唯一的途径就是拟想的爱情失落。显然，悲痛比快乐更容易入词。李清照灵魂深处有一种无法与旁人诉说的空寂感，耽溺于这种感觉而无法自拔，转而将之化为文字，自成一片天地。

在《凤凰台上忆吹箫》一词中，李清照"起来慵自梳头。任宝奁尘满，日上帘钩"，这种情慵意懒的心态，正是赵明诚短暂出行的沉重心理负担。她是知书识礼的人，为什么会如此？本来应该开开心心地安排丈夫出行的，为何又愁苦万分，打不起精神？

紧接着，词人在其作品中解释她的"新瘦"原因道，"非干病酒"，也不是"悲秋"。而是"千万遍《阳关》，也则难留"。

既然知道留不住，为什么不顺势而为，反而如此激动？词的下片隐隐约约地为读者解开了悬念："念武陵人远，烟锁秦楼。"

南朝宋刘义庆《幽明录》记载，东汉浙江剡县人刘晨、阮肇深入天台山采药，结果迷路，遇二仙女邀至其家，结为夫妻。后来，二人思念家乡，告别仙女离去。所以，后人将遇仙另娶之人称为"武陵人"。如韩琦的《点绛唇》中有"武陵回睇，人远波空翠"之句。"秦楼"指春秋时秦穆公之女弄玉与萧史在秦楼吹箫升天之事。词人在此反其意而用之，意思是说，萧史独自飞天而去，独留下弄玉一人在秦楼之中。

此一句，与词人同时期《怨王孙》"玉箫声断人何处？春归去，忍把归期负"之意相同。

综合词意可知，很显然李清照是害怕丈夫一去不复返。

据《宋会要辑稿·崇儒四》记载，政和二年（1112）七月，赵明诚的长兄赵存诚已以秘书少监的身份言事，次兄赵思诚于同年被擢为中书舍人。两个兄长再入政坛，赵明诚重新出仕也是指日可待。赵明诚频繁外出，寻访碑刻，既是为了争取早日完成《金石录》的初稿，也是在为复出做准备工作。

"凝眸处，从今又添，一段新愁"，旧愁未去，又添新愁，李清照的愁并不是无的放矢。第一个有幸读到此词的不会是别人，这是李清照专门写给赵明诚的。

在"欲说还休"的背后，隐藏了词人无尽的心事。官本位的专制制度，三从四德的儒家教条，"不孝有三，无后为大"的孝道观念，这些都是压在李清照头上沉重的大山。赵挺之死后，其妻郭氏率领子女、媳妇归居青州私第。赵挺之三子人称"三诚"，"三子皆有贤德，以母夫人高年，家居不仕，讲学博古，琴书自娱"（《宋史》）。李清照因"无嗣"，在这样的大家庭中地位如何，不问可知。赵明诚无后是郭老太太心底的痛，她一定会强迫儿子纳妾。李清照自知无嗣，愧对丈夫，势必不能公开反对赵明诚纳妾。在彼时，她必须顾大局、识大体，不可以反对丈夫纳妾，甚至要违背意愿主动张罗。

李清照表现出来的大度，实际上是无奈之举。以她的修养与心性，当然不会寻死觅活。这种无法排遣的郁闷，只好将词作当作吐槽的平台了。将一腔心事宣泄在词中，是词坛常态。岳飞《小重山》就有"欲将心事付瑶琴，知音少、弦断有谁听"之句。

爱情是自私的、排他的，李清照这样做，等于是把心爱的丈夫往别的女人怀里推。因此，她的心情非常矛盾，非常痛苦，而这种痛是不足为人道的。李清照在内心深处十分害怕，赵明诚的短暂离开会成为噩梦的开始，所以就有了"从今又添，一段新愁"之句。

可以想象，赵明诚读了此词，心底一定是五味杂陈。

不久，赵明诚离开青州，前往京师谋起复之事。在孤单寂寞的日子里，李清照写下了千古名作《醉花阴》：

薄雾浓云愁永昼，瑞脑销金兽。佳节又重阳，玉枕纱厨，半夜凉初透。

东篱把酒黄昏后，有暗香盈袖。莫道不销魂，帘卷西风，人比黄花瘦。

瑞脑是一种香料，即瑞龙脑。金兽则是指兽状金属香炉。《醉花阴》是词人思念丈夫的离情词，写得含蓄凝重，感情真挚。

上片写的是重阳佳节由白昼到深夜的生活感受，"薄雾""浓云"勾勒出了一幅化不开的愁绪来，烘托出一种沉郁的氛围。在这种环境当中，词人独守空闺，度日如年，所以称白昼为"永昼"了。"每逢佳节倍思亲"，词人孤身一人，只好点燃瑞脑来消磨漫长的时光。"销"字应指岁月漫长，另有一说"销"当作"喷"，从前的薰炉一般是昼夜各添香一次，香消则昼夜尽。从词意推断，早晨不应是添香的时刻。"玉枕纱厨"则是词人闺房中的陈设，"半夜凉初透"不但写出了秋的萧瑟，还写出了词人心底的悲凉。半夜无法入眠，当然是因怀远人而辗转反侧了。

如果说上片是由昼到夜的泛写，下片则是重阳节词人的一个生活片段了。从汉代开始，国人就有了在重阳佩茱萸、饮菊花酒的习俗。《世说新语》转引《续晋阳秋》记载道，陶潜在九月九日这天，于"宅边东篱下菊丛中摘盈把，坐其侧。未几，望见白衣人至，乃刺史王宏送酒也。即便就酌而后归"。显然，博古通今的李清照在这里引用此典，并不只是为了喝菊花酒，而是在等待远方的良人归来。

"暗香盈袖"的菊花酒，并没有为词人带来愉悦，反而勾起了她心底的一腔愁绪。从前的形影相随，如今只留李清照一人形单影只。这种刻骨的相思"莫道不销魂"，西风拂动珠帘，词人苗条婀娜的身姿若隐若现，她玉肌冰骨，比起东篱下的菊花不遑多让，还要弱不禁风。

"清丽其词，端庄其品"是赵明诚为妻子三十一岁时所作画像的八字评语，这既是对妻子词作水平的高度肯定，也是对李清照人品的真实写照。

"帘卷西风，人比黄花瘦"句虽与柳永"衣带渐宽终不悔，为伊消得人憔悴"句意思相类似，却没有柳永词作"词语尘下"的浮浪，多了纤秾合度的婉约美。

据说，李清照把这首《醉花阴》寄给了赵明诚。赵明诚为了胜妻子一头，闭门谢客，"忘食忘寝者三日夜，得五十阕，杂易安作以示友人陆德夫。德夫玩之再三，曰只三句绝佳，明诚诘之，答曰：'莫道不销魂，帘卷西风，人比黄花瘦。'正易安作也"（伊世珍《琅嬛记》卷中引《外传》）。

对此词坛佳话，清人江昱赞赏道："最怜九日销魂句，吟瘦郎君总不如。"（江昱《论易安词》）王初桐赞叹道："帘卷西风初九时，销魂第一李娘词。"（《续修历城县志》引《济南竹枝词》）笔者赞曰："易安离殇歌一曲，拨动万古相思愁。"

没个人堪寄

在青州屏居的漫长岁月中，李清照完成了其惊世骇俗之作《词论》。关于《词论》作于何时，学界争论不休，有早期说，有屏居青州说，有晚年说等。笔者认为，早年说与晚年说欠妥。早年李清照词的创作正处探索与学习阶段，对词的认识尚不能达到《词论》这样的高度，晚年她经历国破家亡、社会动荡，不可能不在其作品中有所反映。青州时期正是其创作水平日趋成熟之际，她激扬文字，褒贬前人，正其时也。

词这一文学方式，发展到李清照生活的时代，已有近三百年的历史。其间词坛名家辈出，而论词者少。即便有，也是零散纪事多，微观评价多，鲜有着眼于整个词体发展规律性的宏观研究。此前有晁补之，曾经对柳永、苏轼、黄庭坚等人词作有所论及，但只是论及几个词人的创作特点，而未从词史立论。李之仪《跋吴师道小词》虽从词史着眼，比晁说系统，但不够全面。

在这种情况下，李清照横空出世，以其敏锐的感知力、丰厚的学养，论词学发展的得失，品评前人创作得失，总结经验、探寻规律，写下了词学里程碑似的作品《词论》。虽然只有短短七百余字，《词论》却弥补了宋代词学研究的重大缺失，奠定了南宋的词论基础，为宋后的词学研究留下了珍贵的文献资料。

针对词作创作的现状，回顾数百年前"郑卫之声日炽，流靡之变日烦"的创作历程，女词人心底，一种舍我其谁的责任感油然而生。因此，她历数"开元天宝间"李八郎以来"乐府声诗"的发展历史，逐一检讨了五代南唐以来江南李璟、李煜父子及其臣工、本朝前辈词人的优缺点。

在《词论》中，李清照对历代词人褒扬多于批评，传播开来，在文坛引发了轩然大波。兹录《词论》重点部分如下：

五代干戈，四海瓜分豆剖，斯文道熄，独江南李氏君臣尚文雅，故有"小楼吹彻玉笙寒""吹皱一池春水"之词，语虽奇甚，所谓"亡国之音哀以思"也。

逮至本朝，礼乐文武大备。又涵养百余年，始有柳屯田永者，变旧声作新声，出《乐章集》，大得声称于世，虽协音律，而词语尘下。又有张子野、宋子京兄弟，沈唐、元绛、晁次膺辈继出，虽时时有妙语，而破碎何足名家。至晏元献、欧阳永叔、苏子瞻，学际天人，作为小歌词，直如酌蠡水于大海，然皆句读不葺之诗尔，又往往不协音律者。何耶？盖诗文分平侧，而歌词分五音，又分五声，又分六律，又分清浊轻重。且如近世所谓《声声慢》《雨中花》《喜迁莺》，既押平声韵，又押入声韵；《玉楼春》本押平声韵，又押上去声韵，又押入声。本押仄声韵，如押上声则协；如押入声则不可歌矣。王介甫、曾子固，文章似西汉，若作一小歌词，则人必绝倒，不可读也。乃知别是一家，知之者少。后晏叔原、贺方回、秦少游、黄鲁直出，始能知之。又晏苦无铺叙，贺苦少典重。秦即专主情致，而少故实。譬如贫家美女，虽极妍丽丰逸，而终乏富贵态。黄即尚故实，而多疵病，譬如良玉有瑕，价自减半矣。

观千剑而后识器，操千曲而后晓声。此前，人们只注意到了李清照对词坛名流的批评，而忽略了她对前辈词人的褒扬。

透过《词论》的文字可知，李清照是深入研究过这些词人作品的。令人印象深刻的是，她对词坛前辈的作品，不仅能看到优点与长处，集众家所长为己长，更能指出这些词人作品中的不足之处。识其不足，才能在自己的创作当中有所规避，扬长避短。

《词论》囿于篇幅，对前辈词人作品褒少贬多，所以人们对李清照对前代词人的褒扬有选择地无视，认为她藐视一切，妄自尊大，自然引来世人訾议。

暂且不说李清照曾对前辈词人的作品潜心学习，加以借鉴，仅就《词论》中对各名家的批评是否正确，是否切中肯綮加以简单分析。

南唐李璟、李煜父子的词，"语虽奇甚"，但属于"亡国之音哀以思"的评价乃是公论。柳永作为宋初词坛巨擘，对于词的贡献自有公论。他为后人所诟病，恰恰是因为其风流不羁，作词常常"杂以鄙语"，对风月场上之事多有浅露直白的描写。李清照批评他部分词作"词语尘下"，事实清晰，证据确凿。

称张先、宋祁兄弟等"虽时时有妙语，而破碎何足名家"也有道理。张先、宋祁享誉词坛，确实只是因为一二名句，如张先号"张三影"，宋祁号"红杏尚书"。世人往往因欣赏名句而忽略了对词作整体审美和整体评价，这样一来，自然难免失之偏颇。李清照不满那种不顾艺术整体的创作和批评，单纯把偶有妙句奇语的词作评价太高，这种认识无疑是正确的。

《词论》对晏殊、欧阳修、苏轼不协音律之词作，予以尖锐之批评。撇过晏殊、欧阳修、苏轼等人词作水平如何不讲，单是几人的社会地位、文坛地位就足以令后人肃然起敬，一个女性指责他们的词作不合音律，无疑会让她饱受非议。

笔者认为，宋室南渡后，苏学重新焕发出勃勃生机。苏轼走上神坛，他的诗词文章成为神圣不可侵犯的东西。当所有人都赞不绝口的时候，人云亦云，无疑是最为便捷的方法。当李清照的《词论》在坊间广为传播之际，她自然而然就会成为众矢之的。

王安石虽有《桂枝香》等词作名篇，但他无意称雄词坛，虽不是名家，但李清照讥其词"令人绝倒"，多少毁人太过。据魏泰《东轩笔记》记载："王荆公初为参政，闲日阅晏元献小词而笑曰：'宰相为此，可乎？'"王安石"一洗五代旧习"（刘熙载《艺概》），不愿将词视为倚声之作，虽不以词为名，也对词的发展有所贡献。人们只关注其政治家胸襟气度与真知灼见，反而忽略了王安石在文学创作上也是全才，诗、词、文章均有过人之处。如《桂枝香·金陵怀古》：

登临送目，正故国晚秋，天气初肃。千里澄江似练，翠峰如簇。归帆去棹残阳里，背西风，酒旗斜矗。彩舟云淡，星河鹭起，画图难足。

念往昔，繁华竞逐，叹门外楼头，悲恨相续。千古凭高对此，谩嗟荣辱。六朝旧事随流水，但寒烟衰草凝绿。至今商女，时时犹唱，后庭遗曲。

据《词林纪事》卷四引《古今词话》载："金陵怀古，诸公寄调于《桂

王安石《桂枝香·金陵怀古》：

登临送目，正故国晚秋，天气初肃。千里澄江似练，翠峰如簇。归帆去棹残阳里，背西风，酒旗斜矗。彩舟云淡，星河鹭起，画图难足。

念往昔，繁华竞逐，叹门外楼头，悲恨相续。千古凭高对此，谩嗟荣辱。六朝旧事随流水，但寒烟衰草凝绿。至今商女，时时犹唱，后庭遗曲。

枝香》者三十余家，独介甫最为绝唱。东坡见之叹曰：'此老乃野狐精也！'"苏轼对王安石的《桂枝香》推崇备至，但在李清照眼中不值一提。

曾巩文名远播却"短于韵语"，作词并非其所长，《全宋词》仅收录了其一首词作。

晏几道的小令以"工于言情"而独步词坛，但他只擅长令词的创作，在慢词长调渐成风尚的情况下，并未在这一领域一展才华，所以李清照感慨其词作"苦少铺叙"。贺铸词集中多艳丽"妖冶"之作，因此李清照批评他"苦少典重"。

北宋末年，"秦七黄九"并称词坛。李清照在对秦观以深情写恋情与贬谪的作品表示欣赏之后，指出其作品中乏用典、少深沉的缺点。黄庭坚则尚才使气，喜欢用典使事，但词与诗一样，多为典多所拖累。何况黄庭坚早期词作多淫冶之词，好友法秀道人曾有"笔墨劝淫，应堕犁舌之狱"的劝诫。

后人对李清照独独不对周邦彦的词作做评论之事纷纷猜测。有人以为周邦彦的词作已臻完美，李清照实在是挑不出毛病。周邦彦对词的入韵、协律、平仄要求相当严格，很符合李清照《词论》标准。《四库全书总目提要》中云："邦彦妙解声律，为词家之冠。"晚清词评家陈廷焯在其《白雨斋词话》也对周邦彦词大加推崇，认为"词至美成，乃有大宗，前收苏、秦之终，后开姜、史之始。自有词人以来，不得不推为巨擘，后之为词者，亦难出其范围"。《词论》对周邦彦这样一位词家集大成者没有只言片语的记载，实在是令人费解。

综上所述，《词论》针对词坛名流一一评说，虽批评多于褒扬，但无不是言之有物、有理有据。作为追求人格独立的女词人，李清照对词坛前辈"爱而知其丑，憎而知其善"，以其敏锐的艺术眼光，准确地指出了词坛名家的不足与短处。

众所周知，"世之著述，不能无病"。与一些不是捧杀就是棒杀的文学批评家不同，李清照实事求是的辩证批评法，虽令人耳目一新，也颇有一竿子打翻一船人的意思。在词坛，"自谓能擅其长"的李清照，以其远超侪辈的才华傲视群雄，在男权兴盛的时代，自然会招来许多男性的羡慕和嫉恨。

李清照检讨三百年来词的发展历程，汲取前人经验，结合自己的创作实践，认为当时词坛存在的主要问题大略有三：一是格调不雅，二是音律不协，三是技法不精。这三个问题不但出现在不同历史时期的名家词作当中，而且严重影响制约词作的健康发展。三个问题当中，技法不精是细枝末节，完全可以通过锻炼得到提高。而格调不雅、音律不协乃是词的大忌。尤其是音律问题，是李清照提倡的"别是一家"词说理论基础，没有丝毫商量的余地。

李清照在《词论》中提出，词为乐府，它是以音乐身份出现在乐坛、文坛的。她进一步指出，词是歌词，与诗词不同，在协音律方面，比诗词要求更为严格。李清照认为，词"别是一家"，必须有别于诗，不仅要求协音律，能够歌唱，而且在艺术特质、表达手法、艺术形式等各方面有自己的特色。

李清照在批评词坛名流的时候，高张词"别是一家"的旗帜，致力于探索词作的精微。基于李清照多年词作的实践，所以才会有《词论》这样的批评文字。精辟的理论反过来也促进了她的创作，她最终成为词坛一代宗师。令人耳目一新的词作，词坛第一篇系统的论词专文，奠定了她在词史上的地位。

宣和初年，赵明诚出知莱州（今山东莱州）。宣和三年（1121）赵明诚将仍留居在青州的妻子接往莱州团聚，李清照风尘仆仆地赶往丈夫任所。一别数年，李清照应该表现得载欣载奔，哪知在其《蝶恋花·晚止昌乐馆寄姊妹》一词中，情绪却十分低落。这又是为什么呢？

> 泪湿罗衣脂粉满，四叠阳关，唱到千千遍。人道山长山又断，
> 萧萧微雨闻孤馆。
>
> 惜别伤离方寸乱，忘了临行，酒盏深和浅。好把音书凭过雁，
> 东莱不似蓬莱远。

依常理忖度，赵明诚不可能从闲居在家一转身就成为知莱州的。但在任知莱州之前，究竟担任过何职，又是如何运作重新出仕的，未见史料有载。依笔者浅见，赵明诚在任知莱州之前，一定担任过其他职务，作为过渡。一州之长，断不是随随便便就授予的。

昌乐为县名，在今山东省，原名乐陵县，宋改为昌乐，属青州府，是李清照从青州住处前往莱州的必经之路。得知她要赶往莱州与丈夫团圆的消息，李清照的闺密纷纷赶来为她饯行。

孤馆之外，"萧萧微雨"声中，李清照强颜欢笑，举杯嘱客，大家却无心饮食。众人七嘴八舌，"道山长山又断"，更令词人感到前途茫然。李清照从青州前往莱州的道路，丘陵与平原交错，并无高山峻岭相隔绝，词人这样夸张的手法，不过是境由心生而已。

一行人"四叠阳关，唱到千千遍"，直唱得"泪湿罗衣脂粉满"。

"方寸乱"，始出《列子·仲尼》，（文挚）既而曰："嘻！吾见子之心矣，方寸之地虚矣，几圣人也！"其后更有《三国志·诸葛亮传》，徐庶辞先主而指其心曰："今已失老母，方寸乱矣，请以此别。"乱了方寸的李清照，不得不哽咽着，宽慰大家"东莱不似蓬莱远"，大家尽可以"音书凭过雁"。李清照这样讲，看似宽慰别人，其实是聊以自慰。

一路晓行夜宿，鞍马劳顿，到了莱州，李清照作《感怀》诗一首，记

述当时情景。诗前小序写道："宣和辛丑八月十日到莱，独坐一室，平生所见，皆不在目前。几上有《礼韵》，因信手开之，约以所开为韵作诗，偶得'子'字，因以为韵，作感怀诗。"诗曰：

寒窗败几无书史，公路可怜合至此。
青州从事孔方兄，终日纷纷喜生事。
作诗谢绝聊闭门，燕寝凝香有佳思。
静中吾乃得至交，乌有先生子虚子。

来到丈夫的居所，触目可及，四壁空空，没有可供随手翻阅的史书，更没有可供把玩的金石器物。置身陌生的环境，面对"寒窗败几无书史"的荒凉破败景象，李清照不禁感慨"公路可怜合至此"。公路即袁术，字公路。袁术被曹操追杀得穷途末路的时候，士卒离心，他挣扎着想喝一碗蜜水。军中只余麦屑三十斛，军需官据实以告道："只有血水，没有蜜水！"袁术闻言，哀叹道："袁术至于此乎？"然后呕血而亡。李清照用此典，是有意夸张室内的一无所有。

"青州从事"代指美酒。《世说新语·术解》记载，桓温手下有一主簿，擅品酒。桓温每次喝酒之前，都要请他品尝，美酒称为"青州从事"，劣酒称为"平原督邮"。盖因青州地方有齐郡，意思是美酒的酒力可直达脐部。而平原有鬲县，意指劣酒只会停留在胸膈间而难以下咽。"孔方兄"代指钱，古时铜钱外圆而内有方孔。李清照应该是化用了苏轼《章质夫送酒六壶，书至而酒不达，戏作小诗问之》中的"岂意青州六从事，化为乌有一先生"句。苏轼在惠州，知州章质夫每月送他六壶好酒，有一次，酒没有按时送达，因为手下人跌了一跤，打碎了。苏轼喝不到酒，只好作诗戏谑。可惜苏轼旷达不羁的生活态度，李清照学不来。

面对丈夫的轻慢，李清照用怨怼的语气数说美酒与钱的种种不是。人之所以痛苦，正是因为贪得身外之物和无厌的口腹之欲。为了钱，人们背井离乡，四处奔波，才有了无休止的杂务与俗事。因为这些身外之物，词人不得不放弃安逸的闲居生活，追随丈夫到遥远的异乡。即便是到了地方，赵明诚因应付公事，也无暇嘘寒问暖，而令李清照独守空室。

百无聊赖之下，李清照只好赋诗打发时间。"燕寝凝香"句典出韦应物五言古诗《郡斋雨中与诸文士燕集》"兵卫森画戟，燕寝凝清香"句，李清照用来借指赵明诚的官署。熟悉了环境的李清照，突然有了赋诗的雅兴，郁闷的心情因此而稍有好转。

结尾一句"静中吾乃得至交，乌有先生子虚子"，是在抱怨丈夫对自己的冷漠，她只好与子虚乌有的人物结为"至交"。

解析《蝶恋花》与《感怀》诗，可以走入李清照的情感世界。

经历了漫长的分别，他们终于迎来了夫妻的团聚。来到赵明诚的官邸，对寒酸破败的景象，对物质生活没什么追求的李清照本应该毫不介怀。二人已经是十多年的老夫妻了，在看到丈夫居住环境的简陋后，按常理忖度，李清照至少要洒一掬心酸的泪水。然而，她反而牢骚满腹，嫌弃官舍的破败，讥讽丈夫出仕是为了"青州从事孔方兄"。她不是温情脉脉地等待丈夫归来，反而与"乌有先生子虚子"结为至交，在幽怨中苦挨时光。

北宋统治者历来鼓励臣僚享乐，达官贵人、士大夫蓄养歌儿舞女，蔚为风尚。"官职稍如意，往往增置不已"（《宋人轶事汇编》），这些歌儿舞女往往兼有主人侍妾的身份，许多官员到地方上任，不携带发妻，却忘不了带上这些年轻漂亮的侍妾。赵明诚是否纳妾，是否蓄养家伎，虽史料阙如，但不能排除这种可能性。

李清照《金石录后序》中回顾丈夫临终之际，"取笔作诗，绝笔而终，殊无分香卖履之意"。"分香卖履"典出曹操《遗令》。曹操临终前安排后事："余香可分与诸夫人……诸舍中无所为，学作履组卖也。"由此可知，赵明诚有侍妾，不止一人。在北宋，达官贵人、士大夫养妓狎妓是一种风尚。到了宋徽宗时期，上行下效，人人以奢靡相尚，人情以放荡为快，社会风气大坏。淫佚之风日盛，流风所及，就连此前素有"有发头陀寺，无官御史台"之称的清苦之地太学，到了北宋末年，也变得"亭榭帘幌，竞为靡丽，每一会饮，黄白错落，非头陀寺比矣"（南宋罗大经《鹤林玉露》）。

非但如此，太学生聚会，都会招伎侑酒，"学舍燕集必点妓，乃是各斋集正自出帖子，用斋印，明书'仰弟子某人到何处祇直本斋燕集'"（南宋周密《癸辛杂识》），不知何时成了惯例。太学生流连风月，诗酒自娱在彼时不受社会谴责，反而是值得炫耀的事。受此影响，太学时代的赵明诚势必不能免俗，难免会有逢场作戏之事。

赵明诚与李清照新婚之时，既无收入，也就没有心情蓄养家伎。此后经历一连串的变故，丁忧期间，赵明诚碍于礼法，不敢逾制。他忙于收藏与《金石录》的整理编撰，也没有闲情逸致去做此事。按情理推测，他纳妾，是在其屏居青州的最后几年。第二次出仕之后，官做得大了，收入也水涨船高，迎来送往的官场应酬也多了，蓄养歌伎也随之提上议事日程。

李清照不在身边，赵明诚养几个侍妾，在彼时也不是过分之事。赵明诚此时已经是不惑之年，年纪相仿的人应该都已做了祖父。宋代"孝道"昌盛，"不孝者三事：事谓阿意曲从，陷亲不义，一不孝也；家贫亲老，不为禄仕，二不孝也；不娶无子，绝先祖祀，三不孝也"的孝文化深入人心。赵明诚要面对世俗观念的无形压力。同样，李清照"无嗣"，她的身心也不会轻松。随着岁月流逝，李清照早就过了最佳生育年龄。朝夕相处，可以让曾经的激情从平淡无奇到熟视无睹。

综合史料可知，赵明诚与李清照无子女，其他侍妾也未能为他生育一儿半女。在专制夫权的社会中，会将过错简单地推在妇人身上。赵明诚就算嘴上不说，心中也会与妻子产生隔阂，有意无意地疏远她。李清照无力阻止丈夫纳妾，也不能阻止，这才是她心底的隐痛。让其他年轻的女性分享自己的爱情，这对于一个智商、情商极高的才女来说，是种耻辱。但理智告诉她，自己不能像泼妇那样去和丈夫一哭二闹三上吊。她内心深恨赵明诚，只好将"乌有先生子虚子"结为至交，自言自语，倾诉心底忧伤。

有一首《诉衷情》，在明代学者陈耀文的《花草粹编》中题作"枕畔闻残梅喷香"，有学者认为是李清照作于南渡之后，仔细忖度词意，似乎作于此时才对。

> 夜来沉醉卸妆迟，梅萼插残枝。酒醒熏破春睡，梦远不成归。
>
> 人悄悄，月依依，翠帘垂。更挼残蕊，更捻余香，更得些时。

从字面意思理解可知，人到中年的李清照，一改从前"衣去重采，首无明珠、翠羽之饰"的习惯，为博丈夫欢心，也要化妆打扮了。或者，李清照醒悟得有些迟了，这也是她身为女性的悲哀。人到中年的女性变得不自信是常有的。从其"沉醉""酒醒"后的情态可知，她的酒喝大了。

人在心情郁闷的时候喝酒最容易醉，李清照"酒醒熏破春睡"，清醒过来，才发现，自己是一个人睡的。因为没有人照顾，以至于"梅萼插残枝"。昏暗的灯光下，一个半老徐娘，醉眼迷离，残妆惨不忍睹，鬓边还斜插着一枝梅。这是怎样一幅场景？

懵懵懂懂中，词人的意识在逐步恢复，映入她眼中的是"月依依，翠帘垂"。这是怎样的一种意象呢？

李清照的所有作品中，人们多注意到了"瘦""愁""酒"等字眼，而忽视了贯穿始终的"帘"字。从早期"试问卷帘人，却道海棠依旧"，到中期"帘卷西风，人比黄花瘦"，再到晚年的"不如向、帘儿底下，听人笑语"，李清照的词作中近三成有"帘"。除了早期作品，其他关于帘的作品，无不婉转地表现出她独守长夜的寂寞、无奈。她的词作中很多是"翠帘垂""帘幕垂""帘垂四面"这样的字眼。帘，完全是一种封闭自我的意象，想要了解李清照，就得掀开她词作中的"帘"。

从"卷"到"垂"的强烈对比中可以看出，"垂"是一种浓得化不开的愁情与孤寂。它是漫漫长夜的延伸，也是词人心底凄苦的守望。

酒醒过来的词人，懊恼地取下鬓边的残梅，"更挼残梅，更捻余香"。陪伴她的只有冷清的月色和低垂的帘幕，一股说不出的悲凉从心底涌上心头。手中把玩的残梅不知词人的愁苦，仍不断地为之奉上清幽的梅香，词人狠狠地将梅萼挼、捻，正是为了发泄。蓦然涌上李清照心底的，一定是两汉时期宋子侯的乐府诗《董娇娆》：

洛阳城东路，桃李生路旁。

花花自相对，叶叶自相当。

春风东北起，花叶正低昂。

不知谁家子，提笼行采桑。

纤手折其枝，花落何飘飐。

请谢彼姝子，何为见损伤。

高秋八九月，白露变为霜。

终年会飘堕，安得久馨香。

秋时自零落，春月复芬芳。

何如盛年去，欢爱永相忘。

吾欲竟此曲，此曲愁人肠。

归来酌美酒，挟瑟上高堂。

李清照盛年已去，色衰而爱弛，她受了委屈而无处发泄，唯有想到与最亲的人倾诉。这个人是谁呢？只有她的母亲王氏了！"梦远不成归"，并不是说她酒醒梦也醒，而是说日有所思、夜有所梦，她是怀念从前在母亲身边无忧无虑的童年生活。李清照只有在梦境中才能得到精神的慰藉，这是受了多大的委屈啊？

其实，李清照是个自信心很高的人。她对自己的词作水平相当自负，在许多时候这种自负被讥为妄自尊大，也是事出有因。比如，她所作梅词《孤雁儿》的小序中写道："世人作梅词，下笔便俗。予试作一篇，乃知前言不妄耳。"

藤床纸帐朝眠起，说不尽无佳思。沉香断续玉炉寒，伴我情怀如水。笛声三弄，梅心惊破，多少春情意。

小风疏雨萧萧地，又催下千行泪。吹箫人去玉楼空，肠断与谁同倚。一枝折得，人间天上，没个人堪寄。

这首梅词文学价值如何，是否值得词人这样的自负？李清照所作的梅词有许多，简单统计就有《满庭芳·残梅》、《玉楼春》（红酥肯放琼苞碎）、《渔家傲》（雪里已知春信至）、《清平乐》（年年雪里）等。

我国自古就有爱花咏花的传统，在《全宋词》《全宋词补辑》中，咏梅的作品计有一千一百五十七首，高居咏花卉的榜首，荷、海棠、菊、牡丹等难望项背。咏梅名家辈出，苏轼有梅词六首，周邦彦有梅词七首，辛弃疾有梅词十四首，姜夔有梅词十六首，吴文英有梅词十二首，周密有梅词十一首。

李清照虽然仅有梅词九首，后世学者将她的梅词说成是清新不俗、自然贴切、笔力遒健，前无古人后无来者的佳作，盛赞她拓展了花间词的写作空间，提高了婉约词的艺术格调。可是一提及宋代关于梅的诗词作品，人们首先想到的是林和靖的《瑞鹧鸪》、周邦彦的《花犯》、姜夔的《暗香》《疏影》等，无论如何也不会联想到李清照的《孤雁儿》。

其实，赵明诚对李清照的感情也非常微妙，他没有像妻子对他那样全身心地去对待李清照，但也并非像李清照词中那样，冷落怠慢了她。

彼时三从四德是儒家礼教对妇女一生道德、行为、修养的规范与要求，对维护统治，稳定家庭，维护父权、夫权有着积极作用。"未嫁从父，既嫁从夫，夫死从子"，李清照虽为一代文宗，文学成就再高，也要受此道德约束。此时，李格非已逝去十余年，李清照必须依附赵明诚。从赵明诚接妻子到任上可知，他并非要抛弃李清照。对这位发妻，赵明诚既敬且畏，一直视为良师益友。

知莱州任满之后，赵明诚转知淄州（今山东淄博淄川区）。在任上，赵明诚礼贤亲民，与治下邢氏村长者邢有嘉来往密切，称赞其"好礼"。感动之下，邢有嘉拿出家藏的白居易手书《楞严经》给他观赏。据缪荃孙《云自在龛笔记》记载：

> 唐白居易书《楞严经》一百幅，三百九十七行，唐笺楷书，系第九卷后半卷。赵明诚在此经上跋文云："淄川邢氏之村，丘地平弥，水林晶清，墙麓硗确布错，疑有隐君子居焉。问之，兹一村皆邢姓，而邢君有嘉，故潭长好礼，遂造其庐。院中繁英正发，主人出接，不厌余为兹州守，而重余有素心之馨也。夏首后相经过，遂出乐天所书《楞严经》相示。因上马疾驰归，与细君共赏。时已二鼓下矣，酒渴甚，烹小龙团，相对展玩，狂喜不支，两见烛跋，犹不欲寐，便下笔为之记。"

淄州与莱州去青州不远，赵明诚喜好收藏金石的名声在外，所以邢有嘉会主动取出《楞严经》给赵明诚观赏。赵明诚第一时间就想到与妻子分享，半夜三更，打马如飞地回家，与李清照（细君代指妻子）共同赏玩。烹小龙团①茶，在烛下"相对展玩"，直到两根蜡烛燃尽，仍不肯去休息。如果不是将李清照视为知音、知己，二人相濡以沫，赵明诚何至于此？

　　在淄州，李清照不得不接受丈夫纳妾的事实。《浣溪沙》应是作于此时，是其心态的真实反映。

> 小院闲窗春色深，重帘未卷影沉沉。倚楼无语理瑶琴。
>
> 远岫出云催薄暮，细风吹雨弄轻阴。梨花欲谢恐难禁。

　　整首小令平淡清爽，反映了词人在淄州闲适安定的生活。年过不惑的李清照心有不甘，却不得不认命，五味杂陈，但心底仍留有丝丝的遗憾。丈夫疏远，她只好接受。每日里面对着云卷云舒的天，在高楼上"无语理瑶琴"。观"远岫出云"打发孤寂的暮春时光。"细风吹雨弄轻阴。梨花欲谢恐难禁"之句，有无可奈何花落去之感慨。

　　李清照此时还作有一首《多丽·咏白菊》：

> 小楼寒，夜长帘幕低垂。恨萧萧、无情风雨，夜来揉损琼肌。也不似、贵妃醉脸，也不似、孙寿愁眉。韩令偷香，徐娘傅粉，莫将比拟未新奇。细看取、屈平陶令，风韵正相宜。微风起，清芬酝藉，不减酴醾。

---

① 小龙团，福建产的一种茶饼，上面印有龙凤图案。自北宋丁谓始，盛于蔡襄，福建茶才成为达官贵人的首选。

渐秋阑、雪清玉瘦，向人无限依依。似愁凝、汉皋解佩，似泪洒、纨扇题诗。朗月清风，浓烟暗雨，天教憔悴度芳姿。纵爱惜、不知从此，留得几多时。人情好，何须更忆，泽畔东篱。

这首词在《乐府雅词》中题为"咏白菊"，是李清照词作中最长的一首长调，全词共三十九句，一百三十九字。许多人认为，这首词不能局限于反映个人，而是整个时代风云变幻的反映。而笔者认为，说是描述屈原、陶渊明的高风亮节，借此自抒襟抱，达到咏物见志之目的近乎事实。

后人评说李清照词用语明白晓畅，感情真挚，少用典事。但这首《多丽》是李清照词用典最多的一首。

上阕先以一连串历史人物来拟花，白菊不像雍容华贵的杨贵妃，也不像娇艳妖媚的孙寿，不似偷情卖俏的贾午，不似搔首弄姿的徐娘。这四人只是依靠外貌而名重一时的，用他们正是为了反衬白菊之美。将屈原、陶渊明直接与菊花比附，提出"风韵正相宜"，表明词人着力刻画的不是菊的外在美，而是它的风韵。词人欣赏的菊不艳、不俗、不媚、不娇，是冰清玉洁、淡雅高洁的。菊花的色、香、韵，通过一连串的用典，呼之欲出。

词的下阕又连用两典，一是郑交甫于汉皋山下的艳遇，另一是班婕妤因赵飞燕而失宠的悲剧，借此烘托白菊的多情与可惜。

晚清词人况周颐在《珠花簃词话》中，对李清照《多丽》词之用典赞赏有加："前段用贵妃、孙寿、韩掾、徐娘、屈平、陶令若干人物，后段雪清玉瘦、汉皋纨扇、朗月清风、浓烟暗雨许多字面，却不嫌堆垛，赖有清气之流行耳。"

结尾部分，词人借用屈原泽畔行吟，陶渊明东篱采菊的典故，表达了对菊花的钟爱之情与怜惜之意。

清蒋敦复《芬陀利室词话》云："词原于诗，虽小小咏物，亦贵得风人比兴之旨。"显然，李清照这首词有所寄托，恨风雨无情，以人拟菊，赏菊，咏菊，惜菊，似有婉转不尽之意。看似咏菊，实为自咏，通过歌颂白菊的高标逸致，反映词人的傲岸不羁。李清照以旷达之语，鄙夷低俗妖媚之流，表达了自己不甘随世沉浮的高洁志趣。

"贵妃醉脸"的贵妃，是唐玄宗妃杨玉环。据唐李濬《松窗杂录》记载，当时京师李正封咏牡丹诗有两句"天香夜染衣，国色朝酣酒"，唐玄宗十分喜欢，曾开玩笑地对杨玉环说："妆镜台前，宜饮以一紫金盏酒，则正材之句见矣。"贵妃醉酒后，脸庞就像牡丹一样娇艳动人。

"孙寿愁眉"中的孙寿，是东汉梁冀的妻子。愁眉，细而曲的眉。《后汉书·梁冀传》中讲梁冀的妻子"色美而善为妖态，作愁眉、啼妆、堕马髻、折腰步、龋齿笑，以为媚惑"。折腰步，是不是就是现代人讲的猫步？龋齿笑，应该就是假装牙疼，可能是捂着腮帮，哭笑不得的那种媚态。

"韩令偷香"中的韩令，指西晋贾充的女婿韩寿。韩寿，是贾充手下的属官。因为生得貌美，被贾女相中。后逾墙与贾女私通，贾女赠以晋武帝赐贾充的奇香，事情败露后，贾充只好顺水推舟，将姑娘嫁给了韩寿。偷香，是说韩寿身上的奇香是偷情得来的。

"徐娘傅粉"中的徐娘，是梁元帝妃徐昭佩。《南史·梁元帝徐妃传》记载："妃以帝眇一目，每知帝将至，必为半面妆以俟，帝见则大怒而出。"傅粉，指徐妃涂脂抹粉的怪态。另，成语"徐娘半老"的徐娘就是指此人。

"汉皋解佩"中的汉皋，是汉水的岸边。解佩，指两仙女在汉皋台下遇郑交甫之事。据《韩诗外传》记载："郑交甫游楚，途经汉皋台下，遇二女佩珠，挑之。二女解珠以赠，交甫迳去。其意为二女被男戏而珠失被弃。"另《太平御览》引《列仙传》记载："有二女，珮两珠，大如荆鸡卵。交莆与之言，曰：'欲子佩之。'二女解与之。既行返顾，二女不见，佩亦失矣。"这里是讥讽郑交莆轻佻，被二女子戏弄。综合分析词意可知，两则故事应该都是讲女方从属男子之后的人间悲剧。如果依《列仙传》的含义，明显不合词意。

"纨扇题诗"句，纨扇是细白绸绢制作的团扇，题诗是将诗句题写在扇上，典出《文选》班婕妤《怨歌行》："新裂齐纨素，皎洁如霜雪。裁为合欢扇，团团似明月。出入君怀袖，动摇微风发。常恐秋节至，凉飙夺炎热，弃捐箧笥中，恩情中道绝。"

"泽畔东篱"句，"泽畔"典出屈原《渔父》："屈原既放，游于江潭，行吟泽畔，颜色憔悴。"又《离骚》云："朝饮木兰之附露兮，夕餐秋菊之落英。""东篱"典出陶渊明《饮酒》诗："采菊东篱下，悠然见南山。"此处以泽畔、东篱代指爱菊之人屈原与陶渊明。

明人方孝孺在《菊趣轩记》中说："渊明之属意于菊，其意不在菊也，寓菊以舒其情耳。"同样，李清照咏菊，也是在借菊浇胸中块垒而已。这首《多丽》就是通过歌咏白菊的高洁来表达自己襟怀旷达、不同流俗的志向。

李清照笔下的白菊：淡雅端庄，有着不让酴醾的芬芳；白雪一样清丽，体态苗条，对人世充满了期待与失望；像汉水滨的解佩女郎，珠去人失而困惑不解；像汉宫中色衰而爱弛的班婕妤，纨扇题诗泪汪汪；在经历了月白风清的良宵，骤雨浓云的黄昏之后，等待白菊的最终命运仍是憔悴凄凉。即使再爱惜它，也难留它到地久天长。

所以，幸福的人生就是珍惜眼前人，不要到了分离的时刻，才会回想与屈原、陶渊明相亲的过去时光。

北宋王朝经历了一百六十余年的稳定发展，至宋徽宗在位的时候，国势进入了"太平极盛之日"。"辇毂之下，太平日久，人物繁阜"

（《东京梦华录》），宋王朝的经济总量攀上了一个令世人眩目的高度。经济繁荣的表面掩盖了背后的深刻危机——和平百有余年来，宋廷"不识干戈"。

宋徽宗是一个天赋极高的天才艺术家，同时也是一个昏聩无能的帝王。在蔡京（1047—1126）等奸臣的撺掇下，纵情声色犬马，竭天下以自奉。上梁不正下梁歪，赵佶在位期间，朝堂之间招权纳贿，货赂公行。"忘战必危，好战必亡"，如果没有强有力的国防力量做后盾，繁荣与富裕根本无法得到保障，经济的繁荣只会引来觊觎者贪婪的目光。

事实证明，"外忧不过边事，皆可预防"的想法，只能是赵宋朝廷的一厢情愿。北宋的灭亡，恰恰是因为"边事"。

11世纪初，与契丹人在斗争中发展壮大起来的女真人崛起于白山黑水，成了北宋王朝新的梦魇。1115年，女真部族首领完颜阿骨打（1068—1123）仿汉制，称帝，建立大金国。面对勃兴的金王朝，短视的宋徽宗君臣采取了联金灭辽的国策。

童贯（1054—1126）、高俅（？—1126）等人长年主兵，导致"军政大坏"，被宋廷视为精锐的陕西军在攻残辽之时，过早地暴露出了宋军外强中干的本来面目。无意之中发现宋帝国原来是只纸老虎之后，女真人在灭辽之后厉兵秣马，旋即南下。

金宋关系与辽宋关系截然不同，辽人不过是宋的边患而已，而新兴的女真政权有灭亡宋王朝的野心。金军与辽军不同，他们不但长于野战，也善于攻坚战。故此，女真人可以深入中原腹地，饮马黄河。

靖康元年（1126），女真人分两路南下：一路由粘罕率军出太原下洛阳隔断西北兵入援的路线，而且防备宋室逃入川蜀；另一路则由斡离不率军取燕京、下真定，直扑汴梁城。

女真人初至中原，如入无人之境。《建炎以来系年要录》称"有掳掠，无战斗"，其中斡离不所部进军神速，一路并未遇到什么像样的抵抗，兵锋直指北宋京城。开封乃四战之地，无险可守，面对金人铁骑，平素养尊处优的文武慌作一团。

危急时刻，宋徽宗不是布置城防御敌，反而是撂挑子给儿子，自己在第一时间南逃镇江，离开了是非之地。继位的宋钦宗（1100—1161），本来也打算步父亲后尘，哪知被李纲（1083—1140）极力谏阻，未能成行。笔者认为，选择南幸，暂避女真人兵锋，不失为计之上者。留得青山在，不怕没柴烧。

李纲临危受命，立即加固城防，汴梁军民众志成城，开封城得保不失。随着各地勤王之师陆续抵达，城外的金军已呈腹背受敌之势。完颜宗望（？—1127）（斡鲁补，完颜阿骨打次子）得知城中主战派占了上风，如果再不撤军后果堪忧。在勒索到一笔不菲的金银财宝之后，宗望引兵北返。

靖康元年（1126），女真大军卷土重来。闰十一月，宋首都开封城城防失守。宋钦宗出降，北宋灭亡。

第二年春，金军在开封掘地三尺，掳掠了无数的金银玉帛，以及皇帝宝玺、仪仗、珍宝古玩等物，于四月朔北返。北返掳去亲王、后妃、倡优、僧道、百工、医卜等数万人，宋钦宗与他的父亲太上皇赵佶也在被押解北去的行列之中。

靖康二年三月，赵明诚母亲卒于江宁。按宋制，宗法重奔父、母丧，身在异地者，于闻讣之后当不顾一切，尽速奔赴丧所处理殡葬之事。有职在身者，禀告主官后即应离去。身为地方主官者，应当立即移交公务印信与副职或僚属，而后弃职速去。匿丧不告者，一经检举揭发，即当坐罪。

赵母卒时，正值家国浩劫、万事纷纭之际，赵明诚不是移孝作忠，勤于王事，却弃职奔丧，实在是迂腐之至。好在他并不糊涂，知道覆巢之下焉有完卵的道理，当务之急是将收藏物转输南下避敌。最后，他把这项艰巨的任务丢给了李清照！

赵明诚走后，李清照"四顾茫然，盈箱溢箧，且恋恋、且怅怅，知其必不为己物也"，立即收拾自己携来淄州的金石诸物。可是，哪一件都是珍品，哪一件都无法割舍。用光了身边的箱箧，也无法把这些东西全装进去。经过一再选择淘汰，最后先装了十五车先行南运。其余部分则派人先送回青州，准备明年安排舟车搬运。"既长物不能尽载，乃先去书之重大印本者，又去画之多幅者，又去古器之无款识者，后又去书之监本者，画之平常者，器之重大者。凡屡减去，尚载书十五车。"（《金石录后序》）

打包好的收藏则亲自押运，先是用车载至古东海郡治所之郯城，在此地雇舟经沂水，入泗水，转运河，入大江，一路辗转，辛苦异常。李清照于四月上旬抵达江宁与赵明诚会合时，赵佶、赵桓父子正在女真铁骑的驱赶下，一路受尽屈辱，向东北苦寒之地跋涉而行。

李清照"南来尚怯吴江冷，北狩应悲易水寒"句，感慨的正是这一历史事件。

女真人北撤，所立傀儡张邦昌很快迎出宋哲宗废后孟氏监国。赵思诚奉孟后诏起复知泉州，赵存诚也是这一年冬天起复，知广州兼广东安抚使，赵母灵柩暂厝江宁，两年后方迁葬泉州。

金兵进攻开封城前，宋钦宗的弟弟康王赵构（1107—1187）奉旨前往金人军中议和。途经河北磁州，为知州宗泽（1060—1128）所留。开封城被围，宋钦宗派人潜出城中，任命他为天下兵马大元帅，令他起兵勤王。开封城陷，女真人大肆搜捕皇室宗亲，尽数掳了北返。赵构不在城中，成了宋太宗嫡系子孙中的幸存者。

女真人北撤不久，靖康二年（1127）五月，赵构在南京（今河南商丘）称帝，史称高宗。赵构沿用了宋的国号，改元"建炎"，因此，靖康二年也是建炎元年。

国事危急时刻，保守派最容易堕落为投降派。蒙受了奇耻大辱之后，痛失半壁河山的南宋朝廷，不但继承了祖宗的保守政治，还有了自己的新特征，那就是投降政治。

改元次日，赵构即任命手下心腹翁彦国知江宁府，令其缮治宫室城墙，准备将来在此建立统治中心。第三天，就派出使节赴金廷主动称臣，乞求罢兵言和。赵构登基之初就接受了保守派官员黄潜善（？—1130）、汪伯彦（1069—1141）的建议，准备割让黄河以北的土地人民，对金乞和。哪知翁彦国到江宁不久，即于当年七月卒于任上。无奈之下，赵构重新任命赵明诚知江宁府兼江东经制副使。

自从赵构即位，东京留守宗泽就不断地抗疏乞求御驾回銮，俾奉以渡河北伐，光复河山。赵构早就被女真人吓破了胆，无辞可答，只有置之不理。然而，宗泽以迟暮之身，仍苦心孤诣团结两河豪杰，坚持北伐之请。他三日一疏，五日一章，半年之内连上二十余奏章。赵构不胜其烦，也无可奈何。到最后，赵构干脆放弃南京，南迁扬州。此举无疑是在示好金廷，愿意尽弃淮北之地而睦邻友好。

消息传到开封，宗泽忧愤成疾，大呼"过河"而死。继而，两河百万忠义群龙无首，全部被新任东京留守的杜充遣散。

宋室南渡之后，李清照的词作风格有了明显的改变。在江宁期间，有《鹧鸪天》写的是客中逢秋之叹：

> 寒日萧萧上锁窗，梧桐应恨夜来霜。酒阑更喜团茶苦，梦断偏宜瑞脑香。
>
> 秋已尽，日犹长，仲宣怀远更凄凉。不如随分尊前醉，莫负东篱菊蕊黄。

这首词不再是从前承平时期多愁善感的吟咏，而是社会离乱中身世飘零的感慨。"仲宣怀远更凄凉"句中的仲宣，是汉末建安七子之一的王粲（177—217）。王粲字仲宣，少有才名，是建安七子中成就最高的一位。他生逢汉季乱世，屡遭流离。十七岁时，避乱南下依刘表，曾作《登楼赋》抒发乡思，感伤离乱。李清照同样经历了靖康之耻，也背井离乡，流落江南，饱尝了流离的辛酸。因此，李清照借王粲《登楼赋》的故事，同病相怜。

　　"寒日萧萧上锁窗，梧桐应恨夜来霜"，深秋清早的阳光，已不再如炎夏的灼热、春日的温暖，它虽然明亮，却已经带有了丝丝寒意。开篇语就为读者在眼前展现了一幅秋意萧瑟的景象，梧桐叶本是无情物，在深秋之际凋落更是自然现象。"应恨夜来霜"是词人将自己的秋思融入其中，把梧桐叶写成了有知觉、有爱有恨的多情人。

　　李白晚年漂泊宣城，秋日登谢朓楼，眺望江城景色，写下了"人烟寒橘柚，秋色老梧桐"（《秋登宣城谢朓北楼》）的名句。橘柚在秋天里感到了寒冷，梧桐叶在秋霜中凋零飘落，同样是借物拟人，写出了暮年李白漂泊四方，秋意满怀的悲凉心情。李清照有着同样的人生际遇，逢秋客居建康，面对秋风瑟瑟，怎能不备感凄清和愁怨？

　　在建康客居的日子里，李清照仍是以酒打发寂寞的光阴。"酒阑""梦断"二句，如实地记载了她在寂寞的秋晨自遣的生活与心境。酒意阑珊的时候，来一杯浓酽的团茶提神。梦醒时分，新燃的瑞脑恰好送来沁人心脾的清香。苦茶与清香为愁苦万分的词人送来了丝丝温馨，为她百无聊赖的客居生活，增添了一抹摇曳生姿的亮丽色彩。

　　"秋已尽，日犹长，仲宣怀远更凄凉"，下阕转入了黄昏把酒东篱的场景。李清照不是寻常女子，她才力富赡，渴望创作，有着丰富多彩的精神世界，有着高雅隽永的思想情趣。

青州旧居尚有十余屋书册，本来赵明诚与李清照打算于翌年春返回，把"归来堂"所藏尽数南运。哪知人算不如天算。建炎元年冬十二月，先是临朐军军卒赵晟聚众作乱，青州知州曾孝序父子为乱兵所杀。乱兵在青州抢掠财物，焚烧民宅。与此同时，女真军卷土重来，兵分三路大规模南下。右副元帅完颜宗辅统东路军自沧州渡黄河，进攻淄州、青州等山东地区。建炎二年正月，三路女真军连克南宋数重镇，青州陷落。"归来堂"中的收藏，"皆为煨烬矣"。李清照在其《金石录后序》中记载为建炎十二月事，有误。

"归来堂"所藏，是李清照与丈夫赵明诚穷二十余年精力所致，一朝化为灰烬，李清照心底的悲愤不问可知。"归来堂"上，易安室中，夫妻二人相互考校学问的欢声笑语，也被女真铁骑踏得粉碎，变成了遥远的回忆。

"仲宣怀远更凄凉"，词人的心在滴血，在深秋时节，她的爱国热忱终于被点燃，发出了国恨家仇的时代悲音。经历离乱，李清照不再是从前那个只知吟风弄月的闺阁女子。在"苦其心志，劳其筋骨，饿其体肤"之后，她开始变得坚韧、理智。

"不如随分尊前醉，莫负东篱菊蕊黄"，从此，李清照的词作中多了豁达与洒脱。趁着东篱黄菊盛开，何不把酒临风，与傲霜临寒挺立的菊共谋一醉呢？李清照笔下的黄昏不再只是愁云笼罩，开始有了鲜艳明快的色彩，但愿在秋风萧瑟的夜里，词人的身心会得到片刻的安宁。

李清照另有两阕《临江仙》，作于建康城[1]。

---

[1] 建炎三年五月，改江宁府为建康府。

其一：

　　庭院深深深几许，云窗雾阁春迟。为谁憔悴损芳姿。夜来清梦好，应是发南枝。

　　玉瘦檀轻无限恨，南楼羌管休吹。浓香吹尽有谁知。暖风迟日也，别到杏花肥。

其二：

　　庭院深深深几许，云窗雾阁常扃。柳梢梅萼渐分明。春归秣陵树，人老建康城。

　　感月吟风多少事，如今老去无成。谁怜憔悴更凋零。试灯无意思，踏雪没心情。

　　在词前，李清照缀有小序云："欧阳公作《蝶恋花》，有'庭院深深深几许'之句，予酷爱之。用其语作'庭院深深'数阕。其声即旧《临江仙》也。"

　　据此可知，这两首咏梅词都是刻意效仿欧阳修佳构而作。《漱玉词》中只收录了两首，显然有失传的。其一"云窗雾阁"之句，出自韩愈的《华山女》诗。"云窗雾阁"是说云雾缭绕的楼阁，极言其高。南枝指早梅，典出唐李峤《咏梅诗》："大庾敛寒光，南枝独早芳。""玉瘦檀轻"形容梅花姿态清癯如玉清，微晕似檀红。羌管即羌笛，羌谱中有《梅花落》曲调，李白《黄鹤楼闻笛》有"黄鹤楼中吹玉笛，江城五月落梅花"之句。迟日是说春日之悠长，出自《诗经·七月》"春日迟迟，采繁祁祁"。

"庭院深深深几许"，起句完全袭用欧阳修词，一字不改，却别出机杼。这样既彰显了李清照的自信与魄力，也是对前贤作品的一种肯定。

　　叠字运用得好，可以动人于无形之间。王维"漠漠水田飞白鹭，阴阴夏木啭黄鹂"句，只是在前人李嘉祐成句上增加"漠漠""阴阴"四字而已，一幅水田渺渺、夏木森森的景象已跃然纸间。其他如"夜夜夜深闻子规""更更更漏月明中""树树树梢啼晓莺"等句，无不是善用叠字的好句。不过，与李清照的《临江仙》相比，则明显略逊了。女词人在"庭院深深深几许"后面缀以"云窗雾阁春迟"之后，庭院的深远与云窗的高大交相辉映。整首词在袭用前人成句后，丝毫不觉晦涩，反而更增厚重与浑然一体的感觉。

　　"夜来清梦好，应是发南枝"，承前一句之"春迟"意。梅花入清梦来，且为"应是"，读来更觉意境幽远，回味无穷。

　　"玉瘦檀轻"极写梅花风姿神韵，不知"无限恨"，恨者为谁？梅所恨者，不外乎"南楼羌管"吹的落梅曲。它会吹得"憔悴芳姿损"，就会将"浓香吹尽"。梅花落尽，就会迎来"暖风迟日"的烂漫春光。从"春迟"再到"杏花肥"的初春，李清照的款款深情、绵绵离恨实在是如丝如缕。以杏花之肥（繁），反衬梅花之瘦（疏），景中有情，情景交融，整首词越发明快清新，冲淡了词人心底的忧郁之色。

　　另一首《临江仙》应作于同时。据《清波杂志》记载："顷见易安族人言，明诚在建康日，易安每值天大雪，即顶笠披蓑，循城远览以寻诗。得诗每邀其夫赓和，明诚每苦之也。""试灯无意思，踏雪没心情"，在国破家亡、十余年心血化为灰烬的初春时节，再美丽的灯，词人也会无视。就连平时最喜爱的踏雪寻梅之事，也失去了心情。

生当作人杰

李清照感慨身罹离乱之世之际，一场更大的灾难接踵而至。建炎三年春二月初，正在扬州城做着儿皇帝美梦的赵构，被半夜传来的消息惊得失魂落魄，女真铁骑前锋已经间道疾进至泗水！

这个时候的赵构，正在一个宫女的身上大展雄风，听到消息，急忙披衣而起，心胆俱裂的他"遂病痿腐"。赵构立即改作戎装，率五六亲信立即跑路。一行数人径驰运河，抢船出江。

天子走得如此急，扬州城中立即炸开了锅。赵构一行过市中，市人指之曰："大家去也！"

城中所有人惊疑不定之时，宫女太监也从宫中哄散而出。立即，整个城市如同天塌地陷一样，上至权贵巨贾，下至升斗小民，争相出逃。衣物财货丢了遍地，人喊马嘶，大哭小叫，父子、夫妻各不相顾，争先逃命。一时间，江边船只无不解缆，以至于水道堵塞，有的船一天也没有离开江岸。据《建炎以来系年要录》记载："军民争门而出，死者不可胜数。"

逃了一程，赵构又弃船登陆，夺路狂奔，打马如飞，迳奔瓜州。途中一个侍卫出言不逊，赵构大发淫威，"掣手剑刺杀之"。等到过了瓜州渡，喘息略定，赵构才坐在水帝庙中"取剑就靴擦血"。

此前，右谏议大夫郑毅（1080—1129）建议赵构前往江宁暂避一时，为黄潜善、汪伯彦等人百般阻挠而未果。

赵构径直去了镇江，江宁城中却发生了一场兵变。原备供赵构用作禁卫军的御营部队，在统制官王亦的带领下，发生了哗变。乱军准备据城应敌，哪知道走漏了风声，时任江东路转运副使李谟得知了消息，立即安排手下安放路障，埋伏军兵应变。

果然，当晚叛军在城中天庆观放火，企图趁火打劫。见城中李谟事先有备，王亦不得已，弃众而逃，叛军失了头领，砍开南门后立即作鸟兽散。

有惊无险地渡过一劫，城中再次恢复了安宁。《建炎以来系年要录》记载，此时出现了有趣的一幕："迟明，访明诚，则与通判府事朝散郎毋丘绛、观察推官汤允恭缒城宵遁矣！"此时的赵明诚，已经被任命为知湖州，对李谟的警示并没有引起重视，而是选择事不关己，高高挂起。身为一州之长，危难之际与副职缒城宵遁，实在是罪无可逭。

然而，最终的处理结果令人一头雾水。事后，朝廷有旨，李谟因防患措施有力，及时弭平王亦之乱有功而官升一级，成为江东路转运使。通判毋丘绛、观察推官汤允恭二人降二资使用。而赵明诚并没有受到任何之处罚。因此，赵明诚究竟在王亦兵变的时候有何举动，成了一桩历史悬案。

个人认为，此事的关键在于事发的时间。史料记载语焉不详，让整个事件扑朔迷离。既不能排除赵明诚缒城宵遁的可能，也没有充分证据证明他确实是临阵逃遁。赵虽是一州之长，但只有徭役公人可供驱驰，手下并无一兵一卒。地方民兵均受李谟管辖。如果赵明诚果真弃城宵遁，赵构不可能不追究他的责任。但就此认定《建炎以来系年要录》是据李谟的奏章诬告赵明诚，怕也不能服众。

《建炎以来系年要录》是研究南宋高宗一朝（1127—1162年）历史的重要史书。作者李心传（1166—1243）受其父李舜臣影响，自幼即留意典故，究心史学。

司马光《资治通鉴》叙及五代末而止，李焘《续资治通鉴长编》记述的是北宋九朝历史，李心传的《建炎以来系年要录》则是接续《续资治通鉴长编》，专书南宋高宗一朝三十六年的史事。《建炎以来系午要录》吸取了司马光、李焘二人所长，在体例上更加完善，在叙述上更加翔实。《四库提要》评道："《通鉴》网罗宏富，体大思精，为前古所未有，巽岩（李焘字巽岩）学温公（司马光）而或不及，秀岩（李心传号秀岩）学巽岩则无不及。"

《建炎以来系年要录》一书叙事详密，考辨精审，对王亦兵变的记载值得采信。对赵明诚处置之事，综合分析就可知道，这也是宋高宗的驭下之道。如果追究责任人，任何官员的责任也不会比赵构的大。自女真南下，地方官员不是闻风而遁，就是开城迎降，赵明诚缒城宵遁，也不足惊诧。因此，只是简单处置两个副职做替罪羊，有利于政局的稳定。统统贬官，南宋朝廷则会陷入无官可用的窘境。

二月下旬，百官群臣辗转逃抵杭州，群情激愤。赵构再三权衡利害得失，下罪己诏，为推诿责任，将黄潜善与汪伯彦二人罢相，黄潜善外任江宁知州，汪伯彦出任洪州（今江西南昌）知州。江宁府与洪州分属江南东路和西路的首府，都属于外任差遣中的肥缺。如此罢相，体现了赵宋一朝体恤保全大臣的宽厚风度。二人罢相制词一出，舆论哗然，压力之下，赵构只好将二人进一步贬黜。

黄潜善不来江宁，赵明诚也就无法擅自离开到湖州上任。而此时女真兵近在江北，江宁已经成为前敌重镇。赵明诚资望不足，也没有军权，举措失据，一定会贻误军政大计。好在有江淮两浙制置使兼同知签书枢密院事吕颐浩挺身而出，自告奋勇兼知江宁。

很快，朝廷就诏准了他的请求，令人诧异的是，并没有同时送达赵明诚转知湖州的相关文件。就在赵明诚交涉的时候，宋廷又发生了一件事。

原来，赵构逃至杭州之后，其亲信内侍亦尾随而至。喘息略定，这些奴才就开始在地方大肆搜刮民间书画珍玩以献媚邀宠。非但如此，更借供御之名，行敲诈勒索之实，在杭州行在强占民宅，凌暴妇女，肆行不法。御营都统制王渊又欺凌手下两个统制官苗傅、刘正彦，苗、刘二人忍无可忍，以军心民气为借口，率部千余人截杀王渊。事后，他们封锁内宫，控制外朝，胁迫赵构退位，强使隆祐太后孟氏临朝称制，拥立赵构之子，两岁的赵敷即皇帝位，宣布改元"明受"。此一事变，史称"明受事件"或"苗、刘之变"。

两个月后，赵构、孟太后、朝中宰臣朱胜非与吕颐浩、张濬、韩世忠等人联手，将政变军队迫离杭州，全歼于江东、浙西之间。一场政变最终弭平，南宋朝廷重新正常运转，但它的影响力及破坏力不容忽视。

远在江宁的李清照得知"苗、刘之变"，写下了"南渡衣冠少王导，北来消息欠刘琨"的诗句，感慨庙谟无人。

见局势仍不明朗，夫妻二人准备避乱赣南。四月下旬，赵明诚、李清照夫妻二人离开江宁，逆水溯江而上，途经安徽和县乌江镇楚霸王项羽自刎处，李清照作五绝《乌江》（或名《夏日绝句》）：

生当作人杰，死亦为鬼雄。

至今思项羽，不肯过江东。

乌江古镇紧靠长江西岸，绵延千里奔腾咆哮的长江，到了乌江镇这个地方，改呈南北流向。江东即为江南，项羽从乌江镇东渡长江，就可以抵达位于江东的当年楚地。

李清照《夏日绝句》名为咏史，实则借古讽今。高度赞扬项羽宁死不屈的精神，正是嘲讽鞭挞南宋朝廷厚颜无耻、贪生怕死的投降行为。

或者，唐人杜牧的七绝《题乌江亭》可以为赵构的行为做一遮羞布：

胜败兵家事不期，包羞忍耻是男儿。

江东子弟多才俊，卷土重来未可知。

李清照 · 觉醒的才女

赵明诚正值壮年，不甘心从此老于泉林之下，所以舟行缓慢。五月上旬，始至安徽当涂，夫妻二人结伴游览了姑孰溪。二人一路行来，饱览大好河山，下旬舟至池阳，得知赵构小朝廷迁往江宁，还将江宁府更名为建康府。夫妻两人驻舟观望，再做决定去留。

果然不出赵明诚所料，不久，吏部派人追及，重申旧日湖州之命，并命赵明诚"过阙上殿"。

接到朝堂旨意后，赵明诚立即动身，冒着酷暑赴阙见天子。

赵明诚走后，李清照留在船中等候消息。李清照孤身一人，度日如年之际，忽然传来消息，赵明诚甫至建康城就因中暑而病倒，被庸医误诊而病情转危。最初，赵明诚害怕妻子为他病情担忧，没有通知她，拖延到七月末，病入膏肓，才派人去告知。

李清照闻讯，大惊失色，夫妻分别之际，赵明诚还是"精神如虎，目光烂烂射人"的模样，怎么突然会病危？李清照立即解舟而下，一日夜行三百里，赶到丈夫病榻前时，赵明诚已经是群医束手，病体支离。李清照衣衫不解，护理丈夫，仍然回天无力。八月十八日，赵明诚终告不治，知音夫妇从此阴阳相隔。

山河破碎已令人悲愤不已，如今丈夫溘然长逝，留下她一人孤苦伶仃。中年丧夫的李清照痛不欲生，作挽词云："白日正中，叹庞翁之机捷，坚城自堕，怜杞妇之悲深！"（《祭赵湖州文》）

"白日正中，叹庞翁之机捷"，是感叹赵明诚英年早逝。此句典出宋代释道原《景德传灯录》，襄州居士庞蕴快要入灭前，让他的女儿灵照"观日之早晚来报"。灵照告诉他："日已中矣，而有蚀也。"庞蕴出门看时，灵照"即登父坐，合掌而亡"。父见其状，夸其女"锋捷"。

李清照这样写，是说赵明诚先己而亡，且死得其所，远胜她这个未亡人处境为好。

"坚城自堕，怜杞妇之悲深"句，典出杞梁妻哭夫的故事。《孟子·告子下》中有"华周、杞梁之妻善哭其夫而变国俗"的记载，刘向《说苑·善说篇》载："昔华舟、杞梁战而死，其妻悲之，向城而哭，隅为之崩，城为之阤。"

赵明诚并无治世才具，但在李清照眼中，他仍是宋廷的"坚城"。

李清照因悲恸过度而大病一场，强忍悲痛处理了赵明诚丧事，已经是八月下旬。这时，女真铁骑进逼，赵构已经分遣六宫，安排隆祐太后先往洪州暂避兵锋。

怎一个愁字了得

眼见情势危急，李清照立即遵照丈夫遗嘱转移二人的收藏（此时尚有"书二万卷，金石刻二千卷"）。她将少数视若生命的东西自己保管，将其余部分派两个旧仆，雇船先行送往洪州，交由赵明诚妹婿李擢照管。李擢时任兵部侍郎，从卫在洪州。

哪知风云突变，女真人于十一月初三和初四，趁大雾之机偷渡成功，自黄石向洪州进发。

负责江防的江淮宣抚使是所谓的"中兴名将"刘光世，此刻正在江州浔阳楼上大宴宾朋。得知女真军已经由鄂州进入豫章境内，迂回到宋军之后，刘光世不是积极应变，而是飞骑催洪州宋军火速撤退。于是，宋军不战而溃，或南撤吉、虔，或避难抚州，或遁入庐山佛寺躲藏。李擢自顾不暇，"所谓连舻渡江之书，又散为云烟矣"（《金石录后序》）。

处理完赵明诚的丧事，李清照身边资财已经耗尽。为筹措托运行李费用和今后旅途开支，她不得不忍痛脱手一批收藏。哪知时衰鬼弄人，竟然因此而惹来了无穷的烦恼。

有开封市井之徒王继先者，不知从何处为赵构淘来壮阳方子，摇身一变成了御医，兼得武职头衔。王继先正苦于搜刮无门而难以固宠，知道李清照脱手古器的消息后，立即动起了歪主意。赵构与父亲赵佶一样，喜欢把玩金石书画。王继先想仅用黄金三百两，以供御为名，行勒索强购之实（不能排除王继先此举实为赵构背后指使）。

李清照不胜其扰，只好求助于时任兵部尚书谢客家。[①] 这个时候的南宋小朝廷尚在建康城，并未撤离。谢客家上朝时婉转地提醒赵构，王继先在外面假传圣旨强购民间古器，如不加以制止，恐重蹈"明受"覆辙。

赵构对半年前的兵变之事仍心有余悸，立即命展开调查。因为事实俱在，证据确凿，结论自然是矫诏欺诈。赵构不便自打耳光，只好装模作样地将王继先所兼武职褫夺。王继先阴沟里翻了船，因此恨李清照入骨，处心积虑地想要报此一箭之仇。

很快，王继先手下的爪牙打听到一件事情：就在赵明诚行将就木之际，偏偏有个叫张飞卿的书呆子，仅凭一面之缘，闯到赵明诚住所请求他鉴定一件玉壶的真伪。李清照并没有在意，令家人取入审视，告之此壶乃是珉制品。张飞卿离开没有几天，赵明诚即告不治。

王继先得知消息，无中生有，诬称赵明诚卒前遣人以玉壶为信暗通女真。王继先本人并不出头露面，而是通过与之勾结援引的言官，密奏赵明诚犯有资敌卖国罪。言官本来就有风闻奏事的特权，现在提出检劾，要求赵构立案追查并予以严惩。

---

① 谢客家之父谢良弼与赵挺之、陈师道同为郭概之婿，因此赵明诚与谢客家是姨表兄弟。另外，据说赵明诚任江宁知州时，谢伋曾携《萧翼赚兰亭图》请他观赏，哪知赵明诚绝口不提归还之事。谢伋就是谢客家之子。事情真相，迢不可知，或者谢伋的画并非唐阎立本真迹，只是宋人摹本而已。

眼见密折炮制出炉，王继先暗中得意，哪知事与愿违，小朝廷发出撤退令，停止接见朝臣，赵构御驾随即自建康启程，径向浙西而去。王继先阴谋暂时落空，李清照暂时躲过一劫。

九月上旬，赵构暂时驻跸苏州平江府，重新开始接见朝臣，密折旋即抛出。侥幸的是，谢客家的亲家翁綦崇礼（谢伋的岳父）时任中书舍人（为赵构处理日常来往文书等）。见到这份密折，第一时间告知了谢客家。

谢客家立即派人把事情转告李清照，李其时大病初愈，正是进退维谷之时。此前李清照追随丈夫准备卜居赣南，既有避乱越南越好的思考，也因为赵明诚的兄长都已在泉州地方定居，且迁母亲灵骨于此。赣南、闽南相去不远，方便彼此相互照应。因此，即使是赵明诚去世，李清照仍按原计划行事，将行李先送往洪州，准备在痊愈之后再携往赣南。

可是，计划赶不上变化，等她病情好转，南宋小朝廷出于军事安全考虑，已经封锁了大江，严禁在江面上的非军务通航。水路不通，陆路崎岖，安全难有保障。明知已是军事要冲的建康城不宜久留，李清照却进退两难。恰在此时，遭人陷构的消息传来，李清照没有被恶讯击倒，反而醒悟了怀璧其罪，家中收藏已是身家之累的道理。考虑再三，她决定将剩余所藏全部上缴朝廷，只有这样才能免祸。"余大惶怖，不敢言，亦不敢遂已，尽将家中所有铜器等物，欲赴外廷投进"（《金石录后序》），主意既定，李清照循小朝廷的行踪而行。

十月初，李清照雇一叶扁舟，载"与身共存亡"之劫后仅存的"宗器"循江而下。至镇江后南入运河，李清照不知赵构也离开了苏州，沿途马不停蹄，直过杭州，渡钱塘而奔赴浙东。赵构的御舟劈风破浪，舟不停楫，自苏至越仅历时十七天。李清照的小船一路颠簸，辛苦异常，至十一月底才抵达越州。哪知赵构一行已于五六日前就离开了越州，奔赴明州，准备航海逃生。

按目前情形，显然无法赶上赵构的逃亡脚步。斟酌再三，李清照决定暂时放弃追奔，于上虞南折入剡溪（今曹娥江），转向嵊县（剡县，又称剡中）进发。嵊县位于四明山腹地，居于剡溪、东溪、曹九江三水汇聚处，交通便利。东可避入四明山，南可避入天台山。即使有女真游骑至此，也可以从容地避入山中。另外，南宋小朝廷的相关机构及物资档案及馆阁所储图书典籍，也疏散于两浙山区（浙西为天目山，浙东则为四明山）。李清照不必东奔西跑，舍近求远，她可以将原拟上缴朝廷的全部古器交由相关机构保管。

有此权宜之计，李清照侥幸躲过了女真军焚屠两浙州县之难，甚至在兵荒马乱的年月安然地度过了一个新年。

此后，李清照辗转数地，将视若生命的七籯"宗器"寄存于奉化民间。得知胞弟李远（时任八品之敕局删定官）随赵构行朝在台州，李清照只身一人，仅携衣被长途跋涉前往依附。历经艰辛，姐弟二人方于离乱中相逢。其后，李清照随李远从驾由海道赴温州。随着宋金战事的变化，小住月余后，三月再随御舟北返，四月十二抵达越州，卜居近郊土民钟氏舍。

五月，李清照得悉寄存于剡中的古器，已然全部被官匪李某于四月公然抢掠一空。随着李某死于非命，其劫掠的古器也不知去向。唯一令她宽慰的是，相关机构据实以闻，南宋小朝廷注销了玉壶诬构一案。

七月，李清照取回寄存在奉化的"宗器"。为了这些劫后余生的珍藏的安全，李清照不敢马虎其事，"藏之床榻下，固其局鐍，手自启闭"。饶是如此小心，仍无法阻止一些无良之辈的觊觎。

有钱塘世家弟子吴说者，时任福建路转运判官，经常往来于浙东沿海。得知李清照取回奉化寄存的七籯珍贵藏品后，贼心顿炽。为了摸清李清照所藏精确位置及生活起居规律，他先是收买了李清照的房东和左邻右舍，组织钟氏族人穴壁盗窃。钟氏族人多是些粗鄙无知的村夫，根本不知道欲盗之物的珍贵，吴说利用了他们的无知与贪婪，用蝇头小利将之诱骗成为作案帮凶。

赵明诚留下的字画等物，李清照也不敢大意，放在手边，病中也时常把玩。在莱州，赵明诚每晚会在书房中"校勘二卷，跋题一卷"。每当看到书册上丈夫的"手泽如新"，从前之事就会历历在目。思及赵明诚"墓木已拱"，她就不能自已。心底悲怆凄楚的李清照，每晚辗转反侧无法入眠。榻上有人，一有动静难免会被发觉，所以偷盗的事情进展缓慢。一直迁延至仲冬，赵构行朝在越州因漕运困难，无力支付百官俸禄，下诏"放散百官"，听从便居住，待来春赴行在。遵此诏令，李远有可能会离开越州，如此一来，李清照也有可能离开暂居地。吴说担心事情到头来竹篮打水一场空，于是催促立即动手。

十一月下旬，一个月黑风高的夜晚，一伙人神不知鬼不觉地穴壁成功，开始往外搬动。这些村民毕竟不是专业盗墓人士，难免会整出响动来。当搬到第五簏的时候，睡梦中的李清照终于惊觉。凄厉的尖叫声划破了黑寂的夜，当房东近邻燃着灯火，装模作样过来慰问时，窃贼与其所得早已消失得不见影踪。失主则昏厥于地，人事不省。

第二天，所有钟氏族人都赶来探视，七嘴八舌地表示同情及对盗贼的愤慨。清醒过来的李清照情知此事蹊跷，失窃必定与这些邻居有关，却并没有失去理性，而是强抑心底的悲恸，当众宣称高价收赎失物，并保证不追究失物来历。

李清照开价之高。令所有村民咋舌，此举无疑令他们大开眼界。其中一邻人于得手后移交赃物前，先于簏中取出十余件私藏，听到赏格居然如此之高，心潮澎湃。邻人立即返回家中，随便取出其中一件做试探，佯称是自己道边拾遗。李清照二话不说，立即按赏收赎。那邻人凭空多了有生以来最大的财富，立即将所有尽数交出，李清照仍是照单全收。

不出李清照所料——所有被吴说愚弄的钟姓人愤怒了：数月来的劳务费，居然抵不上随便一件物品的收赎价。为了泄愤，他们告诉了失主真相，讲述了策划、组织、穴壁、分赃的所有过程。

令后人难以理解的是，李清照并没有大张旗鼓地寻求法律援助，而是通过中间人向吴说表达愿意收赎失物。吴说自然不会答应，拒绝了她开出的赎买条件。李清照彻底绝望了，十二月，她离开了暂居地，前往衢州小住。李清照为人巾帼不让须眉，在此事上却甘心吃哑巴亏，也许是一朝遭蛇咬，十年怕井绳。事情一旦张扬，一定会有人展开丰富的想象：丢失了那么多，原来都是些普通藏品，真正价值连城的东西，仍在贴身收藏。若有人于赵构面前挑拨离间，扣上一顶欺君的帽子，倒霉的还是李清照。

一想到六月时与丈夫江边分别的场景，李清照就充满了深深的自责。临行之际，李清照向丈夫请示机宜："如传闻城中缓急，奈何？"赵明诚叮嘱："从众。必不得已，先弃辎重，次衣被，次书册卷轴，次古器，独所谓宗器者，可自负抱，与身俱存亡，勿忘之。"（《金石录后序》）赵明诚言犹在耳，书册卷轴、古器、宗器却散失一空，独留李清照孤身一人。

经历一连串的打击，身心俱疲的李清照，其词风发生了一些微妙的变化，《声声慢》就是作于此时：

寻寻觅觅，冷冷清清，凄凄惨惨戚戚。乍暖还寒时候，最难将息。三杯两盏淡酒，怎敌他晚来风急！雁过也，正伤心，却是旧时相识。

满地黄花堆积，憔悴损，如今有谁堪摘？守着窗儿，独自怎生得黑？梧桐更兼细雨，到黄昏点点滴滴。这次第，怎一个愁字了得？

这是一个霜风凄紧、寒雨连绵的晚秋时节。"寻寻觅觅，冷冷清清，凄凄惨惨戚戚"，一连串七组叠字似大珠小珠落玉盘，勾勒出一个国破、家亡、中年丧夫、老年无子凭恃，茫然若失、心神不宁、郁郁寡欢的愁妇形象。

"寻寻觅觅"是回忆从前年少时蹴秋千、烹茶秉烛赏玩金石的场景，那所有的欢乐、开心，都到哪里去啦？重温旧梦与怀念从前，是人到老年的常态，也是词人内心空虚、排遣寂寞，寻求慰藉的不自觉流露。

寻觅无所得，词人落寂的心底，更增"冷冷清清，凄凄惨惨戚戚"的悲凉。在残秋的凄风苦雨中，李清照心底涌起一种无比的悲凉与孤独。这种痛彻心扉的悲苦，无法对人言，一念及此，词人的心情瞬间跌入了难以自拔的"凄凄惨惨戚戚"的痛苦之中。

本来心情就不好，又恰逢"乍暖还寒""最难将息"的苦秋时节。万物萧疏的"离人心上秋"景，最能勾起人的愁思与烦恼。"何以解忧，惟有杜康"，本来想要借"三杯两盏淡酒"麻醉一下自己，却难敌凛冽刺骨的"晚来风急"。梁启超、俞平伯、唐圭璋几人的选本中均为"晓来风急"。梁启超在《艺蘅馆词选》中点评道："这首词写从早到晚一天的实感，那种茕独恓惶的景况，非本人不能领略，所以一字一泪，都是咬着牙根咽下。"这首《声声慢》确实写了从早到晚的一天光景，但据此就推说"晚来风急"为"晓来风急"，怕也不完全正确。或者，"晚来风急"之"晚"，指的是昨日晚间之风劲急，也未可知。陈其美更将"晓来风急"与《诗经·邶风·终风》的"终风且暴"相提并论，钻入了训诂学的牛角尖中。

"雁过也，正伤心"，鸿雁传书是古人寄托相思之情的一种幻想，"却是旧时相识"，令人联想到李清照《念奴娇·春情》中的"征鸿过尽，万千心事难寄"之句。这雁是"好把音书凭过雁"（《蝶恋花》）送信的雁，还是"云中谁寄锦书来，雁字回时，月满西楼"（《一剪梅》）回信的雁？那个时候，赵明诚仍在，夫妻二人还可以互寄情思。如今时过境迁、物是人非，李清照悲不自胜。

见雁过而伤心，已是痴人；见旧时雁过，更是痴绝之语。而今旧雁呼朋引伴的鸣叫声，越发激起词人离群丧偶之痛，增添了绝望之情。词的上片侧重于外景的空间描述，下片则将内心世界与外界环境紧密联系。一连用三个疑问句，将心底的无限悲哀推向了极致。

"满地黄花堆积，憔悴损，如今有谁堪摘"，触目尽是怒放的秋菊，词人却茫然了。现存李清照四十余首词中，有"醉里插花花莫笑"（《蝶恋花》），"东篱把酒黄昏后，有暗香盈袖"（《醉花阴》），"睡起觉微寒，梅花鬓上残"（《菩萨蛮》）等七首写到了插花、摘花事。可见李清照有插花、折花的习惯。

李清照本来有簪花的雅好，如今容颜憔悴，面对满地堆积的菊花，竟然无从下手，不知道究竟该摘哪一朵。有词评人认为，"憔悴损"是指菊花，非是。此处应为词人自喻。李清照词中不但有"人比黄花瘦"句，更有"感月吟风多少事，如今老去无成。谁怜憔悴更凋零"（《临江仙》）之句。此一句同样以花自喻，极写其触景生情，思及桑榆晚景凄凉、孤苦伶仃，不禁黯然神伤。

"守着窗儿，独自怎生得黑？"不去思考李清照所处的时代，自然是白天不懂夜的黑。就算是寻常的夫妻，在李清照这样的年纪，已是儿孙满堂，享天伦之乐了。词人孀居无子嗣，自然感到度日如年。一个"守"字已经让人不忍，更何况是"独自"。暗的夜可以吞噬一切，却赶不走词人心底的愁苦。

"守着窗儿，独自怎生得黑"，"怎一个愁字了得"二句，纯用白话写眼前事、身周景。信手拈来，看似平铺直叙，毫无出奇之处，实则匠心独运，不着痕迹写尽词人心底的茕独凄惶。

《金石录后序》记载了李清照的悲哀缘由：女真人连舻渡江，青州十余屋藏书化为灰烬，一悲也；赵明诚英年早逝，二悲也；洪州陷落，图书二万、金石二千，去向不明，三悲也；时局动荡，弱女漂泊，四悲也；卧病在床，横遭诬陷，五悲也；寓居农舍，收藏丢失殆尽，六悲也。接二连三的变故，令李清照痛到不能呼吸。

风急，雁过后，又是蒙蒙细雨。凄风苦雨已经牵动了词人的愁绪，偏偏又伴随着雨打梧桐叶的恼人声响。"如此无聊闲院落，是谁窗外种梧桐"，梧桐从来都是牵动愁思之物。白居易《长恨歌》"秋雨梧桐叶落时"之句，着意刻画唐明皇思念杨玉环而不可得的心情；温庭筠《更漏子》写道："梧桐树，三更雨，不道离愁正苦。一叶叶、一声声，空阶滴到明。"李清照巧妙化用前典，"梧桐更兼细雨"，正是她声泪俱下的写照。细雨不停地敲打梧桐叶，令寡居的词人情何以堪？连绵不断的雨滴打落了梧桐叶，也击穿了孤单无依词人脆弱滴血的心。

风急、雁过、满地堆积的黄花、梧桐、细雨，通过这一系列晚秋景象渲染铺陈，极言词中"愁"况。既直言其愁，又包容不尽，言已尽，而愁未了。随自然景象的变化，愁的深浅度也层层推进。在忧伤的积淀中，在难以名状、无法摆脱的苦闷中，词人终于直抒胸臆——"这次第，怎一个愁字了得！"

这首《声声慢》是李清照词作中最为脍炙人口的一篇，也是李清照词作中论者最多的一首。南宋张端义《贵耳集》首开其端，评曰：

> "寻寻觅觅，冷冷清清，凄凄惨惨戚戚"，此乃公孙大娘舞剑手，本朝非无能词之士，未曾有一下十四叠字者，用《文选》诸赋格。后叠又云"梧桐更兼细雨，到黄昏点点滴滴"，又使叠字，俱无斧凿痕。更有一奇字云"守着窗儿，独自怎生得黑"，"黑"字不许

第二人押。妇人中有此文笔，殆间气①也。

张端义以"公孙大娘舞剑手"来比喻李清照叠词的运用如行云流水般自然洒脱，由此而奠定了《声声慢》在李清照词作中代表作地位。

诗有一句叠三字者，如吴融《秋树》之"一声南雁已先红，槭槭凄凄叶叶同"句。有一句连三字者，如刘驾诗"树树树梢闻晓莺"，"夜夜夜深闻子规"。有一句叠四字者《古诗》的"行行重行行"，《木兰诗》的"唧唧复唧唧"。有两句互叠字者"年年岁岁花相似，岁岁年年人不同"。十四个叠字的运用，是李清照词作中的大胆探索与创新之举。大量叠字的运用，使整首词情景交融，虚实相生，音韵流转，抑扬顿挫，有行云流水之妙。整首词用浅俗口语发新清之思，变俗为雅，化腐朽为神奇，堪称婉约词作典范。

李清照在其《词论》中提出"词别是一家"，要求词作必须合律可歌，符合婉约典雅的审美特征。李清照这样要求他人，在创作中也坚持用语优美精巧，讲究锻字炼句。其作品逐渐形成了清新流畅、雅俗共赏的艺术风格，后世称为"易安体"。

这首《声声慢》因具有无可比拟的艺术水准，成就了在词史中无法超越的地位。清沈谦在《填词杂说》中写道："予少时和唐、宋词三百阕，独不敢次'寻寻觅觅'一篇，恐为妇人所笑。"

---

① "间气"指为官为臣的才学与气度。时唐代李泌曾辅佐玄宗、肃宗、代宗、德宗四朝，其间四次归隐。李泌学小涉儒释道，尤擅道学。唐肃宗有诗称赞道："天生此间气，助我化无为。"刘长卿《秋日夏口涉汉阳，献李相公》有"间气生灵秀，先朝翼戴勋"之句，《太平御览》对"间气"的释义为"讳书谓五帝座之外的各个星官之气，感其气而生可为人臣中的英豪"。柳宗元《祭扬凭詹事文》中有"公禀间气，心灵洞开"句，唐人皮日休隐居鹿门，自号"间气布衣"。

物是人非事事休

绍兴二年（1132），李清照整理收拾了丈夫编撰的《金石录》并为之作了后序。《金石录后序》一文，既是李清照的自传，也可以视作其夫赵明诚的回忆录。清李慈铭《越缦堂读书记》评道："宋以后闺阁之文，此为观止。"

《金石录后序》中，李清照深情地回忆了丈夫为金石收藏所付出的艰辛，称颂道："去取褒贬，上足以合圣人之道，下足以订史氏之失者，皆载之，可谓多矣。"紧接着，笔锋一转，借古讽今，感慨道："呜呼，自王涯、元载之祸，书画与胡椒无异；长舆、元凯之病，钱癖与传癖何殊？名虽不同，其惑一也。"

王涯、元载都是唐代的宰相。王涯喜欢收藏书画，身居高职。难免会做出巧取豪夺的事情。元载则喜欢揽权纳贿，贪得无厌。二人被杀，死后抄家，王涯的书画被人取去套轴上的金玉，书画则弃之如敝屣。元载家中抄出的胡椒有八百斤之多。晋人和峤，字长舆，家富而性吝。晋人杜预，字元凯，酷爱《左传》，他说和峤有钱癖，自己有《左传》癖。李清照用四个典故指出蓄书画与藏胡椒并无质的不同，爱钱与爱《左传》，虽然嗜好不同，但一样是沉迷不能自拔。

"得之艰而失之易"，离乱以来，夫妇收藏十去八九，李清照痛定思痛，明白了"然有有必有无，有聚必有散，乃理之常"的道理，自我宽慰"人亡弓，人得之"，物有盈虚消长，得失又何必萦怀，进而认为自己"何其愚也"，所有种种嗜好，都归于一个"惑"字。

两年后，李清照重拾自信，准备积极面对未来人生，一个陌生男子闯入了她的情感世界。

这个叫张汝舟的男人，时以右承奉郎之职兼诸军审计司（负责审核军队粮料院批勘的券历，其所拨付的俸禄是否符合相关法律法规）。张汝舟在李清照身心俱疲、急需抚慰的时候，乘虚而入，花言巧语，骗得了李清照姐弟二人信任。李清照在《投翰林学士綦崇礼启》中说："信彼如簧之说，惑兹似锦之言。"

李清照嫁给了张汝舟。不久，李清照就发现自己上当了。张汝舟根本就是在觊觎她手中仅余的收藏品。张汝舟发现李清照手中所藏无多，而且根本不会交由他处理，立即露出了狰狞的面目，开始拳脚相向，施以家暴。

李清照不是逆来顺受的女子，她看清张汝舟的丑恶嘴脸后，立即寻求解脱之道。李清照抓住张汝舟利用欺骗获得官职的隐私，报告了相关部门。很快，张汝舟被柳州编管。按宋律，妻告夫，即使事实确凿，妻子也得从坐服徒刑两年。李清照宁愿身陷囹圄，也不愿意与张汝舟维持婚姻。李清照入狱后，亲友很快施以援手，九天后，李清照被释放。出狱后，她写下了《投翰林学士綦崇礼启》，表达自己的感激之情。从改嫁到离异，前后不过百余天而已。

这一年冬天，李清照写下了传之后世的文学力作《打马赋》。这也是她创作的唯一一篇赋。作品寓意深刻，骈偶工整，声情并茂，大有东汉六朝以来的小赋遗风。《打马赋》气势恢宏，构思精巧，尤为可贵的是，其中表现出的爱国主义情操，令彼时男子汗颜，令人读了肃然起敬。

"打马"是古时一种博输赢的棋类游戏，棋子称为"马"。按照游戏规则，双方用马来排兵布阵，相互攻防。根据闯关、近堑、计袭战绩，以定赏罚、判输赢。明人朱凯在《欣赏篇·打马图跋》中写道："打马为戏，其来久矣。宋易安李氏以为闺房雅戏。"

为了排遣寂寞，打马成了李清照的嗜好。精通此道的李清照，在掌握了"慧""通""专""精"诀窍后，可以达到"无所不妙"的境界。精于此道的她，自然就拥有了发言权。在赋中借说打马，慷慨激昂地号召抗金，也是顺理成章之事。在当权者积极言和，言战有罪的非常时期，李清照只有借用游戏小道来大声疾呼。

李清照热情地讴歌了历史上"出入用奇"的"昆阳之战"和"优游仗义"的"涿鹿之师"这些以弱克强的战例，更进一步指出"好胜"为"人之常情"，"将图实效，故临难而不回"，只要不畏困难、坚定信念完全可以战胜强敌，取得胜利。在歌颂了历史上"志在著鞭"的名将刘琨与"闻鸡起舞"的祖逖等人后，李清照大胆指出"今日岂无元子（桓温字元子），明时不乏安石（谢安字安石）"。她认为，现在仍有桓温、谢安这样忠勇报国的人才，宋室中兴有望，希望朝廷不要一味妥协求和，空喊恢复不过是"望梅止渴""画饼充饥"。

在赋末，李清照不忘诅咒侵略者"佛狸定见卯年死"。佛狸是北魏太武帝拓跋焘的乳名，公元451年，拓跋焘率军进攻瓜步，扬言渡江，结果被中常侍宗爱杀死。南朝宋时，曾有童谣"虏马饮江水，佛狸死卯年"流传。宋词中常用佛狸代指异族，如辛弃疾《永遇乐·京口北固亭怀古》之"可堪回首，佛狸祠下，一片神鸦社鼓"，《水调歌头·舟次扬州和人韵》"忆昔鸣髇血污，风雨佛狸愁"等。历史精彩，就在于它的吊诡。李清照写《打马赋》是在1134年（甲寅年），第二年是乙卯年，果然，金太宗完颜晟于这年正月驾崩。

赋的最后一句"但愿将相过淮水"，殷切激励将相携手团结抗金，打过淮水，光复中原。

清人李汉章在《题李易安〈打马赋〉并跋》中有"桑榆晚景无人惜，聊与骅骝遣岁寒"之句，说的就是李清照《打马赋》创作的原因。在跋中，他不忘感慨道："若夫生际乱离，去国怀土，天涯迟暮，感慨无聊，既随事以行文，亦因文以见志，又足悲矣。"

在漫长的南渡岁月中，李清照既有"寻寻觅觅，冷冷清清，凄凄惨惨戚戚"的哀吟，也有"欲将血泪寄山河，去洒东山一抔土"（《上枢密韩肖胄诗二首·其一》）的壮志豪情，还有《题八咏楼》的借景抒情："千古风流八咏楼，江山留与后人愁。水通南国三千里，气压江城十四州。"李清照为沦陷的大好河山而愤慨，也为自己的际遇感伤不已。

南渡后，李清照的词作多了凄婉之气，极具艺术感染力。如《武陵春》：

风住尘香花已尽，日晚倦梳头。物是人非事事休，欲语泪先流。

闻说双溪春尚好，也拟泛轻舟。只恐双溪舴艋舟，载不动许多愁。

这首《武陵春》作于绍兴四年（1134）冬十月。是年，李清照避乱金华，次年归归安。双溪，水名，位于今浙江金华，是永康、东阳二水的交汇处，是南宋时的风景名胜地。这首《武陵春》作于双溪的晚春时节。这一年，李清照已经年过五旬，饱受战争离乱之苦，心情十分糟糕。

"风住尘香花已尽"，一开始就从暮春景象切入。恼人的风雨停歇了，枝头的花儿也落尽了，只有沾花的尘土犹有微微的香气。我们隐约看到一个孤独的身影，立在窗前，眼看着风雨催花，乱红堕地。仅此一句，便寄予了词人漂泊零落、红颜迟暮的身世之叹。

面对花尽春归的景象，虽然已是日上三竿，李清照仍无心梳洗打扮。女为悦己者容，懒于梳妆，反映出词人意兴阑珊。"物是人非事事休，欲语泪先流"，写出了倦梳头的缘由。与起始句的含蓄内敛不同，此一句直陈心曲。

"物是人非事事休，欲语泪先流"，将南渡以来的全部辛酸委屈尽数浓缩，概括力极强。欲语泪流，泪在语先，将这种委屈与辛酸表现得细腻深刻。"多少事，欲说还休"，说什么？说与何人听？百感交集的李清照只有无语凝噎，以泪洗面。

上片短短两句话，似乎道尽了满腹的哀愁。哪知下片峰回路转，突然再出新境。

"闻说双溪春尚好，也拟泛轻舟"，词人笔端轻灵跳荡，也与时势息息相关。

随着宋金战事的变化，历史又到了新的拐点。女真武力由盛而衰，双方战事互有胜负，女真军被迫撤离了江南。赵构重新回到了越州，偏安局面开始渐趋稳定。赵构回到越州后，于翌年（1131年）将年号改为"绍兴"，并将越州升为绍兴府。按照惯例，建炎和绍兴两个年号合称"炎兴"。第二年，赵构索性以绍兴府"漕运不继"为由，下诏"移跸临安"。随着宋廷在战场上取得一系列胜利，宋、金南北对峙的格局正式形成。政局逐渐安定下来。

悲伤不是生活的全部，李清照也不能终日以泪洗面。听到双溪春尚好的消息，她也动了泛舟探春的心思。但这种意念只是一时闪现，她立即再次快快不乐。从前的愁苦与现在的愁苦根本有着天壤之别。从前的愁苦只是一种矫情，如今的愁苦是万念俱灰。小小春游，实不足慰藉词人心底的愁苦。"只恐双溪舴艋舟，载不动许多愁"，还不如深居简出，独自黯然。

"闻说""也拟""又恐"，三组虚拟词，起伏跌宕，闪转腾挪于方寸之间，将词人心境的变化表现得淋漓尽致，李清照果然无愧于"圣于词者"的赞誉。明人杨慎在《词品》中赞道："宋人中填词，易安亦称冠绝……《声声慢》一词最为婉妙！"

在李清照《武陵春》之前，已经有人将"愁"与"恨"有形无质之物，通过视觉艺术的形象，化为可感的实体。如李煜"离恨恰似春草，更行更远更生"（《清平乐》），秦观"飞红万点愁如海"（《千秋岁》）等。李清照要做的，是翻陈出新。"以舟载愁"并不始创于她，前辈苏轼已有"只载一船离恨向西州"（《虞美人》）句，同时代张元幹亦有"艇子相呼相语，载取暮愁归去"（《谒金门》）句。

李清照的愁，不仅在于同样可以船装舟载，船的载重也因人而异，一叶轻舟难载词人如山的愁思。舟轻难载愁重之喻，夸张奇特。李清照的写法，对后世词曲的创作影响颇大。董解元《西厢记》中有"休问离愁轻重，向个马儿上驮也驮不动"，王实朴《西厢记》则有"遍人间烦恼填胸臆，量这些大小车儿如何载得起"句。不过，董、王二人之句虽富变化，与李清照相较，则欠创新之意。

《永遇乐》是李清照晚年的代表词作，有学者认为是作于赵明诚知江宁时期，恐非是。该词应作于绍兴十二年（1142）后，即"绍兴和议"签订及力主抗金的岳飞"风波亭事件"之后。"绍兴和议"是以南宋朝廷向金称臣、割地、纳贡为条款达成的不平等和约。

南宋朝廷不但要"世世子孙，谨守臣节"，还割唐（今河南唐河）、邓（今河南邓州）两州及商（今陕西商洛市商州区）、秦（今甘肃天水）两州之半予金，另外，还需每年向女真缴纳岁贡银二十五万两、绢二十五万匹。

"绍兴和议"签订之后，宋金南北对峙的局面形成，赵构偏安江左的政权日趋稳定。为了营造升平气象，又是一年一度的元宵佳节，临安城中热闹得沸反盈天，丝毫看不出数年前还是兵荒马乱的样子。李清照寓居于临安城中，《永遇乐》就是创作于这样一个历史背景之下。

　　落日熔金，暮云合璧，人在何处。染柳烟浓，吹梅笛怨，春意知几许。元宵佳节，融和天气，次第岂无风雨。来相召、香车宝马，谢他酒朋诗侣。

　　中州盛日，闺门多暇，记得偏重三五。铺翠冠儿，捻金雪柳，

张元幹《石州慢》：

寒水依痕，春意渐回，沙际烟阔。溪梅晴照生香，冷蕊数枝争发。天涯旧恨，试看几许消魂，长亭门外山重叠。不尽眼中青，是愁来时节。

情切。画楼深闭，想见东风，暗销肌雪。辜负枕前云雨，尊前花月。心期切处，更有多少凄凉，殷勤留与归时说。到得却相逢，恰经年离别。

簇带争济楚。如今憔悴，风鬟霜鬓，怕见夜间出去。不如向、帘儿底下，听人笑语。

赵令畤《侯鲭录》引王安石语云："古之歌者，皆先有词，后有声。故曰'诗言志，歌永言，声依永，律和声'。"词与音乐密不可分，必须按照一定的曲谱格式合辙押韵地填写歌词。《永遇乐》又名"消息"，为双调慢词。[①] 李清照的《永遇乐》上下阕各五十二字，本为仄声韵，南宋时改用平韵。

"落日熔金，暮云合璧，人在何处"，为读者展现的是一幅黄昏的美景。西下的夕阳如金子熔化般闪耀着灿烂的光辉，白璧一样，严密无痕的云彩，环绕在落日的周围。唐李德裕《重忆山居·泰山石》有"沧海似熔金"之句，宋人廖世美《好事近》一词亦有"落日水熔金"句。璧是玉璧，是古代的礼器，圆形，中间有圆孔，多是用纯净白玉制作。江淹《拟休上人怨别》有"日暮碧云合，佳人殊未来"句，杜甫《春日忆李白》亦有"渭北春天树，江东日暮云"语。词人先写夕阳璀璨耀眼的光泽之美，再述暮云四合的形状之美，构思巧妙且对仗工整。夕阳如画，展现的是狂欢在即的壮观景象。

然而，"人在何处"，突兀一问，将所有人拉回到了现实社会当中。有人认为"人在何处"的"人"指赵明诚，综合词意，当指"落花人独立"的李清照自己。本是国破家亡，离乱寓居，不得北归，怎么突然有了穿越到从前的感觉？词人问而不答，其用意不言自明。故土情深，逢此良辰佳节，独在异乡为异客的她，自然会悲从中来。词人的爱国之情、思乡

---

① 清朱彝尊《词综发凡》云："宋人编集歌词，长者曰慢，短者曰令。初无中调、长调之目。"清毛先舒《填词名解》认为："五十八字以内为小令，自五十九字始至九十字止为中调，九十一字以外者俱为长调。"

赵令畤《清平乐》：
春风依旧，著意隋堤柳。搓得鹅儿黄欲就，天气清明时候。去年紫陌青门，今宵雨魄云魂。断送一生憔悴，只消几个黄昏？

之意，尽在此一问当中矣。

"染柳烟浓，吹梅笛怨，春意知几许"此一句，展现出的初春景色，如一幅工笔山水画。暮色里，水雾朦胧中，柳枝刚吐嫩绿。远远看去，就像是施了淡彩一样。吹奏的《梅花落》曲，柳枝吐绿传递的是春的消息，冬去春回，凌寒傲雪而开的梅花凋谢了。《梅花落》曲声悠扬，蕴含了词人无限的惋惜之意。

又是一年春草绿，依然十里绿柳匀。虽然只是初春时节，但眼前已是一派生机盎然的景象。春仍不期而至，恢复中原之事却遥遥无期。沦陷的失土未复，靖康耻犹未雪，小朝廷却已经在粉饰太平了。眼见恢复无望，词人心底惆怅不已，故此发出郁结在心的疑问："春意知几许？"

"元宵佳节，融和天气"，天朗气清，逐渐转暖的好天气，恰好欢度元宵佳节，然而，"家家灯火、处处管弦"的欢乐海洋中，李清照发出了不合时宜的疑问："次第岂无风雨？"忘战必危，倘若"夷虏从来性虎狼"（《上枢密韩肖胄诗二首·其一》）的女真人撕毁和议南侵，祸在旦夕，靖康之耻的历史，岂非要再现？此处的"风雨"，引申为变幻不测之政治风云。南渡以来，寡居的李清照，时刻关心风雨飘摇中的小朝廷。

"来相召、香车宝马，谢他酒朋诗侣"，"绍兴和议"签订后，很快一切又回到了北宋末年的模样，每到上元夜，不管是达官贵妇，还是升斗小民，无不载欣载奔，浑忘了今夕何夕。李清照出身书香门第，寓居于临安城中，仍交游广泛。"来相召、香车宝马"盖写实之语也。只是李清照无心观灯，婉言谢绝了朋友的邀请。一人向壁，举座不欢，没有必要因为自己而坏了他人的好兴致。

"中州盛日，闺门多暇，记得偏重三五。铺翠冠儿，捻金雪柳，簇带争济楚"，下片一开始，李清照就回忆了年轻时汴京城中元宵夜的欢乐情形。"中州"指汴梁城，古时河南处九州之中，故称汴梁为中州。"三五"

特指正月十五。《古诗十九首》之十七有"三五明月满"之句，柳永《倾杯乐》有"元宵三五，银蟾光满"句，其《迎新春》一词更是写尽北宋盛时的元宵夜气象："庆嘉节、当三五。列华灯、千门万户。遍九陌罗绮，香风微度。十里然绛树。鳌山耸，喧天箫鼓。"

民俗是文学的土壤，文学也是民俗的窗口。民俗生活也是孕育词作的营养丰富的土壤。李清照这首《永遇乐》词，忠实反映了宋时的服饰特色，涉及宋人的部分民俗生活。据周密《武林旧事》记载："元夕节物，妇人皆戴珠翠、闹蛾、玉梅、雪柳、菩提叶、灯球、销金合、蝉貂袖、项帕，而衣多尚白，盖月下所宜也。游手浮浪辈，则以白纸为大蝉，谓之'夜蛾'。"翠冠儿，应当是羽毛装饰的一种帽子。雪柳，则是一种绢制或纸制的花，加以金线捻丝就价格更高了。李清照词中的"铺翠冠儿，捻金雪柳，簇带争济楚"说的便是南宋初年，元宵夜观灯妇人的头饰文化。

《全宋词》中，元宵词共有三百三十首，类似的记载有许多。如侯置《清平乐·咏橄榄灯球儿》："缕金剪彩。茸绾同心带。整整云鬟宜簇戴。雪柳闹蛾难赛。休夸结实炎州。且看指面纤柔。试问苦人滋味，何如插鬓风流。"又如赵师侠《洞仙歌（丁巳元夕大雨）》："元宵三五。正好嬉游去。梅柳蛾蝉斗济楚。"又如李昴英《瑞鹤仙（甲辰灯夕）》："纱笼夹道，露重花珠，尘吹兰麝。歌朋舞社。玉梅转，闹蛾耍。"

元宵节在夜间举行，给男女自由交往打开了一扇窗口。对于平常幽居闺房的女子来说，元宵夜自然是个自由的狂欢日子了。青楼冶游的男子，自然是更加放浪形骸了。女子平时难得出来一游，在一年一度的元宵夜，自然会刻意打扮一番，那些闹蛾、雪柳、玉梅等都是在月光下、灯影里争奇斗艳的首饰。

良家男女也有可能于此夜一见钟情，如柳永《迎新春》"更阑烛影花阴下，少年人、往往奇遇"，讲的就是男女于此良夜邂逅爱情。李邴《女冠子（上元）》中亦有"见许多、才子艳质，携手并肩低语"之句。辛弃疾《青玉案·元夕》"笑语盈盈暗香去。众里寻他千百度，蓦然回首，那人却在灯火阑珊处"也是关于这一方面的描写。欧阳修《生查子》则是最为生动感人的词作："去年元夜时，花市灯如昼。月到柳梢头，人约黄昏后。今年元夜时，月与灯依旧。不见去年人，泪满春衫袖。"

李清照的这些细节性描写，正是要用他人乐事反衬哀情。他人三五成群，出双入对地观灯，李清照孤身一人前往，更容易从心底涌上凄楚与孤苦。或者，这也是她不成行的原因之一。

"如今憔悴，风鬟霜鬓（一说'风鬟雾鬓'，含意正相反），怕见夜间出去。不如向帘儿底下，听人笑语"，经历了一连串磨难流离，李清照不复当年姿色，变得憔悴苍老，鬓发斑白，连蓬松的发髻也懒得梳妆，哪有什么心情出去观灯？"风鬟霜鬓"语出《柳毅传》，洞庭龙女"牧羊于野，风鬟霜鬓"。洞庭龙女无所出，为夫家所弃，与李清照情况类似，因此，有学者认为《永遇乐》当作于赵明诚知江宁时。

"不如向帘儿底下，听人笑语"句，可谓是字字血泪。在帘下听人笑语，本来是自我解脱的一种，哪知适得其反，得到的并不是安慰，更激发了她心底的悲凉与孤寂。别人在欢声笑语中嬉戏，她的心在滴血。

有学者认为，《永遇乐》"只是歌唱自己，不涉及国事"的普通词作，"除了抚今追昔，哀怨感伤，没有更为积极的因素"。实则不然，宋人早已认识到李清照词作的真实内涵。张端义《贵耳集》云："（李清照）南渡以来，常怀京洛旧事，晚年赋元宵《永遇乐》词。"确实，《永遇乐》与李清照早期抒写个人闺中生活的词作截然不同，流露出的是浓浓的故国之思与深沉的爱国情操。

自绍兴十一年和议以来，主战派或杀或贬，朝野间已是臣民钳口。万马齐喑的非常时刻，李清照写下了《永遇乐》，用其隐讳曲折的笔法，表达了对偏安国策的强烈不满。

词贵曲忌直，晚年的李清照，炼字锻词已达化境。《永遇乐》"用浅俗之语，发清新之思"，实为难得的佳作。历史证明，大凡人生遭受过沉重打击的作者，晚年的艺术风格往往会趋于平淡无奇。苏东坡曾形象地总结这种文风的转变："大凡为文，当使气象峥嵘，五色绚烂，渐老渐熟，乃造平淡。"（周紫芝《竹坡诗话》）其实不是平淡，绚烂之极也！李清照饱经风霜离乱，不复当年词作的逞才使能，从开始的惊词险句，转向平易浅近，创造出了风格独特的"易安体"。

"平淡入调者难"，《永遇乐》就是李清照晚年作品的集大成者。读过《永遇乐》，恍然间，会看见一个满面风霜的老妇，淌着热泪，茕茕孑立于帘下，侧耳倾听他人的欢声笑语。"不如向帘儿底下，听人笑语"，非景非情，却是景是情，情景交融，平易浅近。南宋张炎《词源》评曰："向以俚词歌于坐花醉月之际，似乎击缶韶外，良可叹也！"

南宋末年，词人刘辰翁每读此词，涕泗滂沱，因此和词一首。此事距李清照作《永遇乐》已有百余年，那是南宋覆亡的前夜。